Dunkle Zahlen

.

»—was denn, was denn?« (Das bin ich, der sich da aufplustert.) Durch die sperrangelweit aufgeschlagene Tür weht Kunstschnee herein und, schau mal einer an: Annuschka und Annuschka schleppen schon wieder einen randvollen Kessel in meine Bude. Jede einen Henkel in der Hand, ächzen die Küchenfrauen unter ihrer Last. Die eine stößt mit der Ferse die Tür zu, die andere deutet einen Knicks an. Jetzt bloß nichts verschütten, Mädels! Die beiden stellen den Kessel vor meiner Fußbank ab.

»Motja, du musst uns helfen«, verlangt die rechte Annuschka, »der Khagan ist gerade mit seinem gesamten Gefolge bei der Großfürstin reingeplatzt—«, hier fällt ihr die linke Annuschka ins Wort:»—die machen vielleicht ein Brimborium, das kannste dir nich vorstellen! Njuscha hier, Njuscha da, und alles schreit nach Tee. Zu dumm nur, dass unsere Kochmaschine immer noch im Arsch ist!«

»So was Blödes aber auch.« (Das bin ich, der das brummelt.) Da zeigt sich wieder, dass es beileibe nicht bloß Vorzüge hat, so nahe am Zentrum der Macht zu residieren. Immerzu kommt irgendjemand und fordert irgendwelche Gefälligkeiten ein. Alles zum Wohle der Neumoskauer Rus, versteht sich:»Na, dann stellt euer Töpfchen halt auf mein Maschinchen. Aber dass ihr mir nichts verschüttet, sonst zischt es!«

Die Köchinnen hieven den Kessel auf das blecherne Gehäuse der GLM und reiben ihre verschwitzten Hände trocken, ehe sie mir vom Sofa aufhelfen. Wohlerzogen, wohlerzogen – ich sollte sie glattweg ehelichen. Aber immer eins nach dem anderen. Sowie ich den Hauptschalter umlege, leuchtet der Anzeigeschirm der GLM auf.

»Los, sagt mir mal zwei schöne große Zahlen.« (Das bin ich, der das fordert.) Warum die Annuschki daraufhin kichern, wisse, wer kann. Na, immerhin diktieren sie brav:»Achtzehn« und »Zwanzig«.

Zack, zack, gebe ich ihre Zahlen ein und tippe, zack, zack, noch ein paar dazu, denn dann läuft die GLM heißer – so viel verstehe ich immerhin von den wundersamen Werken unserer Altvorderen.

»Ja, das sieht gut aus, Mädels. Bis es kocht, können wir doch ein bisschen durch die Heia hüpfen!« (Das bin ich, der das vorschlägt.) Die nunmehr links stehende Annuschka kräuselt spöttisch die Lippen, und ihre rücklings umgangene Kollegin beschwert sich:»Motja, du hast noch gar nicht auf den geknickten Pfeil gedrückt!«

Recht hat sie. Vielleicht wäre es besser, sie nicht zu ehelichen, sondern nur zu adoptieren? Vorsicht währt bekanntlich am längsten. Aber eins nach dem anderen. Die GLM zeigt sich betriebsbereit. Ich drücke die Eingabetaste, und schon legt sie los:

```
*** ДЛМ-3 ***

0=?; 1=1821; КНЦ=2043
ПЕРЕДАЧА ДАННЫХ: 100%
ГОТОВНОСТЪ К РАССКАЗАТЪ
■
```

Startbildschirm der GLM-3. Die Literaturmaschine wird die Zeitspanne von 1821 bis 2043 bearbeiten. Die Datenbanken sind vollständig geladen, die GLM-3 zeigt Startbereitschaft an. Das Betätigen der Eingabetaste initiiert den Erzählvorgang.

Anmerkung des Übersetzers: Bei diesem Startbildschirm handelt es sich um eine spekulative Rekonstruktion. Die digitale Literaturmaschine GLM-3 teilt das Los ihrer beiden Vorgängermodelle: Sie ist verschollen. Überliefert wurde nur ihr unvollendetes Poem *Dunkle Zahlen* [*Тёмные числа*], das nun erstmals auf Deutsch vorliegt.

GLM-3

DUNKLE ZAHLEN

Poem

Deutsch von Matthias Senkel

Matthes & Seitz Berlin

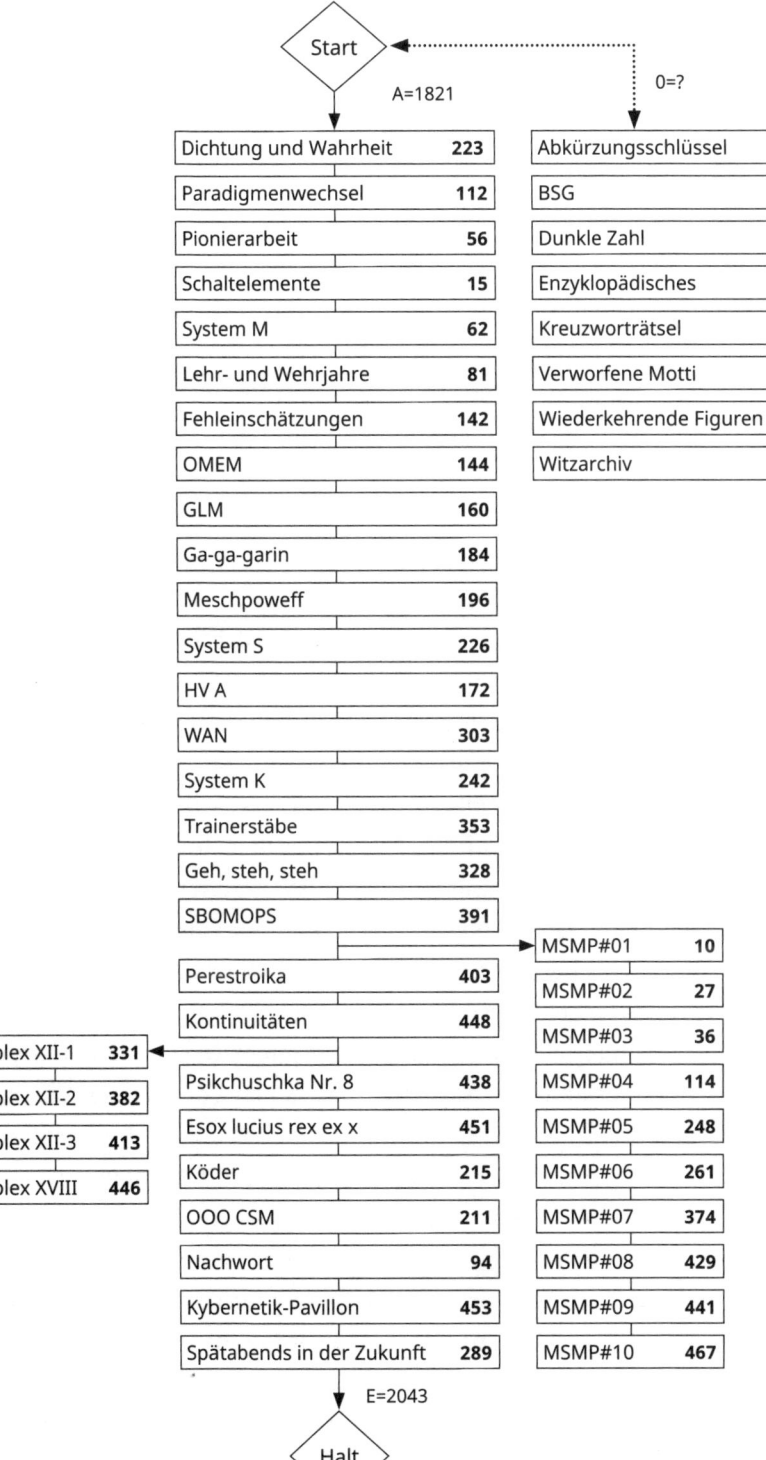

MSMP#01

Moskau, 27. Mai 1985

Kamerakabel, umsichtig gehalten und nachgezogen, wurden nun wieder zu Achten aufgeschossen. Im Sucher von Kamera № 1: der große Konferenzsaal des *Kosmos*, die Sitzreihen und das Podium verwaist. Aus der Regie drangen Anweisungen für einen weiteren Probeschwenk – von der Matrixanzeige zur Bühnentreppe und an den Flaggenständern entlang zum Rednerpult hin. Überblende.

In siebeneinhalb Stunden würde Dmitri Sowakow ans Mikrofon treten und die zweite Internationale Spartakiade der jungen Programmierer eröffnen. Noch aber stand der Vorsitzende des Spartakiadekomitees auf der Schwelle eines zweckentfremdeten Hotelzimmers. Auf dem Flur surrten Dutzende Bandmaschinen. Bei den Aufzügen sammelten sich Sondereinsatzkräfte in Zivil, Männer und Frauen in gepflegter Garderobe, in Arbeitskluft, in Volkstracht. Abhörtechniker bereiteten sich auf den Schichtwechsel vor, zogen bequeme Schlappen an. Dmitri war ein wenig blass um die Nase, und seine Ansteckdadel saß schief. Die Genossin Generalmajor hatte ihn auf die gesperrte Etage des Hotel *Kosmos* einbestellt: »Ah, nur immer herein mit Ihnen! Und schließen Sie doch bitte die Tür hinter sich, Dmitri Frolowitsch.« Von hier oben also würde Jewhenija Swetljatschenko ihren einwöchigen Spezialeinsatz koordinieren. Sie hatte den Pausenraum der Abhöreinheit *Kosmos* ganz auf ihre Bedürfnisse anpassen lassen. Neben dem Kühlschrank war ein kaltes Büfett angerichtet. Der große L-förmige Schreibtisch glich dem in ihrem Büro, sogar die Stifte lagen an der gleichen Stelle. Auf dem rechten Bildschirm signalisierte ein einladend blinkender Cursor die Betriebsbereitschaft eines Computers. Dieser mochte am Ende einer sicheren Datenfernleitung im KGB-Rechenzentrum oder in irgendeinem Spezialbunker stehen. Der linke Bildschirm war an ein Schnittpult angeschlossen und zeigte Aufnahmen der eingespeisten Überwachungskameras. An der Wand hinter der Polstergarnitur hing ein imposantes Flachrelief: In dieses Panorama Moskaus waren Hunderte Lämpchen eingelassen, die in den Hochhausfenstern leuchteten und die Sterne am Kreml zum Glühen brachten. Die Perspektive des Panoramas stimmte nicht mit dem Ausblick aus dem Hotel überein (der Künstler hatte offensichtlich auf der Spitze des Iwan Weliki gestanden), überdies zeigte sich die Hauptstadt heute verhangen. Am Morgen war der Luftdruck deutlich gefallen; mittlerweile trieben immer schwerere Regenwolken südwärts. Dmitri ahnte, dass diese Wolken wie lebensmüde Grauwale gegen die Leninberge treiben würden. Gleichwohl mussten vor der Eröffnungsfeier keine Wolkenbekämpfungsflugzeuge aufsteigen – die gesamte Spartakiade fand in Innenräumen statt, war also nicht so wetterabhängig wie seinerzeit die olympischen Sommerspiele. Allerdings könnten schwere Blitzschläge, Stromausfälle oder andere Havarien den reibungslosen Ablauf durchaus beeinträchtigen. In den letzten Wochen war Dmitri Nacht um Nacht aus Schreckensszenarien erwacht. Mittlerweile hatte er für alle erdenklichen Eventualitäten einen Notfallplan erstellen lassen. Dachte er. Doch im Kongressflügel des *Kosmos* war tonnenweise Rechentechnik untergebracht – da gab es immer irgendwo eine Schwachstelle. Allein die Inbetriebnahme der Wettkampfeinheiten hatte mehrere Tage in Anspruch genommen, und es gab durchaus noch einiges zu tun bis zum digitalen Startschuss. Dass Generalmajor Swetljatschenko ihn außerplanmäßig zu sich heraufbeordert hatte, strapazierte seinen Zeitplan – das versuchte Dmitri gar nicht erst zu überspielen.

»Was denn, Eulchen, ich dachte, du würdest dich freuen, ein Tässchen mit mir zu schlürfen«, sagte die Swetljatschenko und klopfte mit der flachen Hand neben sich aufs Polster.

Eine halbe Stunde später durfte Dmitri sich zurückziehen. Er war bereits an der gedämmten Tür angelangt, als Generalmajor Swetljatschenko ihn mit einem leisen »Ach« abermals aufhielt, um ihm »noch ein paar klitzekleine«, letztendlich jedoch recht erhebliche »operative Modifikationen« aufzutischen.

»Aber wir können doch nicht«, fiel er ihr ins Wort: »Also, ich meine, aus meiner Sicht wäre es sportlicher—«

»Aus deiner Sicht lässt sich die Sache doch überhaupt nicht in ihrer Gänze überblicken!«

Dmitri wusste, was das hieß: »Dennoch ... es wird Fragen geben. Wie soll ich das deiner Meinung nach handhaben?«

»Na hör mal, Eulchen, immerhin bist du der leitende Kopf der Spartakiade«, erwiderte die Swetljatschenko, »du weißt erst einmal nichts Genaues! Und gibst dem Bedauern des Komitees Ausdruck. Ich bin mir sicher, die meisten werden insgeheim drei Kreuze machen, da wird keiner lange bohren. Außerdem behalten unsere Leute alles und jeden im Auge, rund um die Uhr. Wir können also gegebenenfalls gegensteuern. Wie wir weiter verfahren, lasse ich dich wissen, sobald unsere Rechenschränke erste Ergebnisse ausspuckt.«

»—ich föhn' mir bloß noch die Haare«, rief Jewhenija durch die Badezimmertür,»lass Klößchen inzwischen Platz nehmen. Hörst Du, Sjanja?«

Die Sekretärin hörte es; Laskanow demnach ebenfalls.

»Lief alles wie geritzt«, berichtete der teigige Leutnant kurz darauf. Das Mohnkörnchen in seinem Mundwinkel verriet, dass er sich am Buffet vergangen hatte. Mit dem pathetischen Ernst einen Laienkünstlers zauberte er einen Aluminiumkoffer hinter dem Sessel hervor:»Hier ist das gute Stück!«

Jewhenija ließ ihm den Mundraub durchgehen, nicht aber, dass er ihre Befehle neuerdings freizügig auslegte:»Ich sagte doch ausdrücklich, sofort zu Isotow in den Kopierraum! Die Bänder müssen schnellstmöglich eingelesen werden.«

Laskanow beschleunigte seine Masse, wuchtete sich aus dem Sessel.

»Mach bloß keinen Wind, Grischa. Wenn du schon mal hier bist, können wir gleich einen kleinen Spezialauftrag besprechen. Kollege Napalkow sagt, dass auf fast jeder Hoteletage irgendwo ein Rechner am Fernseher hängt. Ich will eine Aufstellung der betreffenden Zimmer, und sobald morgen die Mannschaften bei den Wettbewerben sind, überprüft ihr jede Datenkassette, die ihr findet!«

Auf ihrem Überwachungsmonitor lief derweil die Generalprobe der Eröffnungsfeier: Leninpioniere marschierten mit Pappschildern auf die Bühne, formierten sich auf der freistehenden Treppe. Die Einsen und Nullen, die sie dabei in die Kamera hielten, reihten sich nach und nach zu einem binären Gruß. Auf irgendein Zeichen hin drehten alle gleichzeitig ihre Schilder herum und hießen die Spartakiden nun auch mit warmen Worten willkommen. Auf der Matrixanzeige leuchteten nacheinander die numerischen Codes aller teilnehmenden Bruderländer auf: 024 … 100 … 192 … 200 … 278 … 348 … 408 … 496 … 616 … 642 … 704 … 810. Die Ziffern verwandelten sich in kyrillische Lettern, umkreisen nun ein Piktogramm:

Die Pioniere ließen den Schildwall sinken, um in die Kamera zu winken. Knaben in Kosakenkluft tanzten einen Kasatschok; eine Jugendgruppe des Turnverbandes legte mit rhythmischer Sportgymnastik nach. Im Hintergrund kreierten die Pioniere mit ihren Pappschildern einen Computer, aus dem im vorletzten Takt eine Friedenstaube schlüpfte. Der Vorsitzende des Spartakiadekomitees trat ans Rednerpult, nickte. Schnitt.

Schaltelemente

Leningrad, 1948

»Nach Moskau! Nach Moskau!«, hieß es allerorten – in Büchern und in überfüllten Baracken, in provisorischen Kantinen und draußen vor den Kellerlöchern, in denen die Schüler heimlich rauchten, üble Kniffe austauschten oder eben Lehrer belauschten. Ja, sogar in Leningrad sehnten sich offenbar einige Erwachsene nach einer Zuzugsgenehmigung für Moskau. Leonids Mutter hingegen wollte nur an einen Ort: »Nach Kiew!«

Genauer gesagt zog es Irina Kyrillowna Ptuschkowa nach Feofania, in ein ehemaliges Kloster am Stadtrand von Kiew, das dieser Tage in ein technisches Laboratorium umgewandelt werden sollte.

»Dort wird es dir bestimmt auch gefallen, es liegt inmitten herrlicher Eichenhaine ...« – dieses Argument überzeugte Leonid nicht. Immerhin waren die Vorstoßpfeile und Frontlinien zweimal über die Hauptstadt der Ukrainischen SSR hinweggezogen und hatten dabei auf der Schulwandkarte zahlreiche Nadellöcher hinterlassen. Eine Vorstellung davon, wofür diese Einstiche standen, hatte er bekommen, als er nach dem Ende der Blockade nach Leningrad zurückkehren durfte. Folglich glaubte er, nur Eins und Eins zusammenzählen zu müssen, um zu wissen, wie es um dieses Feofania sowie um alle anderen Viertel und Vororte Kiews bestellt sein mochte: Die Eichenhaine würden sich als Sperrzone erweisen, da dort zweifellos noch unzählige Minen und Blindgänger lägen. Wenngleich nah an der Wahrheit trug Leonid dies nicht sonderlich überzeugend vor. Wohl weil er wusste, dass sich seine Mutter daran erinnern würde, was er wenige Wochen zuvor für eine Wandzeitung geschrieben hatte. Und tatsächlich servierte sie ihm unverzüglich den Leitsatz seines Beitrags über den Wiederaufbau, einen Satz, den er aus dem Allunionsradio übernommen hatte: »Gerade dort, auf zweifach verbrannter Erde, wird heute eine bessere Zukunft erschaffen.«

Leonid seufzte.

»Papa wird uns auch dort finden, Ljontschik«, beschwor ihn seine Mutter, stieß jedoch auf taube Ohren.

»Du hast immer gesagt, du bräuchtest bloß ein Blatt Papier, um arbeiten zu können«, sagte Leonid.

Irina Kyrillowna, die erst kürzlich ihre Aspirantur erfolgreich abgeschlossen hatte, erklärte, mittlerweile sei so viel mehr möglich geworden und Feofania der denkbar beste Ort, um mit ihrer Forschung weiter voranzukommen. Und die Sonderrationen, die es dort gebe, würden ihnen beiden guttun. Wiederholt erwähnte sie einen Sergei Alexejewitsch Lebedew, der sich von ihrer Doktorarbeit beeindruckt gezeigt und sie zur Mitarbeit in seinem technischen Laboratorium eingeladen habe. Genaueres konnte oder wollte sie Leonid auch an den folgenden Abenden nicht verraten, doch ihre Augen glänzten vielsagend.

Wie das Eismeer unterm Vollmond
und wie ein Moor im Morgenlicht

– so zumindest hatte es Leonids Großmutter einst in ein Seidentuch gestickt. Tagsüber bedeckte dieses Tuch den Frisiertisch im Zimmer der Ptuschkows, weshalb die restlichen Verse meistens im Faltenwurf verborgen blieben. Doch Leonid wusste den eigentümlichen Zwieglanz im Blick seiner Mutter längst ganz prosaisch zu deuten. Denn auch sein sumpfbraunes linkes Auge offenbarte tiefe Wissbegierde. Und das Grau seines rechten Auges schimmerte bald altklug, bald abweisend, da er bereits viel gelesen hatte und einiges davon verstand oder allmählich zu verstehen begann. Wenn allerdings Staub oder Pollen seine Augen reizten, brach Tränenflüssigkeit seinen Blick ins Ungewisse, was schrecklich melancholisch wirkte. Dies hatten seine Lehrer darauf zurückgeführt, dass sein Vater auf der Rückfahrt von der Front verschollen war, und versucht, es ihm mit Hinweisen auf die Abertausenden Kriegswaisen leichter zu machen. Doch nun, da Leonid seinen Koffer aufs Neue verschnürte, nun, da er sich von erst kürzlich gewonnenen Freunden verabschiedete, nun, da es hieß, Leningrad ein weiteres Mal auf ungewisse Dauer zu verlassen, mussten sie ihn für tapfer halten: Denn noch blühte keine einzige Birke, und der schrecklichste Staub lag unter Schnee begraben.

••

Feofania, 1950

Das defekte Thermometer, dessen Bimetallfeder auf null Grad festhing, zeigte seit einer Woche zur Mittagsstunde die korrekte Temperatur an. Der Frühling nahte plangemäß. Gleichwohl war die Eisdecke der Teiche noch dick genug, dass Sergei Alexejewitsch seine Mitarbeiter weiterhin zum sonntäglichen Eisschwimmen anhalten konnte. Die nachgewachsene Eisschicht in der Badestelle hatte er bereits zerstoßen, die Haltebalken an den Rand gerollt. Nun rieb er seinen schmächtigen Oberkörper mit Schnee ab und stieg die ins Eis gehauenen Stufen hinunter. Nach ein paar genüsslich intonierten Atemstößen griff der Laborleiter seinen Gedankenfaden wieder auf: »—und man müsste an alle Röhren, phhha, eine korrespondierende Zusatzspannung anlegen, phhhha, das sollte das Signal stabilisieren, phhha, und die Verzögerung im Stromkreis reduzieren ...«

Inzwischen hatten auch die Aspiranten und technischen Assistenten ihre Badetücher abgeworfen und tauchten nacheinander ins Wasser ein. Ihr Schnaufen und Stöhnen drang bis zu Leonid, der quer über den Teich №3 humpelte. Dabei stützte er sich auf Gehkrücken, und ein Steigeisen gab seinem Gipsfuß Halt. Außer ihm war es lediglich Hauswart Kuzmenko und dem chronisch verschnupften Sicherheitsoffizier Nitotschkin gelungen, sich der regelmäßigen Abhärtungsmaßnahme zu entziehen. Die beiden saßen auf Holzschemeln neben ihrem eigenen Eisloch und führten eine außerplanmäßige Versuchsreihe durch. Der alte Kuzmenko wechselte gerade den Köder, band eine noch größere, aus Reifenresten geschnittene Fischattrappe ins Vorfach und tauchte diese vorm Auslegen in ein Einweckglas voll Brühe, eine ölige Melange aus zerkochten Sprottenschwänzen. Kaum war der triefende Köder in die Tiefe gesunken, schlug Kuzmenko die Angelschnur hart an. Nitotschkin lachte, als er sah, wie mühelos der Alte die Beute einholte: »Wohl noch ein Fritzenstiefel für deine Sammlung.«

Doch schon zeigte sich die spitze Schnauze eines Hechts an der Wasseroberfläche. Kuzmenko stieß seinen Schemel um, als er den moosbewachsenen Fisch auf die Eisfläche hievte.

»Was heißt hier Stiefel? Würde mich nicht wundern, wenn wir ein ganzes Bein in seinem Magen fänden«, keuchte er. Der Raubfisch klatschte dazu mit den Flossen aufs Eis, als zolle er dem Alten Respekt. Dabei riss er das Maul auf und presste Blutbläschen aus seinem randvollen Schlund.

Nein, nicht bloß Blutbläschen: »Euelufschmekimmanonich!«, hörte Leonid aus dem Blubbern heraus. Doch schon übertönte Nitotschkin den Hecht: »Schauen Sie dort, Kuzmenko, an seiner Rückenflosse.«

Mit der Linken zückte Nitotschkin seinen Dolch und setzte zwei gekonnte Schnitte, trennte eine Bronzeklammer aus der Flossenhaut heraus.

»Da ist etwas eingraviert«, rapportierte er und rieb die Klammer am Mantelsaum blank. »*Esox lucius rex.* Markiert und wieder ausgesetzt im Jahre achtzehn ... achtzehnhundertvierundachtzig? Zurückzugeben an E.I.W. Akademie der Wissenschaften, SPB. Das soll wohl ein Scherz sein«, ging der Sicherheitsoffizier den alten Kuzmenko an. Dieser entfernte den Haken aus dem Maul des Hechts, entwand ihm vorsichtig den Köderfisch.

Dem Hecht gelang es nun, die Kiemenklappe so weit zu öffnen, dass sich sein Kopf ein wenig zur Seite hob. Mit goldenem Auge blickte er Leonid an und stieß die ungenießbare Luft in einem Schwall hervor: »Teurer Muschkote, lass mich frei, und ich werde dir drei Dienste erweisen!«

Leonid warf einen Seitenblick auf die beiden Männer. Diese schienen sich von der Offerte des Fisches überhaupt nicht angesprochen zu fühlen.

»Drei Dienste?«, hauchte er.

»Musst bloß sagen: Auf des Hechtes Geheiß, nach meinem Willen sei's, und schon—«

»Jaja, ich weiß. Aber wieso immer drei? Wieso nicht zwei? Oder zehn?«

»Ach herrje, noch einer von dieser Sorte«, stieß der Hecht hervor, »bist wohl auch ein Götzendiener des—«, weiter kam er nicht. Der Hecht keuchte bloß noch und krümmte sich unter Nitotschkins Sohle.

»Hören Sie auf, mich zum Narren zu halten, Bürger Kuzmenko!«, forderte der Offizier und stieß den Fisch im Affekt noch weiter vom Eisloch weg. »Wer sonst sollte diese kindische Markierung angebracht haben?«

Damit warf er dem Hauswart die Bronzeklammer vor die Stiefel und stapfte davon. Der Hecht aber verlor zusehends an Kraft, das Klatschen seiner Schwanzflosse klang längst nicht mehr beifällig.

»Ich schlage vor«, japste er, »du wirfst mich sofort ins Wasser zurück, chh, und liest in einer ruhigen Minute bei Propp nach, chh, oder gleich bei Aristoteles. Jetzt aber sag, chh, womit kann ich dir dienen: mit einem Karussell, einem Kettenbagger, einer, chhhh, Kybernetik-Professur?«

Mit letzter Kraft bäumte sich der Fisch auf und stieß dabei doch nur das Einweckglas um. Fischige Brühe ergoß sich in den Schnee und floss ins Eisloch, verteilte sich auf dem Wasser. Unter der tief stehenden Sonne flimmerte der ölige Film wie ein Regenbogen, und Leonid warf, ohne weiter nachzudenken, den Hecht in den Teich zurück. Weder gemessen noch gewogen! Doch bevor der Hauswart zu einer Ohrfeige ausholen konnte, sank Leonid ohnmächtig nieder.

•

Vom Laboratorium her dröhnten Hammerschläge in den Park, rissen Leonid aus einem undankbaren Traum. Obwohl er bereits vor fünf Wochen aus Morschyn zurückgekehrt war, hingen ihm noch immer die Routinen des Sanatoriums an, weshalb er nach jeder Mahlzeit in einen Schlummer versank. Seine Mutter hatte ihn deshalb geneckt, ihn ein ums andere Mal Sultan genannt, bis er ihr, nach einem Ausflug in die Stadtbibliothek, entgegenhalten konnte, dass es selbst Pawlow nicht gelungen sei, konditionierte Reaktionen wieder vollständig zu löschen.

»Recht hast du, Ljonja. Trotzdem hättest du das Buch bis zum Ende lesen sollen.«

Leonid richtete sich aus dem Gras auf und blinzelte, um die Tränen schneller auf den rauen Augenhäuten zu verteilen. Dass die Halme ein verräterisches Muster auf seinen Arm geprägt hatten, sah er nun, auch, dass der Sonnenstreifen bereits an seine Socken reichte. Er nieste, beschirmte die Augen mit der Hand: Gegen das Licht nur ein Schemen, doch aufgrund seines schaukelnden Gangs unverkennbar, näherte sich Kuzmenko.

»Kaum sind die einen verschwunden, werden die nächsten Verrückten einquartiert«, brabbelte der Hauswart und, nach kurzem kränklichen Keuchen: »Erst reparieren wir alles im Schweiße—«, der Rest des Satzes ging in einer neuerlichen Serie von Hammerschlägen unter.

»Was bitte sagten Sie, Tichon Danilytsch«, rief Leonid, doch der Alte wankte auf dem Trampelpfad vorbei, ohne zu ihm herüberzublicken, und verschwand in den Ruinen der Pantaleimon-Kathedrale. Nein, Leonid war beileibe nicht die einzige Geisel einer Konditionierung.

Der Junge schlüpfte in die Leinenschuhe und schob, nun schon auf dem Weg hinab zu den Teichen, sein Notizheft in den Hosenbund. Fernab heulte eine Werkssirene auf und verstummte sogleich wieder. Das hieß auch in Feofania: Zeit für eine kurze Pause.

Leonid setzte sich auf jenen Eichenstumpf, den die Assistenten und Aspiranten scherzhaft *Lebedews Denkholz* nannten. Und tatsächlich hielt der Laborleiter auch an diesem Nachmittag vom Hauptgebäude auf den Eichenhain zu. Er reckte alle zehn Schritte die Arme in die Höhe und federte dabei tief in die Knie. Als er den Jungen erblickte, kam Lebedew sichtlich aus dem Takt und schien sogleich zu der Bank am Teich ausweichen zu wollen. Leonid schnellte empor: »Guten Tag, Sergei Alexejewitsch. Ich habe Ihren Stammplatz bloß freigehalten.«

Lebedew drückte die Brille an die Nasenwurzel, gab vor, den Baumstumpf gründlich zu mustern: »Nun, er sollte wohl groß genug für uns beide sein«, sagte der Laborleiter schließlich und setzte sich. Er zündete eine Papirossa an und paffte schweigend, schob das abgebrannte Streichholz in ein Loch im Wurzelwerk. »Sergei Alexejewitsch?«

»Einen Augenblick noch«, stieß dieser heiser hervor. Die Kippe in seinem Mundwinkel wippte auf und ab, während er eine Reihe Kürzel notierte, während er wieder hinauf in die Wipfel stierte, während er auf der Rückseite seiner Papirossischachtel eine Zahlenkolonne aufaddierte. Nachdem Lebedew den Bleistift zurück in die Brusttasche geschoben hatte, wagte Leonid einen weiteren Vorstoß: »Ich wollte Sie schon seit einer Weile fragen, ob es wohl möglich wäre, Ihre Rechenmaschine eines Tages nutzen zu dürfen?«

»Von einer Rechenmaschine weiß ich nichts. Und du erst recht nicht!«

»Tut mir leid, Sergei Alexejewitsch.«

Lebedew zerdrückte seine Kippe am Baumstumpf.

»Wie heißt du überhaupt?«

»Ptuschkow. Leonid Michailowitsch. Es tut mir wirklich leid, dass ich Sie gestört habe.«

»Papperlapapp. Zeig doch mal her. Vielleicht können wir deine Mathematikhausaufgabe gleich hier gemeinsam lösen.«

»Es ist nicht für die Schule – bloß eine Idee, die ich während der Kur hatte«, erwiderte Leonid und reichte ihm das Heft. Nachdem Lebedew den ersten Absatz überflogen hatte, zündete er sich eine weitere Papirossa an und las nun langsamer weiter, wobei er mit dem Streichholzstummel über die Zeilen fuhr. Am Ende der zweiten Seite angekommen, ließ er die restlichen Blätter wie ein Daumenkino durch die Finger gleiten: »Bedaure, mein Junge. Etwas Derartiges können wir überhaupt noch nicht ... Keine Maschine, die man heutzutage bauen könnte, wäre dazu in der Lage. Vermute ich.«

»Aber ich habe von einer Engländerin gelesen, die hat schon vor hundert Jahren behauptet, dass ihr Rechenautomat zu allem in der Lage ist, wozu wir Menschen ihm Anweisungen geben können.«

»Theoretisch, ja. Über diese Anweisungen, da hättest du allerdings weiterlesen sollen. Denn zuerst einmal musst du alles, was du von solch einer Maschine ausführen lassen willst, für deren Rechenapparat aufbereiten. Das heißt, du musst es in logische Grundschritte zerlegen, die mit bistabilen Bauelementen ausgeführt werden können. Beispielsweise so—«

Lebedew zeichnete zwei einfache Schaltpläne auf den Umschlag. Nachdem er Leonid das Heft zurückgegeben hatte, verstaute er seinen Stift und die notizenübersäte Kasbek-Schachtel in der Brusttasche. Im Aufbrechen wandte sich Lebedew noch einmal um: »Während der Kur, sagtest du? ... Und haben sie dich wieder völlig gesund gekriegt?«

••

Kiew, 1952

Leonid horchte den treppab klackenden Schritten seiner Mutter nach und wartete auf das zweite, das langgezogene Quietschen der Haustür, ehe er den Schreibtisch mit einem Dietrich öffnete. Lebedews Brief lag in der Schublade obenauf. Trotz eines Zustellwegs von mehr als siebenhundert Kilometern roch das Papier noch kräftig nach Tabak und Kolophonium. Die Buchstaben der ersten Sätze neigten sich lasch nach rechts, doch nachdem sich Sergei Alexejewitsch nach dem allseitigen Wohlbefinden und dem Fortgang der laufenden Berechnungen erkundigt hatte, gewannen die Bögen an Spannkraft und der Ton bald an Schärfe:

Es ist demütigend, sämtliche neuen Speicherröhren einem weniger ausgereiften Prototyp überlassen zu müssen. Dieser Mangel wird uns hier am neuen Laboratorium um Jahre zurückwerfen. Der Vorsprung, den wir in Feofania erarbeitet haben, ist damit zunichte. Allerdings vertraue ich fest darauf, dass im Ministerium gewissenhaft über die Zuteilung der Röhren entschieden wurde. Fraglich bleibt, auf welcher Grundlage. Ich entsinne mich noch mit Grausen an die Kommissionssitzung, bei der Basilewski prognostiziert hat, die von ihm projektierte Rechenmaschine Strela werde innerhalb von 4 Monaten (!) sämtliche mathematischen Aufgaben der UdSSR lösen, und deshalb sei eine noch schnellere Maschine nicht nur unnötig, sondern auch eine glatte Verschwendung volkswirtschaftlich wichtiger Ressourcen. War das nicht schamlos? Wie gerne hätte ich ihm daraufhin Ljonjas Heft hingeworfen und ihn herausgefordert, mit seiner Maschine auch nur eine einzige dieser Nüsse vorm Ende des Jahrzehnts zu knacken.

Davon hatte ihm die Mutter bereits berichtet. Dass diese kurze Bemerkung alles gewesen sein sollte, hatte Leonid insgeheim angezweifelt – doch tatsächlich setzten sich nach jenem Satz Lebedews Ausführungen über die Hemmnisse beim Bau der BESM fort:

Damals habe ich die Kommission zum Mitlachen gebracht, aber heute kann Basilewski über uns lachen. Wir arbeiten jetzt mit den Quecksilber-Laufzeitspeichern von 1949. Das wird die Rechengeschwindigkeit wohl auf ⅕ des Möglichen reduzieren. Alisa mahnt mich immer wieder, ausschließlich voraus zu blicken. Und recht hat sie! Ich hoffe nun, bis Montag wieder auf die Beine zu kommen, um mit dem Adjustieren unseres gefesselten Rechenriesen beginnen zu können.

Noch vage einen alsbaldigen Arbeitsbesuch in Aussicht stellend schloss Lebedews Brief. Kein Wort zu dem Programmentwurf, den Leonid ihm im April nach Moskau geschickt hatte. Kein Kommentar zu Leonids Silbermedaille beim Mathematikwettbewerb der ukrainischen Schüler. Verdrossen faltete er die Briefbögen wieder zusammen und legte sie zurück zu dem Tagebuch und den Rubelscheinen.

•

Kiew, 1953

Nein, zur Stoßarbeit neigte der Hecht wahrlich nicht: Drei Jahre lang sollten die Sonderbusse unnütz Schnee, Schlamm und Schotter unter ihren Reifen zermahlen, bis endlich Leonids Vater aus dem Totenreich zurückexpediert wurde. An jenem Nachmittag saß Leonid auf der Außentreppe und kämpfte gegen die Müdigkeit an, die ihn nach dem Mittagessen befallen hatte. Aus einem Radio im zweiten Stock schallte, wie passend, das Mosfilm-Orchester herab. Die Bläser steigerten sich zum infernalischen Heulen einer letzten Katjuschasalve, die noch den Führerbunker zerschmettern muss, ehe Micheil Gelowani als Väterchen Stalin all den Helden Orden an die Brust heften und sie nach Hause beordern kann. Unter diesen Klängen hinkte ein hagerer Mann von der Bushaltestelle zum Haus – doch Leonid rannte ihm nicht über die Wiese entgegen. Der Ankömmling hatte keinerlei Ähnlichkeit mit dem leger gescheitelten Bräutigam in der Brosche der Mutter, erst recht keine Ähnlichkeit mit dem freudestrahlenden Bahnradmeister im Bilderrahmen über dem Sofa. Sein linkes Lid hing schwer herab, wie bei einem Sparringboxer oder Straßenkater.
»Zu Irina Kyrillowna. Bin ich hier richtig?«

Leonid nickte und gab die Treppenstufen frei, blinzelte ungläubig über seine getönte Brille hinweg. Vom vollen blonden Haar des Vaters, an das er sich noch aus frühster Kindheit zu erinnern glaubte, war nur ein kläglicher Kranz geblieben, der sich um eine narbige Glatze wand. Zu jeder einzelnen dieser Narben konnte der Vater ein Datum, einen Ort und zumeist auch einen Dienstgrad nennen. Diese Angaben kommentierte er allerdings bloß mit beredten Blicken oder abschätzigem Schmatzen. Gefragt, warum er nicht bereits im ersten Friedenssommer nach Hause zurückgekehrt sei, antwortete er leidenschaftslos, in bewegten Zeiten könne es zu vielerlei Missverständnissen kommen. Davon würde er allerdings ein andermal berichten. Nun müsse er erst einmal ausruhen – die Fahrt habe ihn furchtbar ermüdet. Leonid aber lag noch lange wach auf dem Sofa.

Am nächsten Morgen weckte ihn das Klingeln eines Eilboten, der ein Fernschreiben von Sergei Alexejewitsch zustellte: Er habe nun doch noch einen Studienplatz in Moskau organisieren können, hieß es da. Wenn Leonid sich fortan mit vollem Eifer der Angewandte Mathematik widmen wolle, solle er in den nächsten Zug steigen.

»Nach Moskau? Noch heute«, stieß der Vater matt hervor.

Leonid blickte schrecklich melancholisch drein, nickte. Ja, so viel war klar, bei seinem nächsten Wunsch würde er auch den seltsamen Humor des Hechts einkalkulieren müssen.

MSMP#02

Bahnstrecke Leningrad–Moskau, 27. Mai 1985

Ende Mai, gegen neun Uhr abends, verließ ein Schnellzug der Oktober-Eisenbahnlinie mit gedrosselter Geschwindigkeit die Leningrader Oblast. Eine Gewitterfront trieb dichte Schwaden über die Wolochowauen. Myriaden praller Tropfen prasselten auf die Waggons. Es schüttete mit solcher Inbrunst und Ausdauer, dass die kubanische Fachübersetzerin Mireya Fuentes den Schauer zu einem Streitregen heraufstufte. Diese verballhornte Redewendung gefiel ihr ausgezeichnet, begannen doch derartige Regengüsse tatsächlich jäh wie ein Streit und tobten lautstark und heftig, manchmal über Stunden hinweg. Ein russischer Streitregen freilich. Sie hatte die Wortschöpfung letztes Jahr bei Nikas Eltern aufgeschnappt und kannte mittlerweile auch alle Merkmale von Streifenschauern und gesiebtem Regen. An Nika und die Seinen mochte sie augenblicklich überhaupt nicht denken; in den kommenden Tagen würde sie einen klaren Kopf brauchen.

Tropfen schlierten übers Abteilfenster, wirbelten als Schleier am Zug entlang. Nur wenn es blitzte, ließ sich jenseits des Bahndamms noch etwas erkennen: Oberleitungsmasten, Streckensignale, zerzauste Ulmen. Dieses Lichtspiel interessierte niemanden in ihrem Abteil. Weder den lesenden Matrosen, noch die Großmutter und den Jungen, die einander gegenüber am Fenster saßen. Die Alte schälte gerade ein weiteres verschrumpeltes Äpfelchen, zerschnitt es. Kerngehäuse und Schalen sammelte sie auf der *Iswestija*, die auf ihrem Schoß lag. Der Junge fläzte mit vorgebeugtem Oberkörper, stützte die Ellbogen auf seinen grindigen Knien ab. Seit der Abfahrt malträtierte er die Tasten seines Videospiels, hetzte einen Wolf von einer Seite des winzigen Bildschirms zur anderen, um Hühnereier aufzufangen, die von vier Rampen herabgerollt kamen. Hin und wieder stieß der Junge ein leises »Bitte noch eins« hervor, woraufhin ihm die Alte ein Apfelstück in den Mund schob. Auf dem Abteiltischchen zitterten vier Teegläser, klirrten in den vernickelten Haltern. Aus dem Nachbarabteil drang mehrstimmig *Gurken säe ich am Wasser* herüber. In der Lüftung knackte es, als sei die Heizung in Betrieb, doch von der Decke strömte kühle Luft herab. Mireya, seit wenigen Stunden: Kandidatin der Wissenschaften – auf kubanisch: Doctora Fuentes –, fröstelte. Sie war direkt von der Universitätsaula zum Bahnhof geeilt, hatte keine Zeit gehabt, sich umzuziehen. Kaum blickte sie zur Gepäckablage hinauf, sprang der Matrose neben ihr auf: »Warten Sie, ich helfe Ihnen.«

Mireya ließ ihn gewähren, verkniff sich ihr Lachen. In den drei Jahren, die sie bereits in Leningrad verbracht hatte, war sie oft genug darüber aufgeklärt worden, dass hoher Wuchs auf einem U-Boot sowieso bloß lästig sei. Der Matrose reckte sich auf den Zehenspitzen in die Höhe und wuchtete ihre Tasche auf die Sitzbank herab. Nachdem er seine verrutschte Uniform gerichtet hatte, verkündete er, dass er jetzt dem Nachbarabteil seine Aufwartung machen werde: Dort gehe es offenbar lustig her. Mit seinem Blick schien er Mireya aufzufordern, ihn hinüberzubegleiten; doch womöglich täuschte der Eindruck, denn die Deckenlampen hatten zu flackern begonnen. Wie auch immer: Mireya blieb und streifte die Strickjacke über. Kaum hatte sie ihre Vokabelkladde wieder zur Hand genommen, fiel das Licht aus, im Abteil wie auch draußen auf dem Gang.

»Nein, nein«, heulte der Junge auf, »verdammter Mist! Ich hatte fast dreihundert Punkte. Sch——«

Sein Wutausbruch ging im Quietschen der Bremsen unter. Mit einem Ruck kam der Schnellzug zum Stillstand und aller Lärm verhallte; auch der Streitregen schien sein Mütchen mittlerweile gekühlt zu haben.

»Na bravo!«, schnitt die Stimme der Alten durchs dunkle Abteil. Von nebenan drang Gelächter herüber, und ein Bariton schmetterte das Eisenbahnlied *Auf freiem Felde freut sich und jubelt das Volk*. Die Lüftung knackte noch geschäftiger als zuvor, blies jedoch keine Luft mehr herab. Als auf dem Gegengleis ein Bummelzug vorbeifuhr, schaute der Junge im herüberscheinenden Licht auf die matte LCD-Anzeige seines Spiels: »Zweihundertsiebenundneunzig. Zweihundertundsiebenundneunzig!«

»Jammern füllt keine Kammern«, gurrte die Alte.

Der Schnellzug rollte wieder an. Nachdem er ein Stellwerk passiert hatte, beschleunigten sie merklich, und die Deckenlampen flackerten, leuchteten auf. Das Knacken in der Lüftung ließ schlagartig nach, aber die Luft strömte nun wieder.

»Na bravo, Jewgraf!«

Der Junge hatte die Dunkelheit genutzt und sich an seinem Grind zu schaffen gemacht. Ein Blutrinnsal war kurz davor, seine Socken zu erreichen – was die Alte gerade noch abwenden konnte, indem sie ihm einen Zeitungsfetzen ans Schienbein presste: »Halt fest, Grafa! Ich bin gleich wieder da.«

Mit angefeuchtetem Taschentuch zurückgekehrt, rieb sie dem Jungen das Blut vom Bein, rieb behutsam, da dieser inzwischen die winzigen Batterien seines Spiels wechselte. Es klopfte an der Abteiltür, und herein trat ein Mann mit straff nach hinten gekämmtem Haar. Die Schulterpolster seines Sakkos ließen den ohnehin kräftig gebauten Mittvierziger wuchtig wie ein Arbeiterdenkmal erscheinen.

»Gestatten, Gogoladse. Grigol Nikolajewitsch, aus Tbilissi. Der kleine Flottengeneral meinte, dass ich hier eine hinreißende

Landsfrau antreffen könnte. Woher genau stammen Sie denn, Teuerste?«

»Das geht Sie überhaupt nichts an«, entgegnete die Alte, »und die Teuerste können Sie ebenfalls stecken lassen.«

»Ah, dieser unverkennbare Zungenschlag enthüllt Ihr Geheimnis: Sie sind aus Piter. Schade, schade. Und Sie, wenn ich fragen darf?«

»Aus Batumi«, antwortete Mireya, da der Matrose dieses Detail ihrer Schutzlüge sicherlich ebenfalls weitergetragen hatte. »Aber ich lebe schon seit Jahren in Leningrad«, schob sie nach, um die Schwächen ihres einstudierten Akzents abzufedern. Den georgischen Beiklang setzte sie bloß ein, um sich die Leningrader Schwerenöter und Matrosen leichter vom Hals zu schaffen – leichter, als dies einer bekennenden Kubanerin je gelingen würde.

»Und Ihr Familienname?«

Ein Hitzeschwall stieg aus ihrem Bauch auf, als sie sich kurzweg mit Nikas Namen vorstellte. Der Georgier schnalzte ein paarmal mit der Zunge, schien den Namen wie einen teuren Wein zu verkosten. »Ist mir noch nie untergekommen, aber an der Küste hab ich auch kaum Verwandte«, erklärte er und zog eine Flasche aus der Innentasche seines Sakkos: »Um so dringender müssen wir unsere Begegnung begießen.«

Auf die Alte am Fenster wirkte der Anblick der Flasche hochgradig stimulierend. Nachdem sie mit einem krächzenden »Nicht vor dem Jungen!« die Aufmerksamkeit auf sich gezogen hatte, preschte sie sofort gegen den schlimmsten Feind des Landes vor. Mit geschultem Stimmfall deklamierte sie aus dem Parteibeschluss *Über die Maßnahmen zur Überwindung der Trunksucht und des Alkoholismus.* Unter der Wucht dieser Attacke trat der Georgier den Rückzug an. Kaum hatte er die Tür hinter sich zugezogen, sank die Alte ins Sitzpolster zurück: »Bitte entschuldigen Sie, falls ich ein wenig laut geworden sein sollte. Aber man muss dem Übel entschlossen entgegentreten. Und überhaupt: Wenn dieser karierte Kleiderschrank ein Grusinier ist, dann bin ich eine Jakutin. Dieser Tunichtgut kennt doch nicht einmal den Unterschied zwischen Kolchis und Kolchos!« Der Junge fischte ein herabgefallenes Kerngehäuse aus ihrem Korb und legte es zurück auf die Zeitung. Die Alte bedankte sich überschwänglich und schälte sogleich einen weiteren Apfel. Besagter karierter Kleiderschrank aber kehrte wenig später mit Verstärkung wieder: Zwei schnauzbärtige Mittvierziger, die offensichtlich von derselben Textilfachverkäuferin wie ihr Kumpan versorgt wurden, brachten sich hinter ihm in Stellung. »Nehmen Sie bitte meine inständige Entschuldigung entgegen«, stieß der mutmaßliche Georgier kleinlaut hervor, »als Wiedergutmachung möchten wir Ihnen eine Ballade aus unserem Repertoire darbieten.«

»Verschonen Sie uns«, krächzte die Alte ohne rechten Nachdruck.

»Aber ich bitte Sie, Genossin. Der Text stammt aus der Feder meines Großvaters Schota, möge die Erde ihm leicht sein! Er hat die wahre Begebenheit, auf der diese Ballade beruht, selbst miterlebt, 1935 in einer Fabrik hinterm Ural. Also jetzt – und nur für Sie, meine Damen: *Die Ballade von Amors Absturz.* Uund ...«

Noch ehe die Alte oder Mireya weiteren Einspruch erheben konnten, hatte er bereits eingezählt:

Zur Mittagspause überquerte
Der goldbeschwingte Liebesgott Amor
Das Chemiewerk Papanin *(Oh Papanin, oh Papanin!)*
Als ein Kessel Überdruck entleerte
Schoss hochprozent'ger Dampf empor!

»...!«, protestierte die Alte, doch es gelang ihr nicht, sich gegen die Stimmkraft des Trios durchzusetzen. Inzwischen hatte sich auch der Matrose vorm Abteil eingefunden. Obwohl er nur an der Scheibe lehnte und grinste, klang der Gesang nun vierstimmig:

'ne Höllendosis Frostschutzglyzerin
Fraß ins Hirn des Liebesboten Löcher
Amor besiegt alles – doch das schaffte ihn! *(Das Glyzerin, das Glyzerin!)*
Schwups, fielen seine Pfeile aus'm Köcher
In die Werkskantine Papanin.

Egal ob Pförtner oder Brigadier
Vor Liebeshagel schützt kein Moralin
Mascha seufzte von zwei Pfeil'n ge—

Hier setzte die Zugbegleiterin der Darbietung ein Ende. Mit dampfenden Teegläsern drängte sie das Ensemble in sein Abteil zurück, und dem Matrosen empfahl sie einen Ausflug in den Speisewagen. Die Alte am Fenster schaute hinaus auf den hell erleuchteten Bahnsteig von Bologoje und murmelte etwas von selbstgestrickten Witzbolden und Geschwüren. Um Haltung bemüht, atmete sie tief durch und verlegte sich darauf, Mireya über ihre Arbeit auszufragen: »—gratuliere! Aber wie muss ich mir das vorstellen: Haben Sie die alle selbst geschrieben?«

»Aber nein, wo denken Sie hin, die Programme gab es bereits. Meine Forschungsauftrag lautete, herauszufinden, ob sie sich zur Verbesserung von Übersetzungen nutzen lassen ...«

Nur allzu gern hätte Mireya die Sprachanalyseprogramme am Beispiel ihres kubanischen Lieblingsromans sondiert. Schon deshalb, weil *Tres tristes tigres* die Sprachvarietäten der Ha-

32

baneros so stilsicher auffächerte, allem voran die Soziolekte der Nachtgestalten und Tagediebe, aber auch den Duktus berühmter kubanischer Autoren. Allerdings waren von Guillermo Cabrera Infante bislang nur Schmuggelbücher und illegale Abschriften in den Ostblock gedrungen – damit wäre sie beim Dissertationsrat niemals durchgekommen. Ebensowenig mit *Ulysses,* der Cabrera als Vorbild gedient hatte. Dieses irische Meisterwerk forderte es geradezu heraus, von einem Computer in seine sprachlichen Bestandteile zerlegt zu werden: James Joyce hatte damit ein solch detailreiches Abbild von Dublin erschaffen wollen, dass die Stadt, sollte sie plötzlich in der Irischen See versinken, mit Hilfe seines Romans vollständig wieder aufgebaut werden könnte. Obschon sowjetische Zeitschriften seinerzeit Auszüge aus *Ulysses* abgedruckt hatten, wäre es Mireya nie und nimmer gelungen, ihren akademischen Betreuer von diesem Text als Analysebeispiel zu überzeugen: Wenedikt Pawlowitsch hatte von Anfang an darauf bestanden, dass sie ihre Untersuchung an einem praxisnahen Gegenstand durchführen müsse, und hatte ihr einen Stapel technischer Handbücher zugewiesen. Dies sollte sich als überaus sinnvolle Beschränkung erweisen, denn bereits das eng umrissene Wortfeld des Axialventilatorenbaus stellte Mireya vor eine Sisyphusaufgabe. Ohne die Hilfe von Eduardo Piñera und seinen schier unermüdlichen Schützlingen hätte sie es niemals geschafft, die spanische Wortschatzbibliothek für ihre Untersuchung fristgerecht anzulegen. Die Datenkassetten, mit denen sie vom letzten Besuch auf Kuba zurückgekehrt war, hatte sie am Rechenzentrum ihrer Leningrader Alma Mater nur noch überspielen müssen – um daraufhin unverzüglich mit der eigentlichen Forschungsarbeit zu beginnen. Im Gegenzug hatte sie Eduardo zugesagt, der kubanischen Jugendauswahl bei der zweiten Spartakiade abermals als Fachübersetzerin beizustehen. Als das Nationalinstitut für Sport, Leibeserziehung und Erholung – kurz: INDER – sie im Januar offiziell anfragte, stand bereits fest, dass die Wettkämpfe am Tag nach ihrer Dissertationsverteidigung beginnen würden. Doch deshalb abzulehnen, war für Mireya nicht infrage gekommen. Sie würde lediglich die Eröffnungsfeier versäumen, der kubanischen Jugendauswahl jedoch an allen fünf Wettkampftagen voll und ganz zur Verfügung stehen.

Mit derlei abschweifenden Ausführungen wollte Mireya die bereits müde dreinschauende Großmutter nicht behelligen. Stattdessen beantwortete sie artig deren Frage, was es mit den Analyseprogrammen auf sich hatte: »Damit kann man sich zum Beispiel anzeigen lassen, wie oft und wo ein bestimmtes Wort in einem Text auftaucht und an welcher Stelle der Autor stattdessen Synonyme verwendet hat. Je besser wir Übersetzer den Ausgangstext durchschauen, desto präziser können wir ihn in die Zielsprache übertragen.«

»Hörst du das, Grafa, diese elektrischen Maschinchen taugen nicht bloß zum Spielen!«

»Das weiß ich doch längst«, erwiderte der Junge, ohne auch nur einen Augenblick davon abzulassen, den Wolf über den kleinen Bildschirm zu hetzen. Draußen spie ein Lautsprecher Störgeräusche, zerfetzte Zahlen und Zielbahnhöfe. Mit einem Ruck fuhr der Zug an. Mireya aß ihren letzten Mohnkringel zum Tee, ehe sie abermals die Kladde zur Hand nahm: *kopfgesteuerte Schleife, variabler Konnektor, unbedingter Sprung ...*

Als sie wieder aufwachte, spielte der Junge noch immer, und die Alte schnarchte leise. Der Zug fuhr durch eine Laternenallee, vorbei an rostigen Kesselwaggons, hinter denen eine Bahnsteigüberdachung aufragte.

»In welcher Stadt sind wir?«

»Mmh?«

Der Zug schlingerte über ein Weichenfeld aufs Hauptgleis zurück und wurde dabei so heftig durchgerüttelt, dass die Lüftungsgitter rasselten. Mit einem lauten Klack fiel ein Kakerlak rücklings auf den Klapptisch, prallte ab und landete im Apfelkorb. Ein zweiter stürzte ins Glas der Alten und verspritzte den Tee bis hinüber zu Mireya. Der Junge blickte erbost von seinem Videospiel auf. Mit einem Nicken deutete Mireya auf das Glas, in dem der Kakerlak kläglich paddelte.

»Na bravo«, schnaufte der Junge und wischte den bespritzten Bildschirm an seinem Pullunder sauber, ehe er einen weiteren Rekordversuch startete.

MSMP#03

Telefonklingeln riss Mireya aus einem Traum in ihr dämmriges Hotelzimmer. Doch kaum meldete sie sich, legte der Anrufer auf. Sie knallte den Telefonhörer auf die Gabel und bedachte den Apparat mit einem Fluch – was dieser gelassen hinnahm. Seufzend sank sie aufs Kopfkissen zurück. Sollte das Wettkampfkomitee etwa einen Weckservice organisiert haben? Dann hätte man den Telefonisten zweifellos eingeschärft, wie viele Sekunden pro Teilnehmer zur Verfügung standen, um die Aufgabe fristgerecht zu erfüllen. Mireya, alles andere als ausgeschlafen, beließ es bei dieser Hypothese. Ohnehin schellte nun der Wecker, den sie vorsorglich aufs Fensterbrett gestellt hatte. Sie zog die Gardine beiseite, blinzelte. Der metallene Raketenschweif auf der gegenüberliegenden Straßenseite gleißte in der Morgensonne so grell, als stiege tatsächlich ein Raumschiff über dem Kosmonautenmuseum auf. Vor den Toren der WDNCh berieselte ein Wassersprengwagen den Asphalt, warf Regenbogen über Regenbogen und vergrößerte die öligen Pfützen auf dem Platz. Noch waren die Parkanlagen der Allunionsausstellung verwaist, die Springbrunnen außer Betrieb. Während der ersten Spartakiade hatte Mireya die WDNCh besichtigt, vielmehr: sich von der Gruppe abgesetzt und einen Nachmittag im Kosmos-Pavillon verbracht, um dort auf Geheiß ihrer Mutter sämtliche Schautafeln nach Sergei Bogosian abzusuchen. Auch dieses Mal stand für alle Sportdelegationen ein geführter Rundgang auf dem Programm, doch Mireya hoffte, die wenigen wettkampffreien Stunden anderweitig nutzen zu können, endlich mehr von Moskau zu sehen. Die Zeit würde kaum für das touristische Pflichtprogramm ausreichen; auch nach den finalen Wettkämpfen könnte sie sich nicht einfach treiben lassen: Für Samstagnachmittag stand ein Treffen mit Professor Rosenzweig an. Der Herausgeber des *Fachjournals für Maschinelle Übersetzung* bestand darauf, ihr seine Anregungen zur Überarbeitung ihres Artikels vis-à-vis zu unterbreiten. Und am frühen Samstagabend würde Nika sie bereits in Wnukowo am Terminal erwarten, um mit ihr nach Batumi zu fliegen. Aber daran wollte sie gerade überhaupt nicht denken.

Sie warf ihr Nachthemd aufs Bett und sang im Bad, sang schamlos schief von Fußspuren auf fernen Planeten und summte noch mit der Zahnbürste im Mund weiter. Wider vorheriger Ansage war sie allein im Doppelzimmer untergebracht: Offensichtlich hatte man Julia Fernández bei ihrem Zwillingsbruder einquartiert oder gönnte auch ihr, die sich abermals als einziges Mädchen für die kubanische Juniorenauswahl hatte qualifizieren können, ein eigenes Zimmer.

Da Mireya noch keine neue Anstecknadel erhalten hatte, befestigte sie das Abzeichen der kubanischen Auswahl von 1981 am Kragen. Sie eilte zum Frühstück und schlang, entgegen besserer Vorsätze, die Wolga-Schnitten und Eierhälften hinunter. Als der gaffende Kellner, der in rekordverdächtiger Behäbigkeit den Nachbartisch abräumte, die letzte Tasse auf den Servierwagen gestellt hatte, beugte er sich zu ihr herüber: »Sie haben sich wohl verirrt?«

Noch bevor sie herunterschlucken und antworten konnte, brachte er in rücksichtsvoll gedehnten Silben vor, dass die Spartakiade-Teilnehmer im Speisesaal A verköstigt würden: »Ver-steh-en Sie?«

»Die Etagenfrau hat mich hierhergeschickt«, antwortete sie und deutete auf ihren Zimmerschlüssel. »Ich bin verspätet ein-

getroffen und deshalb offenbar fernab der anderen untergebracht.«

»Dann wird wohl alles seine Richtigkeit haben«, erwiderte der
Kellner, woraufhin er, nunmehr behände, zwei neue Gedecke
auf den Nachbartisch stellte und den Servierwagen in die Küche schob. Mireya spülte die letzten Bissen Brot mit Tee hinunter, verschlang im Gehen noch eine sahnegetränkte Oladja.

Obwohl die Wettkampfteilnehmer unter Aufsicht ihrer Trainer
und Betreuer Zurückhaltung zeigten, brodelte es im Speisesaal A wie in der Kantine eines riesigen Ferienlagers. Geschirrklappern, Fußscharren, Schlürfen und Schnäuzen, nervö-
ses Flüstern in mindestens fünfundzwanzig natürlichen und
künstlichen Sprachen: kulinarische Mäkeleien, Kalauer und
Kostproben genialischer Ideen, vorsorgliches Groß- oder Klein-
reden der Favoriten, Codesequenzen, Spekulationen über Takt-
frequenzen sagenumwobener Prototypen, nie abreißende
Kontroversen über die Aussprache ausländischer Akronyme,
sowie die obligatorischen Gerüchte über vorab durchgesicker-
te Wettkampfaufgaben und deren Lösungen – dies alles summierte sich zu einem solchen Geräuschpegel auf, dass Mireya
die polnische Jugendmeisterin überhörte. Doch die sprang auf
und schnitt Mireya den Weg ab: »Du bist da. Wie wunderbar«,
zwitscherte sie auf Russisch. Die mittlerweile siebzehnjährige Halina Łukasiewicz war hager aufgeschossen und trug ihr
Haar streng gescheitelt, zu zwei seitlichen Achterknoten hoch-
gesteckt. Nur ihre dünne Stimme erinnerte noch an die kleine Halinka: »Ich dachte schon, ich würde dich dieses Jahr gar
nicht wiedersehen.«

»Ach was! Hast du etwa meinen Brief nicht bekommen?«

»Doch, doch, habe ich. Und? Lief alles glatt? ... Super, gratuliere! Komm, lass dich umarmen. Kandidatin der Wissenschaften,
großartig. Aber sag mal, was ist mit—«, setzte sie gerade zu

fragen an, als ihr die polnische Mannschaftsbetreuerin auf die Schulter tippte: »Idziemy!«

»Du, ich muss los. Wir sehen uns später, ja«, sagte Halina. »Du musst mir unbedingt erzählen, was da passiert ist!«

»Klar, mach ich«, rief Mireya ihr hinterher.

An keinem der Tische sah sie einen kubanischen Spartakiden, nein, nicht einmal Eduardo, obwohl doch der Lockenkopf des Trainers alle anderen im Saal überragen müsste. Vermutlich stehen sie längst vor den Wettkampfsälen, kombinierte Mireya: Nachdem die kubanische Auswahl bei der letzten Spartakiade zwölf Punkte verloren hatte, weil die Fernández-Zwillinge zu spät zu einem der Wettkämpfe gekommen waren, würde Eduardo diesmal sicherlich ganz besonders auf Pünktlichkeit bedacht sein.

Am Ausgang sammelten sich die deutschen Juniorprogrammierer zum Abmarsch, was vom angolanischen Trainer als untrügliches Zeitzeichen gedeutet wurde. Um dem Andrang vor den Aufzügen auszuweichen, nahm Mireya die Treppe hinab in die Hotellobby.

Über dem Durchgang zum Kongressgebäude hieß ein Spruchband die Teilnehmer und Besucher der *II. Internationalen Spartakiade junger Programmierer* willkommen – wobei die Ordinalzahl durch ihren frischeren Weißton hervorstach. Im Vestibül der Wettkampfstätte standen vier Spielautomaten. Über deren Münzschlitzen klebten Banderolen, die darauf hinwiesen, dass es sich um Ansichtsexemplare handelte: *Berühren verboten!* Wandzeitungen würdigten die Sieger der Spartakiade von 1981 und belegten mit Sequenzen preisgekrönter Programmcodes den beeindruckenden Leistungsstand aller Leistungsklassen. Großformatige Plakate aus allen Teilnehmerländern beschworen die Bedeutung der Informatik im Kampf für Frieden und Sozialismus.

Immer mehr Jugendliche strömten in das Vestibül und reihten sich je nach Altersgruppe in eine der Warteschlangen ein. Halina, die vor der verschlossenen Tür des Hauptsaals stand, winkte Mireya heran. Die aber hielt nach weiteren bekannten Gesichtern Ausschau, drängelte sich mitten durch die Warteschlangen. Der ungarische Trainer, dessen vormals melierter Bart in diesem Jahr pechschwarz glänzte, hob den Zeigefinger zur stummen Schelte. Auf ihre Frage hin zuckte er mit den Schultern. Der vietnamesische Trainer schaute Mireya betroffen an und verwies sie mit höflicher Geste an seinen rumänischen Kollegen. Der verpasste allerdings gerade einem seiner Schützlinge eine Standpauke oder versuchte, diesem eine Sonderportion Kampfgeist einzuimpfen. Mireya stellte sich am Informationsstand an. Sie wäre als Übernächste an der Reihe gewesen, hätte nicht zuvor das Organisationskomitee das Vestibül betreten. Der Vorsitzende Sowakow reckte die Hand empor – schon teilte sich die Menge. Gemessen schritt er durch das Spalier nervöser Spartakiden. Als er Mireya erblickte, hielt Sowakow inne und blinzelte irritiert über den Brillenrand. Er hob noch einmal die Hand, um einen Seitenpfad zu ihr zu öffnen, doch sein Assistent bremste ihn mit einer knappen Bemerkung. Der Vorsitzende zeigte sich einsichtig. Er bedachte Mireya mit einem Nicken und verschwand mit seinem Gefolge im Hauptsaal. Augenblicke später reckte ein Schiedsrichter den Kopf aus der Tür und gab die Anweisung, alle Wettkampfsäle zu öffnen. Die Warteschlangen kamen in Bewegung. Entgegen dem Strom der Spartakiden steuerte Sowakows Assistent auf Mireya zu. Die Strapazen der gestrigen Eröffnungsfeierlichkeiten waren ihm deutlich anzusehen.

»Wirklich bedauerlich«, stieß der aschfahle Radionzew anstelle einer Begrüßung hervor.

»Wie bitte?«

»Ich sagte, es ist außerordentlich bedauerlich, dass wir auf die Teilnahme Ihrer Mannschaft verzichten müssen«, sagte er.

»Wie kommen Sie denn darauf, Genosse Radionzew?«

»Wir wissen leider auch noch nicht viel mehr, als—« Radionzew geleitete sie behutsam am Ellenbogen beiseite: »Bislang wurde uns lediglich mitgeteilt, dass die gesamte Mannschaft unmittelbar nach der Landung in Quarantäne verbracht werden musste. Das ist ein schrecklicher Schlag. Für die gesamte Spartakiade«, seufzte er.

»Aber weshalb denn in Quarantäne? Wie geht es ihnen?«

»Es tut uns außerordentlich leid, aber mehr wissen wir wirklich nicht. Irgendeine epidemische Tropenkrankheit, vermutlich. Bislang hat man uns noch nicht einmal übermittelt, in welches Krankenhaus sie eingewiesen worden sind. Aber ich verspreche Ihnen, noch heute Abend genauere Erkundigungen einzuholen. Ach, bevor ich es vergesse, hier sind die Coupons für den Imbissstand ... Jetzt bitte ich Sie allerdings, mich zu entschuldigen, gleich beginnt die erste Runde.«

»Aber es muss doch etwas geben, was ich tun kann! Sie erwarten doch nicht, dass ich einfach hier herumstehe und warte.«

»Nein, nein – natürlich nicht«, erwiderte der Assistent: »Wenn ich richtig gesehen habe, sitzt die Fremdenführerin Ihrer Mannschaft in der Hotellobby. Von ihr könnten Sie sich doch ein bisschen in unserem schönen Moskau herumführen lassen. Morgen sind wir dann schlauer«, krächzte Radionzew, und schon war er in den Saal entschwunden.

Fassungslos starrte Mireya auf die Listen neben der Tür, auf denen die Spartakiden nebst ihren Sitzplatznummern verzeichnet waren. Dort standen sie alle in grauer Durchschlagfarbe: von Arango, Onelio über Cortadera, Iván bis hin zu Vázquez, Manolo – noch hatte niemand die einundzwanzig kubanischen Teilnehmer gestrichen. Aus dem Lautsprecher über der Tür ertönte die Spartakiadehymne. Ein paar Jugendliche am Schlangenende verloren die Nerven und schon kam es vor Eingang D zu einer Stauung, die von einem Betreuer aufgelöst werden musste. Ein Fotograf hetzte durch das Vestibül, erreichte den Hauptsaal gerade noch rechtzeitig, bevor die Hymne verstummte. Tür um Tür wurde geschlossen. Unterdessen war es irgendjemandem gelungen, einen der unbeaufsichtigten Automaten in Betrieb zu setzen. Die Banderole lag am Boden. Um das fiepende Ausstellungsstück *Lotse* scharten sich Enthusiasten ohne Mannschaftsabzeichen, vom Trubel angelockte Hotelgäste vermutlich. Mireya schlenzte die zerknüllte Banderole gegen die Wand. Nein, die Rolle einer Übersetzerin, die kein einziges Wort zu übersetzen haben wird, gefiel ihr überhaupt nicht.

Im hintersten Winkel der Hotellobby fand sie die Fremdenführerin, die dort selbstvergessen in einem Bildband blätterte. Mireya erkannte die modebewusste Mittdreißigerin sofort wieder: Diese war bereits 1981 der kubanischen Auswahl zugeteilt gewesen. Aglaja Andrejewna Krasawtschikowa hingegen berief sich auf die Unzahl alljährlich betreuter Reisegruppen, die es ihr unmöglich mache, sich an jedes einzelne Gesicht zu entsinnen. Sie hielt Mireya mit *Moskaus Kunsthandwerklichen Schätzen* auf Abstand – gerade so, als gehe auch von der Fachübersetzerin der kubanischen Auswahl Ansteckungsgefahr aus. Diesbezügliche Fragen parierte die Krasawtschikowa mit dem spröden Einwand, dass Seuchenschutzmaßnahmen nicht zu ihrem Spezialgebiet zählten. Da Mireya beharrlich weiterbohrte, verwies die Führerin auf das Organisationskomitee der Spartakiade: Genosse Radionzew sei für das Wohl der Teilnehmer zuständig und werde auch in dieser Angelegenheit weiterhelfen können. Damit hielt sie das Thema für abgeschlossen und konnte sich endlich bücken, um den *Burda*-Schnittbogen aufzuheben, der aus dem Bildband gerutscht war. Behutsam lenkte Aglaja

Andrejewna das Gespräch in touristische Bahnen. Sie bestärkte Mireya in ihrem Standpunkt, unter den gegebenen Umständen heute keine der Sehenswürdigkeiten im Zentrum zu besichtigen, empfahl ihr, sich im nahegelegenen Park der WDNCh von der weiten Anreise und von der Hiobsbotschaft zu erholen. Dabei legte sie ihr insbesondere den goldenen Brunnen der Völkerfreundschaft ans Herz: Dieser zeige Bäuerinnen aus allen Unionsrepubliken in detailgetreu modellierten Trachten.

»Ein echter Hingucker. Sie werden beeindruckt sein!«

Nunmehr heiter gestimmt packte die Führerin den Bildband in ihre Umhängetasche und verabschiedete sich in einen frühen Feierabend.

Während Aglaja Andrejewna zu den Aufzügen stöckelte, wandte sich Mireya an einen der Rezeptionisten. Sie bat ihn, eine Verbindung mit der Auslandssektion von INDER anzumelden, aber ein Blick auf die Uhren hinter dem Empfangstresen erinnerte sie daran, dass in Havanna in den nächsten Stunden niemand abheben würde. Bis über der Karibik die Sonne aufgegangen sein wird und eine für dienstliche Angelegenheiten angemessene Höhe erklimmt, müsste es doch möglich sein, hier vor Ort bereits die dringendsten Fragen geklärt zu haben. Dafür, so hätte ihr Onkel Leonardo gesagt, haben uns unsere Mütter schließlich mit Stimmbändern geboren – um Boleros zu singen und Fragen zu stellen. Und tatsächlich konnte ihr der Rezeptionist drei Spezialkrankenhäuser für Kinder und Jugendliche nennen. Das in Tuschino sei zweifellos das modernste. Er selbst habe einmal mit Scharlach im Rusakow-Krankenhaus gelegen, wisse also genau, dass es dort ein Quarantänegebäude gebe. Freilich habe Moskau noch Dutzende andere medizinische Einrichtungen zu bieten. Mireya bremste den Rezeptionisten und ließ sich eine Telefonkabine für Ortsgespräche zuweisen.

Doch wie oft sie es auch versuchte: die Anschlüsse sämtlicher

Moskauer Kliniken waren beständig besetzt – lediglich zum Tu-schinskaja drang sie nach zahlreichen Versuchen durch. Dort aber wusste man weder etwas von der kubanischen Jugendaus-wahl noch von irgendeinem in Moskau gemeldeten Verdacht auf Tropenkrankheit. Wohin sie sich in einem solchen Fall wen-den müsse, konnte Mireya nicht mehr erfragen, da man in Tu-schino grußlos aufgelegt hatte oder die Verbindung versehent-lich unterbrochen worden war. Sie versuchte es noch einmal bei den anderen Anschlüssen, ehe sie unverrichteter Dinge zu-rück zur Rezeption ging und sich die Adressen der nächstgele-genen Krankenhäuser aufschreiben ließ.

•

Der Pförtner des Rusakow-Krankenhauses war, wie hätte es anders sein sollen, in ein tiefschürfendes Telefonat verstrickt: »Wo war sie denn, deine KLM-Reihe? Denen ist der Puck am Ende wohl zu schwer geworden? — Ach? Wann bitte mussten wir uns das letzte Mal mit einer Bronzemedaille zufriedenge-ben?«
Auf Mireyas zweiten Gruß hin hob er den Blick – hob ihn gera-de hoch genug, um zu erkennen, dass es sich bei dieser Störung um keine Einlieferung eines kranken Kindes handelte. Mit ei-nem flüchtigen Fingerzeig verwies er auf das Schild neben der Sprechluke. Darauf standen die Besuchszeiten sowie zahlrei-che an die Angehörigen adressierte Imperative, von deren Un-umstößlichkeit ein blasser Amtsstempel kündete.
»—Myschkin, Myschkin. Hinterher ist der Russe immer schlau-er! Ich sage dir, bei Tichonow, da ist die Luft raus«, wetterte der Pförtner indes weiter, »—ach was. Die sind unfähig, aus zweihundertfünfundsiebzig Millionen Bürgern den einen aus-zuwählen, der etwas als Eishockeytrainer taugt.«

An die Scheibe zu klopfen wagte Mireya nicht, schien diese doch lediglich von Kittklecksen und Lacknasen im Rahmen gehalten zu werden. Sie versuchte es stattdessen mit starkem kubanischem Akzent. Und tatsächlich: der Pförtner blickte diesmal weiter auf, wobei ihm offensichtlich gefiel, was er sah, denn er verabschiedete sich unverzüglich von seinem Gesprächspartner. Kaum hatte er den Hörer aufgelegt, schrillte das Telefon, doch davon ließ sich der Pförtner nicht ablenken. Die Scheibe mit den Daumen stabilisierend öffnete er das Pfortenfenster. Sein zerzauster Schopf erinnerte Mireya an eine verblühte Pusteblume – ein kräftiger Atemstoß würde ihn womöglich in einen gänsehäutigen Glatzkopf verwandeln. Der Pförtner erwiderte ihr Schmunzeln mit einem servilen Gruß und zog eine pflasterumwundene Brille aus der Brusttasche:»Verzeihen Sie! Ich würde gern mal—«, haspelte er dabei. »Gestatten Sie mir, Ihr Abzeichen in Augenschein zu nehmen.«

Nachdem er besagten Anstecker hatte begutachten können, bot er Mireya die Erinnerungsnadel *Olympische Sommerspiele 1980* zum Tausch an. Ihr misstrauischer Blick brachte ihn auf die eindrucksvolle Siegesserie der kubanischen Boxer bei dieser Olympiade zu sprechen, ruhmreiche Momente, welche der Anstecknadel für kubanische Sammler doch einen ganz besonderen Wert verleihen müssten. Nichtsdestotrotz sei er bereit, sein Gebot um ein goldenes GTO-Sportabzeichen der Stufe III zu erweitern.

Dies sei als Gegenwert völlig unzureichend, erwiderte Mireya, wobei sie sich alle Mühe gab, ernst dreinzuschauen. Es gebe lediglich elf dieser Abzeichen, da die kubanische Auswahl bei der ersten Spartakiade noch recht klein gewesen sei.

»Nur ein knappes Dutzend, sagen Sie«, flötete der Pförtner. In Gedanken ging er wohl all seine Dubletten durch, eine Herausforderung, bei der ihn das Telefonklingeln so sehr störte, dass er den Hörer neben den Apparat legte. Sein nächstes Angebot quittierte Mireya bloß mit Kopfschütteln. Der Pförtner zögerte, fuhr sich mit der Hand durchs Haar – das anschließend nicht weniger zerzaust war. Als er sein Angebot ein weiteres Mal erhöhte, willigte Mireya ein, ihm das Abzeichen nach Ende der diesjährigen Spartakiade zu überlassen.

»Hand drauf«, insistierte der Pförtner. Nun, da sie das Tauschgeschäft besiegelt hatten, fand er in seine Rolle zurück. Er sank auf den Stuhl und erkundigte sich, wie er Mireya weiterhelfen könne. Den Kopf zur Seite gelegt, hörte er ihr zu.

»Nein, davon habe ich nichts gehört«, sagte er schließlich, »und glauben Sie mir, wenn wir an der Pforte es nicht wissen, dann ist eure Mannschaft hier ganz sicher nicht eingeliefert worden. Außerdem«, fügte er mit vorwurfsvollem Ton hinzu, »hat davon auch gar nichts in der *Sowjetski Sport* gestanden.«

Nichtsdestotrotz griff er zum Telefonhörer. Sein Gespräch mit der Quarantänestation driftete kurzzeitig zur Einschätzung des Gesundheitszustandes eines Moskauer Mittelstürmers ab, kam dann aber recht zügig zu dem Ergebnis, dass kein einziger Kubaner ins Rusakow-Krankenhaus eingeliefert worden war und dass niemand etwas über den Verbleib der jungen Programmierer wusste. Als Mireya den Pförtner fragte, wohin sie sich in einem solchen Fall wenden könne, erwiderte dieser: »Keine Bange, Mädchen, da sind Sie bei mir schon genau an der richtigen Stelle.«

Der weiße Knopf, den der Pförtner vorm Wählen drückte, schien ihm nahezu mühelos Verbindungen zu ermöglichen. Bereits eine Viertelstunde später wusste er Mireya zu berichten, dass die kubanische Auswahl in keinem der anderen Kinderkrankenhäuser lag. Und dass in der Sanitätsabteilung des Stadtsowjets wie immer niemand ans Telefon gehe.

»Und jetzt?«

»Na, die Sitzung geht weiter«, antwortete der Pförtner. Er blätterte in einem Büchlein und hatte bereits den weißen Knopf gedrückt, als er noch einmal zu Mireya aufblickte: »Nehmen Sie doch unterdessen Platz! Da, gleich um die Ecke steht eine Bank.« Zwischen den Baumwipfeln des weitläufigen Klinikgeländes ragten die Kupferdächer verstreut stehender Villen empor. Küchengehilfen karrten Kübel von einem flachen Ziegelgebäude zu einem achtgeschossigen Plattenbau. Krankenschwestern schoben Krippenwagen, in denen jeweils sechs blasse Kindern saßen, zu einem Holzpavillon. Mireya lehnte sich zurück, schaute zwischen den Ästen hindurch zum Himmel. Der Zenit war von zwei parallel verlaufenden Kondensstreifen überzogen. Ein Düsenflugzeug kreuzte diese und zeichnete so ein Doppelkreuz. Dort, in der Höhe, schien keinerlei Wind zu wehen, und so blieben die Triebwerksabgase minutenlang saubere Linien – wie weiße Leiterbahnen auf einer blauen Platine ...

•

»Möchten Sie einen Tee?«
Als Mireya die Augen öffnete, war der Himmel von ausgebleichten Blumen verdeckt. Der Pförtner stand neben dem Sonnenschirm und streckte ihr ein kleines Tablett entgegen. Nachdem sie beide an ihren Gläsern genippt hatten, begann er mit seinem Rapport: Er habe sich mittlerweile bei sämtlichen Krankenhäusern innerhalb Moskaus erkundigt, doch die kubanischen Spartakiden seien in keines davon eingeliefert worden. In der Sanitätsabteilung des Stadtsowjets gehe nach wie vor niemand ans Telefon. Dennoch habe er eine gute Nachricht für Mireya: Der Chefsanitäter vom Flughafen Scheremetjewo-II sei dabei gewesen, als die kubanische Mannschaft vom Flugfeld abgeholt worden war.

»Also weiß er, wohin sie gebracht worden sind?«

»Das nicht …«

»—und was ist dann die gute Nachricht?«

Der Pförtner durchfurchte sein Pusteblumenhaar und verkündete stolz: »Jetzt kennen wir den Namen des Busfahrers, der sie abgeholt hat. Ein Bekannter des Sanitäters, verstehen Sie? Ich habe sogar schon bei ihm zu Hause angerufen. Da hat man mir gesagt, dass er nicht vor neun heimkommen wird. Für heute ist die Sitzung also erst einmal geschlossen.«

••

Stoßzeit, was für ein passendes Wort, ganz besonders hier in Moskau. Die Buchhalterinnen, die in den Waggon drängten, wussten den entbehrungsreich ergatterten Inhalt ihrer Einkaufsnetze zu schützen, indem sie die Ellenbögen abwinkelten und die Plastikkörbchen ihrer Büstenhalter als Schilde einsetzten. Ein Veteran des Vaterländischen Krieges kämpfte sich zu seinem Lieblingsplatz durch, um das ihm zustehende Recht einzufordern; der verdrängte Malergeselle kam auf Mireyas Fußspitze zum Stehen. Zwischen den Stationen entfalteten verschwitzte Sportler ihren Witz. Müde Metzger, Maurer und Monteure achteten nicht darauf, dass ihre Aktenkoffer gegen die Kniescheiben aller Umstehenden stießen. Mireya zwängte sich zur Tür, stieg um.

Moskau zerfranste – doch tauchten Halt um Halt weitere Wohnzeilen und Solitäre auf. Dazwischen mitunter eine paar Katen, wetterschwarz, windschief, aber mit Freileitungen und Antennenkreuzen gesegnet.

Bei ihrer Ankunft in der UdSSR hatte es Mireya noch erstaunt, auch hierzulande zahlreiche Häuser vorzufinden, die sich deutlich von den Zeitläuften und der Salzluft angegriffen zeigten: Manche schlicht vernachlässigt und längst reif, von einem Bulldozer niedergerissen zu werden; andere mit aller Kraft gepflegt, aber im Schatten eines Neubaus vermoost, kurz davor, mit der Böschung einer Schnellstraße zu verschmelzen. Solche Überreste vergangener Tage vermisste Mireya bisweilen auf Postkarten und auch in wissenschaftlich-fantastischen Filmen, deren Zukunftswelten oft genug aussahen, als hätten sie keine Vergangenheit, als seien sämtliche früheren Siedlungen und Städte urplötzlich versunken, durch Beton- und Glasfassaden ersetzt worden.

Die kleine Kirche hinter dieser Haltestelle hingegen, der Knüppelzaun und das als Garage dienende Kornhaus erinnerten daran, dass unter den Neubaublöcken längst vergessene Gräber liegen mochten oder eine Müllkippe aus der Zarenzeit, die verkohlten Jurten eines mongolischen Feldlagers, mühsam dem Urwald entrissene Äcker, neolithische Keramiksplitter, versteinerte Käfer, mesozoische Sedimente ... Ob sich Metropolen wie Moskau, Havanna oder Dublin überhaupt in all diesen Schichten erfassen ließen? Der gewaltige Umfang des *Ulysses* reichte ja noch nicht einmal aus, um jedem einzelnen Türknauf in Dublin ein Wort zuteilwerden zu lassen. Eine gutgläubig nach dieser Blaupause wiederaufgebaute Stadt bliebe eine löchrige Kulisse, auf deren Friedhof nur die wenigsten Grabsteine einen Namen trügen, bliebe ein Flickwerk aus einzelnen Straßenzügen, Brücken und Fußabdrücken im Schlick von Sandymount Strand. Gleichwohl ein Zugang zu zahlreichen weiteren Schichten—

Dies war die Endhaltestelle. Als Mireya unter den letzten Strahlen der Abendsonne ausstieg, flimmerten bereits voreilige Straßenlaternen. Es roch nach Flieder und frischem Torf. Auf den Wartebänken rings um die Wendeschleife saß ein halbes Dutzend Dominospieler. Nach dem Weg befragt, mussten ihre Spielsteine als verkleinerte Ausführungen der ringsum aufragenden Plattenbauten herhalten: Hier und da ein erleuchtetes Fenster, zeigte jeder Block eine andere Augenzahl. Diese konnte sich von einem Augenblick zum anderen ändern, aber für einen groben Straßenplan reichte es allemal. Mireya dankte den Spielern und steuerte wenig später auf einen Siebenerpasch zu: Wohnblock № 49. In den gestapelten Betonrohren am Straßenrand kauerten Halbwüchsige und rauchten. Quer durch den Fußweg verlief ein Aufgrabungsschacht, der mit Wasser vollgelaufen war. Mireya balancierte über einen Holzsteg zum Eingang, schlüpfte in den schummrigen Hausflur. Der rubinrot leuchtende Rufknopf neben dem Aufzug hatte offenbar den Kontakt zur Kabine verloren. Mit einem Fluch auf den Lippen wandte Mireya sich zur Treppe. Kritzeleien auf dem Handlauf und am Wandsockel klärten sie darüber auf, dass die Hausbewohner

- sich mehrheitlich zum FK *Spartak* bekannten,
- einige ihrer Nachbarn Holzklotz, Schwarzarsch oder Erlenzeisig nannten,
- für Njura, Galja, Lada, Walja, Klascha, Marina und Polja brannten und
- bei Additionen, unabhängig von den Summanden (O + N, V + G, W + L usw.), immerzu dieselbe Lösung fanden.

Einige der Wortspiele und Pejorative waren in Leningrad ungebräuchlich; Mireya bedauerte, ihre Vokabelkladde im Hotel gelassen zu haben. Im siebten Stockwerk angekommen, klingelte sie bei № 52. Eine Schwangere öffnete freudestrahlend die Wohnungstür, stutzte, und in Sekundenbruchteilen verloren ihre Gesichtszüge alle Spannung: »Zu-wemöchtn-se?«
»Zu Makanin, bin ich hier richtig? Es geht um die Kinder, die Michail Michailowitsch—«

»Dieser-Dreckskerl, ich-wusstes«, stieß die Schwangere hervor und drückte die Tür zurück in Schloss. Durch das Birkenholzfurnier drangen Stimmfetzen ins Treppenhaus heraus, »—was ... denn nun ... wieder?«, offenbar war noch eine weitere Frau in der Wohnung. Und tatsächlich schob, auf Mireyas neuerliches Klingeln hin, nun eine andere Schwangere ihren Bauch über die Schwelle: »Vom Rusakow-Krankenhaus? Kommen Sie doch rein ... Ja, das war ich am Telefon. Ljubow Andrejewna, eine Freundin der Makanins ... Angenehm!«

Die ohnehin schmale Diele wurde von zwei Reisetaschen verengt: »Bereit fürs Taxi und den Nachwuchs«, erklärte Ljubow Andrejewna, als sie sich zur Küchentür schlängelten. Kaum hatte Mireya auf dem angebotenen Stuhl Platz genommen, drang Schluchzen aus dem Nebenraum herüber.

»Bitte entschuldigen Sie mich, ich muss kurz nach Galina schauen. Die Ärmste wird schon seit Beginn ihrer Schwangerschaft von fixen Ideen geplagt. Da steht übrigens frischer Tee, bedienen Sie sich doch bitte. Michail Michailitsch müsste jeden Augenblick nach Hause kommen.«

Gardinen und Geschirrtücher mit ukrainischem Muster, Grünlilien und ein finnisches Filmplakat schmückten die Küche. Die Eier, die auf dem Herd kochten, schlugen gegen die Topfwandung und unterlegten Ljubow Andrejewnas leidlich gedämpfte Stimme mit treibenden Synkopen: »—das hab ich dir doch erzählt, Galotschka. Die kubanische Trainerin, der ihre Mannschaft abhanden gekommen ist. ... Woher sollte Mischa sie denn kennen? Oder ist er etwa schon mal auf Kuba gewesen? ... Na also! Jetzt komm schon, ich bin kurz vorm Verhungern. Wir können doch mit ihm später noch ein zweites Mal essen. Wer weiß, was für einen Sondereinsatz die ihm wieder aufgebrummt haben«, endete ihr Son Ruso.

In die Küche zurückgekehrt schreckte Ljubow Andrejewna die

gekochten Eier ab, schnitt Brot auf und teilte auch Mireya einen Teller zu, ließ keine Ausflüchte gelten. Kurz darauf gesellte sich Galina Petrowna zu ihnen. Die Hände in den Rücken gestützt holte sie tief Luft und entschuldigte sich für den ruppigen Empfang. Ljubow Andrejewna nickte dazu und schickte nahtlos hinterher: »Woher genau auf Kuba kommst du denn eigentlich?«

Bereitwillig berichtete Mireya über Havannas Altstadt und über die Rolle ihrer Familie in der Kubanischen Revolution. Die Augen der werdenden Mütter glänzten bereits, bevor Mireya begann, ihnen auch noch wohlklingende kubanische Kindernamen aufzuzählen. Einmal in Fahrt, zog sie die zusammengefaltete Zeichnung hervor, die ihre Mutter angefertigt hatte, auf dass Mireya in Leningrad nach ihrem leiblichen Vater Ausschau halten könne. Die erfahrene Plakatkünstlerin hatte sich alle Mühe gegeben, die mittlerweile vergangenen Jahre einzukalkulieren, hatte wieder und wieder Pauspapier mit unterschiedlichen Faltenlinien, Augenringen und Haaransätzen auf ihre Zeichnung von 1962 gelegt, um die erwartbaren Spuren des Alterns möglichst lebensecht zu gestalten. Dennoch hatten bislang alle Befragten mit dem Kopf geschüttelt – und so kam es auch dieses Mal, als Mireya unter falschem Vorwand nach dem spurlos verschwundenen Kubabesucher fragte. Galina Petrowna glaubte, dass Juri Gagarin, wäre er nicht viel zu zeitig gestorben, mittlerweile genau so wie der Mann auf dieser Zeichnung aussehen müsste. Ljubow Andrejewna hingegen fühlte sich vage an Nikita Chruschtschow erinnert, »bloß die Haare, nein, der hätte doch niemals im Leben so eine Perücke getragen«.

»Wie heißt er denn, dieser Bekannte deines Onkels?«

»Sergei Vardanowitsch Bogosian.«

»Sagt mir rein gar nichts. Dir, Ljusja?«

»Als wir noch in der fünften Straße der Bauarbeiter gewohnt

haben, da gab's auf unsrer Etage einen Sargis Petrosian. Aber der war Klavierstimmer und hatte so'n erhabenes Muttermal am Mundwinkel.«

»Also wenn dieser Bogosian nicht im Telefonbuch steht, wirst du ihn wohl nie finden.«

»Was soll man machen. Mein Onkel hätte einfach nicht seine Anschrift verlieren dürfen«, wiegelte Mireya ab und schob das abgegriffene Phantomportrait zurück ins Portemonnaie. »Zum Suchen hätte ich ja normalerweise eh kaum Zeit, die Spartaki-ade hat ein straffes Programm.«

»Was für 'ne Mannschaft trainierst du denn eigentlich? Ich mein, welche Sportart: Baseball? Oder Boxen?«

Mireya blickte an sich herab, schmunzelte: »Nein, es geht um ein Kräftemessen in EDV. Obwohl mein linker Haken nicht von Pappe ist. Aber Programmieren ist auf lange Sicht besser fürs Gehirn.«

Des Weiteren berichtigte Mireya, dass sie mitnichten die Natio-naltrainerin war, sondern den jungen Programmierern bei den Wettbewerben als Übersetzerin zur Seite stehen sollte – was Ga-lina Petrowna nicht davon abhielt, ihr auch fachbezogene Fra-gen zu stellen: »Du kannst mir doch bestimmt erklären, wieso die immer-bloß Programme für Maschinen schreiben?«

»Wofür denn sonst?«

»Na, für uns, für-uns-Frauen!«, erwiderte Galina Petrowna. »Da-bei würden nich-nur deine jungen Programmierer ins Schwit-zen kommen, soviel-is-sicher. Wenn ich allein-dran-denke, was bei mir grad-alles drunter-un-drüber-geht, da wär-neues Steu-erprogramm genau-das-richtige! Unsre Mediziner hatten ihre Chance, jetz-solln-mal die Kybernetiker ran.«

»Wenn du wüsstest«, erwiderte Mireya, »was bei der elektroni-schen Datenverarbeitung manchmal noch schiefgeht—«, doch als sie Ljubow Andrejewnas verhaltenes Kopfschütteln bemerkte, verstummte sie. Ihr fürsorgliches Wechselspiel blieb jedoch nicht unbemerkt. Galina Petrowna zerdrückte die Schalen im Eierbecher, ehe sie anmerkte, dass anscheinend nicht nur beim Programmieren so einiges schiefgehe: »Wie konnte dir denn eine ganze Nationalmannschaft abhandenkommen?«

»Gute Frage! Dein Mann hat sie vorgestern vom Flughafen in irgendein Krankenhaus gefahren. Bislang weiß ich nur, dass sie alle in Quarantäne mussten.«

In Sekundenbruchteilen verhärteten sich Galina Petrownas Gesichtszüge: »Is-Mischa-jetz-etwa-auch-krank?«

»Aber wieso denn, Galja? Solche Spezialeinsätze hat er schließlich bei den ABC-Truppen trainiert«, wandte Ljubow Andrejewna mit sanfter Stimme ein, doch Galina Petrowna ließ sich nicht einlullen: »Siehs-doch, dass-er-immer-noch-nich-da-ist. Bestimmt-musst-er-auch-in-ne-Quarantäne«, rief sie und verschwand ins Nebenzimmer.

Ljubow Andrejewna zuckte mit den Augenbrauen, lächelte müde. Mireya bedankte sich für das Abendbrot und stellte ihr leeres Teeglas auf den Teller.

»Lass nur, wir räumen nachher ab, wenn Mischa gegessen hat. Falls er überhaupt noch hungrig ist, wenn er nach Hause kommt.«

»Ich muss bald los, hab 'nen langen Rückweg. Vielleicht könnte er mich ja im Hotel anrufen?«

Während sie noch Abschiedshöflichkeiten austauschten, preschte Galina Petrowna durch die Diele. Dabei stieß sie gegen eine der Reisetaschen, fluchte und ließ die Wohnungstür hinter sich ins Schloss fallen. Ljubow Andrejewna sank auf den Stuhl zurück und umklammerte ihren Bauch, als müsse sie ihn wärmen oder am Platzen hindern: »Ich weiß ja, Galja meint es nicht so, aber manchmal—«, und damit verstummte sie.

»Dann heißt es wohl doch, auf die Kybernetik hoffen«, tastete sich Mireya in die Stille vor und horchte erleichtert auf: Das Türschloss schnappte. Galina Petrowna kam zurück in die Wohnung, rasselte mit einem Schlüsselbund: »Seid-ihr-start-klar? Du-musst-fahren, Ljusja!«

»Was? Geht's bei dir etwa schon los?«

»Nein-nein, noch-nicht. Aber-ich-hab-ne-Idee, wo-wir-Mischa-finden. Pascha-leiht-uns-seine-Rostlaube, der-kann-eh-nich-mehr gradeaus-gucken.«

Ljubow Andrejewna schluckte sichtlich, schnäuzte sich.

Keine Viertelstunde später trug Mireya zwei Reisetaschen über den Holzsteg vorm Hauseingang. Bei den Betonrohren am Straßenrand wälzte sich ein herrenloser Pudel im plattgedrückten Gras. Er knurrte kurz, als die drei Frauen an ihm vorübergingen, dann setzte er seine hündischen Geschäfte fort.

Pionierarbeit

Kuibyschew, 1946–1950

Jewhenija lauerte hinter der Zimmertür, lauschte. Als die Spülung rauschte, eilte sie auf den Flur hinaus: vorbei an Koffern, Kisten und Körben, die sich bis zur Decke türmten. Vorbei an Lenotschkas hölzernem Dreirad und dem Gaszähler, an dem eine Garbe Skistöcke lehnte. Die leeren Einweckgläser auf der Kommode klirrten im Takt ihrer Schritte. Flink um die Ecke und weiter entlang der Hakenleiste voller Wintermäntel, die den ohnehin unwegsamen Flur weiter verengten, wobei sie zu allem Übel allzeit Naphthalin und Nikotin ausströmten. Jewhenija musste sich an das abgewetzte Wollzeug schmiegen, um Platz für Fufajew zu machen. Der trat soeben mit halboffenem Hosenschlitz aus der Toilette und brummte einen Morgengruß. Im Vorübergehen glotzte er unverhohlen auf Jewhenijas gebauschte Bluse und stimmte, nunmehr bereits auf der Schwelle von Zimmer № 8, einen abgedroschenen Schlager an.

Im Spülkasten plätscherte es noch, als Jewhenija die Toilettentür schloss und sich mit angehaltenem Atem über den Abort beugte. Das Glück war auf ihrer Seite: Es lag tatsächlich ein Härchen auf dem Porzellanrand, den sie wenige Minuten zuvor gründlich gesäubert hatte. Feodor Fufajew war der letzte Bewohner der Kommunalka № 3 des Hauses № 17, dessen Vergleichsspur ihr noch fehlte, da der Wolgaschiffer nur sporadisch bei seiner Ehefrau Wera übernachtete. Schon hatte Jewhenija ihre Streichholzschachtel auseinandergezogen und schob das Schamhaar mit der Schuberkante in die leere Schachtel.

Leise auflachend sog sie ungewollt Darmgase in die Nase ein.

Mit dieser Probe konnte sie allerdings nichts anfangen, da sie sich bislang nur unzureichend in die odorologische Methode eingearbeitet hatte und ihr überdies die Mittel zum Aufbau eines Geruchsarchivs fehlten. Dennoch würde sie es nicht beim Archivieren von Haaren bewenden lassen. Dringlicher denn je musste auf allen Gebieten des menschlichen Handelns mit wissenschaftlicher Methodik und Präzision vorgegangen werden, um die Herausforderungen der neuen Zeit meistern zu können. So hatte es ihr Großonkel Gennadi verkündet, als er das letzte Mal zu Besuch gekommen war. Dass es der Professor der Kriminalistik irgendwann einmal an wissenschaftlicher Parteilichkeit hatte mangeln lassen, sollten seine Angehörigen nie erfahren: Die ihn betreffende Ermittlungsakte war ebenso plötzlich und spurlos verschwunden wie der fachkundige Untersuchungshäftling – von dem es nun bei Familienfesten hieß, er verlottere vermutlich in Brüssel oder Paris. Seine inspirierenden Worte wirkten nichtsdestotrotz weiter fort.

Zurück im Zimmer klebte Jewhenija ihre neueste Vergleichsspur auf die beschriftete Karteikarte: Fufajew, Feodor Filatowitsch. Das Haararchiv war eines der kriminologischen Hilfsmittel, mit denen sie sich dagegen wappnete, dass es jemals wieder zu einer Schlappe wie in der Affäre *Schmuckteller* kommen würde.

Affäre *Schmuckteller*

Es war die Frühaufsteherin Bubnowa aus Zimmer № 5, die den zerbrochenen Teller am 1. Mai 1938 auf dem Küchenboden fand. Ohne Rücksicht auf die Uhrzeit rief sie sogleich die übrigen Bewohner der Kommunalka № 3 herbei. Jewhenija, die unmittelbar nach ihr am Tatort erschien, zählte sieben große und achtundzwanzig kleinere Scherben sowie fünf winzige Splitter. Schon sank der fette Jelisarow neben ihnen auf die Knie und schluchzte: Nicht irgendwelches Geschirr, nein, sein ganzer Stolz liege hier entzweigeschlagen vor aller Füßen! Dieser Schmuckteller sei ein unbezahlbares Erinnerungsstück gewesen, eine Auszeichnung für seine Spitzenleistungen, mit denen er als Fahrer der Agit-Brigade den Bau des Belomorkanals vorangebracht habe. Der stellvertretende Volkskommissar des Narkomwod höchstpersönlich habe ihm dieses Schmuckstück überreicht. Schon deshalb dürfe die Zerstörung des Tellers nicht als schnöde Sachbeschädigung bagatellisiert werden – hier deute alles auf eine gezielte antisowjetische Provokation.

Unter keinen Umständen werde das Haus № 17 dergleichen dulden, sekundierte Adamow. Kraft seines Amtes berief der Vorsitzende des Hauskomitees für den folgenden Montag eine Sondersitzung ein. Nicht zuletzt gelte es dabei aufzuklären, wie das unersetzliche Stück überhaupt aus Jelisarows verschlossener Vitrine in die Gemeinschaftsküche gelangt sei. Sollte sich der Täter während dieser Sitzung nicht zweifelsfrei ermitteln lassen, werde er, der Vorsitzende Adamow, höchstpersönlich die Miliz und, wenn nötig, das Volkskommissariat für innere Angelegenheiten hinzuziehen.

Das Gros der Mitbewohner schoss sich bereits vor der Sitzung auf den Sonderling aus Zimmer № 2 ein: Bossoi stand ohnehin im Verdacht, eine Millionen Rubel oder doch mindestens vierhundert Dollar zu horten – mithin antisozial und zu solch vandalischer Schandtat imstande zu sein. Auch Jewhenija neigte dazu, sich dieser Linie anzuschließen.

Bossoi wäre wohl unvermeidlich den Behörden übergeben worden, hätte sich nicht am Sonntagabend Klastuschkin der heiklen Scherben angenommen. Im Puzzeln geübt fügte er die Lastkraftwagen, auf denen bannerschwenkende Brigaden zur Kanalbaustelle fuhren, innerhalb kürzester Zeit wieder zusammen. Und so kam es, dass der Schmuckteller zu Sitzungsbeginn säuberlich verleimt auf dem Küchenregal stand.

Ein eben daraus erwachsendes Verdachtsmoment unterbreitete Jewhenija dem Hauskomitee. Der Vorsitzende Adamow lobte ihren Scharfsinn. Jelisarow nickte ihr dankbar zu und gab zu Protokoll, er fühle sich an den tapferen Heldenpionier № 001 erinnert. Klastuschkin winkte müde ab. Der auf seine Aussage hin getätigte Anruf bestätigte, dass der Mechaniker zur fraglichen Tatzeit eine havarierte Straßenbahn flottgemacht und somit den reibungslosen Ablauf der Maifeierlichkeiten gesichert hatte, wofür er alsbald einen blechernen Orden erhalten solle und so weiter. Jewhenija wurde daraufhin wieder zu den anderen Kindern zum Spielen geschickt.

Die Sitzung des Hauskomitees nahm unterdessen noch eine Reihe überraschender Wendungen, über die man die Kinder jedoch im Dunkeln ließ. Allein, dass Genosse Adamow mit sofortiger Wirkung seines Postens enthoben und der diesbezügliche Sachverhalt bereits nach oben gemeldet worden sei, machte auch auf dem Hof schnell die Runde. Die Suche nach dem reaktionären Saboteur, der den Schmuckteller zerschmettert hatte, verlief hingegen im Sande – wohl weil die Untersuchungsbehörden aufgrund einer nicht nachlassen wollenden Schwemme an Obskuranten und Diversanten am Rande ihrer Kapazitäten waren.

Von derartigen Fehlschlägen ließ Jewhenija sich nicht unterkriegen. Dies gehörte in ihren Augen zur oft beschworenen Schule der Prüfungen aller Kräfte und Fähigkeiten. Fortan arbeitete sie sich noch penibler in die Tagesabläufe aller Hausbe-

wohner ein, führte über die Meriten, Marotten und Geheimnis-
krämereien jedes einzelnen gewissenhaft Buch. Ihre Idee, die
Fußmatte an der Haustür als Stempelkissen zu benutzen, um
als Nächstes Vergleichsabdrücke aller Sohlen zu nehmen, verwarf sie allerdings nach einer Versuchsreihe, bei der sie das
Leder ihrer hübschen Halbstiefel verdorben und deshalb eine
Tracht Prügel bezogen hatte.

•

Im Spätsommer 1948 kam Jewhenija als Auszubildende in
der Dienststelle von Untersuchungsrichter Sarytschew unter.
Durch ihre besonderen Vorkenntnisse und Fähigkeiten machte
sie alsbald auf sich aufmerksam – und nicht nur das: Sie wusste ihr hohes Niveau zu halten und zu steigern. Nachdem Sarytschew sich abgesichert hatte, dass es hinsichtlich der Aktenla-
ge und des Klassengesichtspunktes derzeit keine Vorbehalte gab,
sandte er klare Signale an den Kaderleiter. Mit allerlei Fortbil-
dungsmaßnahmen gedachte er, seine neue Schreibkraft auch
auf unerschlossene Gebiete ihrer gemeinsamen Sache vorzu-
bereiten. Dazu ließ er sie von der Schreibstube in sein Vorzimmer aufrücken. Von dort aus arbeitete sie dem Untersuchungsrichter auf hohem Niveau zu, wobei sie sich auch dabei weiter
zu steigern wusste. Die von ihr aufgenommenen Vernehmungs-
niederschriften kombinierte sie scharfsichtig mit verstreut eingehenden Indizien und brachte auf diese Weise mehrere Fälle
bereits im Vorzimmer zur Verhaftungsreife.
Um so bitterer kam es für Sarytschew, als Jewhenija sich ohne
Vorwarnung im Dezember 1949 aus Kuibyschew verabschiedete. Die Kartons mit den Karteikarten über Haus № 17 ließ sie
versiegelt zurück. Die Aufzeichnungen über die Dienststelle Sarytschew verstaute sie in einem ihrer Koffer, denn sie muss-

te das Gepäck ja schließlich nicht tragen. Sie reiste gemeinsam mit dem aufstrebenden Funktionär Swetljatschenko. Ihr Ziel war eine nordrussische Industriesiedlung, die es bislang bloß zu einem einfallslosen Namen und einer provisorischen Bahnhaltestelle gebracht hatte – was ihr viel Spielraum zur Entfaltung versprach. Und tatsächlich: Dort nahm es Jewhenija bald darauf mit neuen Herausforderungen auf.

System M

Dort, wo das Relief zu einem Schildbuckel anstieg, mündeten die Hauptstraßen in einen Kreisverkehr: den Sternenplatz. In dessen Mitte ragte ein Lenin-Denkmal aus sandfarbenem Reaktoplast auf. Der sorgsam modellierte Revolutionär schien geradewegs aus dem Stadtsowjet zu kommen und deutete mit ausgestrecktem Arm in die Zukunft – wies den Weg, daran ließ die Formensprache des Ensembles keinen Zweifel aufkommen, den vorherbestimmten Weg, der durch das prunkvolle Fabrikportal in die Fertigungsanlagen und immer weiter gen Morgen führte. Ostwärts waren auch die Flaggen ausgerichtet, deren Masten Dmitri rings um den Denkmalsockel in die Sperrholzplatte eingeleimt hatte.

»Wie konnten Sie auch nur in Erwägung ziehen, mir eine derartige Spielerei unterzujubeln? Wie, Dmitri?«

Professor Maljutkins nikotingelber Zeigefinger stieß ein weiteres Mal auf Lenins Glatze nieder. Im Sockel des Denkmals klickte daraufhin ein Relais, und schon setzten sich allerorten Gebäude in Bewegung. Die vom Straßenrand zurückgleitenden Häuser ließen den Sternenplatz zu einem weitflächigen Aufmarschareal anwachsen. Die Hauptstraßen mauserten sich zu vierspurigen Prospekten. Einige Solitäre des Südviertels glitten auf den kaschierten Schienen weiter zum Stadtrand und verschafften auf diese Weise der Fabrik neues Bauland. Aus dem Nordviertel schob sich der Schulkomplex wie eine Gletscherzunge zum Ufer des Stausees, wodurch ein komplettes Planquadrat neben dem Stadtsowjet frei wurde. In diese Lücke wollte

Dmitri sogleich den am Tischrand bereitstehenden Großen Kulturpalast einfügen: »Es sollte eine Überraschung werden.«

Professor Maljutkin nahm ihm das Gebäude aus der Hand: »Eine Prüfung ist kein Kindergeburtstag!«

Maljutkin hielt den Kulturpalast wie eine Eistüte an der Spitze und starrte nachdenklich in das Untergeschoss hinein, weshalb Dmitri dachte, sein Professor begutachte das darin eingelassene Fahrwerk: »Nenngröße Halb Null. Die Modelleisenbahnteile hat mir mein Bruder mitgebracht, aus der DDR—«

Das Krachen, mit dem das Kulturhaus auf dem Tischrand landete, ließ Dmitri zusammenzucken, ließ ihn schwere strukturelle Schäden befürchten.

»Verstehen Sie denn nicht, was Sie uns damit einbrocken?« Professor Maljutkin pochte ihm mit dem Zeigefinger gegen die Brust. »Es wird heißen: Maljutkins Seminar ist zu einem Hort des Technizismus verkommen. Es wird heißen, Genosse Maljutkin hat uns einen Stenz herangezogen, der mit dekadenten Spielereien die Richtlinien verhöhnt. Und im nächsten Atemzug wird es heißen: Der morsche Ast muss dem faulen Äpfelchen folgen!«

»Aber es heißt doch immer, dass sich unsere Gesellschaft unaufhaltsam in Richtung Kommunismus entwickelt—«

»Was soll das heißen: Es heißt doch immer?«

»Ich meinte nur … Da wir uns durch jede Umgestaltung der Umwelt immer wieder selbst verändern, müsste es doch auch die Aufgabe der Architekten sein, in der Stadtentwicklung bestmöglich die weiter fortschreitende Emanzipation zu antizipieren.«

»Hören Sie auf, Dmitri, Sie reiten sich immer tiefer in die Bredouille«, stöhnte Maljutkin. Seine Finger zitterten, als er sich eine Papirossa zurechtdrückte, doch nach zwei tiefen Zügen hatte er sich wieder im Griff: »Die Partei passt den Plan an die gesellschaftliche Dynamik an, und die Architekten haben diesen Weichenstellungen zu folgen. Wohin kämen wir denn, wenn sich alles nach Belieben verschieben ließe.«

»Aber die Gleise würden doch entsprechend des Generalbebauungsplans verlegt.«

Inzwischen hatte Dmitri das Kulturhaus zu fassen bekommen; das Fahrwerk war tatsächlich aus der Verankerung gebrochen. Weinerlich presste er hervor: »Darauf bin ich überhaupt erst gekommen, als ich Ihren Vortrag über die Verbreiterung der Gorkistraße gehört habe. Da haben Sie doch davon berichtet, wie das Mossowjet-Gebäude auf Gleise gesetzt—«

Maljutkin winkte ab und blickte nun noch missmutiger drein: »Was sollen wir bloß mit Ihnen machen? Wenn der Komsomol Wind von Ihrer politischen Unreife bekommt, kann Ihnen nicht einmal mehr Ihre Großmutter aus der Patsche helfen. Und wohin dann mit Ihnen?«

»Ich werde arbeiten, wo immer man mich benötigt«, stieß Dmitri trotzig hervor.

Unvermittelt schien alle Anspannung von Maljutkin abzufallen, und schon stieß sein Zeigefinger abermals auf Lenins Kunststoffglatze nieder.

•

Schelesnodoroschny, 1951–1953

Im Storchengang durch knietiefen Neuschnee unterwegs, schlug Dmitri den kürzesten Weg zum Haus des Werksleiters ein. Er wähnte sich zu solch später Stunde allein im Freien – was sich als ein weiteres Glied in einer Kette von Irrtümern erweisen sollte.

Kettenglied eins: Bei Schelesnodoroschny handelte es sich mitnichten um jene Stadt unweit von Moskau, auf deren Bahnhof sich Anna Karenina unter einen Güterzug geworfen hatte, sondern um eines der vielen Eisenbahnstädtchen in den nordrussischen Weiten. Selbst in den größten Siedlungen dieser Region hätte man sich zu Tolstois Lebzeiten höchstens unter ein Fuhrwerk oder unter eine umstürzende Rottanne werfen können. Das Schelesnodoroschny, in das es Leonid verschlagen hatte, war überhaupt erst vor elfeinhalb Jahren gegründet worden. Um das Städtchen von all den anderen Schelesnodoroschnys abzugrenzen, nannten es Anrainer, Eisenbahner und Zugezogene untereinander meist *Das Kaff am Arsch der Welt* – was im Umkreis von neunundneunzig Kilometern eine eindeutige Zuordnung zuließ.

Kettenglied zwei: Das Baukollektiv, dem Dmitri dank Maljutkins Vermittlung zugeteilt worden war, sollte keineswegs eine fortschrittliche Werkssiedlung errichten. Nein, ganz bestimmt nicht! Der Bauleiter verstand überhaupt nicht, wovon sein neuer Assistent da sprach, ebensowenig, warum Dmitri es sich derart zu Herzen nahm, als er die längst fertiggestellten Standardgebäude sah, die es auszubessern galt: Einige Wohnblöcke waren aufgrund des zuverlässigen Zusammenwirkens von Rekordbauzeiten, Materialmängeln, Witterung und Fehlnutzung bereits komplett unbewohnbar geworden – was deren ehemalige Bewohner und verbliebene Nachbarn nicht davon abhielt, die Ruinen weiterhin als Winterställe für ihr Vieh zu benutzen.

Kettenglieder drei bis fünf: Als Assistent des Bauleiters fiel es Dmitri zu, sich um Orenburgziegen, Orloffhühner und deren argwöhnische Besitzer zu kümmern. Überdies musste er die wanderlustigen Dachdecker, Elektriker und Zimmerleute bei Laune halten. Beständig bemüht Engagement zu zeigen, erwies er sich im Umgang mit Bauzeichnungen und Blechschere hinreichend fähig. Auch für den Kampf gegen Materialschwund und Marderschäden hatte er zweifellos ein Händchen. Dies konnte dem Werksleiter und Vorsitzenden des Ortssowjets nicht lange entgehen, und so wurde Dmitri von Wiktor Swetljatschenko höchstpersönlich zum Bauleiter im Sondereinsatz befördert (womit besagte Kette aufhörte, sich allein aus Dmitris Fehleinschätzungen zusammenzusetzen).

Kettenglied sechs: Als Wiktor Swetljatschenko einen Entwurf zum Ausbau seines Wohnhauses anforderte, spitzte Dmitri die Bleistifte und spannte ein neues Blatt in die Laubsäge. Die Herausforderung war, den Wohnraum mindestens zu verdoppeln, das Haus nach außen hin aber weiterhin dezent wirken zu lassen. Im März präsentierte er dem Bauherrn ein Modell und gelobte, dass die neuen Räumlichkeiten vorm nächsten Winter bezugsfertig sein würden.

April kam unversehens, also wischte sich Dmitri den Ruß von den Brillengläsern. Eine gegen den Tag vorstoßende Warmfront zog über das wellige Hügelland und lockte Lemminge unter unsachgemäß gelagerten Isolierwollrollen hervor, trieb Siebensterne aus auftauenden Knollen, ließ Mensch und Maschinen im Matsch versinken. Ein weiterer Wolkenbruch tat das Seine, und schon fand sich der junge Bauleiter in eine Affäre mit der Ehefrau seines Bauherrn verstrickt.

Jewhenija Swetljatschenko, die (ohne irgendein Anzeichen von Mühe) weit fordernder als ihr Gatte auftrat, ließ Dmitri fortan kaum mehr zur Ruhe kommen. Dabei zeigte sie sich kundig in den Parteiroutinen und den Monatszyklen der sozialistischen Produktion: Sie kannte die Stoßtage, an denen ihr Mann bis zum Morgengrauen zwischen den Werkbänken patrouillierte, und die Zahltage, an denen er mit seinen Ingenieuren und Polieren zechte, ebenso die Intervalle der abendfüllenden Sitzungen im Ortssowjet. Und auch die Sondertermine, an denen ihr Mann zu Parteiveranstaltungen reisen musste, erfuhr Jewhenija meist als Erste.

An diesem Nachmittag aber hatte sie Dmitri so schnell aus dem Haus scheuchen müssen, dass ihm der letzte Spermafaden auf dem Heimweg am Hosenschlitz festgefroren war. Wenige Stunden später schellte das Telefon, und schon stakste Dmitri im Storchenschritt durch die Siedlung. Fünf Schneehäubchen fielen vom Gartentor der Swetljatschenkos, als er am Riegel rüttelte. Die gedrechselten Torstaketen scharrten so laut über den verharschten Fußweg, dass Dmitri die beiden Männer nicht nahen hörte, die ihn sogleich von hinten an der Schulter packen würden.

•

Sewernyje Uwaly, 1953

Hinter der einfahrenden Lokomotive rieselten rußmelierte Eiskristalle auf den Bahnsteig nieder. Rungenwagen um Rungenwagen zuckelte an Dmitri und seinen schweigsamen Begleitern vorüber, doch just als das Crescendo der Bremsen seinen Höhepunkt erreichte, kam ein Personenwagen vor ihnen zum Halt. Mit geübten Griffen wurde Dmitri in das Großraumabteil gestoßen, der Eisenriegel zurück vor die Tür geschoben. Und schon setzte sich der Zug wieder in Bewegung, schlingerte an einer Signalleuchte vorbei. Der klägliche letzte Schein Schelesnodoroschnys versickerte im dampfdurchwölkten Schneetreiben, wich der Dunkelheit des Waldes. Die vergitterten Fenster waren nun gleichmäßig gerasterte Spiegel – der unfreiwillige Passagier darin allein, aschfahl unter einer Deckenlampe. In der Mitte des Abteils bullerte ein Kanonenofen, auf dessen eingesenkter Deckplatte eine Teekanne und ein Blechnapf voll Grütze standen. Auf der Bank daneben fand Dmitri eine daumendicke Brotscheibe sowie drei Papirossi. Für welche Dauer diese Ration bemessen sein sollte, fragte er sich, und ob sie überhaupt für ihn bestimmt war. Doch solange das Warum seinen Kiefer blockierte, das Wohin seine Kehle zuschnürte und das Was seine Magenwand malträtierte, konnte daraus kein Dilemma erwachsen. Folglich blieb, als der Zug im Morgengrauen auf freier Strecke hielt und Dmitri nach draußen beordert wurde, die Ration unberührt zurück. Im Schlepptau eines siebenschrötigen MWD-Sergeanten schlitterte er den Bahndamm hinab zu einem Geländewagen, der tuckernd am Waldrand stand. Als der Sergeant ihm bedeutete, in den Laderaum zu steigen, bibberte Dmitri: »Sagt mir doch wenigstens, wohin ihr mich bringt. Bitte!«

»Jetzt quatsch nicht! Steig ein, bevor mir die Zehen abfrieren«, erwiderte der Siebenschrot und spuckte seine Kippe in den Schnee. Als Dmitri auf dem Radkastensitz Platz genommen hatte, versuchte er abermals sein Glück, doch der Fahrer ließ den Motor aufheulen, und schon schaukelte der Wagen über Schneewehen, über die gefrorenen Kuhlen und Kettenkerben eines Waldweges.

»Aber Sie können mich doch nicht einfach fortbringen. Ohne Anklage und ohne ein Urteil«, keuchte Dmitri, der im Laderaum gnadenlos durchgeschüttelt wurde.

»Hörst du das, Glebka, der muss ordentlich was auf dem Kerbholz haben, sonst würd er nicht nach seinem Richter fragen.«

»Das wird Baba Jaga aber gar nicht gefallen«, erwiderte der

Fahrer, woraufhin der Siebenschrot diesem eine Kopfnuss verpasste.

Auf einem Polterplatz kam der Geländewagen schließlich zum Stehen, und der Sergeant hieß Dmitri auszusteigen. Als die Milizionäre ihn an den übermannshohen Baumstapeln entlang eskortierten, schlotterten seine Knie so sehr, dass er ausrutschte und seine Begleiter ihn mit einem Ruck am Kragen aufrichten mussten. Hinter dem letzten Polter eröffnete sich der Ausblick auf eine dunstige Niederung: Trotz wochenlangem Frost wurde diese von einem eisfreien Fluss durchschnitten. Dmitri überschlug, ob er tatsächlich bis jenseits des Urals, in die Nähe der sagenumwobenen Frostschutzmittelfabrik *Papanin* gelangt sein könnte – doch nein, niemals binnen einer Nacht. Vom gegenüberliegenden Ufer näherte sich ein Kahn, der, einmal in die Strömung gestellt, ohne weiteres Zutun an Seilen durchs Wasser glitt. Noch ehe er anlegte, rief der schlohbärtige Fährmann dem Sergeanten zu: »Was wollt ihr mir mit dem da? Ihr wisst doch genau, dass ich keine Seki überzusetzen brauche.«

»Nur weil der nicht merkt, wie kalt es ist, will er uns den riesigen Umweg aufbürden«, brummelte der Fahrer in seinen aufgestellten Mantelkragen.

»Ganz ruhig, Mrakowitsch: So will man es heut dort oben«, erwiderte der Sergeant dem Fährmann. Dmitri sah Widerwillen in den Augen des Alten aufflammen, sah ihn nichtsdestotrotz beiseitetreten – und schon fanden sie sich am anderen Ufer wieder.

Einen mit Asche gestreuten Weg ging es das Hochufer hinauf, und als sie auf der obersten Flussterrasse angelangt waren, lag vor ihnen eine Schneise, die kilometerweit in die Taiga hineinreichte. Unter der tiefstehenden Sonne schien der kahl geschlagene Streifen von Gänsehaut überzogen, da jeder der Abertausend Baumstümpfe als ein Schneebuckel aufragte. Der Sergeant hielt in einer von Schneeschuhen festgetretenen Spur auf eine hühnerbeinige Holzhütte zu, und dicht hinterdrein folgte Dmitri unter den Blicken des Fahrers. Aus unwägbarer Entfernung schlug ihnen Hundegebell entgegen.

•

LON-101, 1953

»Es freut mich, dass Sie unserer Einladung so kurzfristig Folge leisten konnten«, begrüßte ihn Lagerleiter Nogow, der sich als Ingenieur-Major vorgestellt hatte. Aufgrund eines Sehfehlers schaute er so weit an Dmitri vorbei, dass es den Anschein erweckte, er spräche mit dem Generalissimus, dessen Bildnis in der schönen Ecke hing. Nun ließ Nogow den Blick zum Kachelofen schweifen: »Und das ist Sekretär Kedrin vom Kreiskomitee des Komsomol. Derzeit ist er allerdings der einzige Komsomolze im ganzen Kreis, stimmt's Walja?«

»So sollte man das keinesfalls darstellen, Konstantin Iwanowitsch! Bis zur Fertigstellung des Staudamms waren wir über siebentausend«, erwiderte der Sekretär. Nogow wischte dessen Replik beiseite und wandte den Blick abermals zum Generalissimus: »Ich hoffe, Sie haben ein wenig Appetit mitgebracht.«

Auf diese Worte hin trat ein hagerer Bursche aus dem Schatten der Rolltürschränke und rückte geräuschlos die Stühle vom Tisch zurück, ehe er die Abdeckhauben lupfte, unter denen je ein dampfender Teller Schtschi nebst saurer Sahne sowie ein Schälchen Piroggen zum Vorschein kamen.

»Ich verstehe immer noch nicht«, setzte Dmitri an, als er den Teller leer gelöffelt hatte, wurde jedoch von den Watruschka abgelenkt, die der hagere Bursche als Nachspeise auftrug. Nogow zog eine Kladde aus seiner Ledermappe und leckte den knöchrigen Daumen an. Nach kurzem Blättern hatte er die richtige Seite gefunden: »Maljutin ... nein, hier: Maljutkin, Semjon Wolfowitsch.«

»Ofesso Aljukin?«, stieß Dmitri schmatzend hervor.

»Eben dieser«, sagte Nogow. »Doch genug davon. Jetzt baue ich auf Ihre ungetrübte Aufmerksamkeit. Und vergessen Sie nicht den Schwur, den Sie geleistet haben!«

Auf einen Wink des Lagerleiters hin schoben Kedrin und der hagere Bursche einen Rolltisch aus dem Nebenzimmer herein. Auf der Tischplatte war ein Modell aufgebaut, in das, so viel konnte Dmitri bereits auf den ersten Blick erkennen, mehrere Hundert Stunden Arbeit geflossen sein mussten. An den Konturen des Hochufers und den am Modellrand verlaufenden Waldschneisen erkannte er das Lager, in das er eskortiert worden war. Die Pfosten der zweifach gestaffelten Umzäunung waren schmaler als Streichhölzer, der Stacheldraht offensichtlich aus Schweineborsten gefertigt. Auf dem Sägemehlstreifen zwischen den Zäunen patrouillierte eine kunstvoll geschnitzte Hundestaffel, und zum Lagertor herein marschierte eine Seki-Kolonne. Die hühnerbeinigen Hochstände, die Dmitri bei seiner Ankunft als Erstes gesehen hatte, waren ebenso detailgetreu ausgeführt wie das Verwaltungsgebäude und das Wohnheim der Wachmannschaft – bis hin zum schiefen Wetterhahn auf dem First. Ja, sogar die Banja war mit winzigen Holzschindeln gedeckt, ihre Außenwände mit Borke verkleidet. Auf den Werkstätten und Baracken der Seki klebten Teerpappestreifen. Und hinter den Hundezwingern lag ein Stoß Figuren, die offenbar noch nicht auf ihre Bestimmungsorte geklebt oder wieder entfernt worden waren.

»Schauen Sie hier«, sagte Nogow und hob das Dach einer der Werkstatthallen an – die sich dabei als ein Großraumbüro erwies. Darin standen zehn Zehnerreihen Schreibtische, an denen sich Häftlinge über winzige Blätter beugten: »Hier im Nebenlager schlagen wir weder Holz, noch fluten wir Täler. Dafür sind das Hauptlager und Kedrins Freiwillige zuständig. Der Rohstoff, mit dem wir das Land versorgen, sind Zahlen. Wir führen für Forschung, Produktion und Verwaltung mathematische Massenoperationen durch, und während des Vaterländischen Krieges haben wir ballistische Kurven für Raketenwerfer berechnet.«

»Dafür wurde Genosse Nogow bereits mit dem Kriegsorden erster Klasse ausgezeichnet«, sekundierte Kedrin, doch Nogow wischte auch diesen Einwurf beiseite. Mit dem Mundstück seiner Pfeife deutete der Lagerleiter in das Großraumbüro: »Hier, in der ersten Tischreihe sitzen unsere klügsten Köpfe. Die von ihnen erstellten Algorithmen werden in den nächsten beiden Reihen in einfachste Teilberechnungen zerlegt. Diese werden von den Arithmometer-Virtuosen in den Reihen vier bis zehn gelöst, im Rücklauf kontrolliert und schließlich zum Endergebnis zusammengefügt.«

»Zehn solcher Gruppen arbeiten in jeweils fünf Zweistundenschichten«, ergänzte Kedrin, und Nogow nickte dazu – woraufhin der Sekretär abermals im Nebenraum verschwand.

»Doch«, fuhr der Lagerleiter fort, »damit wird es bald vorbei sein, da derartige Rechenaufgaben künftig von Automaten erledigt werden sollen. Folglich wird sich unser Lager auf neue Aufgabenfelder spezialisieren müssen.«

Auf dieses Stichwort hin trugen Kedrin und der hagere Bursche ein weiteres Modell herein. Als sie es auf der Anrichte absetzten, erblasste Dmitri: »Aber wie ist das möglich?«

»Das Meisterwerk wurde im Zuge von Maljutkins Verhaftung sichergestellt«, lachte Nogow. Dabei drückte er mit dem Zeigefinger auf Lenins abgegriffene Glatze, doch das Relais im Denkmalsockel reagierte nicht.

»Genosse Lagerleiter, melde gehorsamst: Der Transformator ist defekt«, drang es sogleich aus dem Schatten, woraufhin Nogow seinen Schreibtisch mit einem erbosten Blick bedachte. Der hagere Bursche trat vorsichtig ins Licht und rapportierte: »Habe ihn bereits letzte Woche in die Werkstatt gebracht, aber die Kupferdrahtlieferung–«, und schon hatte Nogow ihn mit einem Wink zurück in den Schatten verbannt.

»Unsere neue Zielsetzung greift den Möglichkeiten jedweder Rechenmaschine weit voraus. Kurz und knapp: wir werden ein Experimentallager nach dem Grundgedanken Ihres Modells errichten. Ein Lager, das sich an alle erdenkbaren Formen des Arbeitens und der Unterbringung anpassen lässt, eine Versuchsstadt quasi, um mit wissenschaftlicher Präzision zu ermitteln, in welchen räumlichen Konstellationen sich die erwünschten Ergebnisse optimal erzielen lassen. Nur in der Alltagspraxis kann das Potenzial der sozialräumlichen Steuerung zum Vorschein kommen. Und so werden unsere Gefangenen im Zuge ihrer eigenen Besserung dazu beitragen, die Steuerung gesellschaftlicher Prozesse zu optimieren.«

»Aber die Stadtplanung muss doch den Weichenstellungen der erprobten Hand—«

»Wie der Pauker, so sein Primus, was Kedrin?«

»Wahrlich, Konstantin Iwanowitsch, manchmal frage ich mich, wie der Fortschritt in die Welt kommt.«

Nachdem Nogow diesen unverfrorenen Gedanken beiseitegewischt hatte, zündete er seine Pfeife an und paffte ein paar Züge. Durch die Rauchschwaden hindurch starrte er Dmitri direkt in die Augen: »Die hier und jetzt zu beantwortende Frage ist, wann Sie mit der Ausarbeitung entsprechender Baupläne fertig sein können. Über alles andere werden sich Gescheitere den Kopf zerbrechen.«

Betpak-Dala, 1957

Die Frage, ob durch das nahezu gleichzeitige Abhängen Aber-
tausender Stalin-Portraits ein Wirbelsturm ausgelöst würde,
konnte mittlerweile verneint werden. Nichtsdestotrotz war es
beim Entfernen einiger überlebensgroßer Exemplare zu Ar-
beitsunfällen in sowjetischen Behörden gekommen, darüber
hinaus zum Ableben eines Ministerpräsidenten, zu vergebli-
chen Volksaufständen sowie zu zahlreichen nicht in den Ge-
schichtsbüchern verzeichneten Einschnitten und so manchen
Schwulitäten.

»Das wird uns um Jahrzehnte zurückwerfen«, befand Ingeni-
eur-Oberstleutnant Nogow, der nicht mehr wusste, wohin er
seinen Blick wenden sollte. Hunderte, für den reibungslosen
Betrieb des LON-101 unverzichtbare Insassen hatten aufgrund
eines Dekretes entlassen werden müssen.

Auch den Experimentalarchitekten und stellvertretenden
Kreissekretär des Komsomol, Dmitri Frolowitsch Sowakow
trug das Tauwetter davon. Immerhin hatte dieser aus den Irrtümern der zurückliegenden Jahre gelernt – und so überrasch-
te es ihn nicht, dass das Schelesnodoroschny, in welches man
ihn diesmal entsandt hatte, nicht in der Oblast Moskau oder in
den nordrussischen Weiten, sondern in der Betpak-Dala, der
sogenannten Hungersteppe, liegen sollte. Auf aktuellen Land-
karten der Kasachischen SSR hob sich besagter Ort allerdings
nicht vom konturlosen Ocker ab, auch im Register war er nicht
verzeichnet. Und selbst als Dmitri sich seiner Haltestelle bereits
auf neunundneunzig Kilometer genähert hatte, fand sich kein
Zugbegleiter oder Mitreisender, der das hiesige Schelesnodoroschny gekannt hätte.

»Kein Wunder«, meinte der Untersergeant, der Dmitri auf freier Strecke an einem einsamen Trafotürmchen in Empfang nahm: Das Ziel befinde sich in einer Sperrzone. Die dort Stationierten würden Schelesnodoroschny meist *Mitte-von-Nirgendwo* oder *Gdelibograd* nennen – was schon deshalb mehr Sinn als sein Deckname ergebe, weil dieses sogenannte Eisenbahnstädtchen weder ans Gleisnetz noch an die nächstliegenden Straßen angebunden sei. Wie zum Beweis des Gesagten lenkte er den Geländewagen in eine nur vom Kompass gewiesene Richtung und fuhr über Stauden, Steine und Schmelzwasserrinnen zwei Stunden lang auf den Horizont zu. Vergeblich versuchte Dmitri, eine bequeme oder doch wenigstens stabile Sitzhaltung zu finden. Nachdem sie einen platten Reifen gewechselt hatten, fuhren sie eine weitere Stunde lang auf eine flache Hügelkette zu. Vorm abendroten Himmel zeichneten sich die Silhouetten von Saigaantilopen ab, die äsend über die Steppe zogen und ihre Röhrennasen zuweilen in die Höhe reckten.

Nach Einbruch der Dunkelheit wuchs hinter den Hügeln eine Lichtglocke empor und hellte die Schleierwolken wieder auf. Das ist nie und nimmer der Hof des Mondes, dachte Dmitri ... und tatsächlich: Als sie den Hügelkamm überquerten, erblickte er in der vor ihnen liegenden Senke einen See aus elektrischen Lichtern. Nein, keinen See – es schälten sich allmählich die Konturen eines von Laternen gesäumten Straßennetzes heraus. Dort unten leuchtete, da mochte Dmitri die Augen reiben, so oft er wollte: Moskau.

Ja, Moskaus Straßen – so wie er sie während seines Studiums tagtäglich auf Stadtplänen, Schemata und Modellen gesehen und folglich verinnerlicht hatte: Ein radförmig um den Kreml gewobenes Spinnennetz, an dessen Fäden Abertausende Tautropfen schimmerten. Stolper-, Fang- und Signalfäden waren engmaschig über die Boulevards gespannt und am breiten Gar-

tenring befestigt. Allein die Radialstraßen strebten wie Spann-
fäden bis hinaus ins Umland, Kilometer um Kilometer. Einige
Segmente des Netzes waren gestaucht und dunkel durchbro-
chen, als lägen dort die Eisenbahntrassen, die mäandernde
Moskwa, die Stadtwälder. Dort aber, dieser Uferstreifen unterhalb der mutmaßlichen Mündung des Umleitungskanals, das
war sein geliebter Gorki-Park, der wie ein ins Netz gegangener
bunter Leuchtkäfer blinkte. Und dies alles in den Abmessungen des Originals, skizzenhaft vielleicht, aber nichtsdestotrotz:
Moskau. Der Geländewagen hielt derweil an einer dunklen
Stelle, die sich laut Dmitris Schätzung auf dem Gipfel der Leninberge, direkt im Hauptturm der Lomonossow-Universität
befinden müsste.

Der Untersergeant nahm einen Schluck aus der Feldflasche und
spülte den Staub aus der Kehle, ehe er sagte: »System-M heißt
Sie herzlich willkommen, Genosse Sowakow. Aber vergessen
Sie niemals den Schwur, den Sie geleistet haben!«

Dmitri verkniff sich seine Fragen, denn (auch das hatte er in
den vergangenen Jahren gelernt) es fruchtet nichts, zum falschen Zeitpunkt auf Antworten zu hoffen. Und dies musste
zweifelsohne ein falscher Zeitpunkt sein, da der Untersergeant
gespannt auf seine Armbanduhr schaute und dabei leise die Sekunden herabzählte. Auf null erloschen schlagartig alle Lichter,
und von Moskau blieb lediglich ein diffuses Nachbild auf Dmitris Netzhaut zurück. Nach wenigen Sekunden war auch dies
gänzlich verglommen.

Dunkle Zahl

dunkel — Adjektiv und Adverb (althochdeutsch *tunkal*, mittelhochdeutsch *tunkel*): ohne Licht, nicht hell, finster, düster, dämmernd, schwärzlich, trübe, vage, obskur, unbekannt.

Zahl — Substantiv, aus einem weiten germanischen Wortkreis: *tal* n. (altnordisch) Bericht, Aufrechnung, Register; *tāle* f. (mittelniederländisch) Zählung, Erzählung, Rede, Sprache; *zala* f. (althochdeutsch) Ordnung, geordnete Darlegung, Bericht, Aufzählung, Reihe, Summe – ebenso: *zale* bzw. *zal* f. (mittelhochdeutsch); möglicherweise verwandt mit δόλος m. (griechisch) Köder, Lockmittel, Trug, List. Erst im Neuhochdeutschen auf den Ausdruck in der Rechenkunst eingeschränkt: Menge gleichartiger Einheiten, aus der eine gegebene Größe zusammengesetzt ist oder gedacht wird.

dunkle Zahl — I) indoeuropäisches Phrasem, sinngemäß: *Je größer eine Zahl, desto schwerer erfassbar ist sie.* Im Altkirchenslawischen z.B. stand тьма für Finsternis, Dunkelheit (so noch heute ukr. тьма, beloruss. цьма, serb. тама, slowak. тма etc.) und bezeichnete zugleich große Mengen (zehntausend bzw. hunderttausend) sowie gewaltige Mengen, deren Einzelelemente nicht ohne Weiteres abgezählt werden können –

etwa die einzelnen Wassertröpfchen einer Wolke oder sämtliche Roggenkörner auf einem Feld.

II) Statistik: a) In der empirischen und mathematischen Statistik oft synonym zum *statistischen Ausreißer* gebraucht; die Pluralform steht für die Summe aller Ausreißer einer Erhebung. b) In der Kriminalstatistik als Kompositum *Dunkelzahl* (bzw. *Dunkelziffer* = fehlerhafte Übersetzung des englischen Begriffs *dark number*): Das Verhältnis zwischen der Anzahl der statistisch ausgewiesenen und der tatsächlich begangenen Straftaten. c) In einigen Fachbereichen (Epidemiologie, Verkehrswesen u. a.) dient die *Dunkelzahl* dazu, die statistischen von tatsächlich erfassten Fällen abzugrenzen.

III) Spielwissenschaft: Ein Ereignis, das aus Perspektive eines Spielers mit unterdurchschnittlicher Häufigkeit auftritt, i. S. v. *die niemals gezogene Nummer*. Die Kluft zwischen rechnerischer Eintrittswahrscheinlichkeit und intuitiv empfundener Eintrittswahrscheinlichkeit wird hingegen *dunkle Differenz* genannt.

IV) Psychologie: Triskaidekaphobie, siehe: VII

V) Psycholinguistik: Zahlen, die in der Sprachentwicklung eines Kindes oder beim adulten Fremdspracherwerb a) aufgrund ihrer Klangnähe vorübergehend verschmelzen, z. B.

»Eins, *dwei*, vier, fünf« oder verwechselt werden, z. B. thirteen und thirty, oder die b) in einem Entwicklungsstadium noch nicht differenziert benannt werden können: »Neun, zehn, *viele*«.

VI) Synästhesieforschung: Sammelbegriff für Zahlen, die als dunkle Farbtöne wahrgenommen werden. Haleine, *Le Langage de Synopsie* (1951) führte i. d. S. auch bleiche, bittere und muffige Zahlen an.

VII) Numerologie: Mit den sog. finsteren Mächten und dem Tod verbundene Zahlen (z. b. vier, sechshundertsechsundsechzig) werden als dunkel klassifiziert. Besondere Alltagsbedeutung kommt der Dreizehn zu, die aufgrund abergläubischer Ängste (Triskaidekaphobie) bei der Nummerierung von Hochhausetagen, Flugzeugsitzreihen, Pferdeboxnummern etc. häufig ausgelassen wird; *Dunkle Dreizehn* dabei doppeldeutig, da in der (fehlenden) 13. Etage niemals Licht brennt.

VIII) Anzeigentechnik: a) Nicht ablesbare Digitalziffern eines defekten VF-Displays (in fehlerhafter Übersetzung des englischen Fachbegriffs *dark digit*), aber vereinzelt auch b) temporäre Leerstellen intakter Segment- oder Fallblattanzeigen sowie c) nicht unter Spannung stehende, d. h. gewolltermaßen nicht glimmende Ziffernkathoden von Nixie-Röhren.

IX) Computertechnik: a) In Datenverarbeitungsgeräten werden Werte, die kleiner als der kleinste speicherbare positive Wert sind, automatisch zu null abgerundet. Bei bestimmten Funktionen beginnt die Divergenz der nachfolgenden Werte jedoch erst unterhalb dieser Schwelle. In solchen Fällen verbirgt sich in der Maschinen-Null ein infinite Menge dunkler Zahlen. b) Temporäre Fehlzustände der Logikschaltung können zu falschen Bit-Folgen führen; sowohl der dabei verloren gegangene (korrekte) Rechenwert, als auch der zufällig entstandene (verfälschte) Wert werden als dunkle Zahl bezeichnet.

X) Laborjargon: scherzhaft für Messergebnisse zu Dunkler Materie und Schwarzen Löchern.

Lehr- und Wehrjahre

Moskau, 1954–1957

»Wer soll denn all diese Fragebögen auswerten und mit den Akten vergleichen? Noch dazu so schnell?«, sinnierte Leonids bleicher Banknachbar. »Wenn man bedenkt, wie viele Morosows und Ptuschkows es im ganzen Land gibt. Einige Zehntausend doch bestimmt, oder?«

Leonid schwieg zu den Mutmaßungen seines Kommilitonen. Was mechanische Lochkartensortierer vermochten, wusste er allerdings genau. Gleichwohl hatte er soeben eidesstattlich erklärt, dass weder er noch seine engsten Verwandten

- ✓ jemals auf Seiten der antibolschewistischen Opposition gestanden oder
- ✓ im Ausland gearbeitet hatten und
- ✓ niemals strafrechtlich verfolgt oder
- ✓ aus den Reihen der KPdSU ausgestoßen worden waren, und
- ✓ niemals schwanken, der Parteilinie treugesinnt zu folgen.

Ebenso hatte einst auch seine Mutter den unvermeidlichen Fragebogen beantwortet, und siehe: das Komitee für Staatssicherheit hatte ihr eine Unbedenklichkeitserklärung ausgestellt. Doch nun, da sein Vater nicht mehr als Vermisster des Großen Vaterländischen Krieges gelten konnte, fühlte Leonid sich flau dabei: Was mochte wohl in all den Akten stehen, die alsbald verglichen wurden?

Fünf Wochen nachdem sie die ausgefüllten Bögen abgegeben

hatten, wurde Leonids bleicher Banknachbar aus der Vorlesung gerufen und mit ihm weitere sechs Kommilitonen. Weder in der Mittagspause noch am folgenden Morgen kehrte einer von ihnen zurück. Die verbliebenen Studenten hielten deren Plätze im Hörsaal einige Wochen lang frei, ja, mieden sie geradezu abergläubisch. Es hieß, diese Sieben seien an andere Institute oder gar in die Produktion versetzt worden. Es hieß, man sei besser nicht mit ihnen befreundet gewesen. Es hieß, dies alles diene dem Wohle des Vaterlandes. Während dieser Wochen genügten die Schritte eines vorm Hörsaal vorbeieilenden Assistenten oder die eines verspäteten Studenten, um Leonid erstarren zu lassen. Doch damit nicht genug. Die Augenblicke, in denen er furchtsam die Türklinke fixierte, brachten ihn wiederholt in die Bredouille, weil seine Dozenten Stunde um Stunde sowjetisches Wiederaufbautempo vorlegten. Ein Wisch, schon war eine vertrackte Ableitung verschwunden und die nächste Welt aufgerissen: »Indem wir aber bei der mathematischen Modellbildung einzelne Faktoren glätten oder gänzlich außen vor lassen müssen, bilden wir die Wirklichkeit immer nur approximativ ab ... Ich darf doch wohl sehr bitten. Maulaffen feilhalten können Sie in der Pause! Ja, Sie, Ptuschkow. Sie brüten doch wohl nicht etwa darüber, was approximativ heißt?«

•

Nach den Neujahrsferien rückte Warwara Wolkowa im Hörsaal zu Leonid auf, und den freien Sitz schräg vor ihm belegte nunmehr Marina Mitrochina. Die biegsame Marina verstand es, sich so zurückzulehnen, dass Leonid bequem die winzigen Liebesbriefe aus ihrem Zopfband hätte zupfen können, wenn die schöne Warwara nicht schneller gewesen wäre.
Obwohl seine Hormone nun häufiger hochkochten, kam Leo-

nid im Studium hervorragend voran. Wohl auch, weil er nicht nur in den obligatorischen Grundkursen, sondern auch bei Sergei Alexejewitsch lernte. Unter dessen Anleitung durfte Leonid bereits an einem Unterprogramm für ein neues Maschinenprogramm tüfteln. Dabei arbeitete er an einem Prototyp, den seine Kommilitonen noch nicht einmal aus den Vorlesungen kannten. Diese fakultativen Lerneinheiten lenkten sein Augenmerk zuverlässig von aufreizenden Kurvenfunktionen zurück zu den elektrotechnischen Aspekten der Angewandten Mathematik. An der Eingabeeinheit der Rechenmaschine zeigte er sich ebenso zielstrebig wie zäh, ließ sich von keiner noch so langen Sequenz aus Einsen und Nullen unterkriegen.

»—nur immer weiter so! Das kann sich durchaus sehen lassen.«

»Heißt das, ich darf nächstes Semester mit meinem eigenen Programm loslegen?«

»Eins nach dem anderen. Darauf kommen wir zurück, wenn deine erste Doktorarbeit ansteht.«

Die Wegstrecken zwischen dem Wohnheim, der Universität und dem Institut für Präzisionsmechanik und Rechentechnik bildeten ein spitzwinkliges Dreieck, dessen Innenfläche Leonid selten verließ. Er durchquerte also, Pi mal Daumen, kaum null Komma fünf Prozent des Moskauer Stadtkreises. Gleichwohl verbrachte er werktags bis zu drei Stunden auf den Holzbänken der Elektritschka, im Trolleybus und in der Metro – wo seine Aufmerksamkeit unversehens wieder von allerlei Augenweiden absorbiert werden konnte. Seiner Meinung nach zählte dies zu den entzückendsten Tücken des Studentenlebens. Überhaupt war er mittlerweile längst nicht mehr auf die *Prawda* oder auf *Radio-1* angewiesen, um zu wissen, warum Moskau als Hauptstadt der Superlative galt. Ja, Leonid hatte das Gefühl, zur rechten Zeit am rechten Ort zu sein. Darin unterschied er sich freilich keinen Deut von seinen Mitbewohnern.

Leonid teilte sich die Etagendusche im linken Wohnheimtrakt mit siebenundvierzig, die Stube mit drei Kommilitonen. Auf dem Regalbrett über seinem Bett reihten sich ein halbes Dutzend Bücher und recht einseitige Sammelstücke:

- ein zu Ehren der Fangflotte der UdSSR gestalteter Glashalter
- eine Tabakkiste, in deren Deckel flussaufwärts springende Lachse eingebrannt waren
- eine verbeulte Bonbondose der polnischen Marke *Złota Rybka*
- eine Blechbrosche in Form einer Scholle
- eine Anstecknadel der Störzucht-Sowchose *I. I. Iwanow*.

»Da behaupte noch einer, mathematischer Scharfsinn und heidnischer Irrationalismus ließen sich nicht vereinigen«, stichelte Slawa, der Stubenälteste. Dass er dabei Leonids Aussprache imitierte, bei der sich Leningrader und Kiewer Klangfärbung krude vermischten, trug zur ausgelassenen Stimmung bei. Sobald es jedoch auf die Prüfungen zuging, hielt Slawa es wie die übrigen Kommilitonen: Er stillte Leonids Sammelleidenschaft mit weiteren Staubfängern und Schnipseln, mit abgeweichten Etiketten von Fischkonserven etwa, mit piscosaischen Schnitzereien oder sorgfältig ausgeschnittenen Zeitschriftenbildern, und einmal sogar mit einem Einweckglas voller Karpfenaugen, das fortan als Buchstütze dienen sollte. Derlei Gaben zahlten sich für die Lerngemeinschaft in guten Noten aus, denn Leonid war ein begnadeter Nachhilfelehrer. Er beherrschte die Kalküle und Algorithmen wie kaum ein anderer seiner Jahrgangsstufe, er durchschaute das Gefüge der Binäre und Befehle – und wusste überdies, ihre Handhabung verständlich zu vermitteln. Auf den Komsomolversammlungen hingegen hieß es gelegentlich, er hätte die letzten Kapitel dieses oder jenes Klassikers genauer unter die Lupe nehmen müssen: »Denn wohin führt Fachwissen ohne ausgeprägtes Klassenbewusstsein? Auf dem Feld der Angewandten Mathematik haben schließlich auch die altägyptischen Baumeister, die inkaischen Astrologen und viele andere brilliert. Doch wie nutzten diese ihr Wissen? Sie impften den tätigen Massen mittels religiöser Propaganda ein verkehrtes Weltbewusstsein ein«, und so weiter und so fort.

•

Am Ende des dritten Studienjahrs erhielt Leonid, wider Hoffen und Erwarten, den Einberufungsbefehl. Er verstaute seine liebsten Sammelstücke in einem Pappkarton und verschenkte den Rest. Die getrockneten Karpfenaugen verfütterte er an einen mächtigen schwarzen Kater, der sich hinter dem Wohnheim auf einer Mülltonne sonnte.

Auf dem Sammelplatz wurde Leonid beiseitekommandiert. Gespannt beobachtete er, wie nach und nach alle anderen Rekruten abmarschierten. Windböen wirbelten Laub über den verwaisten Platz und trieben es gegen einen Absperrzaun, hinter dem soeben noch ein rotäugiges Mädchen gestanden hatte, das nun Hand in Hand mit einem Schaffner davonschlenderte. Leonid meinte einen Flüchtigkeits- oder Folgefehler im Kalkül eines unbekannten Rekruten ausmachen zu können, und fragte sich, wie viele Fehlkalkulationen sich auf diesem Platz bereits gezeigt haben mochten. Es begann zu nieseln.

Am späten Nachmittag durfte Leonid unter der stockfleckigen Segeltuchplane eines Pritschenwagens Platz nehmen. Auf westwärts führenden Ausfallstraßen lernte er einige steißbeinschindende Schlaglöcher kennen. Statt ins Grundausbildungslager wurde er auf einen kleinen Stützpunkt am Stadtrand

verfrachtet. Dort erwartete ihn ein Oberstleutnant der Luftab-
wehrtruppen. Dieser nahm Leonids Papiere an sich und befrag-
te ihn zum Stand seines Studiums: »Sogar mit der Diplomarbeit
hattest du also schon angefangen? Fleißig, fleißig«, und schließlich: »Woran hast du eigentlich bei Professor Lebedew gearbeitet?«

»Das ist ... klassifiziert, ich—«

»Wohl noch nicht eingewiesen, was«, blökte der Oberstleutnant.
Leonid nickte.

Nachdem er vom Spieß eingewiesen worden war, bat Leonid, Rapport über sein bisheriges Aufgabenfeld am Institut für
Präzisionsmechanik und Rechentechnik erstatten zu dürfen.
Oberstleutnant Sapustin winkte ab: »Du hast also an einem Maschinenprogramm zum Übersetzen von Maschinenprogram-
men gearbeitet.«

»Jawohl, Genosse Oberstleutnant«, antwortete Leonid getreulich, obwohl ihm doch eine Frage auf der Zunge gelegen hatte.
Sapustin schmunzelte schief: »Mit welchem Ziel?«

»Mit dem Ziel, die Entwicklung von Programmen zu verein-
fachen«, antwortete Leonid, und, auf das ungeduldige Handwirbeln seines Vorgesetzten hin: »Mathematische Maschinen
durch Eingabe von Nullen und Einsen zu steuern, ist äußerst
zeitaufwändig und ermüdend, folglich fehleranfällig. Gerade
solche Tätigkeiten sollen ja die Maschinen für uns erledigen.
Und eben dafür benötigen wir Umwandlungsprogramme. Man
gibt nur noch kurze Befehle ein, die dann automatisch in Nullen und Einsen umgewandelt werden«, schnurrte Leonid ab,
und auf ein weiteres Handwirbeln hin: »Zielstellung ist es, eines Tages jeder Maschine mit ganz normalen russischen Sätzen
Anweisungen geben zu können.«

»Aha. Also Zukunftsmusik?«

»Ja und nein, Genosse Oberstleutnant. Es wurden bereits erste

Etappenerfolge erzielt. Allerdings kämpfen wir noch mit zu geringen Speicherkapazitäten und mit den Eingabegeräten.« »Verstehe«, sagte Sapustin und nahm einen Schlüsselbund aus seinem Schreibtischfach. »Dann mal zur Sache, Ptuschkow.« Er führte Leonid in einen hell erleuchteten Bunkerraum und deutete auf die übermannshohen Transportkisten, die sich neben dem Lastenaufzug reihten. Auf dem Kopf stehende Aufdrucke wiesen darauf hin, diese Kisten aufrecht zu lagern – wozu Leonid keinen Kommentar abgab, da er

1. von keinem Vorgesetzten nach seiner Beobachtung oder Ansicht gefragt worden war und
2. einen Kardinalfehler frisch gezogener Rekruten beging, indem er einen tieferen Sinn hinter der systematischen Missachtung des Herstellerhinweises in Betracht zog.

Bevor Leonid, drittens, daran denken konnte, dass ihm sein Stillschweigen als mangelnde Wachsamkeit ausgelegt werden könnte, wurde er von Sapustin aufgeklärt, dass die für die Entladung zuständigen Analphabeten im Bau einsitzen – was auch ihm drohe, sollte er sich hier auch nur die kleinste Schlamperei zuschulden kommen lassen.

Weshalb die Kisten trotz dieser Erkenntnislage und disziplinarischen Strenge noch immer verkehrt herum standen, blieb offen. Stattdessen kam Sapustin endlich zur Sache: »Wir haben es hier mit einer kleinen, bislang ungezähmten Rechenmaschine zu tun. Also vorsichtig mit dem Brecheisen! Da die technischen Spezialisten unserer Einheit momentan außer Gefecht sind, wirst du die Inbetriebnahme vorantreiben. Das Kommando liegt bei Ingenieursmajor Bubnow. Solang der im Krankenhaus liegt, erwarte ich täglich Rapport von dir.« Leonid blökte ein »Jawohl, Genosse Oberstleutnant«, ehe er da-

87

rum ersuchte, nun Fragen stellen zu dürfen. Sapustin schnaufte ein Lachen hervor: »Wenn ich die beantworten könnte, stündest du nicht hier«, sagte er und verwies auf Unterlagen, die Leonid in der Kommandantur einsehen könne: »Unter Aufsicht, versteht sich. Und vergiss nie den Eid, den du geleistet hast!« Im Gehen strich Sapustin mit den Fingerspitzen über die Kisten. Am Aufzug angelangt wandte sich er noch einmal um: »Ach, und Ptuschkow ... wie du unserem Maschinchen die nötigen Befehle übermittelst, spielt keine Rolle. Hier geht Praxis vor Theorie. Sing sie ihm meinetwegen vor, wenn das hilft. Entscheidend ist, dass wir schnellstmöglich Resultate zu sehen bekommen.«

••

Betpak-Dala, 1957–1958

Kaum hatte Leonid den befohlenen Dressurakt vollbracht, wurde er an einen anderen Standort versetzt. In den folgenden Monaten ging er den verschiedensten Einheiten zur Hand. Einige davon waren so geheim, dass sogar die Verpflegungsanweisungen verschlüsselt werden mussten und dass dort jedwedes Gespräch wie ein Schlagabtausch mit Akronymen anmutete. Aus der Anspannung, die bei diesen neuen Truppenteilen herrschte, schloss er, dass es alles andere als rosig um die Zukunft der Menschheit stand. Im Oktober, als die US-Streitkräfte mit G.I. Presley eine ihrer gefährlichsten Waffen in Westeuropa stationierten, erhielt Leonid einen Marschbefehl nach Schelesnodoroschny.

Hinter dem Tarnnamen verbarg sich eine Barackensiedlung in der kasachischen Hungersteppe, zweitausendfünfhundert Kilometer von Moskau entfernt. Auch hier fand Leonid sorg-

sam Gepflegtes und heillos Verwahrlostes malerisch durchein-
andergewürfelt. Verbeulte Warnschilder und Wachtürme markierten die Grenze der geschlossenen Siedlung. Rings um die
Offiziersbaracke trotzte eine prächtige Blumenrabatte dem un-
wirtlichen Boden. Das höchste Bauwerk war ein Fördergerüst;
doch gab es weit und breit keine Halde, die auf Bergbau gedeutet hätte. Am Westrand der Siedlung wuchs ein fensterlo-
ser Betonklotz empor. Bevor die jeweils nächste Zwischende-
cke gegossen wurde, brachten Kräne sperrige Frachtkisten in
den Rohbau ein: »Wie anno dazumal die Sarkophage der Pha-
raonen, was?«

»Pass bloß auf, dass du nicht mit eingemauert wirst!«

Seinem Namen zum Hohn verfügte Schelesnodoroschny über
keinen Anschluss an das Eisenbahnnetz, wohl aber über ein
Versuchsgelände mit einer weitverzweigten Beleuchtungsanla-
ge. Ansonsten hatte dieses tausend Quadratkilometer große Gelände augenscheinlich nicht viel mehr zu bieten als: Halbwüs-
te. Zwischen Salztümpeln und Sandkuhlen verliefen aberwitzig
verzweigte, von Lichtmasten gesäumte Schotterpisten. Hier
und da stand ein hellblauer Trafocontainer. In der einen oder
anderen Bodenwelle lagen Kabeltrommeln, verrostete Diesel-
fässer, Reifenfetzen, ausgebleichte Saigaschädel. Hin und wieder schnitten Versuchsraketen durch die Stille.

In der Baracke für externe Spezialisten teilte sich Leonid eine
Stube mit dem Planungsarchitekten Dmitri Sowakow und dem
Radartechniker Juris Netto. Letzterer arbeitete momentan als
Koch im Offizierskasino, worüber er alles andere als unglück-
lich zu sein schien. Kurz vor Leonids Ankunft hatten sich die
beiden ein paar verworfene Schaltpläne aus dem Planungsbü-
ro besorgt, um damit die Bohlenwände der Baracke abzudich-
ten, da die Hanfwolle immer wieder aus den Ritzen geblasen
wurde. Dieser Tapetenersatz konnte sich durchaus sehen las-

sen. Bei Sturm allerdings bauschten sich die angezweckten Bögen, und Leonid hörte den Sand hinter dem Papier nach unten rieseln. Nachdem er an mehreren Abenden gedankenverloren auf den Schaltplan neben seinem Bett gestarrt hatte, nahm er einen Buntstift zur Hand und zeichnete einige Änderungen ein.

Netto lugte unter dem aufgeklappten Buch, das sein Gesicht bedeckte, hervor: »Was machst du? Bohrst da bloß Löcher rein.«

»Mensch, wir sind froh, dass uns beim Schlafen kein Sand mehr zwischen die Zähne weht«, fiel Sowakow ein.

Leonid versprach, Vorsicht walten zu lassen und legte ungefragt dar, wie sich durch eine bessere Verschaltung mehr als ein Viertel der verbauten Elemente einsparen ließe: »Seht doch mal, hier zum Beispiel, so, so und so, und dann zack.«

»Da kommst du spät«, sagte Netto, »Abschnitt sieben ist zuvor fertig gebaut.«

Der Planungsarchitekt warf indes einen Blick auf die eingezeichneten Änderungen und legte die Hand auf Leonids Schulter: »Das Gefühl kennen wir alle. Diese verdammte Steppe kann einen fertigmachen. Das gibt sich!«, sagte er, und dann: »Warte mal—«

Sowakow zog Schaltpläne aus einer seiner Schutzrollen und reichte sie Leonid: »Hier, auf denen kannst du meinetwegen herumkritzeln.«

Leonid gab klein bei, schließlich war er nur als Ersatzmann für einen an Schwindsucht laborierenden Spezialisten auf der Stube. Auch galt es, kurz vor Ablauf der Dienstzeit tunlichst jeden Streit zu vermeiden. Anstelle der korrekturbedürftigen Bögen neben seinem Bett widmete er sich also den von Sowakow bereitgestellten Schaltplänen. Von der Sonderprämie, die der Planungsarchitekt bald darauf einstrich, erhielt Leonid einen Anteil, der, mit dem Faktor zwei multipliziert, auf die Auszahlung eines unwahrscheinlichen Betrages schließen ließ. Leonid bedachte Sowakow mit einem zweischneidigen Blick, der diesen jedoch nur im Nacken traf und dort spurlos abprallte.

Da Leonid auch alle dienstlichen Pflichten treulich erledigte, machte er sich in Schelesnodoroschny schnell einen Namen. Der Kommandeur der Geheimeinrichtung empfahl ihm, freiwillig die Dienstzeit zu verlängern. Leonid dankte Oberst Opalikow für das entgegengebrachte Vertrauen und bat wegtreten zu dürfen. Daraufhin sah er sich der ungeteilten Aufmerksamkeit eines verdienten militärischen Parteiarbeiters ausgesetzt – Opalikow hatte Leutnant Popow mit der Implementierung seiner Empfehlung betraut. Um dem Werben ein Ende zu bereiten, erklärte Leonid frei heraus, er wollte viel lieber wieder an die Universität zurück: »Dort kann ich unserem Land doch viel besser dienen, Genosse Leutnant.«

»Besser? Mit Antritt der Offizierslaufbahn würden dir hier weitaus komplexere Aufgabenfelder als bisher anvertraut ein beherztes Wort von dir und schon morgen führen wir dich in verborgene Schalträume tief unter unseren Füßen ein auch stünden dir erstklassige Weiterbildungsmöglichkeiten an den Militärakademien offen und stets die allerneueste Technik zur Verfügung von der selbst Professoren nur träumen können ganz zu schweigen von der überaus angemessenen Besoldung ...«

Die weitere Stoßrichtung der Suada hätte Leonid wortwörtlich vorhersagen können, denn der verdiente Parteiarbeiter verwendete dieselbe Gesprächsvorlage wie Opalikow. Diese war auf einer Schreibmaschine verfasst, bei der die Typenhebel von Punkt und Komma fehlten. Leonid versuchte den Redeschwall mit einem engagierten »Ich werde diesen verlockenden Vorschlag aufgeschlossen erwägen« zu stoppen. Doch damit war er bei Leutnant Popow an der falschen Adresse: »Wenn einer auf den Ruf der ruhmreichen Sowjetarmee erwidert er brauche Bedenkzeit dann stellen wir fest dass dies nicht richtig sein kann schließlich haben Millionen tapfere Soldaten ihr Leben gelassen damit du überhaupt heute hier stehen kannst soweit kommen konntest eine behütete Kindheit ein kostenloses Studium das ist kein Klacks und nun ist es an dir deinen Beitrag zu leisten es wäre doch ohnehin für eine zivile Berufslaufbahn äußerst unvorteilhaft wenn wir dich ständig als Reservist ziehen müssten«, und immer so weiter. Gegen Ende der Woche fühlte Leonid sich dermaßen mürbe, dass er ernsthaft erwog, vom goldäugigen Hecht abermals einen Dienst einzufordern.

••

Karaganda, 1958

Aus der Zange seiner Vorgesetzten wäre der Gefreite Ptuschkow schwerlich entkommen, wenn es in dem fensterlosen Betonklotz von Schelesnodoroschny bereits Geländer gegeben hätte. So aber stürzte er in einen tiefschwarzen Schlund. Nach einer Notoperation wurde Leonid per Hubschrauber in die Gebietshauptstadt überführt, wo er noch mehrmals unters Messer kam. Von einer Rückkehr zum Dienst könne überhaupt keine Rede sein, befand die Oberärztin auf Popows ungestüme Fragen hin. Flankiert von Infusionsstativen und moderner Medizintechnik standen die beiden am Krankenbett und machten sich nicht einmal Mühe zu flüstern: »Wir sind uns noch keineswegs sicher, ob der Patient, sofern er überhaupt aus dem Koma aufwachen sollte, nach derartigen Verletzungen jemals wieder laufen und sprechen können wird.«
»Aber wieso das denn? Ich kann doch sprechen«, insistierte Leonid.
»Und was, wenn nicht«, fragte Popow die Oberärztin.

»Was schon?«, erwiderte diese mit hochgezogenen Brauen. Ihr Blick wies weit über den Hinterhof hinweg – woraufhin Popow unerwartet einen Punkt machte und sich zum Gehen wandte. »So hört mir doch zu«, flehte Leonid. Er flehte noch eine Weile. Dabei wurde er immer galliger, wütend – schimpfte bis zum nächsten Morgen ... ohne Gehör zu finden: Genauso gut hätte er unter einem kristallenen Sargdeckel liegen können. Innerlich verausgabt beruhigte er sich allmählich. Erst am Abend rannen neuerlich Tränen in seinen Schädelverband. Es dämmerte ihm, dass in seiner Lage auch vom goldäugigen Hecht keine Hilfe zu erwarten war. Ohne Stimme blieb ihm wohl nichts anderes übrig, als auszuharren, bis der Wind Rettung herbeiführen würde. Dumm nur, dass er nicht verlobt war, dass also auf die Schnelle kein erlösender Kuss in Aussicht stand. Gleichwohl nahte unausweichlich Hilfe – zumindest, wenn Wladimir Propp, dessen Bücher der Hecht einst empfohlen hatte, auch in diesem Punkt richtig lag. Leonid wartete.

•

Einmal wachte Leonid auf und glaubte, er sei noch als Knabe zur Kur in Morschyn. Er freute sich auf die baldige Rückkehr zu seiner Mutter nach Feofania, bis ihm eine ruppige Krankenschwester die Kiefer mit einem Spatel aufhebelte, um seine trockene Mundhöhle auszupinseln. Ein anderes Mal glaubte er, die Seilzüge, die seine eingegipsten Arme und Beine hielten, aus eigener Kraft in Bewegung versetzt zu haben – doch dann eilte die Nachtschwester durch sein Blickfeld und trug einen Schieber davon. Er wartete weiter.

Nachwort

»Gavriil Efimovič Teterevkin* wird immer ein Stolz des russischen Schrifttums bleiben«,[1] konstatierte der Dichter Mihail Lermontov in seinem Kondolenzbrief an Gavriil Efimovičs Schwester. Natalja Efimovnas Replik ist nicht überliefert. Da sie weitere siebenundvierzig Jahre lebte, konnte ihr allerdings nicht entgehen, dass ihr Bruder am Ende des 19. Jahrhunderts bereits in die Fußnoten der Literaturgeschichte verdrängt wurde: »Zu sehr ähnelten seine Geschicke dem Muster jener Tage, und zu wenige Werke hat er je einem Ende zugeführt. Er musste wohl zwangsläufig aus der Zeit fallen«, schrieb sie in ihrem Testament. Wie sehr sie sich täuschte, sollte erst am Ende des 20. Jahrhunderts deutlich werden. Die hier vorliegende erste vollständige Ausgabe aller Fragmente von *Die Welt* in englischer Übersetzung trägt dem wachsenden Interesse an einem bislang unterschätzten russischen Dichter Rechnung, dessen Hauptwerk erst in unserem digitalen Zeitalter nachhaltig verfangen konnte.

Gavriil Efimovič Teterevkin wurde in der Nacht zum 18.greg. August 1812 auf dem Gut Teterevkino geboren. Das hinterm Horizont brennende Smolensk soll sein Geburtszimmer hell erleuchtet haben; die Grande Armée drängte die russischen Truppen gen Osten.

....

* Im deutschsprachigen Raum auch unter der Umschrift *Gawriil Jefimowitsch Teterewkin* bekannt (Anmerkung des Übersetzers).

1 Alle Zitate, so nicht anderweitig ausgewiesen, nach: MacGuffin (Hrsg.), *Gavriil Teterevkin. Poems, Letters and Diaries* (1995). Biographische Daten nach: Obrašov et al., *Русские поэты. Биографический словарь* (1958).

Sein Vater Efim Kuzmič war Richter der Strafkammer, seine Mutter Ekaterina Fëdorovna hatte in ihrer Jugend als Begleitpianistin und Gesellschaftstänzerin geglänzt. Das Adelsgeschlecht der Teterevkins[2] ging erstmals 965 in die Annalen ein, als der Kiewer Großfürst Svjatoslav I. seinen »harthörigen Gefolgsmann Teterykin« mit Nachdruck zur Teilnahme am Kriegszug gegen die Chasaren drängen musste. 1514 machte sich Spiridon Teteryvkin unter dem Moskauer Großfürst Vasilij III. bei der Eroberung von Smolensk verdient, wofür er mit einer Landgabe belohnt wurde. Daraus ging der Stammsitz der Teterevkins hervor, der auch die zwischenzeitliche Eingliederung in das Großfürstentum Litauen überdauerte.

Teterevkins polyglotter Großvater Kuzma Timofeevič war unter Ekatarina II. wiederholt als Übersetzer in diplomatischen Angelegenheiten tätig. Von seinen Reisen nach Südost-, Mittel- und Nordeuropa stammte der Grundstock der fremdsprachigen Bibliothek, die den jungen Gavriil Efimovič prägen sollte. Neben Traktaten zur Phlebotomie und zum Pfingstwunder reihten sich u. a. französische, deutsche und dänische Literaturzeitschriften, satirische Romane von François-Marie Arouet, Jonathan Swift und Johann Karl Wezel sowie erotische Lyrik von Dante Alighieri und Évariste de Parny. Eine besondere Stellung nahmen die vielbändigen Enzyklopädien ein – jene aufklärerischen Meilensteine von Ephraim Chambers, Jean d'Alembert und Denis Diderot, in denen das gesamte Wissen der Zeit kompiliert war. Kupferstiche aus den Bildtafelbänden der *Encyclopédie* dienten Teterevkin bei seinen frühsten lyrischen Versuchen als Schablonen für Beschreibungen. Dass er es dabei nicht

....

2 Ob sich der Familienname vom wolynischen Fluss Teteriv (Тетерів, russisch Тетерев) oder von Birkhuhn (Тетерев, ukrainisch Тетерук) herleitet, konnte bislang nicht eindeutig geklärt werden.

beließ, bekennt er in *Ein Weltmeer von Licht* (*Мировой океан света*, 1827):

Bin auch die Bände durchgegangen
Nach denen mir rein gar nicht war
Schien deren Ordnung doch bizarr
Hab dennoch Feuer bald gefangen
Entdeckt, indem ich alles las:
Welch eine weite Welt ist das!

Der russische Kritiker Konstantin Popugaev sah im jungen Teterevkin einen Literaturliebhaber mit »unbestimmte[m] Erkenntnisdrang«, einen »russischen Franzosen ohne jede echte literarische Bildung«.[3] Der sowjetische Schriftsteller Sigizmund Kršišanovskij klassifizierte Teterevkin als einen »Pantophagus Fëdorovi« – als einen, der unterschiedslos alles Gedruckte las.[4] Lev Dobyčin, Teterevkins Mitschüler, weist in seinen Erinnerungen jedoch darauf hin, dass die muttersprachlichen »Bücherworte« und das Interesse an russischer Geschichte erst am Gymnasium »ins Herz des Jünglings gesät« wurden.[5] Bis dahin hatte Teterevkins Erziehung französischen Hauslehrern oblegen. Der erste Lehrer war offenbar entlassen worden, weil er sich *»de manière de plus en plus inquiétante«* in die

....

3 ›Большие надежды и блуждающие огоньки‹, in: *Отечественные записки*, 1842. Auch der Schriftsteller Fëdor Dostoevskij tat Teterevkin als einen von westlichen Ideen verdorbenen Pseudorussen ab. In: *Дневник писателя* (Dezember 1877).

4 ›Великий неизвестный‹ (1928), in: *Когнитерра*, Jg. 11, Nr. 4 (2003). Taxonomisch inkorrekt setzte Kršišanovskij die Allesfresser dabei als Gattung. Der Artname verweist auf Ivan Fëdorow, der in Russland als Begründer des Buchdrucks gilt.

5 Die Übersetzung basiert auf Dobyčins nachgelassenem Typoskript: *Записки моей жизни в предпоследнем ряду* (1877).

kabbalistische Mathematik vertiefte. Derweil scheint sich sein Schützling hauptsächlich mit dem Schmieden von Versen beschäftigt zu haben. Entsprechend umfangreich war Teterevkins Frühwerk. Sein zweiter Hauslehrer Louis (de) Keelque-Paard berichtet davon, auf Geheiß der Eltern nahezu hundert Gedichte sowie den ersten Akt einer Komödie namens *Das zungenfertige Krokodil* (*Le crocodile volubile*) auf den Misthaufen geworfen zu haben.

»Drei Birkhühner vor Schilfrohr drapiert, / Leichte Beute, mit Firnis fixiert«, spottete Teterevkin über das Gemälde von Timofej Neff. Es ist das einzige Bild, das die Geschwister gemeinsam zeigt. Bereits im folgenden Winter starb Tatyana Efimovna an einer Blutvergiftung. Ungeklärt bleiben muss, welches Buch der junge Teterevkin beim Modellsitzen las, da Natalja – später eine Quelle aufschlussreicher Details – im Sommer 1823 gerade erst ein Jahr alt geworden war.

1826 wurde Teterevkin im Internat untergebracht. Die vornehme Pension der Moskauer Universität galt als eine der besten Lehranstalten für adlige Kinder. Das väterliche Begleitschreiben an den Direktor forderte das strengste Regime für den Vierzehnjährigen ein. Teterevkins Erklärung, er habe seinen Vater mit einem Gedicht »bis aufs Messer« gereizt, haftet der Beigeschmack romantisch-rebellischer Selbstdarstellung an.[6]

....

6 In *Les précepteurs et leurs élèves célèbres* (1997) deutet Thieffry ein amouröses Verhältnis zwischen de Keelque-Paard und dem jungen Teterevkin als Grund für die väterliche Unnachgiebigkeit an. Diese These konnte bislang weder bestätigt noch ausgeräumt werden.

Gleichwohl darf der zwiespältige Einfluss von Efim Kuzmič auf das Schaffen seines Sohnes nicht unterschätzt werden. Insbesondere die Moskauer Jahre müssen unter dem Vorzeichen des väterlichen Dienstes in der III. Abteilung Seiner Majestät Höchsteigener Kanzlei betrachtet werden. Diese nach dem Dekabristenaufstand (1825) geschaffene politische Geheimpolizei überwachte ausnahmslos alle Vorgänge im nikolaitischen Reich, insbesondere verdächtige und schädliche Personen, aber auch jedwede Publikation. Im Hause Teterevkin reichten ihre Augen angeblich »bis unter den Deckel des Nachttopfes.«[7] Deshalb wohl blieb der Student Teterevkin dichterisch weitgehend unproduktiv. Sein Schweigen zu kontroversen politischen und poetischen Fragen erscheint in diesem Licht jedoch beredt.[8] Es war »eine Zeit der Suche und des Grübelns«, würde Dobyčin später in seinen Erinnerungen schreiben. In diesen Jahren schliff Teterevkin sein Auftreten, zeigte bald »jene Gleichgültigkeit gegenüber dem Leben und seinen Freuden, jenes vorzeitige Altern der Seele, das zu den hervorstechendsten Charakterzügen der heutigen Jugend gehört«. Daher mag es kaum wundern, dass Dobyčin in seinem jüngeren Kommilitonen anfangs einen Menschen sah, »wie er mir derzeit zu Abertausenden begegnet«. Ende der 1820er-Jahre studierten zahlreiche Geistesgrößen an der Moskauer Universität, unter ihnen Vissarion Belinskij,

....

7 Ekaterina Fëdorovnas suizidale Neigung entging Efim Kuzmič jedoch. Auch der junge Teterevkin gab sich verwundert und kurz angebunden; der Freitod seiner Mutter hat ihn lediglich zu Plattitüden inspiriert.

8 Lediglich *Ein Weltmeer von Licht* und *Der Liebesdienst* (Любезность, 1829) erschienen im Almanach der Studierenden, Letzteres unter Auslassung des frivolen Finales. Die anonymen Literaturkritiken, die Teterevkin lange Zeit zugeschrieben worden waren, konnten 2015 mittels computergestützter Sprachanalyse Lev Dobyčin zugeordnet werden: Kuch, ›Aufschlussreiche Ergebnisse bei der Erprobung parsergestützter Analysetools‹, in: *Slawistik im Wandel*, Nr. 9 (2015).

Aleksandr Gercen, Mihail Lermontov und Nikolaj Stankevič. Es waren jedoch Lev Dobyčin und Sejom Raič, die maßgeblich zu Teterevkins Weiterentwicklung beitrugen. Dobyčin führte ihn an die dichterischen Werke von Konstantin Batûškov, Nikolaj Karamzin, Vasilij Žukovskij und natürlich an »Figlârin und Čuškin«[9] heran. Darüber hinaus ist die regelmäßige gemeinsame Lektüre zahlreicher literarischer Almanache und enzyklopädischer Journale belegt. Dies ist insofern bedeutsam, als Teterevkin die damals häufig geäußerte Forderung nach totaler literarischer Erfassung des russischen Lebens, nach sogenannten Bilderbögen der gesamten Gesellschaft kaum entgangen sein konnte.

Der Literaturlehrer und Publizist Raič machte ihm derweil den tiefen Ernst des Dichtens bewusst. Teterevkin begriff die Poesie seither als höchste geistige Leistung und den Dichter als einen Lehrmeister der Gesellschaft, als einen »immerfort lernenden Lehrer« allerdings.

Raič war es auch, der Teterevkin in den literarischen Salon der Fürstin Volkonskaja einführte. Ob die Fürstin, »die sich auf russisch recht seltsam ausdrückte«, ihn tatsächlich mit einem Bonmot düpiert hat, sei dahingestellt.[10] Fest steht, dass Teterevkin nie wieder in ihren Salon zurückkehrte. Von vornherein ausschlagen musste er die Einladung zu Aleksandr Gercens Studentenzirkel, der sich mit den Ideen des utopischen Sozialismus beschäftigte.

....

9 Dobyčin griff hierbei die Verballhornungen auf, mit denen Faddei Bulgarin (фигляр: Gaukler) und Aleksandr Puškin (чушь: Unsinn) einander in Epigrammen belegten.

10 »Für einen anständigen Menschen schickt es sich nicht, fließend Deutsch und Englisch zu sprechen.« Das Bonmot ist durch die Aufzeichnungen mehrerer Gäste des Salons von Fürstin Volkonskaja belegt; leicht abgewandelt ging es in Turgenevs *Das Adelsnest* (*Дворянское гнездо*, 1859) ein.

In Moskau ließ Gavriil Teterevkin sich ein zweites und letztes Mal porträtieren. Dobyčin beschrieb ihn während der Studienjahre u. a. als »anglomanischen Misjö von warägischem Geblüt«, als einen »bibliophilen Misanthropen« und »liebenswürdigen Hartschädel«. Dichter nannte er ihn nie. Dobyčins Erinnerungen ergänzen überdies ein Detail, das der unbekannte Maler bei dieser Miniatur unterschlug. Der in der Pubertät an Lichtempfindlichkeit leidende Teterevkin trug tagsüber stets eine getönte Brille – die »einem aufklärerisch Gesinnten gar nicht gut zu Gesichte steht«.

Während der Cholera-Epidemie von 1830 kam Teterevkin auf dem Gut seiner Verwandten unter. Dieser Zweig der Familie siedelte seit 1571 östlich von Moskau an der Vladimirka und hatte den drohenden landwirtschaftlichen Bankrott durch geschickte Heiratspolitik in »branntweinbegründeten Wohlstand« umgemünzt.

In Novoteterevkino verliebte sich der siebzehnjährige Student in Sašenka. Diese Liaison sowie ihr tragisches Ende fanden Niederschlag in zahlreichen Tagebuchversen. Auffällig erscheint dabei die inkohärente Darstellung physischer Merkmale. So werden beispielsweise die als »apfelkernbraun« einführten Augen an späterer Stelle zu schwarz glänzenden »Kaviarkullern«, und in der Skizze zu einem Sonett heißt es, ihre Farbe wechsele mit den Gedanken:

Moosgrün allein im höchsten Glück,
Mattblau, wenn sie aufs Neue wanken.

Diese Entwürfe zeigen noch kaum etwas von Teterevkins Genie, wohl aber seine stilistische Reife. Auf bravouröse Weise gelang es ihm, das grammatische ebenso wie das wahre Geschlecht Sašenkas zu verschleiern. Elias Olsson, der für seine Studie *Poetry in Stealth Mode. Versifying without References to Gender, Race or Age* (2007) u. a. die Kirchenbücher der gesamten Wolost durchgesehen hat, führt als mögliche Geliebte den 1814 geborenen Aleksandr Grigorevič Solovëv und die 1819 geborene Aleksandra Evgrafovna Vorobëva an. Der Umstand, dass Aleksandr Grigorevič kurz vor Teterevkins Abreise starb, deckt sich mit den Entstehungsdaten von *Der schrecklichste Staub* (Ужаснейший прах, 1831). Diese Elegie ist ein Glanzlicht russischer Trauerlyrik. Die schleppenden Distichen erreichen durch konsequenten Wechsel weiblicher und männlicher Endreime, verstärkt durch zahlreiche Assonanzen und die deutliche Dominanz dunkler Vokale ungewöhnliche Moll-Klänge. Der russische Komponist Aleksandr Dargomyžskij hat das zuerst anonym veröffentlichte Gedicht 1833 kongenial vertont. Nach dem Aufenthalt in Novoteterevkino scheint aus der juvenilen Pose, aus jener »Gleichgültigkeit gegenüber dem Leben«, unverstellte Haltung geworden zu sein. Lermontov berichtete davon, wie ihn während eines Gesprächs die eisigen Augen im lachenden Gesicht des älteren Kommilitonen erschreckt haben. In diese Zeit fiel auch Teterevkins erstes Duell.

Ob der Kapellmeister M. seinen schwankenden Kontrahenten ungewollt verfehlte, ließ Dobyčin offen. Die Sekundanten brachten den alkoholisierten Teterevkin in einer Scheune unter und einigten sich auf strikte Geheimhaltung. Dennoch stellte Teterevkin seine wenig später erfolgte Exmatrikulation als disziplinarische Maßregelung dar. Allem Anschein nach hat Efim Kuzmič aber auf die Beendigung des Studiums gedrungen, da er andere Pläne mit dem mittlerweile Achtzehnjährigen hatte.

Dabei mochte die Stelle eines Registrargehilfen in der Petersburger Kunstkamera lediglich als Zwischenschritt gedacht gewesen sein. Das von Pyotr I. gegründete Museum beherbergte nicht nur natürliche und menschliche Kuriositäten, sondern auch »um der reinen Erkenntnis Willen« angeschaffte anthropologische, ethnografische, mineralogische und zoologische Ausstellungsstücke. In mehreren Briefen zollte Teterevkin dieser »begehbaren Enzyklopädie« beiläufig Respekt, was angesichts seines unterkühlten Gestus wohl als Begeisterung gedeutet werden kann. Warum er 1832 dennoch den Dienst quittierte, erwähnte er nie. Das väterliche Erbe hätte er ebensogut von Petersburg aus antreten können, stellte er doch, kaum in Teterevkino angekommen, ohnehin einen Verwalter ein. Vieles spricht dafür, dass er bereits Vorüberlegungen zu mehreren Langgedichten abgeschlossen, deren Niederschrift jedoch bis zum Ableben seines Vaters aufgeschoben hatte.

Mit dem lyrischen Poem *Die Rjurikiden* (Рюриковичи, 1832–33) begann eine neue Schaffensperiode. Indem Teterevkin sich der Geschichte der Kiewer Rus zuwandte, entfernte er sich deutlich von der übermütigen Poésie légère der Knabenzeit und von der Larmoyanz seiner Liebeslyrik. In dem Poem stellte er das warägische Geschlecht der Rurikiden als Repräsentant eines äußeren Ordnungsprinzips dar, das er für das Gedeihen des russischen Staatswesens für unerlässlich erklärte.[11] *Die*

....

11 Bei den Warägern (altnordisch: væringjar) handelte es sich um skandinavische Krieger und Händler, die u.a. an der Gründung der Kiewer Rus beteiligt waren. Aus dem Adelsgeschlecht der Rurikiden, das auf den warägischen Fürsten Hrœrikr (830–879) zurückgeht, entstammten u.a. Großfürsten der Kiew Rus und vom 14. bis ins frühe 17. Jahrhundert Moskauer Großfürsten und Zaren. Dobyčin attestierte Teterevkin diesbezüglich Reste juveniler Eitelkeit. Indem er seine warägische Abkunft betone, stilisiere er sich zum Gegenpol Puškins, der von einem afrikanischen Fürsten abstammte. Dass

Rjurikiden war das erste Werk, um dessen Drucklegung Teterevkin sich leidenschaftlich bemühte. Sein gescheiterter Versuch, das Poem in Puškins Zeitschrift *Der Zeitgenosse* (Современник) oder an anderer prominenter Stelle unterzubringen, ist wohl der Grund, warum nur einige Entwurfsbögen davon erhalten geblieben sind.

Ein ähnliches Schicksal ereilte die Ode *Gegen den Wind* (Против ветра, 1833), in der Teterevkin abermals die Bedeutung äußerer Einflüsse auf die Entwicklung Russlands durchdeklinierte. In der ersten Strophe bestaunt Pyotr I. ein holländisches Boot, das gegen den Wind segeln kann. Was der Zar damit vollbringt, »in einem Land, in dem alle Winde dem Gestern zuwehen«, zeigt Teterevkin in den folgenden Strophen auf. Den sechzehnjährigen Souverän stilisierte er zu einem »Adam, der eigenhändig den Apfel der Erkenntnis pflückt« und der den byzantinisch-moskovitischen Ballast über Bord wirft, um die Russen aus den »morschen Resten ihres trügerischen Paradieses« zu führen. Die bei der Zensurstelle eingereichte Fassung erhielt Teterevkin mit der Aufforderung zurück, die letzte Strophe mit der Beschreibung eines verwaisten Steuerstandes zu streichen. Darüber hinaus spreche nichts dagegen, allen übrigen Versen »eine nämliche Behandlung angedeihen« zu lassen.

Nach diesen Fehlschlägen wandte Teterevkin sich noch einmal der Poésie légère zu. Sein angeblich im angetrunkenen Zustand extemporiertes *Oh Flügel, ach, wie seid ihr schwach* (О, крылья – ах, 1834) persiflierte Lermontovs *Panorama Moskaus*

....
Teterevkin in beiden Fällen die Vorzüge solcher Vermischungen hervorhob, entging dem deutschen Russisten Moritz Plöschke, der auf die »chauvinistischen Denkmuster der imperialistischen Klassengesellschaft« hinwies, aus denen sich Teterevkin »noch nicht gelöst« habe. In: Plöschke, *Zum Werk und Wirken des russischen Dichters Gavriil Teterewkin* (1983).

(*Панорама Москвы*, 1834). Nicht ohne Witz verlegte Teterevkin den Blickpunkt von der Turmspitze des Ivan Veliki weiter in die Höhe. Von Windböen über die Dächer Moskaus hinweggewirbelt, gelingt es dem lyrischen Ich nicht, ein zusammenhängendes Stadtpanorama wiederzugeben. Ob es sich bei diesem Ich mit »transluzenten Flügeln« um eine Stubenfliege oder eine Libelle handelt, bleibt aufgrund des skizzenhaften Charakters des Prosagedichts offen.[12] Jahrzehntelang blieb *Oh Flügel, ach, wie seid ihr schwach* weitgehend unbeachtet. Sein Konstruktionsprinzip fand erst bei der Gesellschaft zum Studium der poetischen Sprache (ОПОЯЗ) Anklang.[13] 1929 stellte Viktor Šklovskij das Gedicht in einem Referat über literarische Verfremdungsverfahren als Beispiel heraus, und Osip Brik erklärte Teterevkin zu einem Vorläufer der russischen Futuristen. Unter heftigen Angriffen gegen modernistische Strömungen schwenkten diese wohlwollenden Stimmen wenig später um und übten Selbstkritik wegen methodischer Fehler. Danach sollte der wissenschaftliche Zugriff auf Teterevkins Werk in der UdSSR lange verstellt bleiben.[14]

....

12 Mihail Bulgakov bekannte 1939 während einer Privatlesung, sich bei Teterevkin Anregungen zur Gestaltung der Hexenflugsequenz in *Meister und Margarita* (1929–1939, 1966) geholt zu haben. In: Gusenko, *Тайны булгаковской Маргариты* (1992).

13 Der Dichter Vladimir Maâkovskij hatte das Gedicht Ende 1928 im Archiv entdeckt und zum Abdruck in der *Neuen LEF* (Новый ЛЕФ) vorgeschlagen. Aufgrund von Streitigkeiten in der Redaktion kam die Ausgabe jedoch nicht mehr zustande. Der britische Russist Ian McGuffin mutmaßt in *Golden, Silver and Red. Three Ages of Russian Literature* (1999), Maâkovskij habe Teterevkin mit *Oh Flügel, ach, wie seid ihr schwach* ein eigenes Gedicht untergeschoben, liefert jedoch keinerlei belastbaren Belege.

14 Mit dem Dekret des ZK der KPdSU *Über den Umbau der literarisch-künstlerischen Organisationen* wurde u.a. die OPOJAS aufgelöst und 1934 der Schriftstellerverband der UdSSR gegründet. Dessen Statuten schrieben den Sozialistischen Realismus als verbindliche künstlerische Methode auch für

Erst mit *Parusie* (*Парусия*, 1835) bearbeitete Teterevkin wieder ein ernsthaftes Sujet.[15] Im Zentrum der Versnovelle steht ein Ikonenmaler im Feldlager der Aufständischen um Pugačëv.[16] Der namenlose Meister übermalt ein Bildnis der Zarin Ekatarina II. mit den Gesichtszügen des »Kosakenzaren«, doch sobald die Farbe trocknet, schlagen die Augenpartie und der Mund Ekatarinas wieder durch. Die so entstehende dämonische Doppelgestalt wurde wiederholt als Aleksandr I. gedeutet, die abrupt abreißende Versnovelle als Absage an die revolutionäre Umwälzbarkeit Russlands ausgelegt. Die Folgerung, Teterevkin habe reformorientierten Gesellschaftsentwürfen generell skeptisch gegenübergestanden, wäre allerdings voreilig. Zwar fehlen in seinem Werk konkrete Hinweise auf einen erstrebenswerten Staatsaufbau oder auf die zukünftigen Eigentumsverhältnisse, doch dies kann durchaus als programmatische Lücke gedeutet werden. Teterevkins Tagebücher von 1840–41 legen nahe, dass er Veränderungen der gesellschaftlichen Realitäten allein auf Basis einer Gesamtschau seines »eisernen Golems« für gerechtfertigt ansah. Der Schlüssel dazu liegt in seinem letzten Werk:

Die ersten Skizzen zu *Die Welt* (*Свет*, 1836–41, 2005)[17] sind für März 1836 belegt. Im konzeptionellen Anspruch knüpfte Tete-

....

die sowjetischen Literaturkritik fest. Die Wertschätzung der OPOJAS blieb als Makel an Teterevkin haften: Formalismus war im offiziellen sowjetischen Sprachgebrauch ein Schimpfwort geworden, das für die Adressaten Internierung oder Todesurteil bedeuten konnte.

15 Parusie bezieht sich hierbei weniger auf die Wiederkunft Christi als vielmehr auf das wirksame Gegenwärtigsein (griech. παρά: dabei, ουσία: Dasein) von Herrschern bzw. die Anwesenheit von Ideen in den Dingen, wie etwa Platon den Begriff verwendete.

16 Der Donkosake Emel'ân Pugačëv gab sich als Zar Pyotr III. aus und führte während der Herrschaft von Ekatarina II. einen Bauernaufstand (1773–1775) an.

17 Die 2005 besorgte posthume Erstausgabe des gesamten Textkorpus wur-

revkin an die universellen Enzyklopädisten an. Denn bei einer Puškinschen »Enzyklopädie des russischen Lebens« oder einem Balzacschen »œuvre gigantesque«[18] zur systematischen Darstellung aller gesellschaftlichen Gruppen wollte er es keineswegs bewenden lassen. »*Moi, j'aurai porté un monde tout entier dans ma caboche*«, erläuterte er seinem ehemaligen Hauslehrer in einem Brief. Er werde die gesamte Welt in einem Gedicht inventarisieren – vom »Zähnchen der Laus im Bart jener Maus, die unter meinem Bette in einem Astloch der Scheuerleiste wohnt« bis hin zu den Schweif- und Fixsternen. Doch damit nicht genug. Im Anschluss an diese Gesamtaufnahme hoffte er, die Geschichte allen Seins »über mein Erlöschen hinaus bis zum Letzten Gericht« fortschreiben zu können.[19]

Auf de Keelque-Paards Nachsuchen, warum es unbedingt ein Gedicht werden müsse, ging Teterevkin nicht ein. Dabei hatte der französische Pädagoge zweifelsohne die Erfolgsaussichten seines einstigen Schülers im Sinn. Einhergehend mit der Kommerzialisierung des russischen Literaturmarktes hatte sich in den 1830er-Jahren das Schwergewicht hin zur Prosa verscho-

....

de aus Mitteln der Moršakin-Stiftung ermöglicht. Auf dieser historisch-kritischen Erstausgabe basiert die vorliegende englische Übersetzung von Abigail Grommet.

18 Diese Klassifizierung von Aleksandr Puškins *Eugen Onegin* (Евгений Онегин, 1825–1832) geht zurück auf den Literaturkritiker Vissarion Belinskij, die des Romanzyklus *La Comédie humaine* (1822–1850) auf ihren Autor Honoré de Balzac.

19 Das Bedeutungsspektrum von свет — Erdenkreis/Welt, Licht/Schein, Jenseits — impliziert sowohl die von Teterevkin angestrebte Generalinventur der Welt in ihrer aufklärerischen Stoßrichtung, als auch die über seine Gegenwart hinausreichende Perspektive. Die Bezeichnung большой свет wiederum umfasste in den 1830ern die hocharistokratische hauptstädtische Gesellschaft. Im dekabristischen Umfeld galt свет deshalb als Ausdruck der erstarrten gesellschaftlichen Verhältnisse, die allenfalls eine satirische Darstellung verdienten. Enttäuschte Leseerwartungen waren somit vorprogrammiert.

ben. Die unter dem Einfluss von Mihail Lermontov und Nikolaj Gogol fortschreitende Entwicklung des russischsprachigen realistischen Prosa-Romans konnte auch Teterevkin nicht verborgen geblieben sein. Bis vor wenigen Jahren hieß es deshalb, er habe unbeirrt oder starrköpfig an der lyrischen Form festgehalten.[20] Um sich hierzu ein fundiertes Urteil bilden zu können, ist die Kenntnis der weiteren Genese des Werkes unerlässlich.

Die dem Sujet immanente fortwährende Ausdehnung des dichterischen Universums erschöpfte Teterevkin. Etwa zwei Jahre nachdem er mit der Arbeit an *Die Welt* begonnen hatte, gelangte er zu der Einsicht, dass das »allumfängliche Material« auf konventionelle Weise nicht zu bewältigen sein würde. Die Listen mit noch zu bearbeitenden Details wuchsen schneller als die fertiggestellten Passagen: »Bis zum Morgentee waren mir bereits so viele neue Schlagwörter eingefallen, dass der Tag nicht ausreichte, um sie niederzuschreiben.«

Teterevkin reagierte lebensverneinend. Dass er seine »Duell-Manie« zunächst unbeschadet überstand, war vermutlich das Verdienst seines Schwippschwagers Matvej Mordûkov, der als besonnener Sekundant agierte. »Dennoch kam es, wie es musste ...«, heißt es bei Natalja Efimovna. »Nachdem Gavriil Efimovič bereits all unsere Freunde und Nachbarn vergeblich gefordert hatte, ließ sich ein durchreisender Gardeoffizier auf einen Abtausch ein. Die delikate Natur seiner Schussverletzung machte den Skandal perfekt – der kaiserlichen Garde fehlte nun ein Mann.«

....
20 »Während die Wegbereiter der realistischen Prosa formale Beschränkungen überwanden und die romantische Poetik ablösten, um eine mosaikhaftbunte Rundschau der russischen Wirklichkeit zu liefern, verrannte sich Teterevkin in ein megalomanes Unterfangen«, urteilte der Literaturkritiker Daniil Resatnikov in seiner Besprechung zum ersten in der UdSSR erschienenen Sammelband mit Werken Teterevkins. ›Расточительство бумаги?‹, in: *Аргументы и Факты* (29. Mai 1990).

Allein durch die Protektion einstiger Kollegen seines Vaters kam Teterevkin glimpflich davon. Die Verbannung nach Sibirien wurde in eine Entsendung ins Ausland umgewandelt. Er fuhr via Frankreich nach England. In den Unterlagen der russischen Delegation von 1839 taucht Teterevkin als persönlicher Übersetzer des Kustos der Kunstkamera auf. Ob die Suche nach Automaten und Maschinen für die kaiserliche Kuriositätensammlung auch der Industriespionage diente, ist bis heute umstritten; Teterevkin selbst führte keine Aufzeichnungen zu seinen dienstlichen Aufgaben.

In London lernte er Charles Babbage kennen. Der Mathematikprofessor stellte ihm einen Demonstrator seiner Difference Engine sowie Baupläne der Analytical Engine vor.[21] Unvorbereitet, die Möglichkeiten dieser Maschinen zu erfassen, bedurfte es der Gespräche mit der Countess of Lovelace, Augusta Ada King, darin das »äußere Hülfsmittel«[22] zur Umsetzung seiner poetischen Pläne zu erkennen. Teterevkins »eiserner Golem« nahm noch vor Jahresende in zahlreichen Tagebucheinträgen und in seinem Sudelbuch Gestalt an. In Anlehnung an Kings »poetical science« nannte er seinen neuen dichterischen Zu-

....

21 Bei Babbages Difference Engine handelt es sich um eine für die Lösung polynomialer Funktionen konzipierte mechanische Rechenmaschine. Seine Analytical Engine war als universell programmierbarer mechanischer Automat mit dezimaler Gleitkommaarithmetik, Lochkarteneingabe und knapp 17 Kilobyte Speicher konzipiert.
Siehe auch Michael Lindgrens Dissertationsschrift *Glory and failure. The difference engines of Johann Müller, Charles Babbage and Georg and Edvard Scheutz* (1987).
22 Den Begriff entlehnte Teterevkin offenbar aus Johann Wolfgang von Goethes *Propyläen* (1798–1800). Im Vorwort hatte der deutsche Dichter und Herausgeber darauf hingewiesen, dass selbst ein Genie die Bewältigung des »rohen Stoffes« und die Überbrückung der »ungeheuere[n] Kluft« zwischen Natur und Kunst »ohne äußere Hülfsmittel« nicht zu leisten vermag.

gang »szientifische Poesie« und sprach von *Die Welt* nunmehr als »Automatendichtung«.[23]

In Sigizmund Kršišanovskijs wegweisendem Artikel *Der große Unbekannte* (*Великий неизвестный*, 1928, 2003)[24] heißt es, dass weder Teterevkins Zeitgenossen noch die nachfolgende Generation dessen Konzeption einer Automatendichtung zu erfassen vermochten. Mangels Leser mit technologischem Weitblick »musste Teterevkins Spätwerk (vorerst) folgenlos bleiben«.

Einer der wenigen Zeitgenossen, der sich zu den (seinerzeit nur verstreut publizierten) Auszügen aus Teterevkins letztem Werk geäußert hatte, war Lev Dobyčin. Bei allem persönlichen Wohlwollen gelang es ihm nicht, seine Verständnislosigkeit zu verbergen. *Die Welt* entziehe sich »der vereinfachenden Nacherzählung ebenso wie der empfindsamen Aufnahme. [... I]rgendwo in einer terra nullius zwischen Epopöe und Enzyklopädie verortet, reiht es sich allein in der Verwendung des Blankverses in eine wirkungsreiche Traditionslinie der Gedankenlyrik«.

Heute wissen wir, dass jede solche gattungsmäßige Zuordnung ihr Ziel verfehlen muss, da es sich bei *Die Welt* gleichermaßen um einen lyrischen wie einen maschinenlesbaren Text handelt.[25] Der Verleger und Publizist Lavrentij Filinin wies im Ge-

....

23 Resatnikov deutete dies in ›Расточительство бумаги?‹ als Selbstkritik Teterevkins, indem er das Automatische auf die Charaktere des Gedichtes projiziert: »tatsächlich fehlt ihnen jegliche innere Substanz. Sie erscheinen vor dem Leser nur, wie sie auf ihre Umwelt reagieren«.

24 Der Titel entbehrt nicht einer gewissen Ironie. Sigizmund Kršišanovskij (1887–1950) war zeitlebens bekannt dafür, unbekannt zu sein. Die Studie über Teterevkin erschien posthum, wie die meisten seiner essayistischen und belletristischen Arbeiten.

25 Auch der aus der Informatik stammende Begriff Quelltext würde hier zu kurz greifen, da er die lyrischen Qualitäten des Textes nicht angemessen zu erfassen vermag. Die Softwarespezialistin und Automatenforscherin Palina Moršakin schlug deshalb 2005 den Begriff »Dualtext« vor: ›Пролегомены‹, in: G. J. Teterevkin, *Свет. Историко-критическое издание* (2005).

leitwort zu *Der große Unbekannte* auf die »notwendige Konsequenz« aus dem Automatisierungsgedanken hin:

> »Nimmt man dies aber wortwörtlich, so handelt es sich bei *Die Welt* um nichts anderes als die Software eines lyrischen Simulationsautomaten – eines Automaten zudem, der eben diese Software nicht nur abarbeitet, sondern immer weiter schreibt [...] Wenn Teterevkin also von einem Gedicht spricht, das die Zukunft greifbar werden lassen soll, dann muss es vor dem Hintergrund seiner Konzeption des ›eisernen Golems‹ folgerichtig auch als die Datenbank *und* das Steuerungsprogramm eines Simulationsautomaten gedacht werden.«[26]

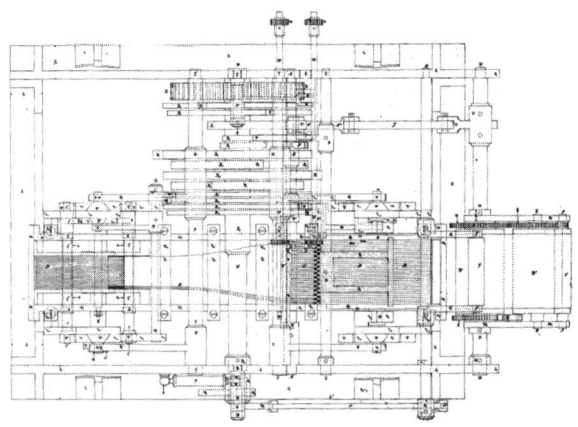

Subkomponente № 171. Die bloße Anzahl der Automatenbauteile macht die Komplexität des Vorhabens augenfällig. Die Baupläne wiederum zeigen deutlich, dass Teterevkin auf Babbages Unterlagen zurückgreifen konnte. Offen bleibt, wen er in Russland mit der technischen Ausführung betrauen wollte.

....

26 In: *Когнитерра*, Jg. 11, Nr. 4 (2003). Die Beweisführung steht allerdings noch aus. Für 2022 hat die Mošakin-Stiftung die Inbetriebnahme eines Teterevkinschen Automaten angekündigt: http://www.fm.by/ustaw/ (Stand: 19. Mai 2018).

Mit der Umsetzung seiner Automatenpläne kam Teterevkin nicht mehr weit. Bereits wenige Wochen nach seiner Rückkehr fiel er aus bislang ungeklärten Gründen zurück in die »schrecklichste seiner Marotten« und zettelte wiederholt Händel an, zumeist unter abstrusen Vorwänden.[27] Lev Mordûkov, der in den Jahren zuvor viele Duelle abgewendet oder deren Bedingungen abgemildert hatte, war bereits im Winter 1839 nach Warschau versetzt worden. Das allseitige Beharren auf dem Ehrenkodex verhinderte ein Einschreiten der Behörden. Nach Ansicht seines ehemaligen Lehrers Raič entbehrte es nicht einer gewissen Ironie, dass sich »der eigenbrötlerische T[eterevkin] in einem unsinnigen Streit versehentlich selbst niederstreckte«. Am 11. Mai 1841 erlag Teterevkin den Verletzungen, die ihm seine beim Abfeuern zerborstene Pistole zugefügt hatte.[28] *Die Welt* blieb unvollendet. Die Wirkungsgeschichte der Teterevkinschen Automatendichtung aber hat gerade erst begonnen.

W. Aiglet und M. B. Zavjazkin
Oxford (Ohio), 2018

....

27 Teterevkins Verhalten erscheint um so unverständlicher, als doch seinem Lyrikband *Der schrecklichste Staub* (*Ужаснейший прах*, 1840), den Natalja Efimovna in seiner Abwesenheit aus eigenen Mitteln hatte setzen lassen, ein beachtlicher Erfolg im Smolensker Gouvernement beschieden gewesen war und eine erweiterte Neuauflage für den landesweiten Vertrieb in Druck gehen sollte. Sie verweist darauf, dass ihr Bruder in seinen letzten beiden Lebensjahren durchaus als gefragt gelten konnte.
28 Wenige Wochen später, am 27. Juli 1841, bestritt auch Mihail Lermontov sein letztes Duell. Das Goldene Zeitalter der russischen Literatur ging, wie McGuffin in *Golden, Silver and Red* resümiert, »mit drei bleiernen Schüssen zu Ende«.

Paradigmenwechsel

Auf Einladung Gorkis weilte Rodion Woronin einige Wochen
auf Capri. Der vermeintliche Großneffe Teterewkins galt als
vielversprechend und der sozialdemokratischen Sache zugetan.
In Gorkis Villa traf er mit Lenin zusammen. Woronin berichtete
dem Bolschewikenführer von seinem Ansinnen, Gawriil Teterewkins geniale Pläne aufzugreifen und für die Sache der Arbeiterklasse fruchtbar zu machen: »Ich gedenke, das von Großonkel Gawriil konzipierte Chef d'œuvre zu Ende zu schreiben,
jenes Poem, das die gesamte Welt enthalten soll ... und wird!«
Lenin trank einen Schluck Limonade, ehe er antwortete: »Eine
ausgezeichnete Idee, junger Freund. Allerdings ist dies ein äußerst schwieriges Unterfangen. Es erfordert eine Menge Zeit,
von Schaffenskraft ganz zu schweigen. Gewiss, mit unbeding-
tem Willen ist alles zu meistern. Alles! Doch sehe ich nicht, womit Sie solch ein Werk abschließen könnten. Die Wirklichkeit
bietet keinen Abschluss. Noch nicht. Glauben Sie mir, dieses
Poem kann erst nach unserer Revolution geschrieben werden.«
Gorki nickte. Woronin wusste, wann er schweigen musste. Doch
nun hatte auch noch Bogdanow Einwände. Er meinte, dass der
göttergleiche Überblick, welcher Tolstois wie auch, »äh«, Teterewkins Werke maßgeblich präge, das ästhetische Pendant zu
den hierarchischen Strukturen des vergangenen Jahrhunderts
sei. Der allwissende Erzähler finde im Alleinherrscher seine
Entsprechung – nach der Revolution werde es diese Perspektive so nicht mehr geben: »Für die Erfassung der Welt schwebt
uns deshalb eine sozialistisch geprägte Enzyklopädie vor.«

Schmunzelnd strich Lenin über seinen Schnauzer und sagte: »Genug für heute, Genossen. Wer wagt eine Partie Schach mit mir?«

Bogdanow nahm die Herausforderung an und gewann gegen den sichtlich ermüdeten Lenin. Hockend neben dem Tisch Gorki, ihr Gastgeber. Woronin holte derweil frische Limonade – er machte sich gerne auch im Kleinen nützlich. Seine Spur verliert sich 1936 in der Kremlkantine. In Woronins Habseligkeit fanden sich weder Giftrezepte noch Gedichte.

Foto: Juri Scheljabuschski.

MSMP#04

Moskau, 29. Mai 1985

Mireya half Ljubow, den Fahrersitz zu verstellen, damit die Schwangere hinters Lenkrad passte. Galina zwängte sich auf den Beifahrersitz des Moskwitsch. Sie ließen den Wohnblock № 49 hinter sich und bogen stadteinwärts, fuhren durch tiefe Straßenschluchten: Dominosteine aus Beton und Glas, deren flimmernde Augenzahlen nach den Regeln des Spiels gar nicht in eine Reihe passten. Als Mireya ihre Begleiterinnen darauf hinwies, meinte Ljubow, sie hoffe inständig, dass keine Hand vom Himmel herablangen werde, um ihren Wohnblock an eine andere Stelle zu versetzen: »Von derlei Sperenzchen haben wir so schon genug.«

Galina gab sich Kilometer um Kilometer zuversichtlicher. Sie lotste Ljubow zu einer Garagensiedlung in ihrem alten Wohnbezirk, »—bevor Mischa den Wolga geerbt hat, is-er-da immer hin, um an seiner Planeta zu schrauben.«

Die Motorsportfreunde, die sie bei der Reparaturrampe № 3 antrafen, zeigten sich zu nassforschen Sprüchen, nicht aber zu einfacher Auskunft aufgelegt. Ljubow wendete den Wagen behände, doch kurz vor der Ausfahrt schnitt ihnen ein Motorrad den Weg ab. Der Beifahrer, dessen Nietenjacke mit der Aufforderung *Komm und nimm alles* bekritzelt war, bekannte grinsend, er könne dem Charme dreier Schwangerer einfach nicht widerstehen: »Versucht 's doch mal bei *Progress* ...«

»—ja, da treibt Michailitsch sich jetzt öfter 'rum als hier. Schleimt sich wohl vorsorglich bei seinem künftigen Chef ein«, maulte der Fahrer und ließ die Kupplung kommen.

Nunmehr einsilbig wies Galina den weiteren Weg. Eine halbe Stunde später passierten sie Kraftwerkschlote, aus denen dichte Schwaden in den nächtlichen Stadthimmel aufquollen. Sie überquerten die Moskwa und bogen von der Uferstraße in eine Toreinfahrt ab. Vorm Personenbeförderungsbetrieb *Progress* parkte ein einzelner Wolga. Dessen mit Rostschutzfarbe gesprenkelte Kotflügel und Verschläge ermöglichten offenbar eine untrügliche Identifikation: »Da-is-er!«

Mireya und Ljubow folgten Galina in eine Taxiwaschanlage. Neben frisch gewaschenen Barschas und Buchankas stand ein Citroën mit offener Haube. Die vom Anblick des Motorblocks gefesselten Taxifahrer wollten die unbefugten Besucherinnen abweisen, doch als Galina und Ljubow ihre Bäuche ins Blickfeld schoben, wurden die Fahrer schlagartig handzahm. Ein dürrer Kerl, der seine letzte Haarsträhne quer über die Glatze gestriegelt trug, gab sich als Nachtschichtleiter zu erkennen. Er führte sie ins Ersatzteillager und brachte, indem er eine Abdeckplane anhob, drei Schlafende zum Vorschein. Gesichtsfarbe und gurgelndes Schnarchen verhießen nichts Gutes. Der Nachtschichtleiter bezeugte feierlich den Ausnahmewert dieser Stichprobe: »Das gesamte Progress-Kollektiv steht fest zum Nullpromillebeschluss, und Makanin würde hier niemals eine Stelle kriegen, wenn wir ihm nicht vollstes Vertrauen entgegenbrächten! Aber, einmal ganz unter uns: Wer würde schon einem werdenden Vater ein Gläschen verwehren? Noch dazu nach Feierabend.«

Galina setzte zu einer Antwort an, stockte. Ob durch Unrast ausgelöst oder von der Natur auf eben diesen Zeitpunkt vorprogrammiert – im nächsten Augenblick stand sie in einer Pfütze Fruchtwasser. Der Schichtleiter trat einen Schritt zurück: »Saizew, Schlykow, Smirnow, sofort her zu mir. Sidorow auf Funkstation«, brüllte er in die Halle hinaus und lief in den folgenden Sekunden zu Höchstleistungen auf. Er strich seine Strähne straff und ordnete an:

* die Rückbank eines Kleinbusses mit Handtüchern auszustaffieren,
* Galina und Ljubow ins nächstgelegene Krankenhaus zu expedieren,
* Mireya mit dem Moskwitsch hinterherzuchauffieren,
* die Geburtsstation über die nahende Lieferung zu informieren,
* und Makanin unter die Dusche zu führen.

Von dem Tempo, mit dem die Taxifahrer die ersten drei Aufgaben erledigten, wurde es Mireya flau im Magen. Doch Schlykow, der mit dem Moskwitsch seinem rasenden Kollegen folgte und sich aus irgendeinem Grund nicht abhängen lassen wollte, lieferte sie wohlbehalten am Krankenhaustor ab. Mireya, die vorsorglich beide Reisetaschen und die Autoschlüssel auf die Geburtsstation brachte, wurde sofort wieder hinauskomplimentiert. Sie fand Ljubow im Korridor vor den Kreißsälen und verabschiedete sich ein weiteres Mal. Ljubow versprach ihr, dass sie Michail einen Telefonhörer in die Hand drücken werde, sowie er wieder klar denken und artikulieren könne. Fiebrig an ihren Zigaretten saugend warteten Schlykow und Smirnow vor dem Krankenhaus. Es ging auf drei Uhr zu, als die beiden Mireya am Hotel *Kosmos* ablieferten. Um diese Stunde noch ein Gespräch mit der Auslandssektion von INDER anzumelden, erübrigte sich wohl, denn bis die Verbindung zustande käme, dürfte sich in Havanna bereits die Abendsonne auf verriegelten Bürofenstern spiegeln.

•

Der Wecker auf dem Fensterbrett bekam Mireyas Unlust mit einem Hieb zu spüren, verstummte. Die Gardine mochte sie gar nicht aufziehen, drang doch unterm Saum bereits mehr als genug Sonnenlicht ins Zimmer herein. Mireya rieb sich die Lider, wäre am liebsten zurück unter die Bettdecke gekrochen. Im Badspiegel sah sie eine Kurzfassung der letzten Stunden – nein, da half auch kein Augenreiben. Unter der Dusche sang sie von Spuren, die sich in der Dunkelheit nicht lesen lassen und von Farben, die nicht sind, wie sie sein sollten ... Da ihr der restliche Liedtext nicht einfallen wollte, gurgelte Mireya die Melodie weiter und verschluckte sich, als das Telefon läutete. Sie eilte ins Zimmer, doch der Klingelton riss ab, ehe sie den Hörer abheben konnte. Fluchend ging sie zurück ins Bad, trocknete sich ab. Sie musterte zufrieden ihr Profil und strich über das harmlose Röllchen unterm Bauchnabel, zog sich an. Nachdem sie das Abzeichen der kubanischen Auswahl von 1981 am Kragen ihrer frischen Bluse befestigt hatte, eilte sie zum Frühstück.

Sie hätte keineswegs schlingen und ihren Nachschlag aus dem Speisesaal schmuggeln müssen, denn im Kongressgebäude hieß es doch bloß, dass die Mitglieder des Organisationskomitees frühestens eine Viertelstunde vor Beginn der Wettkämpfe eintreffen würden. Dort, wo noch am Vortag ein polnisches Plakat die Bedeutung der Informatik im Kampf für Frieden und Sozialismus beschworen hatte, hing mittlerweile ein anderes Plakat, das einen russischen Abakus zeigte und zum geschickten Wirtschaften aufrief. Sollten die polnischen Teilnehmer etwa mit solcherlei unlauteren Manövern aus der Fassung gebracht werden?

Bei den Spielautomaten stritten zwei deutsche Spartakiden. Mireya überlegte, ob die nunmehr wieder über den Münzschlitzen klebenden Banderolen der Grund für ihr gereiztes Getuschel sein könnten, verwarf diese Mutmaßung aber sogleich:

Im Durchgang zum Hotelfoyer stillte ein Junge sein Nasenbluten, indem er den Kopf in den Nacken legte. Sie steckte ihm die Papierservietten zu, in die sie ihren Nachschlag eingewickelt hatte, und ging kauend zum Speisesaal A.

Halina erwartete sie bereits vor der großen Flügeltür. Stimmengewirr und Geschirrklappern drangen aus dem Saal heraus, doch die junge Polin sprudelte unbeirrt los, berichtete, dass sie am Vortag in ihrer Altersstufe den zweiten Platz erobert hatte: »Nur einen halben Punkt hinter Babajew, aber ganze vier Punkte vor Escher. Du hättest das Gesicht seines Trainers sehen sollen, als die Tagesergebnisse rauskamen ...«

Den deutschen Trainer nachzuahmen, gelang der hageren Halina nicht überzeugend; trotzdem konnte Mireya sich vorstellen, wie Kleinwerth seine von Fettwülsten gepolsterten Augen zusammengekniffen haben mochte.

»Wart 's ab, heute knöpfe ich mir auch noch Babajew vor. Der Clou ist aber, dass Ungarn in der Gesamtwertung derzeit vor der SU liegt. Die haben in den unteren Altersklassen mächtig abgeräumt«, zwitscherte Halina, und: »Du brauchst gar nicht so zu schauen, ich weiß auch, dass noch nicht aller Tage Abend ist. Apropos Abend: Verrätst du mir, was ihr Erwachsenen gestern nach dem Essen noch so lang konferiert habt? Mir machst du nichts vor, du siehst genauso übernächtigt wie die Trainer aus.«

»Oh, wie charmant«, lachte Mireya auf. »Ich sag dir, ich wäre heute fast nicht aus dem Bett gekommen, aber—«, sie kam nicht mehr dazu, die Fehlverknüpfung aufzulösen. Ein stiernackiger Anzugträger war dicht an sie herangetreten und fiel ihr auf Kubanisch ins Wort: »Compañera Fuentes, die Botschaft schickt mich, dich abzuholen. Wenn du mir also folgen würdest«, sagte er und trat zwei Schritte zurück, verharrte am Treppenabsatz.

»Ich muss los, Halinka. Wir sehen uns später, ja«, verabschiedete sich Mireya.

»Grüß bitte Julia und José von mir! Es ist so schade, dass ihr diesmal nicht dabei sein könnt«, rief Halina ihr hinterher.

Mireyas Landsmann erwies sich als wortkarg und, so viel konnte sie immerhin aus ihm herauslocken, wollte nicht die leiseste Ahnung haben, von welcher Quarantäne sie überhaupt sprach. Auf den Schutz des roten Diplomatenkennzeichens vertrauend lehnte er sich leger in den Fahrersitz zurück. Er bremste lediglich einmal ab, als am Gartenring von rechts ein zu schneller Lastkraftwagen nahte, und hupte lasch, als er ihn kurz darauf überholte. So schossen sie vorbei an Dserschinski, am *Rossija*, am Kreml und hinüber zum rechten Ufer, wo die Große Ordynka wie ein steinerner Trichter den südwärts drängenden Verkehrsstrom aufnahm, wo sie beinah mit einem Trolleybus zusammenstießen, wo sie mattgelbe, blassblaue, zartrosa, graue Villen und Verwaltungsgebäude, Stadtgehöfte, Baugerüste und eine bewohnte Kirche hinter sich ließen. Kaum kam die blauweiß-rote López-Flagge in Sicht, klammerte sich Mireya in Erwartung einer Vollbremsung abermals am Türgriff fest. Der Chauffeur quittierte ihre Vorausschau mit einem Grinsen und brachte den Wagen behutsam vor der kubanischen Botschaft zum Stehen.

Ramón Expósito Méndez, dies verriet das Schildchen auf seinem Schreibtisch, war der für *Kultur und Sport* zuständige Attaché. Ihr erster Gedanke – der stiernackige Chauffeur sei über eine Hintertreppe in dieses Büro geeilt und habe lediglich ein eleganteres Sakko übergestreift –, würde sie wohl weiter beschäftigt haben, hätte nicht der Attaché sofort das Wort ergriffen: Sie, Mireya Lorenzo Fuentes, eine Fachkraft im akademischen Grad eines Kandidaten, habe allem Anschein nach vollkommen vergessen, dass sie als offizielle Delegierte des kubanischen Sportverbandes in Moskau weile, dass sie mithin die Republik Kuba vertrete und sich entsprechend zu verhalten habe; Ausflüge wie ihr gestriger, bei dem sie sich ohne bevollmächtigten Fremdenführer in die Vororte begeben habe und des Nachts in einer Garagensiedlung mit dubiosen Elementen zusammengetroffen sei, entsprächen in keiner Weise den Werten, für die ihr Großvater in Batistas Gefängnis gestorben und ihr Onkel im angolanischen Freiheitskampf gefallen sei; ganz zu schweigen von dem üblen Eindruck, den das auf die sowjetischen Freunde mache, ratterte er herunter. Dabei bedachte er Mireya mit freundlichem Lächeln – was sie augenblicklich mehr verwirrte als die Erkenntnis, dass ihr irgendjemand auf Schritt und Tritt gefolgt sein musste.

»Ihre Aufgabe beschränkt sich klar und deutlich auf die Wettkämpfe. Ihre einzige darüber hinausgehende Pflicht wäre es gewesen, uns über die außerordentliche Lage zu informieren. Eigentlich doch eine Selbstverständlichkeit, oder? Wann genau gedachten Sie uns denn einzuweihen? Im Abschlussbericht? Allein durch Zufall mussten wir heute früh aus der *Sowjetski Sport* erfahren, dass unsere Jugendauswahl nicht bei der Spartakiade antritt. Wie sollen wir das Havanna erklären?«

Warum die Botschaft darüber Bescheid wusste, wie sie ihren Abend verbracht hatte, nicht aber, dass die gesamte Jugendauswahl verschwunden war, fragte sie Expósito wohlweislich nicht. Sie hatte gelernt, solche Standpauken wie einen Streitregen an sich vorüberziehen zu lassen. Der Schärfe seines Tonfalls zum Trotz blickte der Attaché sie noch immer wohlwollend, ja, vielleicht auch ein wenig wollüstig an. Andererseits mochte der Anschein trügen und bloß von seinen unsteten Pupillen herrühren, schaute Expósito doch nach fast jedem Satz auf den Computermonitor neben sich – gerade so, als lese er ungeschickt von einem Teleprompter ab: »Wir werden das ab sofort in die Hand nehmen, und Sie werden ohne weitere Eskapaden auf Anweisungen warten. Haben Sie mich verstanden? Sie werden im *Kosmos* die Wettkämpfe verfolgen ...«, hier stockte Expósito. Er blinzelte hinüber zum Monitor und strich sich mit dem Zeigefinger über den Schnauzer, ehe er in ruhigem Tonfall fortfuhr: »Oder besichtigen Sie das Mausoleum. Stellen Sie aber unbedingt sicher, dass wir Sie am frühen Abend auf ihrem Zimmer erreichen!«

Die Wettkämpfe verfolgen? Expósito hatte eindeutig keinen Schimmer, wie spannend es war, den Programmierern stundenlang beim Grübeln zuzuschauen: Vier Säle voll schwitzender Jugendlicher, die auf ihren Lippen oder auf Bleistiftenden kauten, die Hälse verstohlen reckten, den Blick ihres Trainers suchten oder mit geschlossenen Augen den Kopf schüttelten – von einer Mathematik-Spartakiade unterschied sich das nur, weil sie hin und wieder Codezeilen in Computerstationen eingaben oder verzweifelt auf den Monitor starrten, wenn etwa OVERFLOW aufleuchtete oder der Cursor einfror.

Blieb also das Lenin-Mausoleum. Ja, das wäre wohl für alle Beteiligten die beste Wahl: Der Schatten, der sich an ihre Fersen gehängt hatte, wirkte noch recht unerfahren. Allerdings reichte die wohlgeordnete Warteschlange quer über den Roten Platz, die Kremljowski-Gasse hinab und am Arsenal-Eckturm vorbei in den Alexandergarten hinein, wo sie nach dreihundert Metern eine Schleife beschrieb und auf der Mittelallee zum Parkeingang zurückkehrte, um nunmehr zur Maneschnaja-Straße einzuschwenken. Nika hatte sie gewarnt, die Schlange reiche manchmal so weit, dass sich einige Moskauer anstellten, weil sie glaubten, am Arbat gäbe es Mangelware. Während Mireya noch abschätzte, wie lange sie wohl anstehen müsste, erhöhte ein Bataillon Baupioniere die mutmaßliche Wartedauer. Ob sich wohl in sechzig Jahren in Havanna tagein, tagaus Kubaner aus allen Provinzen sowie Besucher aus allen Bruderstaaten in eine kilometerlange Schlange vom Malecón bis zur Plaza de la

Revolución einreihen werden, um ins Fidel-Mausoleum zu gelangen?

Mireya kaufte sich ein Eis und ging spazieren. Dem rothaarigen Jüngling, der ihr ohne Finesse von der Metrostation bis zum Borowizki-Hügel gefolgt war, würde es sicherlich auch im Kreml gefallen. Und tatsächlich, er bestaunte beflissen die Zarenkanone und blieb Mireya weiter auf den Fersen: vom Iwan Weliki durchs GUM zum bronzenen Puschkin, der gedankenverloren über den Taubendreck auf seiner Schuhspitze hinwegsah – eine Pose, die auch der Rotschopf hervorragend beherrschte. Das brachte Mireya auf die Idee, ihren Schatten zum Krylow-Denkmal an den Patriarchenteich zu locken und ihn dazu zu verleiten, die Straßenbahngleise in der Jermolajewski-Gasse zu überqueren: »Sie suchen den Ausgang mit dem Drehkreuz, Bürger?« Doch als sie sich wieder umschaute, trottete der Rotschopf bereits einer anderen Frau hinterher, verschwand im Trubel des Twerskoi-Boulevards. Mit einem Mal fühlte Mireya sich unsäglich müde und, noch schlimmer: Ihr Magen knurrte.

•

»—so schnell haben Sie mich vergessen, Senjora.«

Die Etagen des *Kosmos* abzählend, um ihr Zimmerfenster auf der Hotelfassade zu verorten, war Mireya an Schlykow vorbeigegangen, ohne ihn zu bemerken; seine sonore Stimme erkannte sie jedoch sofort. Der Taxifahrer lehnte am Kotflügel eines hellgrauen Wolgas: »Das Los der Nachtschicht, denke ich dann immer. Aber ich bin nicht hier, um mich zu beklagen. Makanin schickt mich. Mütter und Kinder sind wohlauf, lässt er ausrichten, und dass Ihre Leute im Chowrinskaja liegen, drüben im Leningradski Rajon«, sagte er und erbot sich, sie dorthin zu fahren: »Vielleicht hinterlasse ich tagsüber ja einen beständigeren Eindruck.«

»Zuallererst muss ich unsere Botschaft informieren.«

»Da sieh mal einer an: So'n großes Kaliber. Na, dann halten wir unterwegs bei einem Münzfernsprecher, Genossin ...«

Unter der Nummer der Botschaft meldete sich eine Sekretärin Zayas. Diese hätte gut und gern neunzig Jahre alt sein können, so altbacken mutete ihre Ausdrucksweise an, zudem sprach die Zayas mit Distinción: »Dürfte ich Sie wohl darum ersuchen, einen Augenblick in der Leitung zu bleiben!«

Mireya hörte mit, wie der Handapparat auf einer harten Unterlage abgelegt, wie etwas ausradiert und etwas notiert wurde, dann meldete sich die Sekretärin zurück: »Wen bitte, sagten Sie, wünschen Sie zu bemühen? ... Attaché Expósito? ... Expósito Méndez? Nein, da muss ein Irrtum vorliegen. ... Heute morgen? Es tut mir außerordentlich leid, doch das ist vollkommen ausgeschlossen. Der Posten des Attachés ist seit geraumer Zeit vakant. ... Aber meine Liebe, kein Grund zu verzagen. Ab nächster Woche wird Doktor Tamayo die Ehre haben, die Nachfolge anzutreten. Sobald er sich bei uns eingearbeitet hat, wird er Ihnen redlich Auskunft erteilen. Nach vorheriger Terminabsprache, versteht sich.«

Noch wollte Mireya nicht klein beigeben. Sie hatte gut zu Mittag gegessen und fühlte sich, jetzt, da sie endlich einen konkreten Anhaltspunkt hatte, wo sich Eduardo und seine Spartakiden befanden, überhaupt nicht mehr müde: »Mit wem könnte ich denn schon heute sprechen? Es geht um den Verbleib unserer Jugendauswahl—«

»—ich bin leider nicht befugt, Ihnen Auskünfte über unsere Staatsbürger zu erteilen. Wenn Sie bitte nochmals die Güte hätten, einen Augenblick in der Leitung zu bleiben ...«

Nachdem die Sekretärin den Handapparat abgelegt hatte, hörte

Mireya sie auf Russisch fragen: »Sag, Schura, eine plutonische Gesteinsformation mit acht Buchstaben und K-O in der Mitte? ... Aber, aber, mein Täubchen, weißt doch sonst immer alles. ... Na, wart ein Minütchen!«

Nun verfiel die Sekretärin zurück in ihr gepflegtes, doch schwer verortbares Spanisch, das sämtliche Vokale kannte und in dem jedes L wie ein L klang: »Kann ich Ihnen noch anderweitig behilflich sein, meine Liebe?«

»Lakkolith.«

»Wie bitte?«

»Eine plutonische Gesteinsformation mit acht kyrillischen Buchstaben: Л-А-К-К-О-Л-И-Т.«

»Darauf wäre ich nie im Leben gekommen. Haben Sie tausend Dank.«

»Keine Ursache. Aber sagen Sie bitte, an wen kann ich mich denn unter den gegebenen Umständen wenden?«

»Die kommissarische Führung des Bereiches *Kultur und Sport* obliegt Herrn Botschafter Soto höchstpersönlich.«

»Wären Sie dann so freundlich, dem Botschafter mitzuteilen, dass unsere jungen Programmierer ins Chowrinskaja-Krankenhaus eingeliefert worden sind.«

»Selbstverständlich, meine Liebe. Allerdings sehe ich in seiner Agenda keinerlei Möglichkeit für einen Ortstermin. Er weilt zur Kur im Kaukasus. Aber seien Sie versichert, dass wir unserer Equipe alsbald Besserungswünsche und ein aufmunterndes Bouquet zukommen lassen werden!«

•

»—in *Krieg und Frieden*, da war ich ein Tambour. Während der Schlacht bei Borodino sieht man mich mit meiner Trommel kurz am Bildrand«, sagte Schlykow, und: »Drei Jahre später, als ich gerade bei der Fahne war, da wurde unsere Kompanie zu den Dreharbeiten von *Waterloo* abkommandiert. Allerdings nicht nach Belgien, sondern nach Uschgorod in Transkarpatien. Anderthalbtausend Kilometer machen im Film ja keinen Unterschied: Hier zwei Hügel wegplaniert, da ein Wäldchen hinplatziert, fertig ... Aber, wie wir dann in Linienformation vorgerückt sind, da habe ich manchmal keinen Kameraturm mehr gesehen, nur den Schießpulvernebel und die roten Soldatenröcke vor und neben mir. Das war wie eine Zeitreise. Eine, bei der die Gefallenen und Verstümmelten am Ende wieder aufstehen können«, und dergleichen mehr erzählte Schlykow auf der halbstündigen Fahrt. In der dreiunddreißigsten Minute streckte er den Zeigefinger aus: »Da vorne, der riesige Klotz, das isses.«

Das Krankenhaus leuchtete unter der Nachmittagssonne. Mireya nieste, beschirmte die Augen. Zehn Etagen weiß gekachelte Fassade, bis zur Dachbrüstung hinauf. Den zur Straße hin gewandten Gebäudeteilen fehlten allerdings noch Fensterscheiben und Türen, merkte Mireya an. Schlykow schürzte die Lippen und brachte das Taxi auf der Bankette zum Stehen: »Das ist die Adresse, die Makanin mir gegeben hat. Vielleicht liegt die Quarantänestation auf der anderen Seite. Da komm ich mit meinem Schlitten aber nicht ran, ohne den Unterboden aufzureißen.«

Mireya stieg aus. Von Erdaushub und Sandhaufen gesäumt führte eine Schotterpiste zu einem Schrankenhäuschen und weiter zum Kerntrakt des Krankenhauskomplexes. Auch dieser befand sich noch im Ausbau. Durch die Fensterlöcher konnte Mireya unverputzte Ziegelwände, Rohre und Treppenelemente ausmachen. Arbeiter sah sie weit und breit keine, gerade so, als hätte eine Pausensirene alle Baubrigaden zu einem versteckten Fleckchen gerufen. Das weitläufige Gelände lag still, nur ein paar Spatzen balgten sich zwischen Wolfswurz und Kratzdisteln, und der Schotter knirschte unter Mireyas Sohlen. Sie stöckelte unsicher; wenn sie solche Herausforderungen geahnt hätte, trüge sie Schuhe mit flachen Absätzen.

»Stehen geblieben, Mädchen! Was glaubst du, wo du hingehst?«, drang es aus dem blechernen Schrankenhäuschen, das von vorn wie eine zu groß geratene Hundehütte wirkte. Die Farbreste an der Dachkante ergänzte Mireya gedanklich zu *Dispatcher #2*. Der frische blaue Schriftzug neben der Tür ließ sich weitaus schwerer entziffern, weil die Malerschablone nicht auf das Profilblech angepasst worden war: *33 K ГП* oder vielleicht *ЄЄ K ПП* mochte dort stehen. Ein Wachsoldat trat ins Freie, musterte Mireya blinzelnd. Die geriffelten Druckstellen auf seiner linken Wange und Schläfe verrieten, dass er geraume Zeit an der Blechwand gelehnt hatte. Er hörte sich Mireyas Fragen aufmerksam an, doch sein Reglement sah offenbar keine Auskünfte vor, stattdessen aber ein schroffes »Papiere!«

Auch im Freien klang seine Stimme blechern, und sein Mundgeruch ließ Mireya einen Schritt zurückweichen. Ihre Körpersprache als Einwand deutend, klopfte der Wachsoldat mit den Fingerknöcheln auf die blauen Buchstaben. Vom Resonanzkörper des Häuschens verstärkt, hallte sein Klopfen zwischen den gekachelten Seitentrakten wider und scheuchte eine Spatzenschar auf. Der Wachsoldat entwirrte indes die Buchstabenfolge des Akronyms: »Du hast unberechtigt ein Sperrgelände betreten. Mach es nicht noch schlimmer!«

Er begutachtete den Einband ihrer Papiere, ehe er Eintrag um Eintrag einer eingehenden Überprüfung unterzog, wobei er mit seinen scharfkantig geschnittenen Fingernägeln unter den Zeilen entlangstrich.

»Mireya Fuentes. Kubanerin«, konstatierte er schließlich, wobei Mireya unklar blieb, warum er sie über seine weitreichenden Erkenntnisse unterrichtete. Sie nickte und wies auf den

Anstecker an ihrem Blusenkragen, ehe sie ein weiteres Mal dar-
legte, dass sie eine offizielle Delegierte des kubanischen Sportverbandes INDER sei und die hier in Quarantäne befindliche
Jugendauswahl besuchen oder doch wenigstens mit dem be-
handelnden Arzt sprechen wolle: »Oder bin ich schon wieder
am falschen Krankenhaus gelandet?«

Der Wachsoldat wich ihrem Blick aus und unterzog nun auch
noch den Stempel ihres Hotelausweises einer sorgfältigen Prüfung. Dies mochte nicht ausdrücklich seinem Reglement geschuldet zu sein; vielmehr hatte Mireya den Eindruck, er wisse nicht, was er ihr antworten solle. Sie wusste ebenfalls weder
vor noch zurück. Aus diesem Patt befreite sie ein Klingelsignal,
das aus dem Häuschen drang. Nach drinnen geeilt, presste der
Wachsoldat zweimal »Jawohl« hervor, lachte blechern. Zurück
im Freien wies er Mireya den sichersten Weg zur Quarantänestation.

Am Ende des Trampelpfads gelangte sie an einen freistehenden Flachbau. Auch dieser hatte weiße Außenwände, milchwei-
ße Kacheln mit hellgrauen Fugen, und sah im Streulicht beinah wie eine Pixelgrafik aus. Mireya kniff die Lider zusammen,
wandelte so die Pixel wieder in feste Materie um. Obwohl lediglich eine Erdrampe zum Eingang führte, machte die Quarantänestation einen ausgereifteren Eindruck als der Hauptkom-
plex, waren doch bereits Fenster und Türen eingebaut. In der
Pförtnerloge saßen zwei kahlgeschorene Wachmänner vor einem Kofferfernseher und schauten stumpfsinnig bei etwas zu,
das null zu null stand – dies zumindest verriet der schmale, un-
verrauschte Bildrand.

Nachdem Mireya in einen blassblauen Überkittel geschlüpft
war und Galoschen übergezogen hatte, ließen die beiden Wächter sie in den Korridor passieren. Nach gerade einmal sieben
Schritten ertönte hinter ihr ein Halt-Kommando und: »benut-

zen Sie den Wechselsprecher zu Ihrer Linken, wenn Sie Hallo sagen wollen.«

Der Telefonhörer hing zwischen zwei schludrig angebrachten Stoffbahnen an der Wand.

»Ziehen Sie die Vorhänge ein Stück beiseite! Aber schön vorsichtig, sonst dürfen Sie die nachher wieder aufhängen!«

Die Beobachtungsfenster mochten erst kürzlich eingesetzt worden sein; der Mörtel roch säuerlich, mineralisch, hatte wohl noch nicht restlos abgebunden – oder rührte der Geruch von Spezialdesinfektionsmittel her? Durch die Doppelglasscheiben sah Mireya ein provisorisch eingerichtetes Krankenzimmer. Die Möbel stammten augenscheinlich aus Kinderkliniken oder Kindergärten: verschiedenfarbig lackierte Kinderkrankenbetten, Stühle und Tische, die den daran sitzenden Jugendlichen kaum bis zu den Kniegelenken reichen. Weit vorgebeugt schaufelten sie mit Löffelchen kleine Kuchenstücke, legten womöglich gerade Märchenmotive auf den Tellerböden frei. Sie wirkten wohlauf und munter, allein bei ihrem Trainer war sich Mireya nicht sicher, lag er doch bäuchlings auf drei längsseits zusammengerückten Bettchen. Mireya nahm vorsichtig den Hörer von der Wand und drückte den Rufknopf. Im Korridor war kein Klingeln zu hören – doch im Krankenzimmer horchten die Spartakiden auf: Héctor, Iván und José deuteten mit ausgestreckten Löffeln auf die Scheibe. Von Onelios Lippen konnte Mireya deutlich ihren Vornamen ablesen. Pedro, Ramon und Saturnino winkten ihr zu, Manolo und Félix zeigten ihre schokoladenfleckigen Zähne. Der Schwung, mit dem Eduardo aus den drei Bettchen aufsprang und zur Sprechanlage eilte, stimmte Mireya zuversichtlich. An Fieber, Schüttelfrost, schweren Gliederschmerzen oder anderen äußerlich ablesbaren Beschwerden litt er offenkundig nicht. Oder dauerte etwa die Inkubationszeit noch an? Doch die Inkubation von was?

»Du, wenn wir das mal wüssten«, drang Eduardos Stimme verrauscht aus dem Hörer.

»Habt ihr euch denn mit dem Arzt überhaupt nicht verständigen können? So viel Russisch kannst du doch!«

»Ja, wenn ein Arzt mit uns gesprochen hätte. Erst haben sie uns am Flughafen ewig in einem winzigen Kabuff warten lassen, und dann kam einer im Kosmonautenanzug, so ein aufgeblasener Schutzanzug, das musst du dir mal vorstellen. Der hat uns bloß kurz in den Mund geschaut, und dann sind wir von einem anderen aufgeblasenen Schutzanzug mit einem Kleinbus hierhergekarrt worden. Gestern und heute waren lediglich Krankenschwestern hier. Taubstumme, allem Anschein nach. Heute kamen sie allerdings schon ohne Schutzkleidung rein. Kann also alles nur halb so wild sein. Aber diese Nattern haben uns inzwischen so viel Blut abgenommen, dass man meinen könnte, die Rote Armee plane eine neue Offensive und fülle deshalb ihre Blutreserven auf. Immerhin ist das Essen ... gehaltvoll.«

»Und Julia?«

Eduardo zuckte mit den Schultern, sagte: »Die übrigen Jungs liegen jedenfalls im Zimmer nebenan, die können wir durch die Wand hindurch hören.«

»Dann werde ich mal die Ärzte suchen. Vielleicht bekommen wir euch ja noch vor Ende der Spartakiade wieder hier raus.«

»Na, der Zug ist längst abgefahren.«

»Sag das nicht! Ihr könntet zumindest noch die Ergebnisse durcheinanderwirbeln. Schon der Ehre halber. Außerdem verwahre ich all eure Imbiss-Coupons. Wollt ihr etwa, dass ich am Ende dieser Woche wie ein Walross aussehe, *goo goo g' joob*«, lachte Mireya und legte den Hörer auf, kehrte mit nur sechs Schritten zu den Wächtern zurück. Ohne vom Bildschirm aufzublicken erklärten diese, dass das Fernández-Mädchen im Frauentrakt liege, dass dort allerdings die Wechselsprechanlage noch nicht angeschlossen sei. Durch die Schleuse dürfe freilich nur das Personal. Und nein, weder die Oberärztin noch der Stationsarzt seien momentan abkömmlich, würden sie jedoch gegen Abend im Hotel zurückrufen.

Aller Welt schien daran gelegen, dass sie im *Kosmos* Däumchen drehte. Andererseits wäre es vielleicht wirklich das Beste, sofort ins Hotel zurückzukehren und sich ans Telefon zu setzen. So wie die Sache stand, sollte nun der kubanische Sportverband den Kontakt mit den sowjetischen Behörden in die Hand nehmen.

Zurück an der Sprechanlage informierte Mireya die Spartakiden über den Zwischenstand des ersten Wettbewerbstages, richtete Halinas Grüße aus und empfing ihrerseits Botschaften aus Havanna. Auf das Päckchen ihrer Mutter müsse sie allerdings noch warten, es befinde sich in Josés Koffer. Auf dieses Stichwort hin ließ sich Eduardo noch einmal den Telefonhörer geben und kam nun auf sein eigenes Gepäck zu sprechen ...

Dies war das erste Mal, dass Mireya von einem Trainerwettbewerb hörte (und so, wie die Spartakiden ihre Ohren spitzten, ging es ihnen wohl nicht anders). Bei diesem, nun ja, inoffiziellen Wettbewerb könnte Kuba immer noch gewinnen, da Eduardos Anwesenheit eigentlich nicht zwingend erforderlich sei. Der größere seiner beiden Koffer sei randvoll mit Datenbändern, und auf eben diesen befinde sich das Programm, mit dem er habe antreten wollen. Kurzum: Mireya solle den Vorsitzenden Sowakow sowie die anderen Trainer davon überzeugen, dass sie als Eduardos Stellvertreterin am Trainerwettbewerb teilnehmen dürfe. Denn letztlich müsse sie die Daten ja nur auf den Wettbewerbsrechner aufspielen und das Programm starten: »RUN«, sagte Eduardo und schrieb den Befehl mit dem Zeigefinger spiegelverkehrt auf die innere Scheibe, wovon nur der schweißige Rückenstrich des R stehenblieb: »Schon der Ehre halber!«

»Schon gut, schon gut – ich versuche es«, sagte Mireya und zog ihre Kladde unter dem Kittel hervor. Nachdem sie Eduardos Gesuch an seine Trainerkollegen wortgetreu stenografiert, sich noch Hinweise zur Handhabung des Programms (letztendlich wäre eben doch mehr als ein einzelner Befehl vonnöten) und die Kombination des Kofferschlosses notiert hatte, rührte sie unversehens an einen wunden Punkt: »—was soll das heißen?« Es sollte heißen, dass die Datenbänder glücklicherweise nicht erst durch die Sicherheitsschleuse hindurchmüssten, weil sie sich nicht im Quarantänebereich befanden. Letzten Endes hieß es allerdings, dass weder Eduardo noch die Wächter wussten, wohin das Gepäck der Auswahl gebracht worden war. Nicht ins Chowrinskaja-Krankenhaus, so viel wurde immerhin klar. Hatte der Omnibus, der die kubanischen Spartakiden ursprünglich zum Hotel bringen sollte, das herrenlose Gepäck im *Kosmos* abgeliefert? Oder standen die Reisetaschen und Koffer womöglich immer noch am Flughafen?

Schlykow, aus einem Nickerchen aufgeschreckt, schnellte von der Rückbank des Taxis hoch und räkelte sich: »Na klar, ich könnte dich auch noch raus zum Scheremetjewo-II fahren. Allerdings glaube ich nicht, dass die irgendetwas herausrücken werden. Wenn, dann liegt das doch garantiert im Zolllager, da kommen höchstens deine Genossen von der Botschaft ran. So oder so, spätestens halb sechs ruft mich dann die Pflicht«, sagte er und deutete auf das genullte Taxameter.

•

Im *Kosmos* brodelte es. Scharen überdrehter Spartakiden strebten vom Kongressgebäude zu den Speisesälen, wobei ihre zischenden Betreuer das Frequenzspektrum noch verbreiterten. Mireya verspürte keinerlei Muße, die Ausgangssignale zu filtern und demodulieren: Wer wie viele Punkte erringen konnte, welcher Kniff zur Lösung von Aufgabe so-und-so führte, was wohl der weitere Abend bringen würde, *IF ...THEN ... ELSE ... LOOP* – dies alles blieb Rauschen. Ihre Handtasche fest unter den Ellbogen geklemmt, schlängelte sich Mireya zum Empfangstresen durch.

Nein, erwiderte die Rezeptionistin, für die kubanische Auswahl sei kein Gepäck abgegeben worden ... Wie war noch einmal der Name? ... Nein, es habe auch niemand eine Nachricht für sie hinterlassen ... Wie bitte, eine Verbindung wohin? ... Havanna? Das Gespräch könne man ihr voraussichtlich in zwei oder drei Stunden aufs Zimmer legen.

Mireya wollte gerade in den Aufzug steigen, als Radionzew hinter einem Gepäckwagen auftauchte. Die Strapazen des langen Wettbewerbstages waren dem Assistenten des Spartakiadevorsitzenden deutlich anzusehen, allein der straff gebundene Schlips schien seinen Kopf noch auf den Schultern zu halten.

»Gute Neuigkeiten«, stieß Radionzew heiser hervor. »Wir wissen endlich, in welches Krankenhaus Ihre Mannschaft gebracht worden ist; das lief zugegebenermaßen alles ein wenig unkonventionell, da keine solch große Quarantänestation frei war, mussten die Genossen improvisieren, schließlich wollte man Ihre Jugendmannschaft nicht auseinanderreißen, wer würde so herzlos sein, fern der Heimat allein im Krankenhaus, nein, und gleich morgen früh werden wir ihnen Blumen—«

Hier unterbrach Mireya den Assistenten: »Eduardo Piñera hat mich gebeten, unverzüglich ein Gesuch an den Vorsitzenden Sowakow zu übermitteln.«

»Ah, sie konnten den Genossen Piñera also bereits sprechen«, krächzte Radionzew und bewies, indem er seinen Schlips schadlos lockerte, dass er noch Spannungsreserven hatte: »Gut ... gut, da fällt mir ein Stein vom Herzen. Ihr Ansinnen kommt allerdings zu einem ungünstigen Zeitpunkt, denn just in diesem Augenblick beginnt eine außerordentliche Trainerbesprechung, die nicht vor—«

»—das trifft sich ganz hervorragend! Um eben diese Besprechung dreht sich das Anliegen unseres Nationaltrainers.«

Nun kippte Radionzews Kopf doch noch ein Stück weit zur Seite. Mit schräg aufwärts gerichtetem Blick musterte er Mireya und erkannte augenscheinlich, dass sie wusste, dass er wusste, dass sie bereits wusste, dass die nunmehr erforderlichen Entscheidungen nicht auf seiner Kaderstufe gefällt werden würden. »Kommen Sie«, seufzte er und ließ ihr den Vortritt in die Aufzugkabine. Der kleine Schlüssel, den er ungeschickt stochernd ins Steuertableau schob, tat das Seine und die Kabine fuhr abwärts in eine Kelleretage, für die es keinen Druckknopf gab.

Im Kellergang standen Getränkekästen, die den säuerlichen Geruch halbherzig gespülter Milchflaschen ausströmten, standen Rollwagen beladen mit Reinigungsmitteln, rumänischem Rotwein und Reissäcken, standen zwei Küchengehilfen, die so verdattert dreinschauten, als seien sie bei irgendetwas ertappt worden. Nach einer Schwingtür und weiteren fünfzig Metern mündete der Gang in einen großen gekachelten Durchgangsraum. Geradeaus befanden sich zwei Frachtaufzüge, linker Hand sah Mireya sechs stählerne Kühlkammertüren und rechts sechs Doppeltüren, die laut Aufschrift in die Lagerräume I, II, III, IV und V führten. Die sperrangelweit offene sechste Tür gab den Blick auf eine gemütliche Sitzgruppe frei: Hier hatten sich die Trainer zu ihrer sogenannten Besprechung versammelt. Tief in einem Sessel versunken monologisierte Trainer Kleinwerth in akzentfreiem Russisch: »—wobei die Berechnungsergebnisse und der Klassenstandpunkt eine Einheit bilden müssen«, und dergleichen. Sein nordkoreanischer Kontrahent, Trainer Jeong, nickte beifällig dazu; auf diesem Spezialgebiet verstanden sich die beiden ohne Dolmetscher. Jedes Mal, wenn Kleinwerth etwas als *objektiv* herausstellte, zuckte der tschechoslowakische Trainer mit den Augenbrauen, was den Anschein erweckte, Sobota leide an einer Dyskinesie oder an Nervenschmerzen. Neben ihm saßen weitere sieben Trainer im Halbkreis um einen Couchtisch, auf dem drei Monitore standen. Deren aufwärts strebende Strom- und Datenkabel vereinigten sich zu einem Kabelbaum, der an der Decke in einem aufgehebelten Kabelkanal verschwand. Die Stehlampen im hinteren Teil des zweckentfremdeten Lagers leuchteten ein üppiges Buffet und eine Schultafel aus.

Als Radionzew an den Türrahmen klopfte, verstummte Kleinwerth und kniff die Fettpolster rings um seine Augen zusammen. Daraufhin drehte sich der sowjetische Nationaltrainer um und musterte Mireya. Ptuschkows heterochrome Pupillen verunsicherten sie – einerseits abweisend, andererseits begierig: seine Gemütslage vermochte sie partout nicht einzuschätzen. Doch kaum wandte er sich Radionzew zu, brach sein Blick vom Unbestimmten ins Unleidliche: »Ja?«

Der Mitarbeiter des Spartakiadekomitees, auf dem nun alle Aufmerksamkeit ruhte, räusperte sich, ehe er reuevoll vorbrachte: »Die kubanische Genossin hat eine dringende Mitteilung für den Vorsitzenden Sowakow.«

»Der sitzt mit Hugo drüben am Rechner«, erwiderte Ptuschkow. Mittlerweile einen Schritt weiter im Raum entdeckte Mireya den über und über mit Wintermänteln und Pelzmützen beladenen Kleiderständer hinter der Tür. Daneben standen sechs Aluminiumkoffer. Der Deckel des vordersten Koffers war mit einem Vorhängeschloss gesichert, mit zwei Gürteln umschlungen und mit einem handgemalten Wappen der Volksrepublik Bulgarien verziert.

»Dann werde ich ihm Bescheid geben – so es nicht eurem Regelwerk widersprechen sollte«, sagte Radionzew. Trainer Kleinwerth stemmte sich schnaufend aus dem Sessel empor und steuerte wortlos aufs Buffet zu. Auch die übrigen Trainer verlegten sich auf Gesten und Gesichtsausdrücke, die als länderspezifische oder laienkünstlerische Darstellungen von Indifferenz durchgehen konnten: »Also dann«, krächzte Radionzew und verschwand, nunmehr mit einer Uschanka und einem Mantel gerüstet, in der diagonal gegenüberliegenden Kühlkammer.

»Darf ich Ihnen in der Zwischenzeit etwas anbieten, Genossin«, fragte Trainer Ptuschkow und deutete mit ausholender Geste auf die aufgewarteten Köstlichkeiten: »Nun denn ... hiermit eröffne ich im Namen des Genossen Sowakow das Buffet. Greift zu, Kollegen! Die Reste sind bekanntlich süß.«

Kleinwerth spitzte pikiert die Lippen und stellte seinen bereits randvollen Teller auf der Sessellehne ab, ehe er sich zurück ins Polster sinken ließ.

»Wer gut arbeitet, der soll auch gut essen«, posaunte Kozłowski, und Szöllősi stimmte ein: »Kraftstoff fürs Köpfchen, Schmieröl für die Seele!«

Die Trainer begannen, wie man so sagt, ihre Charaktere und Neigungen zu zeigen, indem einige sich auf Kaviarersatz, Kalitoschka und Krimsekt stürzten, während andere sich auf Kiewer Kotelett, Krautsalat und Käseschnitten mit Kwas oder Bier verlegten, und eine dritte Fraktion sich Häppchen und Gläschen von allem genehmigte. Allein der bulgarische Trainer begnügte sich mit einer Pepsi. Nach einem Blick auf die Tafel verstand Mireya seine Zurückhaltung – Metodiew würde heute Abend noch im Trainerwettkampf antreten:

понед.	Жёллёсий	0301
понед.	Клашиверт	0223
втор.	Джонг	0228
втор.	Баатрш	0131
среда	Мафатику	
среда	Методиев	
четв.	Козловский	
четв.	Пинтери	
пяти.	Чан	
пяти.	Мюцеску	
субб.	Птушков	
субб.	Собота	

Eduardos Name war mit bloßem Finger durchgestrichen, seine ursprüngliche Startposition am Donnerstag bislang keinem
anderen Trainer überschrieben worden: Noch mochte Wollen
Können sein.

Metodiew starrte auf die Monitore und wippte dabei mit den
Füßen, wofür ihm ein einzelner, einladend blinkender Cursor-
strich den Takt vorgab. Der mittlere und der rechte Monitor
zeigten noch nicht einmal eine Eingabeaufforderung an, flimmerten blaugrau vor sich hin. Der Vorsitzende des Spartakiadekomitees, der mit beschlagener Brille in den Besprechungsraum eintrat, wusste bereits mehr zu berichten: »Das Schloss
war eingefroren, was soll man machen. Mittlerweile hat Hugo

aber das erste Datenband eingelegt. Es sollte also nicht mehr allzulange dauern. Bis dahin habe ich die Aufsicht an meinen Assistenten übergeben. Wenn ihr die Genossin Fuentes und mich nun bitte kurz entschuldigen würdet«, sagte Sowakow und reckte die Hand empor, als wolle er eine Menschenmenge teilen oder den Sammelplatz anzeigen. Mireya stellte das Sektglas ab und folgte dem Vorsitzenden, der ihr, nachdem er die Lagertür geschlossen hatte, den Arm zum Geleit anbot.

Mireya berichtete. Dass im Kellergang inzwischen Rollwägen voll Rettich, roten Rüben, Radieschen und Rhabarber hinzugekommen waren und dass die vorm Aufzug wartende Reinigungskraft dreinschaute, als gelte es, jedweden Vorwurf von vornherein abzuweisen, bemerkte Mireya nicht. Mit gezückter Kladde trug sie Sowakow die Bitte des kubanischen Trainers vor.

In den Lagerraum VI zurückgekehrt, setzte Sowakow nun seinerseits den Trainerkader darüber in Kenntnis, dass Eduardo Piñera bedauerlicher Weise noch auf unbestimmte Zeit in Quarantäne bleiben müsse und dass er, also der Kollege Piñera, deshalb die versammelte Trainerschaft ersuche, die Genossin Fuentes an seiner statt teilnehmen zu lassen – auf dass sie Piñeras Beitrag in den Wettbewerb einbringen könne.

Sowakow und Ptuschkow berieten sich leise. Metodiew, Miuțescu und Baatarin wandten sich wieder den Monitoren zu. Kleinwerth beugte sich über die Lehne hin zum nordkoreanischen Trainer, flüsterte hinter vorgehaltener Hand. Jeong gab mit einer verhaltenen Geste vor, nicht zu verstehen, worauf der Deutsche hinauswolle. Daraufhin wuchtete dieser seinen Oberkörper auf die anderen Lehne, um den vietnamesischen Trainer zu erreichen. Trần überlegte und blickte zur Tafel, ehe er nickte. Mireya trank indes einen weiteren Schluck Sekt. Sie bedauerte, dass der angolanische Trainer in der Kühlkammer beschäftigt war, hatte Hugo Mavatiku doch bei der ersten Spartakiade mehrfach die ewige Dankbarkeit beschworen, die das unabhängige Angola den tapferen Kubanern schulde. Gewiss hätte er ein kraftvolles Wort in Eduardos Sinne eingelegt.

Inzwischen hatte Trainer Szöllősi sein Bierglas abgestellt und strich sich durch den pechschwarzen Bart: Eingedenk der Tatsache, dass dieser Wettkampf allem voran der Prüfung und Erweiterung ihrer Fähigkeiten diene, müsse es doch im Interesse aller Beteiligten liegen, zu sehen, welche Lösungsansätze Eduardo gefunden habe und wozu sein Programm imstande sei.

Trainer Trần warf daraufhin ein, dass doch auch bei jedem anderen Wettkampf nur teilnehmen könne, wer an Ort und Stätte sei. Der Sportgeist lasse lediglich einen Umschub zu. Wenn einer der Kollegen bereit sei, seinen Startplatz zu tauschen, blieben dem kubanischen Kollegen bis Samstagabend immerhin noch drei Tage, um zu gesunden und leibhaftartig anzutreten.

»Ja, der viel beschworene Sportgeist«, antwortete Sowakow schmunzelnd. »Ein Aufschub wäre wohl in jedem Fall nötig, denn die Genossin Fuentes müsste erst noch die Datenbänder ausfindig machen. Es ist noch nicht ganz klar, wohin sie nach der Landung der Mannschaft gebracht worden sind.«

»Damit würde der Schiebung Tür und Tor geöffnet«, warf Kleinwerth ein. »Bitte versteht mich nicht falsch, aber rein theoretisch bestünde für ihn die Möglichkeit, insgeheim weiter an seinem Programm zu arbeiten.«

»Sie alle können sich gerne persönlich ein Bild davon machen, dass auf der Quarantänestation keinerlei Möglichkeit besteht, die Datenbänder zu bearbeiten«, warf Mireya ein. »Im Übrigen würde sich unsere Jugendauswahl über Ihren Besuch außerordentlich freuen!«

»Ah, endlich«, rief Metodiew und deutete auf den linken Monitor, auf dem sich inzwischen ein halbes Dutzend Befehlszeilen zeigten: »Das letzte Band. Das Überspielen der Daten dürfte jeden Augenblick abgeschlossen sein.«

Kozłowski forderte, unverzüglich abzustimmen – woraufhin allesamt zum Vorsitzenden Sowakow blickten. Der brummte bloß: »Nein, nein, das liegt ganz allein bei euch!«

Der polnische Trainer hob die Hand, noch während er zur Abstimmung stellte, wer dafür sei, dass Pan Piñera oder notfalls seine Sekundantin am Samstag antreten dürfe?

Sobota und Szöllősi zögerten nicht. Metodiew schüttelte den Kopf. Unter Mireyas ermunterndem Blick schloss sich Miuțescu den Befürwortern an, und als auch Ptuschkow die Hand emporreckte, folgten Baatarin, Jeong und Trần mit verhaltenem Nicken. Ohne sich an der Abstimmung beteiligt zu haben, merkte Kleinwerth an: »Nun, da wir unsere unverbrüchliche Solidarität abermals bewiesen haben, muss freilich einer der beiden Kollegen, die am Samstag antreten, seinen Startplatz eintauschen.«

Obwohl der ostdeutsche Trainer dabei nichts als *objektiv* herausstellte, zuckte Sobota mit den Brauen. Sowakow konstatierte: »Damit hätten wir das Wichtigste erst einmal geklärt. Dann werde ich wieder auf meinen Posten zurückkehren, und—«, bereits im Gehen wandte er sich noch einmal um, wobei er schelmisch über den Rand der Brille blinzelte (oder seine Augen vom Licht der Deckenlampe irritiert wurden): »Ihnen, meine Liebe, viel Erfolg bei der Suche!«

•

Die beiden Spartakiden, die im vierten Stockwerk in den Aufzug zustiegen, drückten den Knopf fürs oberste Geschoss und grinsten, als sei ihnen ein großartiger Schabernack gelungen. Im Handumdrehen war die Kabinenluft von hormongesättigten Ausdünstungen erfüllt. Der Hochgeschossene trug eine hölzerne, offenbar handgefertigte Tastatur und hielt sich kerzengerade, was dem Schraubendreher in seiner hinteren Hosentasche geschuldet sein mochte. Aus dem Ranzen, den der kleine Korpulente trug, hing ein Kabelende mit neunpoligem Stecker. Im Aussteigen zwinkerte Mireya dem Gespann zu und wünschte ihnen von Erfolg gekrönte Abenteuer.

Noch auf ihrer Zimmerschwelle streifte sie die Schuhe ab, ächzte. Auf dem Wannenrand sitzend ließ sie laues Wasser über ihre Füße laufen, ließ sie die Tropfen trocknen, feilte sie sich die Fingernägel. Nunmehr ein wenig entspannter trat sie ans Fenster. Es dämmerte bereits. Im Süden zogen dunkle Wolkenfetzen auf oder ab. Vor diesem Hintergrund hob sich der festlich angestrahlte Lenin-Pavillon inmitten der WDNCh umso deutlicher ab. Leuchtstarke Laternen säumten die schnurgeraden Alleen der Allunionsausstellung, muteten von oben wie die Führungsspuren stillstehender Filmstreifen an. In manchen Nächten mochte die Allmende von Alexejewskoje durch diese Filmstreifen schimmern, oder auch die Mülldeponie aus nikolaitischen Tagen, die unter dem zentralen Schaufenster der Sowjetunion lag ... Stets und ständig erzählten die Städte, ungefragt und vielstimmig, und nicht immer im Sinne der Architekten oder ihrer Auftraggeber: Wieso fanden sich die volkswirtschaftlichen Errungenschaften, die in diesen prunkvollen Pavillons ausgestellt wurden, nicht längst in jedem Laden des Landes? Warum standen an der Bahnstrecke von Leningrad nach Moskau noch so viele verwitterte Bauernhäuser, wenn doch die Bäuerinnen im Brunnen der Völkerfreundschaft golden glänzten?

Im Augenblick stand ihr der Sinn weder nach unaufgelösten dialektischen Widersprüchen, noch nach sonstigen Schieflagen und Gegenverhältnissen. Sie wollte eigentlich nur abschätzen, was in den nächsten Tagen noch vor ihr liegen mochte. Dabei beunruhigte es sie keineswegs, dass ringsum immer mehr unverbundene Lichtpunkte hinzukamen – im Gegenteil: Je länger sie schaute, desto zuversichtlicher fühlte sie sich. Hätte am Horizont ein Meeressaum geschimmert, das nächtliche Moskau würde sie womöglich gänzlich eingelullt haben.

Im Lichtkreis rings um die U-Bahnstadion WDNCh tauchten noch immer Fußgänger auf und verschwanden alsbald in Omnibussen oder in Schatten. Zwei Tanklaster und ein Tatra preschten auf dem Prospekt Mira gen Osten, ihnen folgte ein rasender Leichenwagen – welcher Russe liebt es nicht, schnell zu fahren? Als Mireya sich an die Fenstereinfassung lehnte, sah sie sogar den Ostankino-Fernsehturm, der wie ein Minarett in den Nachthimmel aufragte. Von so viel Schaulust aufgescheucht, kroch eine Schnake hinter den gerafften Stores hervor und tänzelte über die Gardinenschienen. Zack, schon war das Insekt hinter die engmaschigen Stores verbannt und, zack, von der Übergardine verdeckt.

Mireya setzte sich aufs Bett und ging noch einmal Eduardos Hinweise durch, überlegte, wie sie weiter vorgehen sollte, um schnellstmöglich der Datenbänder habhaft zu werden. Im Nachbarzimmer plagte sich ein Pärchen herum: Die beiden schienen sich über Ziel und Eile ihres Unterfangens uneins zu sein. Oder doch nicht? In einer Gedankenschleife verfangen, starrte Mireya auf ihre Knie ... und schreckte auf, als das Telefon schellte.

Fehleinschätzungen

Die Kaminuhr tickte. Vor Vizeminister Afanassjew lag ein letztes, aus einem Unterressort heraufgedrungenes Schriftstück, das er absegnen sollte. Doch seiner Meinung nach bedurfte die Anordnung einer kleinen Korrektur.

Was hatten die Ingenieure seinerzeit nicht alles versprochen? Dass die pfeilschnelle *Strela* innerhalb von vier Monaten sämtliche mathematischen Probleme des Landes gelöst haben würde. Dass niemand eine leistungsstärkere Rechenmaschine benötige. Von wegen! Neunzehn-Dreiundfünfzig hatte mitnichten ein elektronisches Wunder stattgefunden. Voriges Jahr noch musste Afanassjew höchstpersönlich Nutzungspläne für das Steklow-Rechenzentrum erstellen, weil dort die Reibereien und Intrigen auszuarten drohten. Ja, er musste allwöchentlich Stundenpläne schreiben, wie ein kleiner Schuldirektor. Dennoch haben die Herren Gelehrten und Generäle weiter um jede Viertelminute Arbeitszeit im landesweit ersten und einzigen Rechenzentrum gefeilscht, gefleht, gerungen. In einigen Fällen musste sogar Ministerpräsident Bulganin als Schiedsinstanz eingeschaltet werden. Ohne Zweifel hatten allesamt gewichtige Gründe, warum ausgerechnet ihre numerische Berechnung die wichtigste für das Fortbestehen und Vorankommen der UdSSR war: Ob es sich um Kernspaltungswaffen, Satellitenbahnen oder Fernstromnetze handelte – allem Anschein nach kam in den modernen Wissenschaften niemand mehr ohne mathematische Maschinen aus. Mittlerweile gab es hierzulande ein halbes Dutzend Rechenzentren, doch die Nachfrage wurde und wurde nicht geringer, im Gegenteil: Fast jedes Ergebnis schien früher oder später komplexere Fragen aufzuwerfen. Überdies galt die erste Generation elektronischer Rechenmaschinen bereits als überholt, geradezu abgehängt. Schon hieß es, der Aufwand, weitere Ersatzteile und Wartungsstunden einzusetzen, rechne sich nicht mehr. Was also tun mit der soeben ausgemusterten *Strela*? Sie wie vorgeschlagen ins Museum zu stellen, kam für Afanassjew (nach all den Querelen, nach all den verpassten Konzerten und Kinobesuchen) überhaupt nicht infrage. Ausschlachten und verschrotten lassen? Nein, das könnte man ihm falsch auslegen.

Die Uhr tickte unerbittlich. Um neunzehn Uhr würde die sowjetische *Sbornaja* im Viertelfinale gegen die schwedische Nationalelf antreten. Schon meldete sein Sekretär, der Dienstwagen sei vorgefahren. Als Afanassjew den Hut aufsetzte, hatte er eine Eingebung. Er zückte den Füllfederhalter und ordnete an, die Rechenmaschine solle dem Mosfilm-Studio als Kulisse zur Verfügung gestellt werden. Während die paraphierte Anordnung noch durch die Rohrpostleitungen schoss, verließ Afanassjew bereits den Kreml. Sein Chauffeur gab sich gelassen, versicherte: »Katschalins Jungs werden den Blaugelben ordentlich einheizen!«

OMEM

Einmal mehr graute es, und Leonid fragte sich, ob damit ein Nachmittag oder eine Nacht zu Ende ging. Röhrenlampen klackerten, leuchteten auf. Die Luft im Krankenzimmer kam kurz in Bewegung, als die krummnasige Klawa mit einer Nierenschale zum Nachbarbett eilte. Mit einer Schwermut ohnegleichen, für alle, deren Stunden mit Spiel oder Schaffen verstreichen, wartete Leonid weiter. Er wartete, dass ihm der Wind oder die Wissenschaft aus seinem kristallenen Sarg heraushelfen, ihn aus stimmloser Starre erlösen würden.

Mittlerweile hatte sich jede Unebenheit der Zimmerdecke in seine Netzhäute eingeprägt. Dass ausgerechnet über seinem Bett die Decke außerordentlich akkurat verputzt und gestrichen war, kam ihm niederträchtig vor. Ein wenig Ablenkung boten Infusionsständer, Seilzüge, Sauerstoffschläuche, Schwesternhäubchen und, wenn der Sichtschutz zwischen den Betten ausnahmsweise geöffnet war, sogar das medizinische Gerät, mit dem andere Patienten versorgt wurden. Außerdem hörte er: Stöhnen, Schnauben, Seufzen, auch allerlei Sekret, das aus Kathetern tropfte, oder Fingernägel, die auf Bettkanten klopften, das Rascheln gestärkter Kittel, das Brummen der Leuchtstoffröhren – stets begleitet vom Pochen hinter seinen Schläfen.

Das Leben außerhalb der Krankenstation, die Welt, die er mit aller Kraft in Gedanken heraufbeschwor, erschien ihm immer fadenscheiniger. Ihm war, als würden all seine Erinnerungen mit einem Abbild der Zimmerdecke überschrieben. Sogar in

Träumen fand er sich nunmehr im Krankenhausbett unter der niederträchtigen Zimmerdecke wieder.

Ein ums andere Mal döste er kurz nach der Visite ein, doch sowie er aufwachte, prüfte schon wieder ein anderer Assistenzarzt seine Reflexe, und der Chefarzt stellte Lehrsätze zum posttraumatischen Sprachausfall auf. Alles, worüber das Personal sprach, musste ihn in diesem Zimmer gefangen halten. Obwohl Leonid bei niemandem Gehör fand, kam er nicht davon ab, mit ganzer gedanklicher Kraft auf sein gesteigertes Interesse an der Außenwelt hinzuweisen: Ja, sogar die Spielergebnisse des FK *Schachtjor* wären willkommene Abwechslung! Doch schon zog der Visitetross weiter.

Grobe Anhaltspunkte, wie viele Wochen inzwischen vergangen sein mochten, lieferten ihm Feiertagsgrüße oder die schrittweise Verringerung seiner Gipsverbände. Inzwischen lautete sein Befund: stabil.

Dieses *stabil* machte so lange die Runde, bis Leonid in einem solchen Maße stabilisiert war, dass ihm die Nahrung wieder zum Mund eingeflößt werden konnte ... und dass er zu längst verworfenen Gedanken zurückfand, ja, sich sogar wieder imstande fühlte, leicht überschaubare Kurven zu analysieren. Etwa wenn Blutdruck und Körpertemperatur gemessen wurden oder wenn sich eine neue Schwesternschülerin zum Füttern über ihn beugte.

»Ihnen geht es offenbar viel zu gut«, empörte sich die Schülerin. »Dann essen Sie aber gefälligst alleine.«

»Sie haben mich ... gehört?«

　　　　　»—gehört? Wie? Dachten Sie etwa, ich wäre taub? Das wollte Ihnen wohl Werulja weismachen? ... Die brünette Schwester aus der Frühschicht? Ich versteh schon, Sie wollen es nicht verraten.«

Darauf konnte Leonid jedoch nur deshalb nicht antworten,

weil ihm die Schwesternschülerin inzwischen einen weiteren Löffel voll Grütze in den Mund geschoben hatte.

»Also was der immer für Blödsinn einfällt ... Trotzdem ist es ungezogen von Ihnen, so von mir zu reden«, sagte sie. Nachdem sie ihm einen Klecks Grütze vom Kinn gewischt hatte, schaute sie an sich hinab und fragte: »Was soll das überhaupt sein, ein Hyperboloid?«

•

Die Schwesternschülerin Nadeschda Jelisejewna Urialowa war sechstausendneunhundertsechsundsiebzig Tage alt, als Leonid sie ansprach. Ihre Kurven zeigten auffällige Extremwertschwankungen, und ihre Pupillen erinnerten Leonid an taufeuchte Rauschbeeren. Nadeschda beherrschte zahlreiche Abzählreime und Zungenbrecher unklarer Herkunft. In Samuil Marschak und Leonid Pantelejew sah sie die besten sowjetischen Schriftsteller. Bliny mit gesalzenen Sprotten aß sie genauso gerne wie gedünstetes Euter. Alkohol ließ sie als Substanz zur Desinfektion von Oberflächen gelten, von innerlicher Anwendung hielt sie rein gar nichts. In angeregten Zwiegesprächen neigte Nadeschda dazu, die Sätze ihres Gegenüber zu beenden. Gelang es ihr nicht, den letzten Satzteil oder wenigstens das letzte Wort rechtzeitig zu erahnen und es gemeinsam mit ihrem Gesprächspartner auszusprechen, bewegte sie die Lippen im Leerlauf. Nach einer Weile störte Leonid auch das nicht mehr.

Ein paar Wochen später deutete Nadeschda in einem Nebensatz an, dass sie im Waisenhaus aufgewachsen war. Was er darüber hinaus von ihrem Vorleben wusste, hätte eine Katze auf dem Schwanz davontragen können. Dennoch bat Leonid Nadeschda, mit ihm nach Moskau zu kommen.

»Nach Moskau?«

»Aber ja doch. Ich denke, wir werden prima miteinander auskommen!«

» —prima miteinander aus-
kommen ...«

••

Moskau, 1959–1961

In die Hauptstadt zurückgekehrt, nahm Leonid bald auch sein
Studium wieder auf. Doch in den Vorlesungen und Übungen
stieß er bisweilen an Grenzen, die ihm aus früheren Semes-
tern unbekannt waren. Ab einem bestimmten Komplexitäts-
grad hatte er das Gefühl, sein Gehirn pralle von einer stump-
fen Sperre zurück. Das Nachvollziehen mancher logischer
Operationen tat ihm geradezu weh. Zeichen verschoben sich
vor seinen Augen oder zerfielen in unverbundene Kreidestri-
che. Derlei Schwierigkeiten hatten die Ärzte vorhergesehen,
Geduld angemahnt. Dennoch traf es ihn hart – insbesondere,
da er nicht einmal mehr seine eigenen Aufzeichnungen verstand. Wieder und wieder schaute er auf die Skizzen der bistabilen Schaltelemente, die Sergei Alexejewitsch einst auf den
Umschlag seines Notizhefts gezeichnet hatte. Auf diese Weise
versuchte er, zurück in den vielversprechenden Gedankenfluss
zu kommen, der an jenem Nachmittag in Feofania seinen Anfang genommen hatte. Doch statt Binären und Programmierbefehlen spukten nun rhythmisierte Wortgruppen durch seinen
Kopf. Diese ließen ihn erst dann zur Ruhe kommen, wenn er sie
niedergeschrieben hatte. Dabei setzte er frei, was in ihm heran-
gereift war, während er in seinem Krankenbett kein Wort hatte aussprechen können.

Kurzum: Er dichtete. Dieses Übel bemächtigte sich seiner rasch und weitgreifend. Bald schrieb er stundenlang in Folge, und wenn Nadeschda erschöpft aus der Poliklinik zurückkam, versteckte er allerlei lose Zettel unter den Lehrbüchern. Seine in der Tür stehende Geliebte sah er an, als verstünde er nicht, wie sie schon wieder Hunger haben konnte oder warum sie auf einmal nach Formaldehyd roch – was weder ins Versmaß noch zur lyrischen Stimmung passen wollte. In seinen Gedichten besang er Salzkrautbilche, sonnenverbrannte Steppengräser und Sputniks, aber auch Nadeschdas beerenblaue Augen, ihre ʃ-förmigen Venusgrübchen und dergleichen mehr. Die Menschheitsgeschichte ließ er mit dem kleinen Einmaleins beginnen, seine Gefühlswelt gestaltete er mit Adjektivketten aus. Unter dieser geistigen Anspannung stieg unwillkürlich der Ausstoß von Tränenflüssigkeit an, was seinen Blick nun wieder häufiger ins Ungewisse brach.

Als Sergei Alexejewitsch ihn in diesem Zustand am Pult hinter den Magnetspeicherschränken entdeckte, blickte er betrübt über die Brillenränder hinweg. Den Hoffnungen, die Leonid als Jugendlicher mit seinen unorthodoxen Gedankengängen geweckt hatte, konnte er in diesem Zustand nicht annähernd gerecht werden. Behutsam gab ihm der Institutsdirektor zu verstehen, dass fortan eine Aspirantin dieses Pult benötigen werde; für fakultative Übungseinheiten sei es in diesem Forschungsbereich zu eng geworden.

Leonid nahm die Verbannung aus dem Paradies der Rechnerarchitekten relativ gelassen hin, war er doch realistisch, was seine derzeitigen wissenschaftlichen Leistungen anging. Zudem baute er fest darauf, dass er bald vollständig ausheilen würde – es kamen immer weniger Verse nach. Ehe er sich wieder uneingeschränkt der Angewandten Mathematik zuwenden könnte, müsste er allerdings erst einmal den Berg loser Zettel abtragen, der ihm den Blick auf die Fachliteratur versperrte. Er lieh sich eine Schreibmaschine und tippte sämtliche fertiggestellten Gedichte ins Reine. Das so entstandene Konvolut gab er zuerst seinem Freund und ehemaligen Stubenkameraden Slawa Komarow zu lesen.

»Und das soll wirklich von dir sein?«, sondierte dieser. Leonid nickte, nicht ohne Stolz, woraufhin Slawa seufzte: »Dass sich die Liebe mit allerlei Nervensekret unvorteilhaft auf die Weltanschauung auswirkt, ist an sich nichts Neues. In der Literatur früherer Epochen stößt man ja oft auf solche diffusen Regungen, auf gesteigerte Einfühlung in Tiere und unbelebte Dinge. Das Dichterherz wirkt dann irgendwie empfindlich, was? Aber heutzutage ist das völlig unangebracht. Noch dazu bei einem angehenden Wissenschaftler!«

Nadeschda hingegen zeigte sich zutiefst beeindruckt, stellte Leonid mit ihrem Lieblingsdichter Marschak auf eine Stufe. Deshalb führte Leonid es auf den Einfluss seiner Gedichte zurück, dass Nadeschda sich nunmehr ein wenig weiter öffnete. Bei einem Spaziergang entlang der Leninberge erzählte sie ihm erstmals von ihrer Kindheit im Waisenhaus: »—es war ein kleines bisschen wie in *Republik der Strolche*, aber ausschließlich mit Mädchen und nichts als Steppe vor der Tür«, sagte sie und strich sich eine Schneeflocke von den Wimpern.

Zu Kleiderkugeln vermummte Kinder schossen auf Schlitten den Hügel herab. Die stählernen Kufen hatten sich bereits durch die Schneedecke gehobelt, an einigen Stellen sogar die Grasnarbe aufgerissen. Leonid bekannte indes, den Jugendroman nie gelesen zu haben. Nadeschda mochte es nicht glauben, mutmaßte, diese Gedächtnislücke sei eine weitere Spätfolge seines Schädeltraumas. Sie tappten auf vereisten Wegen von der Moskwa hinauf zur Aussichtsplattform. Die Stadt unter ihnen wirkte wie eine überdimensionierte Konditorei voll mit gepuderten Waffeln und sahnigen Hochzeitstorten. Eine milde Brise lud vereinzelte Flocken unter dem mattblauen Himmel ab. Die gemeinsame Naherholung hatte Nadeschda verordnet, um Leonids chronische Kopfschmerzen mit frischer Luft auszutreiben, und weil sie ihre freien Tage nicht immer im Wohnheim verbringen wollte.

»Achtundfünfzig–sechs–zwölf«, sagte Nadeschda, als sie sich wieder bei Leonid unterhakte.

Ein Zahlenrätsel, frohlockte er: Sechs ist ein Teiler von zwölf, doch weder sechs noch zwölf ist ein Teiler von achtundfünfzig. Sechs ist die kleinste perfekte, zwölf die kleinste abundante Zahl. Überdies ist sechs die Kusszahl in der zweiten und zwölf die Kusszahl in der dritten Dimension. Aber wie passte die Achtundfünfzig in diese Reihe? Er war sich sicher, dass die Lösung nicht allzu schwer sein konnte (erst kürzlich hatte Nadeschda seiner Mutter anvertraut, dass man sie mit Mathematik jagen könne).

Nun griff sie Leonids Arm noch fester: »Das ist der traurigste Teil unserer Familiengeschichte.«

»Was denn, Nadjenka, im Dezember achtundfünfzig, in der Zeit, als ich bei euch im Krankenhaus lag?«

»—im Krankenhaus lag? Aber nein, mein Täubchen«, sagte sie und fuhr mit gesenkter Stimme fort, dass sie wegen dieser unscheinbaren Zahlen im Arbeitslager für die Ehefrauen von Landesverrätern geboren und dann ins Waisenheim gebracht worden sei. Ihren Vater habe man aber vor ein paar Jahren rehabilitiert: Er hatte überhaupt nicht gegen den Paragrafen 58 verstoßen. Nun stünde schwarz auf weiß in den Gerichtsunterlagen, dass er weder Konterrevolutionär noch Spion gewesen sei. Und hätte er keinen Fluchtversuch aus dem Straflager unternommen, er würde heute womöglich noch leben. Als sie davon erfahren habe, sei sie fest davon überzeugt gewesen, dass damit auch die Vorwürfe gegen ihre Mutter hinfällig wären, dass ihre Mutter endlich freikommen würde – denn wenn er, Mutters Ehemann, nichts Unrechtes getan hatte, konnte es Mutter demzufolge gar nicht versäumt haben, ihn anzuzeigen. Doch nach mehrmaliger Anfrage habe die Lagerverwaltung sie wissen lassen, dass ihre Mutter bereits kurz vor Kriegsende gestorben sei: »Ich bin also tatsächlich all die Jahre eine Waise gewesen.«

Das Erste, was Leonid daraufhin einfiel, waren die Worte seines Vaters, die aus dessen Mund so plausibel, so beruhigend geklungen hatten – und schon wiederholte er sie mit fester Stimme: »In bewegten Zeiten kann es zu mancherlei Missverständnissen kommen.«

Ihre Lippen im stummen Leerlauf, brachte Nadeschda nur Atemwolken hervor. Sie schaute Leonid fragend an, und da sie rechts von ihm stand, schaute sie in sein graues Auge, das im Winterlicht abweisend glänzte. Sie ließ eine weitere Woche verstreichen, ehe sie ihm anvertraute, dass sie schwanger war.

•

Seit Leonid seine Gedichte ins Reine getippt hatte, war er vollständig versfrei. Das ließ Raum für ganz prosaische Kopfschmerzen, aber auch für Maschinensprache und Mathematik. Egal ob imaginär, geheim, transzendent oder renitent, die Zahlen und Variablen ordneten sich vor seinen Augen nun allmählich wieder zu verständlichen Aussagen. Und die programmierbaren Rechenautomaten bekamen von seinen Befehlen keinen Schluckauf mehr, spuckten immer öfter brauchbare Rückgabewerte aus.

Bald galt er wieder als der beste Tutor für die Dritt- und Viertsemester, und sein Mathematikzirkel am Haus der Pioniere erfreute sich zunehmender Beliebtheit. Darüber hinaus erwies er sich für Warwara Wolkowa und Slawa Komarow als wichtige Stütze, indem er ihre Doktorarbeiten Korrektur las.

Nachdem Leonid in einem Kraftakt seine vorm Wehrdienst begonnene Diplomarbeit fertiggestellt hatte, kramte er seine alte Kladde hervor. Abermals machte er sich daran, den Gedankenfluss zu ergründen, den er als Dreizehnjähriger in Feofania aufgezeichnet hatte. Er war fest entschlossen, den Abbildungsvorgang nachzuvollziehen, der in seinem jugendlichen Bewusstsein ein solch deutliches Bild der materiellen Welt hatte aufscheinen lassen. Ein Abbild, das, kritisch objektiviert und in eine mathematische Maschine einprogrammiert, nun zu seiner Doktorarbeit werden sollte. Doch kaum glaubte er sich auf einer Spur, zwang ihn ein heftiges Pochen hinter den Schläfen zu einer Pause ... und wenn die Kopfschmerzen sich so weit gelegt hatten, dass er weiterarbeiten konnte, fand Leonid sich auf Abwegen wieder. Nachdem er vier Wochen lang vergeblich über der Kladde gebrütet hatte, fühlte er sich versucht, einen Ausflug nach Feofania zu unternehmen: »Und wenn das nicht ausreicht, weiter nach Morschyn!«

»—wohin? Wie genau denkst du dir das? Du weißt doch, dass Doktor Ewentowa mir strenge Bettruhe verordnet hat. Mach lieber einen Einkaufsausflug, ich könnt' sterben für ein Kiewer Kotelett!«

•

Der einstmals mächtige schwarze Kater kauerte auf einer Mülltonne hinter den Wohnheimen. Er sah zerzaust und abgezehrt aus, als habe er die ganze Zeit auf Leonids Rückkehr gewartet und dabei seinen Hochsitz mehrfach gegen Artgenossen oder messerbewehrte Müllmänner verteidigen müssen und dürfe nun als Anerkennung mindestens ein weiteres Glas getrockneter Karpfenaugen erwarten. Auf Schuhspitzen durch die niemals trocknende Pfütze vor den Mülltonnen getappt, holte Leonid einen Räucherfisch aus dem Einkaufsnetz. Er riss den Kopf und die Schwanzflosse ab und legte diese Gaben dem Kater zu Pfoten. Seine mit Fett befleckten Finger rieb Leonid am Fell des Katers sauber, was diesen zum Schnurren anregte. Eingelullt von diesen niederfrequenten Wohllauten kraulte Leonid ihn bereitwillig weiter. Später würde er einmal in einem Interview behaupten, der mächtige schwarze Kater habe ihn innerhalb weniger Sekunden in tiefe hypnotische Trance versetzt. Von jenseits der Pfütze schien es tatsächlich, als sei Leonid im Stehen eingeschlafen: Die schöne Warwara aus der dritten Etage setzte Zeigefinger und Daumen zum Pfiff an. Als der Kater von der Mülltonne sprang, kam Leonid wieder zu Sinnen – ja, sogar noch ein bisschen mehr als das: Die Kopfschmerzen, die ihn seit Wochen gequält hatten, waren mit einem Mal verschwunden, und aus dieser plötzlichen Erleichterung heraus tauchte eine vielversprechende Idee auf: »Heureka!«

Er blickte zum Fenster der schönen Warwara empor, salutierte überschwänglich und eilte zum Eingang. In Warwaras Zimmer notierte er die ersten Gedanken zu einem Prüfprogramm für hochentwickelte Rechenmaschinen. Diesen Faden spann Leonid auch dann noch weiter, nachdem er die Notizen bereits zu seinen übrigen Sachen auf den Sessel gelegt hatte.

»Erde an Ljonja, Erde an Ljonja«, stichelte die schöne Warwara, und es dauerte noch eine Weile, bis die Verbindung zustande kam. Danach eilte er ins Wohnheim für Verheiratete, wo die nach Räucherfisch und Pastila lechzende Nadeschda wartete. Zurück am Schreibtisch sinnierte Leonid weiter über seinen genialischen Notizen. In den folgenden Tagen arbeitete er die Problemstellung noch klarer heraus und krönte seinen Entwurf schließlich mit dem Arbeitstitel *Automatisierte Ermittlung der Leistungsfähigkeit künstlicher Intelligenzen.*

Die weitere Algorithmisierung würde eine Herausforderung, ohne Frage. Sein Prüfmodul N sollte von den Maschinen etwas abverlangen, was für Nadeschdas Gehirn ein Leichtes zu sein schien:»—es zielt auf die Fähigkeit ab, einen beliebigen russischen Satz simultan und wortgleich beenden zu können. Effektiver kann man eine künstliche Intelligenz kaum herausfordern.«

»Freut mich, dass du endlich wieder Ideen einbringst«, sagte Professor Berggolz, »doch um ganz ehrlich zu sein: dein Ansatz überzeugt nicht. Ich kann nicht sehen, welchen mittelfristigen Nutzen das Programm bringen soll. Es wird noch mindestens fünfzehn Jahre dauern, bis wir universelle künstliche Intelligenzen erschaffen haben werden. In zwei, vielleicht drei herausragenden Versuchsanlagen. Eine automatische Analyse könnte aber nur dann als sinnvoll gelten, wenn die Anzahl der zu prüfenden Elemente weit größer wäre.«

Professor Babdis sah dies ganz ähnlich und verwies auf einen hervorragenden Beitrag am Ende seines letzten Buches: »Der Test von Doktor Turing ist ebenso einfach wie effizient! Damit werden wir fraglos die nächsten vier Planperioden auskommen. Statt also an den objektiven Erfordernissen des technologischen Aufbaus vorbeizuarbeiten, solltest du dich an der Komsomolkampagne zur Unterstützung der chemischen Industrie beteiligen. Du könntest zum Beispiel den Herstellungsprozess von Frostschutzmittel durch partielle Differentialgleichungen modellieren.«

Nicht bloß Babdis und Berggolz, nein, keiner der Professoren an Leonids Fakultät wollte sich auf dessen Dissertationsthema einlassen. Auch am IPMRT gab es keine passende Nische für Leonid, und, mehr noch: Sergei Alexejewitsch fragte ihn frei heraus, ob ihm die Dissertation wirklich so wichtig sei: »Mit deiner Begabung zum Unterrichten und deinem Draht zu jungen Leuten solltest du vielleicht ...«

Leonid hatte das Gefühl, als sei gerade eine schreckliche Staubwolke aufgewirbelt worden – aber seine Narben ließen ihn trotz feuchter Lidränder kämpferisch wirken. Sergei Alexejewitsch blinzelte über den bronzenen Quijote auf seinem Schreibtisch hinweg: »Ich verstehe schon, dir juckt es in den Fingerspitzen, du willst in die Praxis. Haben sie dich denn wieder ganz und gar gesund gekriegt? Bist du wieder voll einsatzfähig?«

Auf Leonids verhaltenes Nicken hin kam Sergei Alexejewitsch darauf zu sprechen, dass dieser Tage ein Konstruktionsbüro für Kleinstrechner ins Leben gerufen werde: »Nomen est OMEM«, habe der stellvertretende Vorsitzende am Telefon gekalauert, ehe er zur Sache gekommen sei. Das Staatliche Plankomitee wolle dieses außerplanmäßige Ansinnen als Prestigeprojekt verstanden wissen.

Dass Leonid vorerst nicht mehr zu den untrüglichen Hoffnungsträgern seines Faches zählte, konnte den Direktor des IPMRT nicht davon abhalten, seinen ehemaligen Schützling nun in ein solch hochkarätiges Berufspraktikum zu vermitteln: »Ich denke, du wärst genau der Richtige ... Diplom mit Auszeichnung und bereits profunde praktische Kenntnisse«, erklärte Sergei Alexejewitsch. Im KB OMEM könne Leonid echtes Neuland erschließen: Es gehe um die Entwicklung von Programmen für fachfremde Nutzer, »für Arbeiter und Bauern ohne weiterführende mathematische und technische Ausbildung – ein beispielloses Unterfangen«, verabschiedete Sergei Alexejewitsch den verdrossen dreinblickenden Diplommathematiker Leonid Michailowitsch Ptuschkow.

Der war allerdings längst noch nicht am Ende seines Lateins: »—um wissenschaftlich zu arbeiten, muss ich beileibe nicht an der Universität bleiben. Beim Militär, da nehmen sie mich mit Kusshand! Noch dazu bei entsprechender Fürsprache«, erläuterte er Nadescha seinen Entschluss.

Doch Oberstleutnant Popow machte von Anfang an mehr Punkte, als Leonid einkalkuliert hatte: In den vergangenen Jahren habe sich sehr viel getan. Die Rote Armee halte in ihren Modernisierungsbestrebungen niemals inne, denn Rasten hieße im Kalten Krieg unweigerlich Untergehen. Die Sonderposten in Schelesnodoroschny seien längst mit exzellenten Offiziersanwärtern besetzt. Die Fortentwicklung der vormilitärischen Schulung trage nun Früchte. Der Bedarf an fähigen Lehrkräften bleibe allerdings weiterhin hoch, ja steige noch. Für einen Mann mit Leonids Qualifikation fände sich sicherlich ein Ausbilderposten an einer Militärakademie. In Anbetracht seiner Vorgeschichte könne er seinem Land aber womöglich auf einem zivilen Posten weit besser dienen?

•

Moskau–Riga–Moskau, 1961

Leonid fand das Konstruktionsbüro OMEM am östlichen Stadtrand, am Ende eines langen Ganges im Tiefparterre eines ehemaligen Telegrafenamtes. Unter Behelfslichtern rollten Handwerker Stromkabel aus, hängten Röhrenlampen über den Reißbrettern auf, verlegten Abzugsrohre über den Lötbänken, installierten Waschbecken und Brandmelder. Nikita Lawrentjewitsch Orlowski, der Chefkonstrukteur, empfing Leonid in einem noch unverglasten Verschlag. Am Topf einer Grünlilie lehnte das Bildnis seines mächtigsten Namensvetters, das Bildnis des Ministerpräsidenten, Parteichefs und vollmundigen Vordenkers der Volksrechenmaschine: Nikita Sergejewitsch

Chruschtschow. Orlowski gab sich Leonid stolzgeschwellt als Absolvent des Moskauer Energetik-Instituts zu erkennen. Seine ersten Sporen habe er sich im SKB 245 bei der Überarbeitung der Speichereinheit der *Strela* verdient ... und nebenher noch einen Abendschulkurs für Bühnenmagie belegt. Mit einem Kunstgriff zauberte er – »Abrakadabra« – einen Autoschlüssel hervor und entsandte Leonid auf einen Außeneinsatz: »Noch ist Ihr Arbeitsplatz ohnehin nicht bezugsfertig, und die Zeit bis dahin gilt es sinnvoll zu nutzen.«

Er könne in Riga schon einmal Kontakte für die weitere Zusammenarbeit anknüpfen, und: »Ohne die angeforderten Transistoren brauchen Sie gar nicht zurückzukommen. Sollte irgendetwas nicht klappen, rufen Sie diese Nummer an und beginnen das Telefonat mit der entsprechenden Tageslosung«, sagte Orlowski und wedelte mit dem Kärtchen, das er hinter Leonids Ohrmuschel hervorgezogen hatte: »Die Losungen für diese Woche stehen auf der Rückseite.«

Der Betriebsleiter des lettischen Transistorenwerks schützte dringliche Termine vor. Sein Stellvertreter wollte von einem Sonderkontingent noch nie gehört haben. Die Chefsekretärin beteuerte, weder per Post noch per Fernschreiber sei eine Anweisung des Ministeriums angekommen. Auf diese Weise verschafften sie Leonid das Vergnügen, den Zauber der Tageslosung auszuprobieren. Kaum hatte er sie in eine Sprechmuschel geflüstert, wurde er aufgefordert, sich eine Adresse nebst Menüempfehlung zu notieren. Am Treffpunkt angekommen, bestellte Leonid sich Ligsdinas mit Kartoffelpüree und wartete. Der gelockte Genosse, der sich bald darauf zu ihm setzte, erwies sich als hervorragender Zuhörer. Als er ausgetrunken hatte, forderte er Leonid auf, am nächsten Tag noch einmal zum Mittagessen zu kommen und unbedingt Putra mit Neunauge zu kosten.

Leonid tat wie geheißen. Der glatzköpfige Genosse, der sich daraufhin zu ihm setzte, bat Leonid, mit ihm hinaus ins Transistorenwerk zu fahren. Dort angekommen verschwand der Glatzkopf im Verwaltungstrakt. Leonid wurde aus seinem Mittagsschlaf gerissen, als Lagerarbeiter die Ladeklappe des Wagens öffneten und Kisten mit den gewünschten Transistoren einluden.

Erschöpft, doch stolz auf sein Gesellenstück in der Kunst der konspirativen Materialbeschaffung kehrte Leonid nach Moskau zurück. Er fürchtete schon, niemanden anzutreffen, der ihm beim Ausladen helfen würde, schließlich war Sonntag und herrliches Wetter. Doch kaum fuhr er auf den Hof des ehemaligen Telegrafenamtes, kam Chefkonstrukteur Orlowski mit zwei Männern aus dem Tiefparterre herauf. Nachdem sie die Kisten in einen Kleinbus umgeladen hatten, wünschten die beiden noch einen schönen Abend und rasten vom Hof.

»Und was fangen wir jetzt ohne die Transistoren an?«, fragte Leonid.

»Was wollen wir denn jetzt schon damit? Zuerst einmal gilt es, unseren Winzling zu projektieren. Bis wir den Prototyp montieren, wird es bereits die nächste Transistorengeneration geben, und dann werden wir vielleicht auch einmal einen Gefallen nötig haben«, entgegnete Orlowski. Dabei zauberte er eine Flasche aus seinem Mantel hervor und lud Leonid ein, sich seinen bezugsfertigen Arbeitsplatz anzuschauen.

Das Erste, was Leonid am nächsten Morgen erblickte, war das metallene Untergestell eines Reißbretts, das über ihm aufragte. Irgendwo klingelte ein Telefon, und Schritte hallten von den kahlen Wänden des Konstruktionsbüros wieder. Leonid rieb den Schlafsand aus den Augenwinkeln und blinzelte, um schneller Tränenflüssigkeit auf der rauen Hornhaut zu verteilen. Nun sah er ein Paar Wildlederschuhe mit frischen Wasserflecken, was auf einen verregneten Montag oder auf die Begegnung mit einem heimtückischen Wassersprengwagenfahrer schließen ließ: Wer auch immer vor dem Reißbrett stand, hatte zweifellos nasse Strümpfe. Leonid richtete sich unbedacht auf, stieß gegen die Unterkante des Zeichenbretts. Als er die Lider wieder öffnete, erblickte er einen schlohweißen Schopf, cyanblaue Pupillen und einen Walrossschnauzbart, der sowohl die Nasenlöcher als auch den Mund verdeckte: »Guten Morgen! Freut mich außerordentlich, endlich einen Kollegen kennenzulernen. Foma der Name.«

Leonid stieß ein »Angenehm« hervor – weiter kam er nicht. Der Geruch des feuchten Schuhleders versetzte seine Magenwände derart in Aufruhr, dass er den Atem anhalten musste und vorsorglich den Papierkorb zu sich unters Reißbrett zog.

»Wenn Sie dieser Zeichenmaschine den Vorzug geben, werde ich gerne an eine andere wechseln«, erbot sich Tkatschow, an dessen Schläfen sich inzwischen Äderchen zeigten. Ihn mit nach unten gerecktem Kopf zu sehen, verstärkte Leonids Unwohlsein weiter. Aus Tkatschows Brusttasche rieselten Lochkartenstanzreste, die Leonid für Konfetti hielt, weshalb er sich nun abermals die Augen rieb. Als er sie wieder öffnete, erschien ein zweiter Kopf schräg über ihm. Trotz blutunterlaufener Augen und fahler Wangen grinste Orlowski: »Ein Geheimniskrämer allererster Güte, das sind Sie. Den lieben langen Abend kein Sterbenswörtchen davon, dass Sie Vater werden. Na, jedenfalls Glückwunsch, Leonid Michailowitsch!«

Leonid winkte matt ab: »Erst im August.«

»Von wegen. Die Klinik hat soeben angerufen.«

Leonid schaute verständnislos auf, während Orlowski eine Flasche aus seinem Ingenieurskittel hervorzauberte: »Ihre Gattin hat gestern ein Töchterchen zur Welt gebracht.«

Leonid übergab sich in den leeren Papierkorb.

GLM

Bei den Tkatschows fühlte Leonid sich wohl. Die Kommunalka, in der Foma mit seiner Frau Galina wohnte, war einst das Domizil eines wohlhabenden Weinhändlers gewesen. Den Tkatschows war der ehemalige Salon zugewiesen worden. Ihre Vormieter hatten den Salon mit sperrhölzernen Zwischenwänden in dreieinhalb Räume unterteilt. Von der fensterlosen Stube gingen zwei Türen ab: in den Schlafraum und in eine Abstellkammer, die zugleich Durchgang zu Fomas Arbeitszimmer war. Meist stand die Tür zum Schlafraum weit offen, damit Tageslicht und Frischluft in die Stube gelangten. Von der ursprünglichen Form des Salons zeugten die rebenförmige Stuckatur und eine verblasste Allegorie an der Decke, die sich erst auf einem Rundgang durch alle dreieinhalb Räume in Gänze erfassen ließ. Foma und seine Frau zeigten sich uneins, ob es sich um *Venus küsst Amor* oder *Die Zeit enthüllt die Wahrheit* handelte, und Leonid wollte sich in dieser Frage auf keine Seite schlagen.

In der Stube, im Vitrinenaufsatz der Anrichte bewahrte Foma seine schönsten Schiffsmodelle auf: Schaluppen, Schebecken und Schonerbarken, Segeldampfer, Schlachtkreuzer und Stückgutfrachter, manche von ihnen kaum größer als ein Daumennagel. An der Wand, die die Stube vom Gemeinschaftsflur trennte, ragten Bibliotheksregale bis hinauf zur Decke. Neben kostengünstigen kommunistischen Klassikern und sechsundsechzig Bänden der *Großen Sowjetischen Enzyklopädie* fanden sich hier Schwarten von Sappho und Tschernyschewski, von allerlei

Iwanows, Katajews, Tolstois und vielen mehr. Das Gros dieser Bibliothek hatten die Tkatschows in ihrem Kellerverschlag hinter einer morschen Scheinwand gefunden. In entsprechend bedauernswertem Zustand befanden sich die meisten der Bücher. Nichtsdestotrotz schwärmte Foma von den schalldämpfenden Eigenschaften dieser Werke und wollte kein einziges verleihen: »Seit die Bücher lückenlos stehen, schlafe ich hier prima.« Leonid nickte: Keine kränklichen Säuglingsschreie, kein Nörgeln, kein Türknallen, keine Flötenkesselkonzerte drangen durch diese Schutzwand herein.

Flur, Küche, Bad und Toilette mussten sich die Tkatschows mit den übrigen acht Mietparteien der Kommunalka teilen. Wer von ihnen die Kybernetikwitze aus dem *Krokodil* ausgeschnitten und in der Toilette aufgehängt hatte, wusste Foma nicht. Trotzdem hielt er ihr Auftauchen für ein gutes Zeichen, zeigte es doch, dass die neuesten wissenschaftlichen Entwicklungen an seinen Mitbewohnern nicht gänzlich vorübergingen.

Galina stellte Gabelbissen auf den Stubentisch und eilte allein in die Oper oder ins Kino oder zurück in die Küche. So ging es jeden dritten oder vierten Samstagabend zu, seit Leonid und Foma gemeinsam am KB OMEM arbeiteten.

Die meisten ihrer Zwiegespräche waren wie hüfttiefer Treibsand, aus denen sie nicht vorm Morgengrauen freikamen. Fomas Gesichtsfarbe änderte sich währenddessen mehrfach, von bleiweiß zu blutrot oder umgekehrt, je nachdem worüber sie sich unterhielten. Schwollen die Gefäße an seinen Schläfen an, unterbrach er den gerade begonnenen Satz und wechselte das Thema. Auf diese Weise zerfaserten viele ihrer Gespräche. Einige Anekdoten und Gedankenspiele verteilten sich über Tage und Wochen. Erst nach und nach setzte Leonid daraus Fomas Lebensweg zusammen:

Ohne je die Grenze seines Geburtsortes Twer überschritten zu haben, war Foma jahrelang in der Stadt Kalinin herangewachsen: »In Twer hatte ich lediglich Scharlach gehabt. Doch kaum war die Stadt nach unserem Staatsoberhaupt umbenannt worden, fing ich mir noch Röteln, Windpocken und Ziegenpeter ein und erlitt eine Gehirnerschütterung.«

Am Ende seiner Kindheit war Foma ein ungelenker Gorodkispieler und aussichtsloser Fall am Akkordeon: »In meiner Jugend hätte sich also noch einiges zum Besseren wenden können. Aber was soll man machen?«

Manchmal klang es aber auch so, als sei der kleine Foma ein gefürchteter Gegner beim Gorodki und ein begnadeter Akkordeonspieler gewesen: »Mir standen viele Wege offen. Aber was soll man machen?«

Außer Zweifel schien, dass er bereits als Schüler ein Meister des Modellschiffbaus war, auch, dass er Wolkows Märchen und Wainschtocks Verfilmung der *Schatzinsel* geliebt hatte, ja: »Wer nicht mit uns ist, ist ein Feigling und unser Feind!«

Seine Lebensanschauungen wurden gründlich auf den Prüfstand gestellt, nachdem die deutsche Wehrmacht die Grenze zur Sowjetunion überquerte hatte: »Der mächtige Zauberer der Smaragdenstadt schwieg zehn oder elf Tage lang, und dann redete er mich plötzlich als Bürger und Bruder an.«

Doch nicht alle fielen in Stalins neue Melodie ein, das zeigte sich schnell. Ein müder Militärkommissar schob Foma aus dem Rekrutierungsbüro zurück ins Vorzimmer und stieß dort missmutig hervor, er werde denjenigen Idioten, der den nächsten Minderjährigen zu ihm vorlasse, sofort an die vorderste Kampflinie versetzen.

Als die Front bereits bedrohlich nahe an Kalinin herangerückt war, wurde als Erstes jene Fabrik evakuiert, in der Fomas Mutter als Maschineneinrichterin arbeitete: »Und so gelangte auch ich bis hinter den Ural.«

Rings um die Produktionsanlage, die innerhalb kürzester Zeit auf freiem Feld wieder zusammengebaut worden war, wurden Wände hochgezogen: »Für eine Fabrikhalle reichte das Material, nicht aber für Wohnbaracken. Mutter schlief nach ihrer Schicht, wie die meisten anderen Arbeiter, neben den laufenden Maschinen. Da war es trocken und warm.«

Foma hingegen richtete sich in einer Erdhöhle ein, sammelte Feuerholz, Pilze und Beeren, und fing sich ein paar unschöne Keime ein. Er sah sich bereits heroisch unter Schneewehen ausharren, doch noch ehe der Winter hereinbrach, schickte ihn seine Mutter in die nahegelegene Siedlung Papaninskoje, um in der dortigen Fabrik zu arbeiten: »Die Anlagen waren kurz vorm Krieg aus dem Boden gestampft worden. Das Arbeiterwohnheim befand sich freilich noch im Rohbaustadium. Zum Glück war die Rohrleitung, die die Abwärme aus der Fabrik herüberleiten sollte, schon so weit verlegt, dass sie provisorisch an die Heizung angeschlossen werden konnte. Mit Feuerwehrschläuchen, die im Wechselspiel von Hitze und Kälte brüchig wurden und platzten.«

Schließlich war Foma alt genug, um im Schnelldurchlauf zum Schützen geschliffen und als solcher bei der Schlacht im Wienerwald verwundet zu werden. Die Druckwelle einer Explosion schleuderte ihn gegen den Stamm einer Föhre: »—und alles wurde schwarz.«

So zumindest trug es sich in fünf von sieben Berichten zu. Zweimal will er stattdessen gegen einen Telegrafenmast geschleudert worden sein, doch diese unbedeutende Ungereimtheit änderte nichts daran, dass Foma erst im Lazarett aus der Besinnungslosigkeit erwachte: Stück für Stück setzte sich die Welt wieder zusammen, wobei offenbar einige Stücke an einer anderen Stelle als zuvor eingefügt wurden. So drängten sich etwa Zahlen eher als Wörter in sein Bewusstsein. In diesem Zustand wurden ihm unvermittelt vielerlei Zusammenhänge klar: »—etwa, dass zwischen jeder beliebigen Zahl und ihrem verdoppelten Wert mindestens eine Primzahl liegt.«

Der Krieg in Europa war längst zu Ende, als Foma wieder auf die Beine kam. In der Zwischenzeit hatte er weitere Erkenntnisse erlangt: dass die österreichischen Köchinnen nie anständige Bliny, sondern immer nur zerrührten Pampf hinkriegten. Dass ihm die Granate unwiederbringlich alle Farbe aus den Haaren geblasen hatte. Dass die Welt ein aus Gleichungen zusammengesetztes Schiff ist, das durch den Kosmos treibt: »—das ist mir seither alles klar.«

Fest entschlossen, seine neuen Einsichten zu nutzen, schrieb Foma sich an der Universität ein. Er studierte in Moskau Politische Ökonomie und Wirtschaftsmathematik. Aus den Zwischenräumen von Zeichen zog er mit schlafwandlerischer Sicherheit richtige Schlüsse. Unter all den jungen Schulabgängern und all den vorzeitig melierten Männern in verschossenen Anzügen hieß es nun ausgerechnet von ihm, er werde es weit bringen.

Alles lief prächtig. Bis Foma im studentischen Studienkreis zum achten Kapitel des *Kurzen Lehrgangs* über eine Konjunktion stolperte: »Ich sagte, man könne ja alles Mögliche über Trotzki sagen, *aber*, und dann dies und das – schlichte Ansichten, die mir während des Militärdienstes untergekommen waren. Jemand mit gutem Gedächtnis meldete dieses Aber an den eigens dafür bestimmten Ort weiter.«

Dort attestierte man Foma, dass seine reaktionären Ansichten untrennbar mit einer antihumanistischen weltanschaulichen Position verbunden seien. Pro forma warf er seine

Medaillen *Für Tapferkeit, Für die Einnahme Wiens* und *Für den Sieg über Deutschland* in die zweite Waagschale, doch das Blech wog nicht allzu viel. Man legte ihm nahe, in die Produktion zu wechseln, um Anschluss an die fortschrittliche Gesinnung des siegreichen Proletariats zu suchen: »Professor Kaggi-Kar wendete das ab, indem er mich bei einem seiner ehemaligen Aspiranten unterbrachte. So kam ich an die Kirgisische Staatsuniversität in Frunse, sozusagen in akademische Verbannung.«

Die Geschichte der KPdSU spielte bei mathematischen Maschinen eine weniger große Rolle als in der Politökonomie. So kam es, dass Foma, der sich beim Aufbau des ersten kirgisischen Rechenzentrums bewährte, dort nach dem Studium als Ausbilder arbeiten durfte. Überdies stand es ihm frei, weiter zu arithmetisch-logischen Einheiten zu forschen: »Die schnellsten wie auch die kleinsten Schaltungen sind technisch gesehen ja meistens die kompliziertesten. Es galt, tragfähige Kompromisse zwischen der Geschwindigkeit und dem technischen Aufwand zu finden, Leitlinien für künftige Rechnergenerationen. Wenn du so willst, bin ich immer auch ein Stück weit Ökonom geblieben und darüber hinaus noch Ingenieur geworden. Etwas Besseres als jenes Aber hätte mir vermutlich gar nicht über die Lippen kommen können.«

Hin und wieder schwang aber auch Bedauern mit, dass er keinen Abschluss in Politökonomie hatte machen können: »Wer weiß, was für ein hohes Tier ich jetzt schon wäre, mmh?«

Als er schließlich nach Moskau zurückkehren durfte, war er immerhin Kandidat der Wissenschaften. Abgesehen davon beherrschte er inzwischen zahlreiche melancholische Melodien auf dem Akkordeon: »Bloß Gorodkischläger hab ich seit Jahren keine mehr angefasst. Und von Schiffsmodellen bin ich auch abgekommen, seit ich mit meiner kleinen GLM begonnen habe.«

Dass es sich bei der GLM um einen Allzweckrechenautomaten handelte, sah man dem Kubus in Fomas Arbeitszimmer keineswegs an. Der Automat, der auf einem kniehohen Eisengestell stand, maß etwa einen Kubikmeter. Seine kadettenblau lackierte Blechhülle wurde von Flügelmuttern zusammengehalten. Fomas Schläfen glühten vor Stolz, als er Leonid das erste Mal in sein Arbeitszimmer führte. Einen Blick ins Innere des Automaten zu werfen, war noch niemandem vergönnt gewesen: »—und, so ungern ich dich auch enttäusche, daran wird sich auch nichts ändern, bevor die GLM nicht voll ausgereift ist und ich sämtliche Testläufe abgeschlossen habe.«

Allerdings ließen die auf der Werkbank liegenden Uhrmacherwerkzeuge und die winzigen Ersatzteile erahnen, wie komplex die GLM sein mochte. Obschon Foma sich über die technischen Einzelheiten ausschwieg, verriet er Leonid nur zu gerne, warum es unbedingt eine mechanische Konstruktion hatte sein müssen: »Anders erfährt die Welt doch nie, ob dergleichen bereits vor hundert Jahren möglich gewesen wäre. Freilich werde ich mit meinen beschränkten Mitteln niemals mehr als dieses Versuchsmodell zustande bringen. Um sämtliche nötigen Operationen ausführen zu können, müsste die GLM mindestens fünfhundert Kubikmeter fassen. Eine kleinere Ausführung bekäme allenfalls der schielende Linkshänder aus Tula zustande.«

»Der Schmied, der einem Floh signierte Hufeisen angelegt hat?«

»M-mh!«

An dem Kubus arbeitete Foma bereits seit seiner Zeit in Kirgisien. Dort hatte er Teterewkins *Tagebücher* gelesen, jenes wunderschön gebundene antiquarische Buch, das er Galina zum

Namenstag geschenkt und sich noch am selben Abend ausgeliehen hatte. Darin beschrieb Teterewkin den Demonstrator einer Differenzmaschine, der ihm während seines Aufenthalts in England vorgeführt worden war: »Wusstest du, dass dies die allererste Erwähnung von Babbages Rechenautomat im Russischen war? An dieser Stelle heißt es auch, dass derartige Maschinen – in ihrer vollendeten Form – zu absolut allem in der Lage sein werden, wozu Menschen ihnen Anweisungen zu geben vermögen.«

»Ich dachte, der Ausspruch käme von einer Engländerin. Das habe ich vor vielen Jahren in einem von Mutters Büchern gelesen«, warf Leonid ein.

»Das stimmt auch, aber Teterewkin hat sich davon inspirieren lassen. Nur so kam er überhaupt auf die Idee, dass ein Automat sein letztes Poem zu Ende schreiben könnte. Hier, hör mal: *Im Dienste des gesamten Menschengeschlechts würde mein eiserner Golem die Feder führen, unermüdlich unsere Geschichte verzeichnend, Stund um Stund und Haar um Haar, ja, er würde sie sogar bis zum Jüngsten Gericht vorauszuschreiben vermögen.* Und jetzt hör dir an, was dem Herausgeber dazu einfiel, warte ... hier: *Folglich müssen wir davon ausgehen, dass Teterewkin des Hebräischen nicht mächtig war. Anderenfalls hätte er dem Automaten zweifellos einen anderen Namen gegeben.* Was sagt man dazu?«

Ohne eine Antwort abzuwarten, öffnete Foma mehrere Schubfächer seines Zettelkastens und zog stapelweise gelbe Lochkarten heraus. Leonid, der die GLM mittlerweile mehrfach in Betrieb erlebt hatte, wusste, was nun anstand. Die gelben Lochkarten legte Foma stets als Erstes ins Magazin des Kubus ein – auf ihnen dürften also die Steueranweisungen gespeichert sein. Die Rohlinge stammten augenscheinlich aus den Beständen des KB OMEM, was erklärte, warum Foma so oft freiwillig im Materiallager aushalf. In seinem Zettelkasten, in den Regalen, unter der Werkbank und neben dem Kubus mochten sich bereits mehrere Hundert Kilogramm Kartenkarton angesammelt haben, schätzte Leonid. Nachdem die gelben Karten eingelesen waren, fütterte Foma die GLM mit mehreren Stapeln kittfarbener Lochkarten – auf ihnen dürften sich demnach die Eingabedaten befinden. Bald begann die GLM wie eine Spieluhr zu surren; hin und wieder heulte er auch wie ein Brummkreisel auf. Von außen war nicht ersichtlich, was den Automaten antrieb: »—eine aufgezogene Spannfeder oder ein kleiner Elektromotor?«

Egal ob Leonid direkt oder versteckt danach fragte, Foma schürzte jedes Mal bloß seinen Walrossschnauzer.

Während die GLM rechnete, sortierte Foma bereits die gelben Lochkarten zurück in die nummerierten Schubfächer des Zettelkastens an der rechten Wand. Das Arbeitszimmer war so klein, dass die herausgezogenen Schubfächer fast bis an den Kubus heranreichten. Auf ein Glockenzeichen hin schob Foma einen frischen Rohling in die Eingabeeinheit. Dann drang leises Rattern aus dem Kubus, bis die Karte schließlich aus einem Schlitz an der gegenüberliegenden Seite ausgegeben wurde. Während Foma die nunmehr kodierte Lochkarte mit zusammengekniffenen Augen begutachtete, rieselten aus einer Öffnung an der Unterseite des Kubus winzige Stanzreste in einen Eimer. Wenn Foma mit dem Ergebnis der Datenverarbeitung zufrieden war, legte er die Karte in eines der Regale, die er an der linken Wand des Zimmers angebracht hatte. War er unzufrieden, kratzte er sich an der Schläfe und legte die Karte auf einen der Stapel neben dem Eimer. Dieser schien trotz regelmäßiger Leerung ständig kurz vorm Überlaufen zu sein.

Galina gestand Leonid, dass sie es über alles liebte, wenn im Zimmer ihres Mannes eine akademische Atmosphäre herrschte, von der großartige Dinge zu erwarten waren. Leonid versuchte sich an einem unbestimmten Lächeln, das ihm aufgrund seiner Narben allerdings zu einem galligen Grinsen geriet.

Woche um Woche und Monat um Monat wuchsen die Kartenstapel rings um den Kubus an. Überdrüssig, die Stapel umschichten zu müssen, wann immer er die unteren Schubkästen des Zettelkastens öffnen oder zur Werkbank gelangen wollte, weitete Foma sein Ablageareal in die Abstellkammer aus und ließ auch hier nur schmale Steige zwischen den Stapeln. Aus diesem labyrinthischen Vorgebirge rieselten ständig Stanzreste in die Stube, die Galina kommentarlos auffegte und im Kachelofen verbrannte.

Als das KB OMEM aufgelöst wurde, fand Foma eine Stelle am Rechenzentrum der Meschpoweff. Die dortigen Rechenanlagen wurden jedoch bereits auf Magnetspeicher umgerüstet, und die zuständige Lageristin hielt die Hand fest über den restlichen Rohlingsbeständen aus Pappkarton. Foma war in Sorge – schien es doch eine Zeit lang, als sei der Nachschub kostengünstiger Lochkarten abgerissen. Bis er herausfand, dass ihm bei der Meschpoweff umstandslos Karteikarten zur Verfügung gestellt wurden, wann immer er neue anforderte. Die Stärke des Kartons passte haargenau, und so schnitt er fortan die Lochkarten von Hand zu. Bald musste er ein weiteres Regal in der Stube aufstellen. Damit ja nichts durcheinandergeriet, untersagte er, auf und zwischen den Kartenstapeln Staub zu wischen. Dergleichen kannte Galina bereits von Fomas Schiffsmodellen – aber diese standen immerhin hinter Glas. Monate vergingen, und allmählich kippte die Atmosphäre vom vielversprechend Akademischen ins eindeutig Abstoßende. Doch als Galina sich endlich aufraffte, ein ernstes Wort mit ihrem Gatten zu wechseln, gelang es ihr allem Anschein nach nicht mehr, durch das Lochkartenlabyrinth zu ihm vorzudringen.

Eines Abends kam Foma von der Arbeit und fand nichts Essbares im Kühlschrank. Die Bilder seiner Schwiegereltern und Schwägerinnen waren von den Wänden verschwunden. Doch erst, als er ein paar Tage später das letzte saubere Unterhemd aus dem Kleiderschrank nahm, gestand er sich ein, dass Galina ihn verlassen hatte. Foma vergrub sich noch tiefer in die Arbeit an der GLM.

Das Gewicht der mechanischen Rechenanlage und ihres Speichers summierte sich ohne Gnade, Tag um Tag und Karte um Karte, und so verbogen sich allmählich die Fußbodendielen des ehemaligen Salons. An der Decke des Ladengeschäfts im Parterre zeigten sich bereits feine Risse, durch die zu allem Übel bald auch Stanzreste rieselten. Die Verkäuferin der Frühschicht kehrte eine Schaufel voll zusammen und kippte sie dem Hausbeauftragten vor die Füße: »Erst der ganze Gips auf unseren Auslagen, und jetzt jeden Tag Konfetti!«

Bei der nun folgenden Wohnungsbegehung zeigte sich, warum die Decke rieselte, ja, bald zu brechen drohte: »Genauso gut hätten Sie hier einen Trolleybus parken können«, fasste der Statiker der Wohnungsgenossenschaft seine Überschlagsrechnung zusammen. Er ordnet an, die Zimmer unverzüglich zu räumen, sämtliche Lochkarten zu verbrennen oder doch wenigstens in den Keller zu schaffen. Foma sah sich gezwungen, Leonid um Hilfe zu bitten. Bis zum Mittagessen hatte jeder von ihnen zwölf Doppelzentner die Treppe hinuntergeschleppt und im Kellerverschlag aufgestapelt – sich folglich eine Pause verdient. Bei ihrer Rückkehr aus dem Restaurant mussten sie feststellen, dass sich dieser Tage hochmotivierte Pioniere um die Sekundärrohstoffversorgung des Landes verdient machten. Die Sammler hatten es nicht bei den im Kellergang bereitliegenden Zeitungsbündeln belassen. Dem Augenschein nach mochten sie mindestens sechshundert Kilogramm Kartenkarton abtransportiert haben.

»Verdammte Schweinebande!«, schrie Foma. Die Äderchen an seinen Schläfen schwollen gefährlich an, als er eine Lochkarte aufhob, die vor der Kellertür lag. Kaum hatte er sie am Hemd sauber gerieben, stürzte er zu einer Karte, die der Wind auf dem Hof umherwirbelte. Und weiter zu einer, die im feuchten Rinnstein pappte. Leonid humpelte hinter Foma her, verstaute eine Karte nach der anderen in seiner Jackentasche. Die verräterische Spur, der sie über die Hinterhöfe und Seitenstraßen folgten, führte tatsächlich zu einer Altpapierannahmestelle: *Die tägliche Übererfüllung der Planvorgaben ist unser erklärtes Ziel* stand über dem Tor, aus dem just in diesem Augenblick ein voll beladener Lastkraftwagen gebraust kam und noch ein paar kittfarbene Lochkarten über den Asphalt verstreute, ehe er auf den Ring abbog. Foma ging schluchzend in die Knie.

HV A

Achim Zwierer lehnte neben seinen Kollegen an der Reling. Der Küstenstreifen hinter dem Kutter flirrte unter der Nachmittagssonne, schien kurz davor, sich zu verflüssigen, sich mit dem Meerwasser zu vermischen. Gerade noch da, schon ist er fort, taucht wieder auf, an einem anderen Ort: Günstiges Licht vermag mehr zu verschleiern als ein Schatten, das wusste Zwierer aus eigener Erfahrung. Der Zweiunddreißigjährige war bei der Hauptverwaltung Aufklärung, kurz HVA, mit konspirativer Materialbeschaffung betraut. Die Grundlagen dieses facettenreichen Handwerks hatte er an der Zentralschule der Gesellschaft für Sport und Technik gelernt. Als Bester seiner Jahrgangsstufe war er überdies ans Moskauer Institut für Angewandte Spionage delegiert worden. Dort hatte er nicht nur zahlreiche Spezialkurse belegt, sondern auch die deutsch-sowjetische Freundschaft gepflegt. Seither konnte er in akzentfreiem Russisch fabulieren, flirten und fluchen, Flüge und Hotelzimmer buchen und verlorengegangene Handakten suchen. Die Abendschulkurse in Bühnenmagie, die er neben seiner Ausbildung absolviert hatte, waren rein fakultativ gewesen und zeigten eine Hingabe, die seinen Vorgesetzten nicht entgehen konnte. Doch erst sein Gesellenstück brachte ihm den Kampfnamen *Joseph Fröhlich* ein. Dem jungen Offizier war es gelungen, am 30. April 1961 einen fünf Tonnen schweren Ladebehälter aus dem Rotterdamer Hafen verschwinden und elf Tage später in Karl-Marx-Stadt wieder auftauchen zu lassen. Inzwischen war die Technik weiter fortgeschritten, das heißt, kleiner und leichter geworden, die meisten Überführungen mithin unscheinbarer. Doch das waren lediglich Äußerlichkeiten. Nach der Kuba-Krise hatte die Gegenseite ihre Abwehrmaßnahmen spürbar verstärkt. Aus sportlicher Sicht konnte Zwierer das nur begrüßen. Er schnippte seine Kippe ins Kielwasser des Kutters. Außerhalb der aufgeschäumten Spur gleißte die See »wie die Schuppen einer Brasse«, »wie von Katzengold durchwachsener Schiefer«, »wie das Paillettenkleid einer aus dem Leim gehenden Varietékünstlerin«.

»Ich glaub, das Fräulein kenn ich«, unterbrach Brankatsch das Spiel und streckte die Arme aus. »So'n Kaliber, aber darf immer noch in der Abendvorstellung die Kartoffelstampfer schwingen.«

»Laat man goot sien«, versuchte sich Zwierer in Mecklenburgischer Mundart.

»Is' wohl deine Schwiegermutter?«, fragte Brankatsch mit einem Grinsen, von dem sich lediglich der Datenverarbeitungsspezialist Kleinwerth anstecken ließ. Dippelt, der vor nicht allzu langer Zeit selbst in eine von Brankatschs Schlingen getappt war, raunte dem Neuen zu: »Vorsicht, Kollege Kleinwerth. Er meint die Puppe des Obersten«, und dann lauter: »Brankatsch, deine dummen Scherze kannste gleich per Signalflagge übermitteln. Da drüben, das dürfte der Chef sein.«

Wie auf Kommando hoben sie allesamt ihre Linke als Sonnenschutz über die Augen, verfolgten die Fahrt des Marineschnellbootes, das eine viertel Seemeile nördlich durch die flachen Wellen pflügte und ebenfalls auf die Insel Warenz zuhielt.

•

Oberst Reinecke, Leiter der Arbeitsgruppe A XIV, mochte das Ferienheim eine halbe Stunde vor seinen Untergebenen erreicht haben. Trotzdem erschien er nicht zum Begrüßungsumtrunk im Speisesaal. Sein Stellvertreter deutete an, der Oberst sei von dem Eiersalat außer Gefecht gesetzt worden, den ihm seine Gattin als Wegzehrung mitgegeben hatte. Zwierer vermutete, dass Reinecke schlichtweg seekrank geworden war. Die Begrüßung der Mitarbeiter übernahm Parteisekretär Lederer, der, ebenfalls von der Volksmarine angelandet, von dieser bevorzugten Überführung jedoch nicht in Mitleidenschaft gezogen worden war: »Das Wochenende auf unserer, nun, man könnte durchaus *betriebseigenen Insel* sagen, dieser Aufenthalt ist allem voran eine Auszeichnung für die von Ihnen erbrachten Leistungen, dank derer unsere Volkswirtschaft auch künftig ...«

Zwierer, der wusste, was die nächsten Minuten bringen würden, ließ seinen Blick schweifen – über die Titelliste der Musikbox, über die Segelschiffmodelle, die am Deckenbalken des Saales hingen, über die Bilder neben dem Kachelofen. Unter den amateurhaften Aquarellzeichnungen des ehemaligen Inselguts, des Warenzer Wäldchens und des Kliffs am Kap Stribog reihten sich Fotografien von HVA-Kadern, die am Strand eine Sonnenuhr bauen, die mit Klappspaten Sand zu Windschutzwällen aufwerfen, die mit Würstchenspießen an Lagerfeuern posieren, die sich mit Jagdgewehren um kunstvoll drapierte Entenkadaver scharen. Zwierer erkannte einige seiner Vorgesetzten und ein paar der Genossen, die es regelmäßig in die Tageszeitungen schafften. Der erst kürzlich zum stellvertretenden Abteilungsleiter aufgestiegene Lopitzsch war offensichtlich schon immer schmerbäuchig gewesen, während es Lederer noch nie auf eines der Bilder geschafft hatte, weshalb die Frage, seit wann er ein Glasauge trug, weiterhin offen blieb.

Zwierer horchte auf. Die Dichte der staatstragenden Substantive verringerte sich merklich, der Parteisekretär kam mit seiner Ansprache zum Ende: »—werden wir Sie vor der Abreise mit einem neuen Auftrag betrauen, mit einer, so viel kann ich bereits verraten, ohne allzu viel vorwegzunehmen, einer beispiellosen Herausforderung. Aber nun genießen Sie erst einmal die wohlverdiente Brise Seeluft.«

Sie kamen seiner Anweisung unverzüglich nach und verschwanden zum Südufer, an dem sich, hinter einem schmalen Feuersteinfeld, der viel gerühmte Sandstrand befand. Aus dem Wasser zurück, legte sich Zwierer auf sein Badetuch. An ein Nickerchen war freilich nicht zu denken. Brankatsch, der schon zum zweiten Mal auf der kleinen Insel war, klärte gerade Kleinwerth auf: »Von wegen Sonderurlaub. Die bringen uns hierher, weil sie sichergehen wollen, dass niemand mithört. Auch keine befreundeten Ohren.«

»Wenn wir uns untereinander auch nicht mehr trauen ...«

Von der Boje zurückgekehrt, blies Dippelt am Ufer die Nasenlöcher frei und schnaufte: »Gibt es hier denn überhaupt welche?«

»Waffenbrüder?«

Den Kopf zur Seite geneigt, hüpfte Dippelt erst auf dem rechten, dann auf dem linken Bein, um nun auch noch die Gehörgänge vom Wasser zu befreien.

»Nein, Frauen«, seufzte er und streckte sich im Sand aus, wobei er seinen pustelübersäten Rücken der Sonne zuwandte.

»Bloß die alte Engelkens und ihre zwei unförmigen Beiköchinnen«, wusste Brankatsch.

»Das ist nicht dein Ernst. Bei neunzehn Junggesellen und Strohwitwern?«

»Wenn die Führungsriege hier ist, bringt der Kutter abends zum Tanz noch eine Ladung vorbei.«

»Ja, *wenn*.«

»Von Tanz war ohnehin keine Rede. Aber der Hauswart hängt eine Kinoleinwand am Scheunentor auf«, sagte Kleinwerth und reichte den Feldstecher weiter.

»Wie ich hörte, hat uns der Kollege Fröhlich einen Schulungs-
film aus London mitgebracht.«

Zwierer grinste: »*Liebesgrüße aus Moskau.*«

»Da sage noch mal einer, es wären keine Russen auf der Insel.«

»Das hast du doch gerade behauptet«, und so weiter und so fort.

●

Am nächsten Morgen um halb acht (die Küchenhilfen hatten
bereits das Frühstück angerichtet und sich die besten Sitzplät-
ze an der Aschenbahn gesichert) fanden sich die Offiziere zum
Frühsport ein. Lopitzsch gab trotz seiner Leibesfülle ein zügi-
ges Tempo vor. Parteisekretär Lederer saß mit einem Fotoapparat auf dem stählernen Kugelrücklauf der Kegelbahn. Er unterrichtete jeden, der in Hörweite kam, dass er sich am Vorabend
auf der Treppe den Fußknöchel verstaucht habe. Beim Rumpf-
beugen glaubte Zwierer, Oberst Reinecke am Fenster zu sehen –
doch als er sich abermals aufrichtete, war die aschfahle Gestalt
verschwunden und an ihrer Stelle schüttelte die alte Engelkens
ein Kopfkissen aus, drapierte es zum Auslüften auf dem Sims.
Nach dem Essen brachen sie zu einer Inselumrundung auf. Unweit der Badestelle fing Brankatsch mit bloßen Händen eine
Brandente, die sich zwischen den Hagebuttensträuchern versteckt hatte. Lopitzsch riet vom Verzehr ab, da es sich seiner
Ansicht nach um ein krankes Tier handelte. Nun einmal in
Fahrt, kehrte er heraus, dass er nicht grundlos als ornitholo-
gisch beschlagen galt. Bald deutete er auf diese Uferschwal-
be, bald auf jenen Kampfläufer und verkündete ihre Binomen
oder klärte seine Untergebenen über die Jugend-, Pracht- und
Schlichtkleider jedweder in Sichtweite kommenden Möwen-
art auf. Als Zwierer und Kleinwerth die Westspitze der Insel
erreichten, war die Wandergruppe bereits so weit zersprengt,

dass sie den schmerbäuchigen Stellvertreter nicht einmal mehr mit dem Feldstecher ausmachen konnten. Auf einer kleinen Anhöhe fanden sie das Fundament der Funkmessstation, die hier ursprünglich hatte betrieben werden sollen, um Republikflüchtige und Feindkräfte zu orten, dann aber, infolge einer Intervention der HVA-Führung, auf der Insel Poel errichtet worden war. So zumindest hatte es Brankatsch am Vorabend dargestellt, während sie, längst gesättigt, Würstchen übers Lagerfeuer gehalten hatten. Lederer und Lopitzsch konnten das weder bestätigen noch dementieren, da sie nach der Filmvorführung zu Bett gegangen waren. Sie träumten wahrscheinlich schon von Daniela Bianchi oder, wenn sie Pech hatten, von Lotte Lenya mit vergifteter Klinge in der Schuhspitze. Dippelt wiederum hatte sich mit der jüngeren Küchenhilfe auf den Bootssteg gelegt, um den Sternschnuppenschwarm zu beobachten, der über den Nachthimmel schießen sollte. Als die beiden kurz nach Mitternacht zum Feuer zurückgekehrt waren, hatte Zwierer seinen Kollegen zum ersten Mal ohne Toupet gesehen. Das gute Stück schien ihm abhandengekommen zu sein – auf der Wanderung trug Dippelt ein weißes Tuch auf seinem kahlen Kopf und war deshalb schon von Weitem zu sehen, als er sich der Westspitze näherte. Wenige Schritte hinter ihm liefen Lopitzsch und Brankatsch, die Nachhut der Gruppe. Zwierer plädierte für sofortigen Weitermarsch.

Auf dem Weg zurück zum Strand kamen sie an verwitterten, von Heidekraut umwucherten Betonbrocken vorüber.

»Ein Feuerleitbunker. Anno sechsundvierzig von der Roten Armee gesprengt«, wusste Kleinwerth und kam ins Schwadronieren: Sein Vater Otmar habe ihn von Kindesbeinen an mit den materiellen und mathematischen Elementen des Luftkriegs vertraut gemacht. Otmar Kleinwerth, ein brillanter Student mit Brillengläsern so dick wie Bierflaschenböden, sei Anfang der

Vierzigerjahre an der Musterungskommission vorbeigewinkt worden. Um ihn sofort zur Sonderabteilung für Maschinelles Berichtwesen zu überstellen. Beim Versuch, mittels statistischer Methoden die sichersten Zonen in der Nähe von Flakstellungen zu ermitteln, liefen dort die Tabelliermaschinen heiß. Die Aufgabe seines Vaters habe darin bestanden, die von der Luftschutzpolizei übermittelten Datensätze, also die Koordinaten der Bombeneinschläge und abgestürzten Flugzeuge, auf Hollerith-Lochkarten zu übertragen. Die damalige Rechentechnik sei schon recht präzise gewesen, doch als die Radien der halbwegs sicheren Zonen in den meisten Großstädten der nord- und mitteldeutschen Reichsgaue gen Stecknadelgröße schrumpften, habe der Leiter der Sonderabteilung von einer weiteren Verfeinerung der Berechnung abgesehen und Otmar Kleinwerth zum Volkssturm geschickt.

An dieser Stelle unterbrach Zwierer seinen Begleiter und deutete auf das im Sand liegende Haarbüschel: »Na, wenn das mal nicht Jürgens Fifi ist.«

•

Zwierer aß Heilbutt, Dillkartoffeln und gedünsteten Kohlrabi. Seine Quarkspeise überließ er dem stellvertretenden Abteilungsleiter. Oberst Reinecke war im Bett geblieben. Gleichwohl befinde er sich auf dem Wege der Besserung, erklärte Lopitzsch: Es sei nun nicht mehr nötig, die Treppe auf Zehenspitzen hinaufzugehen. Der Arzt habe zudem versichert, dass keine Ansteckungsgefahr bestehe. Schweigen im Saal. Die ältere Garde verabschiedete sich nach einem Verdauungsgläschen, nur Brankatsch und Senkel hielten keine Mittagsruhe, kegelten in der prallen Sonne. Zwierer setzte sich ab: Gerade noch da, schon war er fort, tauchte wieder auf, an einem anderen Ort.

Er döste eine Weile am Rand des Warenzer Wäldchens, bis der Wind drehte und ihm faulige Gase ins Gesicht blies, über deren Ursprung er lieber nicht nachdenken wollte. Er schlenderte zum Ferienheim zurück. Dort wurden bereits die Kaffeekannen und Kuchenteller bestückt und die Gardinen zugezogen, damit Lopitzsch die Einsatzbesprechung pünktlich einläuten konnte. Der Stellvertreter verkündete, dass Oberst Reinecke leider nicht werde teilnehmen können:»Gemäß der Tagesordnung erteile ich das Wort als Erstes dem Genossen Parteisekretär.«

Lederer referierte über die volltransistorierte Datenverarbeitungsanlage R-300, über ELREMA, NÖSPL und CoCom, über antagonistische Widersprüche, objektive Hindernisse und vorübergehende Maßnahmen. Bereits heiser wies er darauf hin, dass die Volkswirtschaft der Deutschen Demokratischen Republik, dank des vom Politbüro beschlossenen Sofortprogramms, im Bereich der maschinellen Datenverarbeitung alsbald an die Weltspitze aufrücken werde. Er spreche vom Anfang der Achtzigerjahre. Spätestens dann werde alle Welt erkennen, welch ungeheures Potenzial die planwirtschaftliche Produktion zu entfesseln vermöge. Unter umfassendem Einsatz von Rechentechnik würden die Volkswirtschaften der sozialistischen Staaten ihre Schlagkraft noch einmal deutlich steigern und so den kapitalistischen Westen abhängen. Denn nur unter den Bedingungen vergesellschafteter Produktionsmittel könnten die neuesten Formen der Planung und Steuerung bis zu den Wurzeln durchdringen. In den Händen der fortschrittlichen Arbeiterklasse werde die EDV maßgeblich zur Vollendung der marxistisch-leninistischen Umwälzung beitragen.

Zwierer, der nur noch das Weiße von Lederers rechtem Auge sah, fürchtete, der Parteisekretär stünde kurz vor einem epileptischen Anfall:»Wer, wenn nicht wir, wird das Potenzial der maschinellen Datenverarbeitung in allen Bereichen vollständig ausschöpfen können? Wir erkennen also: Die wissenschaftlich-technische Revolution verbindet sich organisch mit den Vorzügen des Sozialismus«, und so weiter und so fort. Nachdem Lederer die Offiziere fünfundfünfzig Minuten lang daran erinnert hatte, was er bereits am Vortag erschöpfend ausgeführt hatte, begann Lopitzsch, den neuen Kampfauftrag der Arbeitsgruppe A XIV zu erläutern: »Wie einige bereits aus früheren Einsätzen wissen, ist es uns gelungen, Kundschafter im IBM-Konzern zu platzieren. Über diese Kanäle konnten wir in beträchtlichem Umfang interne Entwicklungsunterlagen abschöpfen. Insbesondere aus Filialen in der sogenannten BRD. Unser Hauptaugenmerk liegt dabei auf der Multiprogramm-Stapelverarbeitungsmaschine S dreihundertsechzig ...«

Zwierer übte einen Taschenspielertrick, ließ Kuchenstück um Kuchenstück verschwinden. Dippelt fingerte in einem fort an seiner frisch gewaschenen Perücke herum. Brankatsch und Kleinwerth klebten mit ihren Blicken an Lopitzschs Lippen: »Wie Sie ja wissen, lässt sich die Funktionsweise hochkomplexer Technologieprodukte nicht allein durch Auseinanderschrauben und neuerliches Zusammenfügen verstehen. Unsere Entwicklungsingenieure erbringen in der Disziplin des Nacherfindens bereits heute Leistungen auf Weltniveau. Vereinzelte Komplikationen in einigen wenigen Bereichen machen nichtsdestotrotz einen neuerlichen Großeinsatz unserer Arbeitsgruppe notwendig. Es gilt, mehrere Maschinen zur Produktion neuartiger Schaltkomponenten nach Karl-Marx-Stadt zu überführen. Selbstredend unterliegen allesamt CoCom-Sperren. Ich werde Ihnen nun die Zielobjekte vorstellen. Genosse Riemenschneider, wenn Sie bitte den Diaprojektor einschalten würden ...«

•

Die Terrasse und der Weg hinunter zum Bootssteg waren mit Lampions geschmückt. Der Ausflugskutter, der am Abend anlegte, brachte zwölf tanzwillige Abgesandte des FDJ-Kreisverbandes und einen hochprozentigen Gruß der SED-Bezirksleitung nach Warenz. Die Sicherheitsoffiziere bildeten eine Kette, um das Löschen der frischen Alkoholvorräte zu beschleunigen. Brankatsch und Senkel fanden unter den jungen Frauen ebenbürtige Kegelschwestern, spielten bald im gemischten Doppel. Dippelt hatte keine Augen mehr für die Küchenhilfe, eskortierte eine FDJ-Sekretärin von der Terrasse, wobei er ihr vollmundig Laurentiustränen versprach. Die Musikbox lief im Dauerbetrieb. Zwierer bedauerte, dass er am Nachmittag zu viele Kuchenstücke verschwinden lassen hatte – er fühlte sich nicht in Topform. Nach dem dritten Schnaps spielte er mit dem Gedanken, Lederer zur spontanen Heilung seiner Fußverstauchung zu gratulieren. Letzten Endes beließ er es jedoch dabei, ihm die Tanzpartnerin auszuspannen.

•

Von Kopfschmerzen geplagt stocherte Zwierer im Sauerkraut herum. Oberst Reinecke war auch dem letzten Mittagessen auf Warenz ferngeblieben, würde aber, wenn man Lopitzsch in diesem Punkt noch Glauben schenken wollte, bis zur Abreise wieder auf dem Damm sein. Dumpfes Schweigen im Speisesaal. Nach einem Konterbier verzogen sich alle auf ihre Zimmer, selbst Brankatsch und Senkel mieden die Sonne. Zwierer war schon beinahe eingeschlafen, als Lopitzsch eintrat und ihm mit gesenkter Stimme befahl, dem für den Nachmittag angesetzten Angelausflug fernzubleiben: »Sie haben ganz eindeutig Fieber.

Melden Sie sich fünf vor drei im Krankenzimmer«, raunte Lopitzsch. Die Parole, mit der er sich verabschiedete, stellte klar,
dass es sich um einen geheimen Sonderauftrag handelte. Zwierer nickte, zog seinen Wecker auf.

Anstelle des Heimarztes erwartete ihn die jüngere Küchenhilfe im Krankenzimmer. Sie legte den Zeigefinger an die Lippen.
Nachdem sie sich als hauptamtliche Mitarbeiterin der AG Sicherheit ausgewiesen hatte, bedeutete sie Zwierer Platz zu nehmen. Noch immer schmunzelnd betätigte sie den Rufknopf des
Kleinlastenaufzugs, mit dem sonst vermutlich Verbandszeug
und Medikamente heraufbefördert wurden. Als das Betriebs-
lämpchen erlosch, öffnete sie die Schachttür: Auf der Förderplatte stand ein Feldtelefon, das allem Anschein nach aus den
ehemaligen Beständen des Kaiserlichen Heeres stammte. Das
Kabel verschwand durch ein Loch in der Förderplatte, verlief
demnach im Aufzugsschacht nach unten. Die konspirative Küchenhilfe legte noch einmal den Zeigefinger an die Lippen, ehe
sie Zwierer den Hörer reichte und die gepolsterte Tür hinter
sich zuzog.

»Hier Merlin«, meldete sich Oberst Reinecke. Seine Stimme
klang derart verrauscht, dass Zwierer nicht hätte sagen können,
ob das Feldtelefon mit einem Zimmer des Ferienheims oder mit
der Zentrale in Berlin-Lichtenberg verbunden war. Aus dem
Hintergrund drangen Fetzen von Schlagermusik – wenn ihn
nicht alles täuschte, war wieder einmal Capri passé.

»Hören Sie?«

Zur Bestätigung klopfte Zwierer seine Kennung als Morsecode
gegen die Sprechmuschel. Daraufhin weihte ihn der Oberst in
die Hintergründe des Auftrages ein: Vor wenigen Tagen habe
ein inoffizieller Mitarbeiter, der sich zu Weiterbildungszwe-
cken an einer ausländischen Nervenheilanstalt befinde, Rapport erstattet. Bezüglich eines EDVA-Fachmannes, der dort

momentan behandelt werde. Vor seinem nervösen Zusammenbruch sei es diesem Fachmann allem Anschein nach gelungen, einen neuen Typ universeller Rechenautomaten zu konstruieren. Ohne Zutun oder Wissen der staatlichen Stellen. Obwohl es sich bei dem Zielobjekt um einen Prototypen Marke Eigenbau handele, bestehe Grund zur Annahme, dass der Automat arbeitsfähig sei. Und nicht nur das. Die Anwendungsmöglichkeiten des Automaten dürften weit über das hinausgehen, was sein romantisch veranlagter Schöpfer beabsichtigte. Er, also Merlin, könne an dieser Stelle jedoch nur so viel verraten: Die Überführung des Zielobjekts sei nicht allein auf die Erfüllung herangereifter volkswirtschaftlicher Erfordernisse gerichtet. Dies sei Neuland. Zwierer verstehe zweifellos, dass es sich um eine äußerst heikle Mission handele. Die Führung habe hart mit sich gerungen, eine konspirative Beschaffung aus einem Bruderstaat anzuordnen. Was, das verstehe sich von selbst, ein Einzelfall bleiben werde. Die Zeit dränge, da die Entlassung des Tüftlers bevorstehe. Als virtuosester Mitarbeiter der Arbeitsgruppe, der sich darüber hinaus im Zielland auskenne, sei die Wahl auf ihn gefallen: »Laut unserer Quelle lagert der Prototyp mitsamt Programmkarten im Keller eines Mietshauses. Unbewacht. Bildbestätigung liegt vor. Sie müssen mit bis zu sieben Tonnen Nettogewicht rechnen. Das operative Vorgehen vor Ort steht Ihnen frei. Sie werden einen Briefumschlag in Ihrem Depot finden. Auf dem roten Code-Streifen ist verzeichnet, unter welcher Anschrift Sie das Zielobjekt finden. Wo es bis Ende des Jahres stehen soll, wissen Sie ja. Gutes Gelingen, Genosse.«
Zur Bestätigung klopfte Zwierer abermals gegen die Sprechmuschel, legte auf. Gerade noch da, schon war er fort ...

Ga-ga-garin

»Ga, Ga-ga—«

Knapp anderthalb Stunden hatte sein Rundflug gedauert, auf immer unvergesslich! So stand es in den Zeitungen, wenn auch die Druckerschwärze in den vergangenen Wochen ein wenig ausgeblichen und an den Seitenrändern sichtlich abgegriffen war. Das Titelbild der *Noticias de Hoy*, das Aldonza Fuentes als Vorlage für ein überlebensgroßes Abbild des Fliegermajors diente, hing jedoch im sicheren Halbschatten der Plakatwerkstatt. Auf einer Palette, die sie kürzlich aus einem lädierten Kistendeckel gesägt hatte und neben deren Daumenloch sich noch die aufgedruckten Lettern XPLOSI entziffern ließen, verwirbelte sie Farbkleckse zu einem lebensechten Lippenrot.

»Er soll ja kaum mehr als anderthalb Meter messen.« ...

»Beinah ein Kind noch«, drang es hinter den Leinwandgerüsten ihrer Kolleginnen hervor. Unsinn! An einen solchen Mann muss schlichtweg ein anderes Maß angelegt werden, dachte Aldonza. Im Radio surrten die Elektronenröhren: Die gesamte Republik erwarte voll Vorfreude die Ankunft des Helden aus der Sowjetunion, ließ Präsident Dorticós die gesamte Republik wissen. Ja, das traf es schon besser. Aldonza gab dem Plakat den letzten Schliff, sang leise vor sich hin, während sie den Lippenbogen des Fliegermajors ausmalte: »Ga-ga-rin.«

Sein Name kreiste schon seit Tagen auf einer elliptischen Umlaufbahn um ihr Zwischenhirn und regte ungebremst

den Ausstoß von Neurotransmittern an, was fast unweigerlich Kurzschlüsse zur Folge haben musste. Mit fiebrig glänzenden Augen mischte sich Aldonza am Nachmittag unter
die Wartenden an der Avenida Rancho Boyeros. Ein hefti-
ger Regenschauer durchweichte ihr Kleid, überflutete den
Asphalt.

•

Auch hier in Havanna: Menschenmengen. Glücklicherweise war die gesamte Strecke vom Flughafen bis in die Innen-
stadt von Milizionären und Polizisten gesäumt. Ungeachtet
des Wassers, das ihnen die Waden umspülte und aus den
Radkästen entgegenspritzte, standen die Sicherheitskräfte
in engmaschig geschlossener Kette. Innerhalb des Kordons
wurde die Staatskarosse von einer Motorradeskorte flankiert. Diesen zusätzlichen Freiraum wusste Sergei besonders zu schätzen – sein Blickfeld war übersichtlicher als in
London, wo sich der Wagen buchstäblich durch die Massen
hatte pflügen müssen.
Im Rückspiegel hatte der Dewjatki gute Sicht auf sein Schutz-
subjekt: Juri Alexejewitsch Gagarin grinste und grüßte unab-
lässig, obwohl auch ihm der Tropenregen ins Gesicht schlug
und vom Mützenschirm in den Schritt und in die Schuhe
tropfte. Ja, er tat gerade so, als gehöre der lauwarme Regen
zu den Ehrenbezeugungen, die ein Staatsgast in dieser Ka-
ribikrepublik erwarten durfte. Dorticós und Castro, die den
Kosmonauten wie einen kleinen weißen Prinzen in ihre Mitte genommen hatten, schienen die Rundfahrt ebenfalls zu
genießen: Auch ihnen hallte aberfaches »Viva« von den Fassaden wider.
Capitán Bolaño, mit dem Sergei sich den Beifahrersitz des

Cabrios teilte, gab sich betont gelassen. Doch in jeder Kurve, bei jedem Kontakt ihrer Knie oder ihrer Schultern übertrug sich seine Anspannung wie eine elektrische Ladung. Gewiss, in einem Szenario wie diesem lässt sich Sicherheit lediglich suggerieren. Auf die Schnelle, im Vorbeifahren könnten sie ein gefährdendes Element nur schwer aus der Menschenmenge herausfiltern – aus all den Blumenwerfern, Plakatträgern und Fotografen auf den Balkonen, auf den Kaimauern, auf den Ladeflächen von Lastwagen und Fuhrwerken; aus all den Alten mit Stöcken und Schirmen, all den Grazien, die bereitwillig ihre Frisuren ruinierten, oder aus dem Pulk ungestümer Burschen, die dem Konvoi im Laufschritt folgten, Straßenzug um Straßenzug. Offene Rechnungen und noch nicht verschossene Patronen gab es hierzulande zur Genüge. Sobald der Regen nur einen Moment lang nachließ, floss auch an Sergeis Schläfen der Schweiß unverdünnt herab. Doch als Juri Alexejewitsch ihm von hinten auf die Schulter tippte und auf ein riesiges Raketenmodell aus lackiertem Pappmaché deutete, rückte dies seine Perspektive augenblicklich zurecht: Wer auf über hundert Tonnen Treibstoff in den Himmel gefeuert worden war, würde sogar auf einem Korso durch die Hölle grinsen.

»Die wird der lauwarmen Dusche nicht mehr lange standhalten«, rief Juri Alexejewitsch. Ohne eine Übersetzung abzuwarten, nickten seine Seitenstützen stolz.

•

»—über alle Maßen glücklich, dass mein Traum, das heldenhafte Kuba zu besuchen, endlich wahr geworden ist«, hörte sie den Dolmetscher jene Worte wiedergeben, die sie bereits aus dem Radio kannte. Auch Gagarins russischen Originalsatz hätte Aldonza mittlerweile aufsagen können, hatte der Major doch in der vergangenen halben Stunde siebzehn Würdenträger über seine Hochstimmung informiert.

Der förmliche Teil des Empfanges war längst vorbei, das kunstvoll arrangierte Buffet zerpflückt. Die im Festsaal verteilten Gäste strebten in unberechenbaren Gezeiten auseinander ... und anderorts aufeinander zu, gruppierten sich unter Gelächter und Gläserklirren zu Paaren, Kreisen und Trauben, die alsbald wieder auseinanderdrifteten und sich neu formierten, wobei allesamt darauf bedacht waren, ihre Umlaufbahn zu optimieren. Gagarin, das Gravitationszentrum dieser Bewegungen, blieb die meiste Zeit vor Aldonzas Blicken verborgen, so eng wurde er von den Botschaftern, Parteikadern, Comandantes sowie seinen sowjetischen Begleitern umringt. Dennoch war es ein Leichtes für sie, seinen Standort auszumachen, glühte doch Castros Zigarre als beständiges Leuchtfeuer an der Seite des Fliegermajors.

»—Kolumb, verstehe. Wir nennen ihn Cristóbal Colón«, sagte Dorticós gerade, als der kanadische Attaché zu Aldonza zurückkehrte und ihr einen Sektkelch reichte. Während sie tranken, hallte das Auflachen der sowjetischen Delegierten herüber und Aldonza hörte den Dolmetscher ins Kubanische übertragen: »—das klingt, als hätten wir zum Erdmittelpunkt vorstoßen wollen und wären dabei nur versehentlich im Orbit gelandet—«

Den Rest verstand sie nicht, da ihr der Kanadier nunmehr unterbreitete, dass er ihren Schwager am Buffet getroffen und sofort bemerkt habe, dass Capitán Bolaño sich erst kürzlich eine Kugel eingefangen habe. Er kenne diesen Blick zur Genüge, da er als junger Mann im Rheinland gekämpft und bis zum Ende des Krieges im Lazarett gelegen habe. Aldonza entschuldigte sich alsbald und entfernte sich in

Richtung Toilette. Vom Foyer aus gelangte sie in den benachbarten Tanzsaal. Dort spielte das Orchester einem einzelnen Paar auf: *Sobald ich alle Tränen gezählt habe, werden wir uns wiedersehen*, tönte es Aldonza hinterher, als sie durch den Seiteneingang in den Festsaal zurückkehrte. Sie nahm ein leeres Glas vom Buffet und schlängelte sich zielsicher auf eine neue Umlaufbahn unweit des Leuchtfeuers, über dem ein Deckenventilator mühsam Rauchschwaden verwirbelte. Endlich konnte sie den Dolmetscher wieder aus dem Stimmengewirr filtern: »—zur Venus, das wäre wirkliche Raumfahrt.«

»—ja, manche Männer bezahlen, und anderen würde das im Leben nicht einfallen«, drang es heiser hinter der Säule hervor. Links von ihr fragte ein grauhaariger Gesandter: »—aber weshalb sollte Mexiko kein eigenes Raumschiff bauen?«, während rechter Hand Comandante Acuña erklärte: »—wie gesagt, da gab es gar keine Krokodile.«

Im Fahrwasser der Servicebrigade, die sich mit gekühltem Nachschub durch die Menge schlängelte, drang Aldonza weiter ins Zentrum vor.

»—aber nein, das erledigen riesige Elektronengehirne«, hörte sie den Dolmetscher übersetzen.

Sich einen weiteren Schritt nähernd, trat sie versehentlich einem der Gäste gegen die Ferse. Der Getroffene schnellte herum – lockerte seine Abwehrhaltung aber augenblicklich und verlegte sich auf ein vages Lächeln: »Wir hatten noch nicht das Vergnügen«, konstatierte er in akzentfreiem Spanisch.

•

Sergei öffnete die Tür einen Spaltbreit und spähte ins Schlafzimmer. Gagarin lag in stabiler Seitenlage auf dem Fußende des Doppelbettes. Er schien sich nicht bewegt zu haben, seit die umsichtigen Dewjatki seine Beine auf die Matratze gehoben und ihm das Kopfkissen als Keil an den Rücken geschoben hatten. In dieser Schlafstarre erinnerte er Sergei an Puschkins *Leblose Prinzessin*, wobei das vom Baldachin herabhängende Moskitonetz nicht so viel hermachte wie ein kristallener Sargdeckel. Golgenko, der auf einem Schemel neben dem Schlafenden saß und im Statusbericht der Hauptverwaltung blätterte, gab in diesem Tableau den wachenden Recken. Er bedachte Sergei allerdings mit einem unritterlichen Grinsen, welches sogleich in ein Gähnen überging.

Die junge Kubanerin, die Sergei auf Socken bis zur Tür gefolgt war, streckte sich hinter ihm empor. Doch selbst auf Zehenspitzen gelang es ihr nicht, über seine Schulter hinweg einen Blick auf den schlafenden Kosmonauten zu erhaschen – obwohl doch Sergei Vardanowitsch auf dem Empfang nur einen Fingerbreit größer als Gagarin gewirkt hatte, mithin einige Zentimeter kleiner, als sie hätte sein müssen.

»Es wird leider noch einen Moment dauern, bis er Sie empfangen kann«, flüsterte Sergei, nachdem er die Tür behutsam geschlossen hatte.

»Wollte er wirklich, dass ich hier warte?«

»Unbedingt. Nehmen Sie doch bitte wieder Platz.«

Sergei zog die Flasche unter seinem Sessel hervor und befüllte abermals die Tassen, ehe er weiter von Moskau und Madrid erzählte und, in Anbahnung eines weiteren Trinkspruchs, nach der Berliner Ruinenwüste auch die Kasachische Steppe und den Feuerschweif der Wostok-Rakete heraufbeschwor. Wenig später stand er auf dem Stuhl, den Aldonza ihm auf den Sofatisch gestellt hatte. Doch so sehr er sich auch reckte, er konnte keinen der zur Decke aufgestiegenen Ballons erreichen, und einen Sprung wollte er weder sich noch dem Möbel zumuten.

Deshalb schwor Sergei nun beim Leben seiner Mutter, und, da dies bei der Kubanerin augenscheinlich keine Wirkung zeigte, überdies beim Leben Gagarins, dass Kosmonautenanwärter wirklich und wahrhaftig aus Luftballons trinken lernen. Bei den sowjetischen Raumfahrtenthusiasten sei diese Übung derzeit so beliebt, dass es landesweit Lieferengpässe gebe. Mit Stolichnaya gefüllte Ballons seien unter dem Namen *Scharik* bekannt geworden und die mit Krimsekt gefüllten als *Kosmonautenträne*.

»Haben Sie ihn denn jemals weinen sehen?«, fragte Aldonza und deutete mit dem Kopf zur Schlafzimmertür.

»Wie soll ein Russe nicht weinen?«, raunte Sergei. »*Wer das Salz nicht aus der Seele spült, endet mit verkrusteter Seele*, schrieb schon Teterewkin!«, und nach einem Blick hinab zu Aldonza ergänzte er: »Juri Alexejewitsch habe ich bis dato nur Freudentränen weinen gesehen – das versteht sich von selbst.«

Da sich die Telefonschnur als zu kurz erwies, stieg Sergei alsbald von seinem Möbelturm herab, um abermals Appetithappen aufs Zimmer zu bestellen. Die gefüllten Kartoffelbällchen, Mitternachtssandwiches, Chicharrones und Chichachirritas lenkte er auf seine Seite des Sofatischs, die Coquitos und geschnittenen Früchte auf die der Kubanerin. Diese schien noch völlig nüchtern, allein ihre Augen glänzten nach seinem vierten Trinkspruch stärker als zuvor. Schon bei der bloßen Erwähnung von Gagarins Namen gewann ihre äußere Augenhaut auf unerklärliche Weise an Reflexionskraft – dieses ophthalmische Phänomen hatte Sergei in den letzten Wochen wiederholt registriert, bei finnischen Frauen und kanadischen Kindern ebenso wie bei Stoßarbeitern und Soldaten, ja sogar bei den Genossen Chruschtschow und Castro. Die Dewjatki nannten es *Kosmosnautenfieber* und stuften es bislang als unbedenklich ein. Das Irritierende bei Aldonza war jedoch, dass sie sogar die Kräfte des

Alkohols in dieses Glänzen umzulenken vermochte, weshalb geistige Getränke sie nur schwach zu beeinflussen schienen. Es sollten tatsächlich noch weitere zweihundertfünfzig Gramm nötig sein, bis die Kubanerin endlich ins Metaphysische abdriftete: »—aber woher ... also, wie willst du wissen, dass du noch derselbe bist, wenn du aus einem Traum erwachst?«

»Wenn ich es nicht wäre, würde sich doch sofort die Frage stellen, was in eben diesem Moment derjenige macht, der sich am Abend zuvor in mein Bett gelegt hat«, erwiderte Sergei. »Woraus, wenn ich es mir recht überlege, ein heikles Problem für unser aller Sicherheit erwachsen könnte.«

»Genosse Bogosian«, leierte sich Aldonzas Stimme empor, um ihren Vorwurf aus dieser Höhe mit Schwung loszuwerden: »Ich habe den Verdacht, dass Sie mich vorsätzlich falsch verstehen.«

»Niemals würde ich—«, setzte Sergei an, doch dann legte er die zum Schwur gehobenen Finger auf die Lippen und deutete auf die Schlafzimmertür: »Pssst!«

Mit der linken Hand angelte er indessen eine weitere Flasche unter dem Sessel hervor. Beim Füllen der Tassen erwies er sich auch dieses Mal als Meister der Kunst, unmerklich unterschiedliche Mengen einzuschenken – wohingegen seine Trinksprüche schon deutlich an Esprit verloren hatten: »Trinken wir auf das Verständnis, ja, auf das gegenseitige Verstehen, das ein unverbrüchliches Band zwischen unseren ruhmreichen revolutionären Völkern bilden möge, und auf die unaufhörlich wachsende Erkenntnis ... ganz gleich, ob sie aus den Tiefen des Kosmos oder den Untiefen der Träume gewonnen wird. Trinken wir also unmissverständlich und unverzüglich!«

Als Golgenko kurz vor Morgengrauen seine Wachschicht beendete und den Schemel für Sergei frei machte, marschierte dieser schnurstracks in Gagarins Schlafzimmer. Bevor er die Tür hinter sich schloss, deutete er auf die im Sessel schlummernde

Aldonza: »Vielleicht sollte jemand die Señorita hinausgeleiten, bevor General Kamanin hereinschneit—«

••

Havanna, 1962

Heftige Hammerschläge hallten durch die Eingangshalle der sowjetischen Botschaft. Die durchs Oberlicht streuenden Sonnenstrahlen brachten die Staubschicht zum Vorschein, die sowohl auf dem Pfortentresen als auch auf den Epauletten des Wachhabenden lag.

»Mein Name ist Aldonza ... Lorenzo Fuentes. Ich—«, stieß sie in den Schlagintervallen hervor, »... ich habe einen Termin ... bei Botschafter Kudrja—«

»Herr Botschafter Kudrjawzew ist—«

Was er war, erfuhr Aldonza nicht. Der Wachhabende gab sich keine Mühe, weiter gegen den Baulärm anzusprechen, und bedeutete ihr zu warten, wenn es denn unbedingt sein müsse.

Da sämtliche Möbel mit Tüchern verhüllt waren, trat sie nur ein paar Schritte zur Seite und stützte sich rücklings auf eine große Kabeltrommel. In Begleitung ihres Schwagers hätte sie gewiss nicht derart herumstehen müssen. Der aber hatte ihr bereits vor elf Wochen ausrichten lassen, sie wisse, was zu tun sei. Aldonza hatte sich nichtsdestotrotz gegen die Ausschabung entschieden. Und stand nun allein, auch hier allein, bemüht, sich ihren Unmut nicht anmerken zu lassen. Schließlich öffneten die Torwächter einem stämmigen Mann. Im Vorübergehen raunte dieser dem Wachhabenden etwas zu und deutete mit einer Kopfbewegung zu Aldonza herüber, ehe er in einem zugehängten Seitengang verschwand. Der Sergeant stellte seinen Schemel vor Aldon-za ab und versicherte ihr, sie werde in wenigen Minuten von Genosse Viraladse empfangen.

Unvermittelt erstarb aller Lärm. Ein aschfahler Beamter raffte den Staubschutz des Seitengangs beiseite und geleitete Aldonza ins Büro des stämmigen Attachés. Dieser saß am Schreibtisch und blätterte, nachdem er ihr wortlos einen Stuhl zugewiesen hatte, weiter in seinen Unterlagen.

»Bedaure sehr, Señorita Lorenzo«, sagte er schließlich. »Laut allen mir vorliegenden Informationen war besagter Sergei Vardanowitsch Bogosian weder Mitglied der Raumfahrtdelegation, noch ist er in einem sowjetischen Meldeverzeichnis registriert.«

»Und was heißt das?«

»Das heißt, dass er aus administrativer Sicht ein Phantom ist.«

»Ja, und das Bild?«

»Hat uns auch nicht weitergeholfen«, erwiderte Viraladse und zog das Portrait aus der Mappe hervor. Aldonza hatte es eigenhändig gezeichnet. Da Sergei auf keinem der Zeitungsfotos zu erkennen war (meist verdeckte irgendeine Schulter oder Schirmmütze oder ein Fahnenzipfel sein Gesicht, und auf allen anderen Fotos stand er im Schatten oder ragte aus dem Bildausschnitt), hatte Aldonza ihn aus dem Gedächtnis wiedergeben müssen.

»Dennoch möchte ich anmerken: Sie haben Talent! Diese Zeichnung ist ein kleines Kunstwerk! Allerdings hat keiner der Befragten den Abgebildeten jemals gesehen. Nicht im Hotel, nicht am Martí-Denkmal, nirgendwo. Wir haben sogar mit Capitán Bolaño gesprochen. Der Ehemann ihrer Schwester, wenn ich recht informiert bin. Kurzum: Unsere Nachforschungen sind damit endgültig abgeschlossen. Und wie sich die Angelegenheit darstellt, gibt es wohl nichts, was wir sonst für Sie tun können.«

»Aber—«

»Hören Sie—« setzte Viraladse mit vollem Atem an, ließ den Rest des Satzes jedoch unausgesprochen. Sein Blick schweifte bedächtig hinauf zum Deckenventilator und von dort zurück auf seine Unterlagen, ehe er abermals ansetzte: »Angenommen, und ich möchte darauf hinweisen, dass dies rein hypothetisch gesprochen ist ... also angenommen, es hätte sich tatsächlich so zugetragen, wie Sie uns berichtet haben. Überlegen Sie sich das bloß einmal!«

Dies in allen Details zu durchdenken, blieb Aldonza erspart. Ihr Schwager hatte es ihr voriges Jahr bereits lautstark vorgerechnet: Es hieße, dass die Personenschützer der sowjetischen Delegation auf einem kubanischen Staatsempfang von einem Unbekannten infiltriert worden wären. Dies zöge unweigerlich Ermittlungen nach sich, wobei Aldonzas unbefugtes Eindringen in die Unterkunft eines Delegationsmitgliedes äußerst unangenehme Fragen aufwerfen würde; unter den gegebenen Umständen spräche vieles für eine konspirative Mittäterschaft. Weiterhin liefe es auf ein schwerwiegendes Versagen der zuständigen Sicherheitsorgane hinaus, auf kubanischer Seite namentlich auf Capitán Bolaños Versagen.

»—wenn man es recht bedenkt, können wir alle froh sein, dass es laut den mir vorliegenden Unterlagen nicht so gewesen sein kann«, schnaufte Viraladse und klappte die Mappe zu. »Nichtsdestotrotz: Einen derartigen Vorfall auch in Zukunft auszuschließen, ist meine Aufgabe. Und deshalb möchte ich Ihnen für Ihre Anregungen zur weiteren Verbesserung unserer Sicherheitsvorkehrungen danken. Auch im Namen des Botschafters. Ich hoffe doch sehr, dass wir uns mit einer kleinen Geste der sowjetisch-kubanischen Freundschaft erkenntlich zeigen können.«

.

Unter Sammlern gewann die sowjetisch-kubanische Freundschaft in jenen Jahren an Bedeutung. Für die sowjetische Medaille *Internationaler Leninpreis für die Festigung des Friedens zwischen den Völkern* wurde ein kubanischer Playa-Girón-Orden geboten. Auch die Tauschwerte von *I. Freundschaftsfestival der sowjetischen und kubanischen Jugend* (Bild) und *II. Internationale Spartakiade der jungen Programmierer* hielten sich lange Zeit die Waage.

Meschpoweff

Wosduchogorsk, 1962

»—jetzt biegen wir ab auf den Prospekt des fünfundzwanzigsten Oktober«, verkündete der Werkschauffeur. Vom Bahnhof an hatte er auf Sehenswürdigkeiten, auf Baugruben sowie auf bunt bepflanzte Blumenkübel hingewiesen. Und zu allem hatte er etwas Wissenswertes anzumerken gehabt. Sogar jetzt, da Dmitri zu lesen vorgab, schwadronierte der Chauffeur unverdrossen weiter: »—der heißt im Volksmund bloß *Startbahn*. Weil er so schnurgerade verläuft und am Ende nichts als Himmel zu sehen ist. Sehen Sie, Genosse Werksinspektor?«

Dmitri blickte vom Notizblock auf, nickte lau. Er hatte längst aufgehört zu zählen, in wie vielen Städten man ihm in den vergangenen Monaten das unausschlagbare Vergnügen einer Rundfahrt hatte angedeihen lassen. Anfänglich hatte er noch auf Eile gedrängt – und trotzdem jedes Mal, unter dem Vorwand einer weiträumigen Umleitung oder einer ausgeklügelten Abkürzung, das volle Programm geboten bekommen: Seit seinem Studium war er nicht mehr so umfassend auf den Stand der sowjetischen Stadtentwicklung gebracht worden. Dass die meisten dieser Rundfahrten von den Werksleitern angeordnet gewesen sein dürften, stand für Dmitri außer Frage, und die Fahrt durch Wosduchogorsk zählte gewiss nicht zu den Ausnahmen. Aber war es eine Verzögerungstaktik, gar eine Zermürbungsstrategie, oder doch eine gastfreundliche Geste? Er hütete sich, allzu lang darüber nachzudenken. Sich ablenken lassen dürfe nur, wer seinen Auftrag leichtfertig aus den Augen verlieren wolle, hatte ihn Komissow gewarnt: »Dem Anschein nach mögen ja alle an einem Strang ziehen. Wer aber seinen Hals in einer Schlinge verheddert hat, der wendet unweigerlich Kraft in die Gegenrichtungen auf ... um zu verhindern, dass die Schlinge sich weiter zuzieht«, was der Vorsitzende der Interministeriellen Sonderkommission mit zum Hals erhobenen Händen illustriert hatte. Nichtsdestotrotz hatte er dabei seinen sachlichen Tonfall beibehalten: »Unfähigkeit? Machenschaften? Höhere Gewalt? Wie einer in diese Schlinge gerutscht ist, spielt keine Rolle. Er wird uns die Arbeit mit allen ihm zur Verfügung stehenden Mitteln schwer machen.«

Ob Komissow immer nur sinnbildlich von Schlingen gesprochen hatte, wusste Dmitri auch nach seiner Anlernzeit nicht einzuschätzen. Wohl aber, dass der Wirklichkeitssinn des Vorsitzenden durch langjährige Feldforschung im Dienste von Gosplan bestens geeicht worden war. Bei zwölf gemeinsamen Betriebsbegehungen waren sie, wie von Komissow prognostiziert, an ein halbes Dutzend Betriebsleiter gekommen, die intensiver an Ablenkungsmanövern als an der Arbeitsplanung gefeilt hatten.

»—indem wir künftig die Begehungen untereinander aufteilen, hoffe ich, derlei Winkelzüge zu neutralisieren«, hatte ihm Komissow noch auf dem Rückflug unterbreitet. Und tatsächlich kamen nun immer wieder Betriebsleiter aus dem Konzept, wenn anstelle des hüftsteifen Experten dessen Adlatus, Dmitri Frolowitsch Sowakow, auftauchte und schwungvoll über die vorsorglich drapierten Bauabsperrungen kletterte oder nach hochprozentigen Aufgüssen in der betriebseigenen Banja zielstrebig zurück in die Produktionshallen marschierte. Komissows Kalkül ging also auf. Der sonst so nüchterne Vorsitzende frohlockte, da auch der Effizienz-Quotient der Kommission deutlich angestiegen war. Dmitris Stellung durfte mithin als gefestigt gelten. Dass er bei dieser Gelegenheit zum ersten Mal

vom Effizienz-Quotienten hörte, war nicht sein Versäumnis –
schließlich handelte es sich um keinen offiziell erhobenen
Wert. Der Vorsitzende nutzte den Quotienten als ein internes
Mittel der Selbstbewertung. Von der Herleitung der Formel bis
zur Berechnung war dies ein Steckenpferd Komissows:

Bezugspunkt ist die Zeit, die bei einem Vorhaben (P_x) produktiv genutzt werden konnte. Dabei muss die Summe aller Zeitsplitter (t_Σ) als einsamer Dividend herhalten. Diesem hängt die verschwendete Zeit (t_v) als bleierner Divisor an. Und als genüge die Last der Schattengefechte und Stockungen nicht, beschweren ihn weitere Faktoren: Die Seitenzahl (s) aller zugehörigen Akten beispielsweise geht logarithmiert in die Rechnung ein. Unter einer Quadratwurzel zusammengedrängt stehen sämtliche Funktionäre (a), die konsultiert werden mussten, um das fragliche Vorhaben zum Abschluss zu bringen. Scheiterte es, wird der gesamte Divisor zu guter Letzt ins Kubik erhoben.

Komissow jonglierte schon lang genug mit den ökonomischen
Kennziffern aller Sowjetrepubliken, dass er seinen Quotienten
mühelos im Kopf errechnen konnte. Dmitri musste lediglich
Rohdaten liefern. Etwa zwei Drittel der Fahrt durch Wosduchogorsk würden sich nachteilig auf den Quotienten auswirken,
so viel war bereits abzusehen. Noch immer sparte der Werkschauffeur nicht an Atem: »—das kann man sich zwar kaum
mehr vorstellen, aber rechter Hand war früher ein Wald. In
den hat mein Vater die Schweine zur Eichelmast getrieben. Und
dort links ging's damals zu den Kirschhainen.«
Dmitri nickte mittlerweile bereitwilliger, da sie endlich das Zentrum verlassen hatten. Der Wolga schnurrte in die vom Lenin-Denkmal gewiesene Richtung. Auf beiden Straßenseiten ragten

Turmkräne, Zementsilos und Abraumhügel auf, wurden Muldenkipper befüllt und Sattelauflieger entladen, stützten sich rauchende Arbeiter auf Schaufelstiele. Überall dort, wo Baustellenfahrzeuge auf den Prospekt eingebogen waren, lagen Schlamm und Steine auf dem Asphalt. Obwohl der Fußraum des Wolga mit dickem Teppich ausgelegt war, spürte Dmitri, wie Brocken um Brocken gegen den Unterboden geschleudert wurde. Und der Chauffeur, der gerade noch auf die beiden Solitäre am Ende der Straßenflucht hingewiesen hatte, verlegte sich auf Flüche, die sich an Dreckskerle richteten, deren Mütter doch besser hätten Fliegenpilze oder Fingerhut fressen sollen: »—ich hab den Schlitten gestern erst auf der Rampe gescheuert«, schob er weinerlich nach.

»Bald wird das Erdreich durchgefrieren«, beschwichtigte Dmitri, worauf der Chauffeur sofort einging: »Ein bitterkalter Winter wird's werden, so dicht wie das Fell von meinem Druschok wächst.«

Statt am vermeintlichen Ende der Startbahn in den Himmel aufzusteigen, ging der Wolga tief in die Federn, was sich auf dem Rücksitz wie ein Luftloch anfühlte. Und kaum rollte der Wagen wieder ruhig, bremste der Chauffeur kräftig, um von der nunmehr abschüssigen Piste schadlos in die Werkseinfahrt abbiegen zu können. Dmitri war hellwach, als sie kurz vor der Schranke zum Stehen kamen.

Am Zaun befestigte Blechbuchstaben informierten über die Zugehörigkeit der Fabrik zum Strömungsmaschinenkombinat *Krschischanowski*. Zwischen den Produktionshallen führte eine schmale Allee auf das Verwaltungsgebäude zu; einst mochte dort ein Herrenhaus gestanden haben, mochten die Hainbuchen regelmäßig gescheitelt worden sein. Vor der rechten Baumreihe stand, wohl ohne Bedacht, die Tafel der Besten: Allem Anschein nach waren die Konterfeis der verdienstvollen

Werktätigen einem beständigen Bombardement aus den Baumkronen ausgesetzt. Eine weitgehend saubere Schautafel über dem Eingang des Verwaltungsgebäudes zeigte den Stand eines kombinatsinternen Wettstreits an. Aus dem Diagramm ging allerdings nicht hervor, welche Werte zum Vergleich standen, da ausgerechnet die Beschriftung der Ordinate viel zu klein geraten war. Mit deutlichem Vorsprung führte derzeit die lettische Axialventilatorenfabrik – was Dmitri, der dort erst kürzlich zur Betriebsbegehung gewesen war, stutzen ließ, lief doch die Produktion der VAVeF aufgrund von Lieferengpässen schon wochenlang auf Sparflamme. Das weit abgeschlagene Retschyzaner Rotationsverdichterwerk legte seit Quartalsbeginn eine beeindruckende Aufholjagd hin. Für das moldauische Querstromventilatorenwerk lagen offensichtlich noch gar keine Quoten vor. Oder sollte es sich womöglich um einen Wettstreit handeln, bei dem es galt, den niedrigsten Wert innerhalb des weitverzweigten Kombinats zu erreichen? Dmitri verwarf dies als unwahrscheinlich, denn der siegversprechende Zielwert, der für die Wosduchogorsker Radialventilatorenfabrik bereits mit dünner Hilfslinie vorgezeichnet war, forderte den Graphen zu einem steilen Anstieg heraus.

Eine junge Frau trat aus dem Verwaltungsgebäude. Dmitri, der gerade seine Brille putzen wollte, stockte.

»Ah, da kommt Walja Remowna«, raunte der Werkschauffeur, »bei ihrem Anblick glaubt man sich ins Arbeiterparadies befördert, nicht wahr?«

Nein, diesmal nickte Dmitri nicht, denn vom Paradies konnte keineswegs die Rede sein. Er fühlte sich vielmehr in einen Moskauer Volksgerichtssaal zurückversetzt – derart frappant ähnelte diese Walentina Remowna seiner geschiedenen Frau Faina Andrejewna. Lediglich das kleine Aeroflot-Schiffchen fehlte auf ihrem Scheitel.

»Direktor Tjanutkin lässt sich entschuldigen. Er steckt noch in einer wichtigen Besprechung fest. Sie werden also vorerst mit meiner Gesellschaft vorliebnehmen müssen.«

»Solang Sie mir sämtliche Produktionszusammenhänge erläutern können, soll mir das recht sein«, erwiderte Dmitri betont neutral. Sein Blick schien ihm allerdings als skeptisch ausgelegt zu werden: »Entschuldigen Sie, wie unhöflich von mir – Muschnikowa ... Walentina Remowna. Leiterin der Abteilung Neuerung und Rationalisierung«, sagte Walentina Remowna und reckte ihm die Hand entgegen. Später würde Dmitri scherzen, ihre erste Berührung hätte beinahe zum Anstieg der Unfallstatistik geführt. Es sei ihm noch immer ein Rätsel, wie solch grazile Finger derart hohen Druck aufbringen könnten.

Auf dem Weg zur Warenschleuse wand Walentina Remowna ihre Haare zu einem Dutt auf. Sie führte Dmitri durch Gassen aus übermannshohen Regalen, vorbei an Lagerarbeitern, die Bleche auf niedrige Schubwägen wuchteten, Schraubenmuttern in Eimern einwogen. Über ihnen glitt ein Brückenkran hinweg, verschwand mit einer Ladung Rundstahl in der Nachbarhalle. Metallenes Quietschen schlug ihnen entgegen. In der Luft hing ein säuerlicher Geruch, den Dmitri als verdampftes Kühlschmiermittel erkannte. Sonnenstrahlen verstärkten das Neonlicht in der Maschinenabteilung IV, streuten von den Glasbausteinen über die mattblauen Maschinen. Zerspanungsarbeiter fixierten Rundstahlstücke, arretieren Werkzeugschlitten, kontrollierten den Zufluss der Schleifmilch und warfen Rohling um Rohling in die Kisten, die neben den Maschinen aufgestapelt waren. Dmitri machte sich im Gehen Notizen. Der Werkabteilungsleiter begrüßte ihn pflichtschuldig, ehe er Walentina Remowna beiseitebat, um ihr einen Gegenvorschlag zum Verbesserungsvorschlag seines Stellvertreters zu unterbreiten. Kaum waren die beiden ein paar Schritte hinter Dmitri zurückgefallen, kam ein Maschinist auf ihn zu und gab sich als jemand zu erkennen, dem die Radialventilatorenfabrik sehr am Herzen liege: »Was allerdings die Gerüchte über unsere Brigade angeht – da ist kein einziges wahres Wort dran!«

Dmitri blickte ihn fragend an. Der Maschinist deutete dies als Aufforderung, seinen Beitrag zur Beilegung der tatsächlichen Missstände zu leisten: »Also, das haben sie jetzt nicht von mir – aber wegen der Sache mit den Gewindelagern sollten Sie in Halle II nachhaken«, wisperte er und verschwand dabei in den Dampfschwaden, die von einer Schleifmaschine träge zum Abzug trieben.

Von Lagerleiter Nogow hatte Dmitri gelernt, alle am Wegesrand liegenden Brosamen zu sammeln; die eine oder andere würde sich später als nützlich erweisen. Auch Komissow hielt es mittlerweile für zweckdienlich, derlei diskreten Hinweisen »mit aller gebotenen Vorsicht« zu folgen.

In einer schummrigen Ecke von Halle II hieß es, das kleine Problem mit der Passung der Laufradlager sei längst behoben: »Das hat Ihnen doch bestimmt die Trifonowa gesteckt. Dieses Aas. Fragen Sie die mal, wie sie es mit der Feinjustierung der Tiefziehpressen hält, ja, Trifonowa, Nina Walerjewna. Oben will ja keiner auf mich hören.«

Dmitri zog einen Kringel auf seinem Notizblock und blickte sich um, wo Walentina Remowna schon wieder abgeblieben war. Der ehemalige Brigadeleiter legte dies als Aufforderung aus, einen weiteren, ganz besonderen Beitrag zur Beilegung der eigentlichen Missstände zu leisten: »Ach, und was die leidige Sache mit der Bergziege angeht – da sollten Sie vielleicht mal bei der Buchhaltung anklopfen«, drang noch aus einem Schatten, dann war der Facharbeiter verschwunden.

Dmitri bog in den nächsten Seitengang. Seine Notizen vervollständigend kam er an eine stillstehende Umformmaschine.

Die Einrichterin, die an den Stellschrauben des Kompressions-
motors drehte, presste konzentriert ihre Lippen aufeinander.
Schließlich stieß sie ein »Na also« aus und wischte sich mit der
Rückhand den Schweiß von der Stirn, wobei sie einen Ölfleck
über den Brauen breitschmierte.

»Nina Walerjewna«, versuchte es Dmitri auf gut Glück.

»Wo brennt's denn nun schon wieder?«

Die Maschineneinrichterin blickte ihn von schräg unten an,
hörte aufmerksam zu. Dann erklärte sie mit wenigen Worten,
wie sie es mit der Feinjustierung hielt. Erfreut über ihren kon-
struktiven Beitrag erbat sich Dmitri weitere Auskünfte über die
Finessen und Tücken hier eingesetzter Maschinen und steno-
grafierte vorsorglich alles mit.

»Ninotschka«, rief Walentina Remowna, noch ein wenig außer
Atem, »in was für einer Aufmachung vertrittst du mich bei unserem Gast?«

Rasch rieb sie der Einrichterin die Schliere von der Stirn. Dmitri sah dies als einen passenden Moment, die beiden in die Kantine einzuladen.

»Kantine, Kantine. Ich muss zur nächsten Maschine. Sonst steht
hier bald alles still«, erwiderte die Einrichterin.

Walentina Remowna hingegen hielt es für eine gute Idee, sich
vor der Besichtigung der Montagehalle zu stärken: »Ich rufe
nur kurz in der Verwaltung an«, sagte sie und verschwand im
gläsernen Verschlag des Brigadiers. Während sie telefonierte,
wickelte sie eine lose Strähne um die Sprechmuschel, was Dmitri abermals an Faina erinnerte – doch diesmal stieß es ihm beileibe nicht mehr so unangenehm wie am Morgen auf.

»Direktor Tjanutkin ist noch immer unabkömmlich, wünscht
guten Appetit«, rapportierte Walentina Remowna und kam darüber auf einige Schwachstellen der Werkskantine zu sprechen,
auf Gerichte, die zu meiden sie Dmitri nachdrücklich riet. Er

war einen Augenblick lang von dem Muttermal auf ihrer Ohrmuschel abgelenkt, kam jedoch zeitig genug zu Sinnen, um galant die Tür aufzuhalten. Über dem Essen nahm ihr Gespräch an Fahrt auf. Dabei streiften sie

- × den nahenden Feiertag,
- × die globale Wetterlage,
- × die Notwendigkeit einer optimistischen Grundeinstellung,
- × einen kleinen Motor (der sich auf Nachfrage als eine vierjährige Halbwaise erwies, die Walentina Remownas Leben in Schwung hielt),
- × die anderthalb Zimmer, aus denen Mutter und Tochter Muschnikowa (aller Voraussicht nach) noch vor Neujahr in eine Neubauwohnung am Prospekt des 25. Oktober umziehen würden,
- × den Kirschlikör, für den einstmals ein Gut dieser Gegend berühmt gewesen war,
- × ein jüngst übersetztes Meisterwerk polnischer Wissenschaftsfantastik, das nicht gelesen zu haben Dmitri freimütig zugab,
- × und einen sowjetischen Spielfilm, der in Wosduchogorsk offenbar nie gelaufen war.

Zum Kompott hin kamen schließlich wieder Fachfragen auf: »Da haben Sie vollkommen recht, all diese Kürzel könnten durchaus Befehle einer Maschinensprache sein«, sagte Dmitri und schluckte noch einen Bissen hinunter, ehe er das Akronym auflöste: »Es steht für Interministerielle Sonderkommission zur Steigerung der Effektivität.«
»Parteisekretär Adynatajew hatte Sie als Revisor des Gosplan angekündigt.«
»Nun, die Meschpoweff gehört zum Institut für Perspektivpla-

nung, und das ist seit Kurzem dem Staatswirtschaftsrat angegliedert, mithin Gosplan. Bloß Revisor ...«

»—sind Sie nicht, das dachte ich mir schon. Von denen hat sich bislang noch keiner für die Maschinensteuerung interessiert«, entgegnete Walentina Remowna schmunzelnd. »Ist das womöglich *interministeriell*?«

Er beließ es bei einem vielsagenden Blick, den sie jedoch als ein Anzeichen von Übelkeit auslegte: »Sagen Sie ja nicht, ich hätte Sie nicht vor der Hirnsuppe gewarnt.«

Kurzum, die beiden verstanden sich prächtig. Auf dem Weg zur Montagehalle fragte sich Dmitri allerdings, ob (und wenn ja: wie) diese ausführliche Pause in den Datensatz für Komissows Quotienten einfließen sollte. Beflissen beschleunigte er seinen Schritt, um bis zum Schichtende noch alle Stationen der Endverarbeitung zu besichtigen. Als sie schließlich den Warenausgang erreichten, trat ein elegant gekleideter Mann auf sie zu, der die Spitze seines Schlipses in die Brusttasche geschoben hatte. Nachdem Walentina Remowna ihn als stellvertretenden Direktor vorgestellt hatte, brummelte dieser: »Ich danke Ihnen, Genossin, an dieser Stelle übernehme ich.«

Noch kürzer angebunden gab sich der Stellvertreter auf dem Weg ins Verwaltungsgebäude. Er schien ganz und gar davon absorbiert, seinen Schlips wieder glatt zu streichen. Aus der Buchhaltung drang das Klacken eines einsamen Abakusses. Im Treppenhaus kamen ihnen Frauen mit vollen Einkaufsnetzen entgegen, wünschten einen schönen Feierabend. Vom Aufstieg ins Obergeschoss keuchend, blieb der Stellvertreter vor einer gepolsterten Doppeltür stehen und bedeutete Dmitri einzutreten. Die Luft im Besprechungsraum war rauchgesättigt, die Stühle am Tischkarree standen verlassen. Schon zum zweiten Mal an diesem Tag fühlte Dmitri sich in einen Moskauer Volksgerichtssaal zurückversetzt – diesmal angesichts der würdevollen Wandtäfelung. Auf dem breiten Sofa unter den Gemälden von Lenin und Krschischanowski saß, tief in die Polsterung eingesunken, eine Troika grauhäutiger Männer.

»Genosse Sowakow, habe die Ehre vorzustellen«, leierte der Stellvertreter herunter, »unser Direktor, Genosse Tjanutkin, Träger des Kutusow-Ordens. Hier unser unermüdlicher Parteisekretär Adynatajew. Und—«, schon fiel ihm der noch ungenannte Dritte ins Wort: »Verstehe ich das recht, Genosse Sowakow, Ihre Vorschläge gehen sowohl an die Fachministerien als auch an den Generalstab?«

Dmitri zögerte, denn gewöhnlich war es der Parteisekretär, der umgehend daranging, die Machtverhältnisse und die Zugehörigkeit der bislang wenig bekannten Sonderkommission zu erkunden.

»Was denn, was denn, Genosse, warum so wortkarg? In Ihrem Anschreiben war nirgendwo von Geheimhaltung die Rede«, sekundierte Adynatajew denn auch: »Eher wird noch der Palast der Sowjets erbaut, als dass Moskau sich in die Karte schauen ließe, was? Aber ganz im Vertrauen—«

Forderndes Klopfen brachte ihn zum Verstummen. Der Stellvertreter beeilte sich, eine in die Täfelung eingelassene Seitentür zu öffnen. Herein wallte eine feinumrüschte Fünfzigjährige und stellte ein Tablett auf dem Tischkarree ab. Mit der stillen Würde einer Exzellenz nickte sie Dmitri zu, ehe sie sich zum Direktor hinabbeugte, sein Ohr mit der Hand abschirmte. Dmitri nahm sich eine der dampfenden Teetassen vom Tablett und trat zur Fensterfront. Hier zeigte sich, dass das einstige Herrenhaus doch nicht der Fabrik hatte weichen müssen, sondern in seinem Schatten überdauerte. Allerdings stand es so dicht hinter dem Verwaltungsgebäude, dass es wie ein heruntergekommener Anbau oder eine überdimensionierte Hundehütte wirkte. Die Blechplatten, mit denen das Holzschindeldach an mehreren Stellen ausgebessert worden war, erkannte Dmitri als den Zuschnitt wieder, mit dem in Halle II die Stanzen bestückt wurden. Neben dem abgestützten Altan verrottete ein ausgeschlachteter amerikanischer Lastwagen, und ringsum wucherten Faulbeerbäume, trieb Laub in Pfützen. Jenseits des Fabrikgeländes stieg ein ausgewaschener Hang an. Über dessen Abbruchkante hinweg sah Dmitri zwei mächtige Schlote, die zu der Strahlturbinenfabrik gehören mochten, die er am kommenden Tag besichtigen würde. Als er sich umwandte, war die Sekretärin bereits verschwunden und der Direktor blickte ihn herausfordernd an: »Ich will ganz offen mit Ihnen sprechen, Genosse Sowakow. Wir haben heute morgen mit Lettland, mit unseren Kollegen von der VAVeF telefoniert. Glauben Sie, wir wüssten nicht, was hinter der Einführung Ihrer mathematischen Maschinen steckt? Erst heißt es, die Produktion steigern, aber tatsächlich—«

»Nun, tatsächlich sollte es Ihnen gelingen, unter Einsatz elektronischer Rechenmaschinen die Produktionskapazität des Betriebes weiter zu erhöhen«, hielt Dmitri dagegen. »Mit ihnen werden Sie die Durchlassfähigkeit der Engpassgruppen erweitern, den Materialfluss optimieren, die Auslastung verbessern. Das setzt natürlich eine wohlüberlegte Anpassung der Arbeitsabläufe voraus. Bereits im ersten Jahr sollte eine Leistungssteigerung von zwei bis drei Prozent möglich sein!«

Der Direktor schnellte vom Sofa hoch, schwankte einen Schritt auf Dmitri zu: »Und deshalb wollen Sie uns diese kostspieligen Kisten anschleppen? Zwei Prozent? Unser Genosse Parteisekretär braucht bloß hinüber in die Werkhallen zu gehen und eine Rede vor den Arbeitern zu halten, dann steigt die Produktivität um mindestens vier Prozent. Das kostet nichts als Schweiß und Spucke, so wie wir bislang alle Herausforderungen gemeistert haben, und auch in Zukunft—«

Adynatajew sprang dem atemlosen Direktor bei: »Verstehen Sie das bitte nicht falsch. Die Wosduchogorsker Werktätigen verschließen sich keineswegs dem Fortschritt. Wir stehen geschlossen hinter den Beschlüssen des ZK. Gleichwohl zeigen unsere bisherigen Erfolge doch deutlich, dass wir uns bei der Optimierung der Betriebsabläufe auf die Ratschläge aus der Produktion verlassen können. Ganz nach Lenins Devise: Weniger Zahlen, dafür gescheitere!«

»Dabei leistet die Rationalisierungsabteilung hervorragende Arbeit«, stimmte der anonyme Dritte ein, »namentlich die Kollegin Muschnikowa. Davon konnten Sie sich doch gewiss überzeugen.«

Auf dieses Stichwort hin fühlte sich Dmitri zu nicken verpflichtet. Zugleich spürte er einen unangenehmen Nachdruck von Walentina Remownas Handschlag ... und war sich mit einem Mal nicht mehr sicher, wie er ihre Herzlichkeit deuten sollte.

Der stellvertretende Direktor, der seinen Schlips inzwischen gelockert hatte, nutzte das Momentum und brachte einen Zeitungsartikel aufs Tapet: »Darin wurde vom erfolgreichen Einsatz mathematischer Maschinen in der Viehwirtschaft berichtet.«

Dmitri ahnte, was nun folgen würde, schluckte ein Seufzen hinunter. Und tatsächlich: »Diese elektronischen Sowchose-Rechner steuern die Beschallung der Viehställe, spielen also je nach Tierart und Tageszeit eine andere Musik ab. Das führt zu einer deutlichen Steigerungen der Milch- und Legeleistung«, referierte der Stellvertreter, »Leider stand in dem Artikel nichts über die neuesten Forschungsergebnisse. Was meinen Sie, Genosse Sowakow, werden wir unsere Werktätigen künftig mit Sinfonien oder mit Volksliedern beschallen?«

Ob Maardu, Mingetschaur oder Minusinsk – fast überall schlugen ihnen seit Kurzem dieselben schiefen Argumente und Beispiele entgegen. Komissow sondierte bereits, ob sich womöglich ein Kardinal der Staatlichen Planungskommission unter der Hand abfällig über die Meschpoweff geäußert hatte oder wo sich anderweitig Verwerfungen anbahnen mochten. Auf Dmitri erweckte der Gegenwind den Anschein, als existiere insgeheim schon längst ein Allunionsnetzwerk, ein mächtiges elektronisches Datenaustauschsystem zwischen den Betrieben, das allerdings nur in Angelegenheiten wie dieser mit vollem Wirkungsgrad arbeitete.

»Nehmen Sie zum Beispiel die Sowjetschiffswerft Nummer Zweihundert«, hielt er beherzt dagegen. »Dort schneidet ein rechnergesteuerter Automat die Schiffshüllen aus Stahlplatten aus. In bislang unerreichter Geschwindigkeit und absolut unermüdlich. Überdies reduzierte sich der Verschnitt um—«

Ohne Vorwarnung öffnete sich die Seitentür, und die feinumrüschte Sekretärin reckte den Kopf durch den Spalt: »Anton Antonowitsch, ein dringendes Gespräch auf Ihrer Amtsleitung.«

»Eher pfeift ein Krebs vom Berggipfel, als dass man nur einmal—«, drang es noch aus dem Durchgang, dann hatte Adynatajew die Täfelung hinter sich zugezogen.

»Eine weitere Verringerung des Verschnittes also. Wunderbar!«, blies Direktor Tjanutkin mit einer Rauchwolke hervor. »Aber dafür brauchen wir doch keine Dauerleitung nach Moskau.«

»Bei der Studie der Sonderkommission geht es darum, konkrete Möglichkeiten für den dezentralen Einsatz von Rechenmaschinen zu erkunden«, wiegelte Dmitri ab und gab einen Einblick, was seine heutige Besichtigung ergeben hatte. Der Direktor schaute ihn daraufhin nur noch säuerlicher an: »Und wenn wir diese Kisten erst einmal angeschafft haben, dann kommt das dicke Ende nach.«

»Ohne Frage wäre es wünschenswert, in einem späteren Schritt sämtliche Rechner zu verbinden. Stellen Sie sich doch bloß einmal vor: sobald wir die konsumtiven sowie die produktiven Kennwerte aller Sowjetbürger zu jedem beliebigen Zeitpunkt ermitteln können, werden wir—«

»Bitte verschonen Sie uns einstweilen mit solch langfristigen Prognosen«, fiel ihm Adynatajew ins Wort. Mit ihm kehrte die Sekretärin ins Zimmer zurück. Sie steuerte wie eine Schlafwandlerin auf die gegenüberliegende Wand zu und öffnete einen in die Täfelung eingelassenen Schrank voller Flaschen und Gläser. Der Parteisekretär blickte indes aus abgrundtiefen Augenhöhlen reihum: »Kennedy droht mit einem Atomschlag.« Der Direktor zog verächtlich die Brauen hoch.

OOO CSM

Kiew, 2011

—der Apfel fällt nicht weit vom Stamm. Vierundsiebzig, als die beiden zur Welt kamen, da arbeitete ihr Vater bereits zwei Jahre bei uns im Ordschonikidse-Werk. Anfangs montierte Aljaksej Minsk-Rechner, später wurde er auf die Baureihe ES umgeschult und stieg als Schichtführer auf der Prämienliste ganz nach oben. Und ihre Mutter, Aljona Demjanowna, die war damals Technikerin am Rechenzentrum der Weißrussischen Akademie der Wissenschaften ...

—eine Kindergärtnerin hegte den Verdacht, die Sprachentwicklung der Zwillinge sei irgendwie, na ja, anormal. Weil sie sich in einer seltsam verstümmelten Sprache unterhielten. Die Logopädin, zu der sie deshalb mussten, soll völlig baff gewesen sein, dass Kinder neuerdings Computersprachen beherrschen, noch ehe sie eingeschult werden ...

—und an dem Videospielautomat im Ferienlager *Ordschonikidse*, da zockten tagein tagaus die älteren Jahrgänge. Wenn wir Jüngeren uns dazwischenmogelten, kriegten wir Ellenbogen oder Schlimmeres zwischen die Rippen. Also haben sich die Morschakins zu Hause ihr eigenes Videospielgerät gebaut. Was die technischen Bauteile anging, da konnten sie auf ihren Vater zählen, der saß ja direkt an der Quelle ...

—die Software wollen die zwei ganz alleine geschrieben haben. Als Viertklässler? Auch Adler fliegen nicht höher als die Sonne ...

—und auf dem Startbildschirm blinkte groß: *Stachanow zweitausend*! Oder war es neunzehnneunzig? Auf jeden Fall musste man dabei so schnell wie möglich eine Abwasserleitung durch ein Häuserlabyrinth verlegen, ohne irgendwo anzustoßen. Ganz gut gemacht, aber letzten Endes nichts weiter als ein Klon von *Snake* ...

—in den späten Achtzigerjahren, da zählten Palina und Sjarhej zu den aufsteigenden Sternen unseres Nachwuchskaders. Bei der Programmierspartakiade schoss Palina gleich hoch auf den zweiten Platz in der Einzelwertung. In dem Artikel in der *Pionerskaja Prawda*, da war dann allerdings der Name ihres Bruders abgedruckt, und auf dem Foto wird sie von einem Gratulanten mit Gladiolen verdeckt. Das gab vielleicht Tränen ...

—Sersch, der ist achtundachtzig auf dem undankbaren vierten Platz gelandet, hinter seiner Schwester. Trotzdem haben ihm etliche Apparatschiks auf die Schulter geklopft und ihm ein Studium der Technischen Mathematik ans Herz gelegt ...

—es ja wird gemunkelt, dass einer seiner Wettbewerbsbeiträge zur Verringerung der Reaktionszeit unserer Raketenabwehr beigetragen haben soll. Aber derlei Gerüchte gibt es inzwischen zuhauf. Viel heiße Luft, wenn Sie mich fragen. Außerdem sind die Interkontinentalraketen ein paar Jahre später ohnehin aus Belarus abgezogen worden ...

—und als dann alles auseinanderfiel, sind die Morschakins ohne lang zu zögern nach Amerika rübergemacht. Toronto oder so. Hat allerdings kein gutes Ende genommen, ihr großes Abenteuer: Die Alten sind bei Glatteis in eine Karambolage geraten ...

—angeblich haben die Zwillinge nicht nur die zwei Zinksärge nach Minsk überführt, sondern gleich noch einen Frachtcontainer voll gebrauchter PCs mitgebracht. Eins a angelegte Versicherungsdollars, was?

—davon weiß ich nichts. Aber ich kann mich noch erinnern, dass wir das Computerfachgeschäft im Frunsenski Rajon kurz nach der Beisetzung ihrer Eltern eröffnet haben. Ich war vom allerersten Tag an dabei …

—nur ein paar Wochen später kriegte Sersch dann seine Einberufung. Die wollten ihn sogar an irgendeinem Spezialinstitut der Streitkräfte haben, Offizierslaufbahn und alles. Aber er sagte, nein danke, und riss, wie es so schön heißt, einfach bloß die Wehrzeit ab …

—während die Chefin das Unternehmen ganz allein führte, ist sie mit CSM in weitere Stadtbezirke expandiert. Genau so muss man es machen! Erst ein paar kleine, brummende Läden, und von dieser Basis aus kannst du im Handumdrehen eine landesweite Kette aufbauen!

—inzwischen ging es ja längst nicht mehr nur um Hardware, sondern auch um Software aus eigener Produktion. Die zur Expansion nötige Kohle stammte angeblich aus einem Nebenzweig ihres Unternehmens, der nirgendwo in den Bilanzen auftaucht, wenn Sie verstehen, was ich meine …

—unterstellt wird so einiges! Meist nach dem Muster: während Palina immer ausgefeiltere Antivirenprogramme liefert, beglückt Sjarhej die Welt mit Computerviren, Würmern und Trojanern. Dergleichen kann man auch regelmäßig in den einschlägigen Foren lesen. Handfeste Beweise gibt es bis zum heutigen Tag keine. Fest steht allerdings, dass sie es innerhalb weniger Jahre zu beträchtlichem Wohlstand gebracht haben ...

—Neider nennen die CSM ja gerne CS SPAM. Dagegen gibt es kein wirksames Rechtsmittel, da die Eigentümer nun mal Sjarhej und Palina Aljaksejewna Morschakin heißen ...

Köder

Auf dem Zaun rings um das ehemalige Verlagsdepot ringelte sich seit einem halben Jahr verzinkter Stacheldraht. An den Laternenmasten hingen Kameras und Infrarotsensoren. Das Pförtnerhäuschen war rund um die Uhr mit Wachmännern besetzt: »—allesamt Veteranen des Afghanistankriegs. Denen möchten Sie nicht im Dunkeln begegnen«, raunte Sjarhej dem Schweizer zu.

Die Scheiben des Häuschens waren nikotingetrübt, die Sprechluke vergittert. Zwischen Feuerlöscher und Dienstplan hing ein Poster von Miss June 1993. Über ihrem Kopf steckte ein Kranz aus Steeldarts – doch Einstichlöcher in den Brüsten zeugten davon, dass ihr nicht jedermann diesen Nimbus gönnte. Links vom Wachhabenden stand eine Pyramide aus Kofferfernsehern, auf denen die Übertragungen der Überwachungskameras liefen: Zuoberst öffnete sich Tor 5, und der Kleintransporter des Schweizers fuhr in die Warenschleuse, während auf dem Bildschirm rechts darunter Herr Morschakin mit dem Schweizer und dessen Bodyguard zum Haupteingang lief. Die drei Männer verschwanden in der Lagerhalle und damit aus dem Bereich der Außenkameras. Das Rolltor fuhr herunter, und schon wirkte das Gelände wieder wie ausgestorben.

Die Morschakin-Zwillinge hatten das Depot bei einer Konkursversteigerung erworben. Anstatt die unverkäuflichen Verlagsbestände zu Makulatur verarbeiten zu lassen, hatten sie die Bücher für den Bau von Trockenmauern und Verblendungen innerhalb der Halle verwendet. Die Wände des Korridors, durch den Sjarhej den Schweizer führte, bestanden aus ledergebundenen Wälzern. Die goldenen Prägungen auf ihren Rücken glänzten im Neonlicht: »—samt und sonders kommunistische Klassiker.«

»Das Ende der Geschichte steckt wahrlich voller Überraschungen«, befand der Schweizer. Das Weißrussisch des Kuriers war nahezu akzentfrei – seine schweizerische Herkunft fadenscheinig. Sjarhej vermutete, dass es sich um einen Ukrainer oder Polen handelte, der, das war nicht auszuschließen, in die Schweiz ausgewandert sein mochte. Offenbar wollte er mit seinem Alias Zuverlässigkeit und Neutralität suggerieren. Und tatsächlich schworen seine früheren Auftraggeber darauf, dass man *dem Schweizer* hundertprozentig vertrauen könne. Auch seine jetzigen Klienten hatten ihm ansehnliche Werte zu treuen Händen übergeben, oder vielmehr: ans Handgelenk gekettet. An der Doppeltür des Hauptbüros ließ Sjarhej ihm den Vortritt: »Darf ich bekannt machen? Unsere Geschäftsführerin Palina Aljaksejewna.«

»Enchanté«, sagte der Schweizer. Er ließ den Blick zwischen den Morschakin-Zwillingen hin und her schweifen, nickte und streckte die freie Hand zur Seite. Sein Bodyguard reichte ihm ein Satellitentelefon. Der Kurier gab sich schweizerisch (mit am Gaumenzäpfchen angerauter Höflichkeit) und stellte die übermittelte Kombination am Zahlenschloss der Handkette ein. Palina nahm ihm den Aluminiumkoffer ab, deponierte ihn sogleich im Safe.

»Ich bin mächtig gespannt, was für eine Überraschung Sie uns da mitgebracht haben«, sagte Sjarhej und deutete auf den Monitor, auf dem in sechs Unterfenstern schwarz-weiße Überwachungsbilder ruckelten: »Wie es aussieht, wird das Entladen noch ein Weilchen dauern. Dürfen wir Sie in der Zwischenzeit ein wenig herumführen?«

»Ich bitte darum.«

Sie lotsten den Schweizer durch eine Seitentür in die mehr als dreitausend Quadratmeter große Haupthalle. Das Blau-Grau der Trennwand rührte von naturwissenschaftlichen Nachschlagewerken und Schulbüchern her und ergab, mit dem nötigen Abstand betrachtet, das Firmenlogo von Computer Services Morschakin. Der Eingangsbereich der Halle mutete wie eine Spielothek an. Dort standen dutzende Videospielautomaten – vom berühmten *Seekrieg* mit dem Periskop-Monitor bis zum *Polyplay* mit der unsinnigen Lichtorgel. Den Ehrenplatz auf einem kleinen Podest nahm der Automat ein, den die Zwillinge eigenhändig gebaut hatten, wie Palina sogleich noch einmal unterstrich. Das Gehäuse bestand aus granatapfelrot gestrichenen Spanplatten, in die eine winzige Farbfernsehröhre und fünf Tastschalter eingelassen waren. Große freundliche Lettern ruckelten über den Bildschirm und rieten: *Bloß keine Panik!*

An manchen Tagen behauptete Palina, eine Wandzeitung über die Erdgasstrasse *Sojus* habe sie auf die Idee zu diesem Spiel gebracht. Dem Schweizer wiederum malte sie aus, wie unterhaltsam es die Morschakins gefunden hatten, als eine Fernwärmeleitung durch ihr damaliges Wohngebiet verlegt worden sei: »Aus dem Blickwinkel des siebten Stocks wurde die Vogelperspektive, sonst hätte die Grafik sämtliche verfügbaren Ressourcen gefressen. Mit der mittleren Taste hier startet man das Spiel. Und über diese vier steuert man, in welche Richtung die Pipeline verlegt wird. Das Wohngebiet ist wie ein Labyrinth, durch das man hindurchmuss. Je länger die Pipeline, desto mehr Punkte bekommen Sie—«

»—das«, warf Sjarhej ein, »ist noch echter sozialistischer Wettbewerb!«

»Dabei sollte man sich niemals selbst den Weg blockieren oder

irgendwo anstoßen. Die gelben Quadrate, das sind Neubaublö-
cke. Kollidiert man mit so einem, bricht das vordere Drittel der
Pipeline ab. Und dieser kleine rote Pixelhaufen, das ist ein Bagger mit besoffenem Fahrer—«

»—den darf man auf keinen Fall einkesseln«, sagte Sjarhej,
»sonst fährt der die Pipeline zu Klump. Nur zu, trauen Sie sich
ruhig, wir sind hier nicht im Staatlichen Museum!«

Kaum hatte der Schweizer ein paarmal die Tasten gedrückt,
flammte eine grob gepixelte Explosion über den Bildschirm.

»Da sind Sie wohl gegen eine eingeschneite Trafostation gestoßen. Die hatten wir ganz vergessen«, lachte Palina und legte
dem Schweizer die Hand auf den Rücken: »Wollen wir weiter?«
Sie wollten.

Auf der restlichen Hallenfläche standen Mikrocomputer, Minirechner und Großrechenanlagen – die wohl größte private
Sammlung von Computern aus ehemaligen RGW-Staaten: »Die
links vom Gang wurden ungefähr zur selben Zeit produziert«,
erklärte Palina. »Der Minsk-Zweiunddreißig, der M-Zweihun-
dertzwanzig, der Ural-Elf und der Nairi-Zwo. Alle aus der zweiten Hälfte der Sechzigerjahre. Alle aus der UdSSR. Und dennoch
untereinander inkompatibel. Das klingt nicht nach Planwirtschaft, oder?«

»Jeder kochte sein eigenes Süppchen. Und das, obwohl doch die
Arbeitsweise der Trusts einer der Summanden sein sollte, die
sich mit der Sowjetmacht zum Sozialismus aufaddieren«, sagte Sjarhej. Palina spann auch diesen Faden unverzüglich fort:
»Beim Einheitlichen System haben sich die Entwickler immerhin so weit an Lenins Lehren gehalten, dass sie sich an amerikanischer Technik orientierten. Aber wirklich besser wurde es
damit auch nicht—«

»—im Gegenteil. Einiges wurde durch diesen Parforceritt
schlimmer. Beim ES-Eintausendundzwanzig korrodierten die

Wickelkontakte der Rückverdrahtung, und auf den Leiterplatten kam es bei Wärmeeinwirkung zu mikroskopischen Rissen. Mutter hat sich immer wieder beschwert, dass die neuen Mainframes öfter als die alten ausfielen; sie—«

»—hat sich allerdings nie über die Prämien beklagt, die Vater bekam, nachdem er fehlerhafte Komponenten eingebaut hatte. Bloß um die Planziele in Rekordzeit zu erreichen, versteht sich. Aber schlimmer als den Tausendzwanziger hatte es den Tausendfünfziger hier erwischt—«

»—der konnte anfangs gar nicht in Betrieb gehen. Die Ingenieure, die die amerikanischen Mikrochips klonten, wollten schneller vorankommen und haben deshalb alles weggelassen, was ihnen redundant erschien. Dass das ausgerechnet die Kontrollelemente waren, stellte sich erst heraus, als der Tausendfünfziger schon in Fertigung gegangen war—«

»—wen wundert's da, dass in der Lubjanka Rechner aus ostdeutscher Produktion standen. Solche wie dieser da, der ES-Eintausendundvierzig«, sagte Sjarhej und zeigte auf eine cyanblaue Rechenanlage. Der Schweizer nutzte diese Atempause, um einzuhaken: »Ich verstehe ehrlich gesagt immer weniger, warum Sie diese Computer sammeln. Alles, worüber Sie bislang gesprochen haben, waren Mängel.«

»Wir sind nur noch nicht bei unseren Glanzstücken angelangt«, erwiderte Palina verschmitzt, »beispielsweise der BESM-Sechs dort drüben, der hat in einer Minute ausgerechnet, wofür die NASA-Rechner eine Stunde brauchten. Oder der Elbrus-Zwo, ein Superskalarcomputer Baujahr Siebenundsiebzig, der seinen amerikanischen Verwandten um zehn Jahre voraus war. Leider haben wir von dem bislang bloß die Steuerkonsole, genauso wie von dem großartigen M-Zehn dort hinten. Und—«

»—das alles, Unzulänglichkeiten und Brillanz, summiert sich zu einer ganz eigenen Welt auf. Außerdem—«

»—steckt in vielen dieser Rechner ein Stück von unseren Eltern, denn—«

»—Programme sind ja potenziell unsterblich …«, sinnierte Sjarhej, doch das Surren des Gabelstaplers, der mit einer Transportkiste aus der Warenschleuse gefahren kam, brachte das Wechselspiel der Zwillinge zum Erliegen.

»Afä«, befand der Schweizer, was allerdings nur als Luftstoß aus seiner Nase drang, da er die Lippen wohlweislich geschlossen hielt. Und so folgten die drei dem Gabelstapler schweigend, wobei die Morschakins freudig strahlten, als sei es der Schlitten von Väterchen Frost, der ihnen in Schrittgeschwindigkeit voranfuhr. Die kleine Prozession kam im Werkstattflügel der Halle zum Halt. Der Staplerfahrer setzte die Kiste behutsam ab, stieg aus und wollte schon das Brecheisen ansetzen, doch Sjarhej nahm es ihm aus der Hand: »Lass nur, Ihar, ich mach das!« Wenig später hatten die Zwillinge einen kadettenblau lackierten Kubus aus der mit Holzwolle gepolsterten Kiste befreit: »Ist es das, was ich denke?«, fragte Palina.

»Ja, das ist sie«, erwiderte der Schweizer schmunzelnd.

»Wie haben sie die aufgetrieben? Nach so vielen Jahren«, fragte Sjarhej – doch statt den Schweizer zu Wort kommen zu lassen, gestand er ihm, dass er und Palina bereits befürchtet hatten, einem der zahlreichen Gerüchte aufgesessen zu sein, die seit der Sputnik-Ära über geheime sowjetische Projekte die Runde machten.

»Die müssen Legion gewesen sein, wenn man nur die Hälfte—«, setzte Palina an, doch da deutete Sjarhej bereits auf eine der Flügelmuttern, die das Blechgehäuse zusammenhielten: »Schau, Palinka, sind das nicht dieselben Muttern wie an unserem alten Kinderfahrrad?«

Palina schaute. Und erstarrte. Es sei dahingestellt, ob dabei ein Funke zwischen den beiden übersprang oder ob sie schlechtweg im selben Tempo dachten: »Aber wo sind die Programmkarten?«, stießen sie unisono hervor.

»Im Lieferwagen war bloß diese eine Kiste«, sagte Ihar.

»Ohne die dazugehörigen Lochkarten nützt er uns gar nichts«, bestürmte Sjarhej den Schweizer.

»Keine Angst, die sind in sicherer Verwahrung«, übermittelte dieser die Botschaft seiner Klienten und zog eine einzelne gelbe Lochkarte aus der Innentasche seines Jacketts: »Diese hier möchten Sie bitte als Anzahlung betrachten.«

»Als Anzahlung wofür?«

»Ihre Kunden wollen im Gegenzug eine weitere kleine Aufgabe erledigt wissen«, erklärte der Schweizer. »Zuallererst soll ich Ihnen jedoch versichern, dass man Ihre Arbeit stets bewundert hat. In diesem Fall wäre allerdings etwas weniger Destruktives angemessen. Man dachte an eine minimal-invasive Maßnahme, eine langfristige Geschäftsperspektive, sozusagen.«

»Und wenn wir es vorziehen abzulehnen?«

»Die GLM bliebe Ihnen selbstverständlich. Geschenk ist Geschenk, wie es so schön heißt.«

Enzyklopädisches

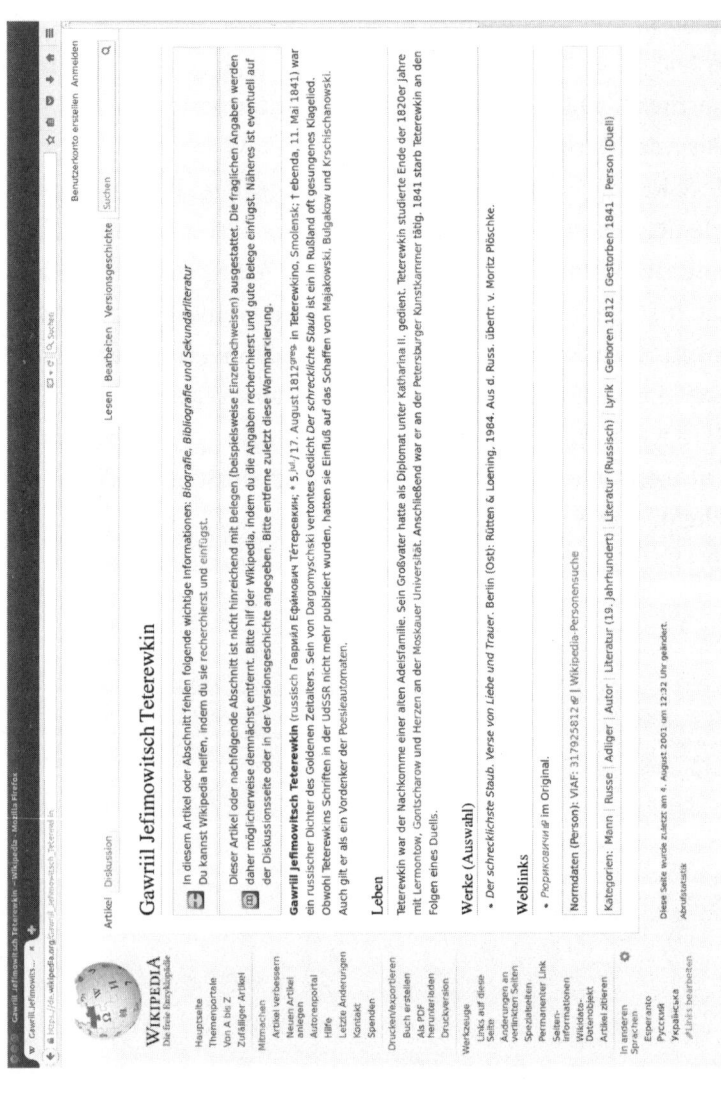

Dichtung und Wahrheit

Kamjanka, 1821–1823

Zuerst wollte Sorokin es nicht glauben. Doch sein Tischgenosse spottete tatsächlich über Tatjanas Augen, über ihren sanftmütigen Silberblick. Stracks schlug er dem widerlichen Schuft eine Serviette ins Gesicht: »Ich erwarte Sie eine Stunde nach Sonnenaufgang in der Kalten Schlucht!«

Puschkin kräuselte mitleidig die Brauen: »Obgleich Sie wie mein seliger Großvater heißen, wird mein Geschoss Ihren Herzbeutel in Stücke reißen.«

»Ah, la bonne blague«, erwiderte Sorokin. »Stehen Sie erst in Positur, perforiere ich Ihnen die Figur!«

Damit war ihr Treffen besiegelt, die leidigen Details würden die Kartellträger aushandeln. Sorokin drang auf schärfste Bedingungen, hatte er doch mit seinem Herz auch seinen Verstand an Tatjana verloren. In seiner Kreuzcousine sah er nicht bloß eine Muse und Seelenverwandte, sondern auch ein echtes Frauenzimmer, dessen Anblick ihm, mit den Worten seines Kutschers, immerfort die Peitsche hochschnellen ließ. Allein aus diesem Grund trug Sorokin solch breite Bauchbinden, die er zu allem Übel ungesund eng schnallte, weshalb er bisweilen ohnmächtig zu Boden sank oder gegen eine Kommode knallte – ein echter Dichter eben, befand das Gouvernement, und das Gouvernement irrte bekanntlich nie. Eine unvorsichtige Magd allerdings, die an Badetagen warmes Wasser in die Wanne des Dichters nachgoss, musste bald darauf das Sorokinsche Anwesen verlassen. Dank dieses Malheurs würde er immerhin nicht spurlos vom Antlitz der Erde verschwinden, sollte es zum Schlimmsten kommen. Sein kleinherziger Sekundant jedenfalls vertrat die Ansicht, Lew Alexandrytsch habe sich mit dem Falschen auf einen Händel eingelassen: Der junge Puschkin, der stets einen schweren Eisenstab mit sich führe, um in jeder langen Weile seine Zielhand zu trainieren, werde ihm säuberlich die Stirn durchlöchern.

Tatjana war sich in diesem Punkt nicht so sicher. Als Sorokin sie zum Abschied in sein ritterliches Unterfangen einweihte, brach das Mädchen in Tränen aus. Sorokin wollte es zuerst nicht glauben, doch Tatjana fürchtete tatsächlich um das Leben des schwarzlockigen Schuftes. Und ihre Augen, ach, nun sah er sie ganz anders an. Mit einem Mal fühlte Sorokin sich elend. Sowie der Morgen graute verließ er sein Anwesen – dachte noch dies und das. Auf dem Weg durch das kleine Wäldchen füllte er seine Mütze mit Blaubeeren, um am Rande der Schlucht ein letztes Mahl einzunehmen. Doch ebenda stand bereits sein Kontrahent und legte mit zitternder Hand auf Baumstämme an. Als der Schuft einen Ast brechen hörte, schreckte er herum und ließ den Eisenstab flugs in die Rocktasche gleiten. Sorokin gab sich zu erkennen und streckte seinem blassen Kontrahenten die randvoll gefüllte Mütze entgegen. Puschkin nahm dankend an. Die beiden einigten sich, dass die Beeren köstlich schmeckten. Kurz nach Ankunft der Sekundanten räumten sie die leidige Angelegenheit mit einem Handschlag aus. Puschkins Adjutant schoss, als er die Pistolen von den Kugeln befreite, ein Birkhuhn vom Himmel. Die für sich oder ihr Gegenüber aufgesparten Tränen vergossen die beiden Dichter nun über diesem toten Vogel. So gaben sie dem Wildbret das nötige Quäntchen Salz bei, ehe sie es brieten und verzehrten. Derart gestärkt, ehrten sie das köstlichste aller Birkhühner mit Versen, die sie auf dem Heimweg zu einem Sonett verflochten.

Unter dem Pseudonym Teterewkin erschien ihr erstes gemeinsames Gedicht im *Tscherkasker Almanach*. Tatjana heiratete im Jahr darauf Baron Kondratjuk, der ihre Figur im Handumdrehen ruinierte. Und Sorokin, nunmehr seiner straffen Bauchbinde ledig, fiel kaum noch einmal in Ohnmacht, weshalb er im Gouvernement fortan als gereifter Gutsherr galt.

System S

Zu guter Letzt hatte doch noch einmal die Vernunft gesiegt. Und mit der Vernunft der Frieden. Und mit dem Frieden die friedliebenden Völker der Sowjetunion – diese Gleichung ging noch immer auf. Kennedy hingegen hatte lediglich einen Igel aus seiner Unterhose schütteln können (was den unausweichlichen Zusammenbruch des imperialistischen Monopolkapitalismus nur geringfügig verzögern würde). Kurzum: Seit dem Ende der Kubakrise stieg das Interesse an langfristigen Investitionen wieder. Die Mitglieder der Meschpoweff begannen, die Erkenntnisse aus ihren Aberhunderten Betriebsbegehungen zu systematisierten. Bald galt es, Lösungsansätze zu erörtern und die Ergebnisse in Millionenbeträge und Mannstunden umzuformen. Komissow verlegte sich darauf, Vorschläge für vorläufige Abschlussberichte zu verfassen, um diese mit deren künftigen Empfängern zu diskutieren. Wiederholt war von den Mühen der Ebene die Rede. Nach wenigen Wochen erwog Komissow gar, den Effizienz-Quotienten der Kommission fortan von einer mathematischen Maschine berechnen zu lassen.

Dmitri traf ein leichteres Los: Er durfte abermals seinen Koffer packen. Für die große papierene Sache sei er ohnehin nicht geschaffen, meinte der Vorsitzende. Da Dmitri sich im Außeneinsatz bewährt hatte, delegierte ihn die Meschpoweff stattdessen, einer handvoll Betrieben bei der Vorbereitung von Pilotprojekten zur Seite zu stehen. Und so durchquerte Dmitri aufs Neue die Innenstädte von Cholodnopol, Tschistopol, Melitopol und Stawropol – diesmal jedoch auf kürzeren Wegen als im Vorjahr.

Es war beileibe nicht so, dass sämtliche Beteiligten vor Pionier-geist und russischem revolutionären Schwung gestrotzt hätten, doch bisweilen schien es Dmitri nun, als flaue der Gegenwind allmählich ab. Oder sollte dies allein dem Frühling zuzuschrei-ben sein, sinnierte er, vermied es jedoch, diese Frage im Tele-fonat mit Komissow aufzuwerfen. Der Vorsitzende deutete die ungewohnten Stockungen in ihrem Gespräch auf ganz eigene Weise. Er wies Dmitri an, sich nach getaner Arbeit eine Auszeit in den berühmten Mineralwasserbädern des Kaukasus zu gön-nen: »Wo Sie doch schon einmal in der Gegend sind. ... Was soll das heißen? ... Jetzt aber halblang, mein Bester. Wie wäre es denn mit Schelesnowodsk?«

Der kleine Ort lag am Hang einer dicht bewaldeten Bergfor-mation, deren Kuppen wie verstreute Verkehrskegel am Rand der Manytschniederung aufragten. Dank Komissows Kontakten kam er dort kurzfristig im Kämmerchen einer Kureinrichtung unter. An die Schelesnowodsker Heilwasserquellen wurden vorrangig Veteranen und Vetteln verwiesen, deren verkniffene Blicke auf chronische Gastritis und Gallengeschwüre schließen ließen. Die Badeeinrichtungen wiederum lockten auch Gäs-te, deren Leiden und Gelüste Dmitri nicht an Äußerlichkeiten abzulesen verstand. Er hielt sie, wie sich, für vollkommen ge-sunde Touristen. Noch vor dem Sonnenuntergang sah er sich allerdings gezwungen, für sich selbst eine dritte Kategorie ein-zuführen: Die hohen Dosen Natriumhydrogencarbonat, Radon und Sauerstoff, denen er beim Kuren ausgesetzt war, streckten ihn nieder. Er verschlief einen Tag und pausierte einen zweiten, ohne die Übergardinen aufzuziehen. In der folgenden Nacht fühlte er sich plötzlich hellwach. Schaltschemen und Aeroflot-Schiffchen spukten ihm im Kopf umher. Bald ging er den Flur auf und ab, bald stand er, Augen und Mund weit offen, am Fens-ter und hätte am liebsten die Milchstraße in sich gesogen. Bis zum Morgengrauen wuchs seine Unruhe weiter an: Von Heilwasser hatte er vorerst genug.

Um der Anziehungskraft seiner Arbeitsnotizen zu entkommen, ließ er die Kladden im Koffer zurück und fuhr mit dem Frühzug ins nahegelegene Pjatigorsk. Nach einem Imbiss in der Bahnhofskneipe besichtigte er Lermontows letztes Quartier – ein mit Stroh gedecktes Häuschen, von dem der Dichter zu seinem zweiten Duell aufgebrochen war. Eine Wärterin wies Dmitri den Weg zu der Lichtung, auf der Lermontow niedergestreckt worden war. Vor dem Museum stolperte Dmitri jedoch über eine Rabatte und verstauchte sich das Fußgelenk. Fluchend humpelte er zur nächstbesten Parkbank. Kaum hatte er die Brille abgenommen, um die unberechenbaren Gläser zu polieren, rückte ein heller Fleck in sein Gesichtsfeld.

»Dima?«

Ihm schlug eine herbsüße Vorwölbung der Luft entgegen ... ebenso vertraut wie diese Altstimme: »Dimotschka, mein Eulchen, du bist es tatsächlich«, gurrte Jewhenija Swetljatschenko. Etwas in Dmitri zog sich zusammen – wie in jener Winternacht vor ihrem Gartentor, als er von hinten an der Schulter gepackt worden war. Sein Blick musste ihm denn auch als beklommen ausgelegt werden: »Darf ich dich etwa nicht mehr mein Eulchen nennen?«

Ohne eine Antwort abzuwarten, küsste sie Dmitri. Wie, schoss es ihm durch den Kopf, wie bloß konnte sie sich in den zurückliegenden zehn Jahren so wenig verändert haben? Jewhenija sprudelte frei heraus, berichtete, dass die entbehrungsreichen Jahre in Schelesnodoroschny und Syktyvkar endlich ein abgeschlossenes Kapitel seien: Ihr Mann habe sich als Vertreter der autonomen Komi-Republik verdient gemacht und sei inzwischen dauerhaft in die Hauptstadt zurückberufen worden: »Unabkömmlich, der Ärmste, nicht einmal für eine kleine Erholungsreise hat er Zeit. Aber du weißt ja, ich finde mich auch gut allein zurecht. Und zu meinem großen Glück konnte ich mich in Moskau endlich beruflich weiterentwickeln.«

Dmitri warf ein, dass es ihn ebenfalls zurück nach Moskau verschlagen habe. Dort hause er seit seiner Scheidung fast wie zu Studienzeiten. Überhaupt habe er sich während all der Dienstreisen beinah in einen Hotelmenschen verwandelt. So gab ein Wort das andere, und Jewhenija wusste genau, was sich bei einem verstauchten Knöchel unternehmen ließ. Sie stützte Dmitri auf dem Weg, und eine halbe Stunde später lag er in ihrem Bett. Unter ihrem Kleid kam ein senfgurkengrüner Büstenhalter zum Vorschein, den sie geschickt über die Halterung der Wandlampe schleuderte. Bei aller Vorsicht mit seinem Knöchel hatte sie Dmitri im Handumdrehen ausgezogen. Kurz darauf verkündete sie im Tonfall eines Sportreporters: »—damit wäre die Aufwärmrunde auch schon vorüber.«

Nachdem Jewhenija sich das Sperma vom Hals gewischt hatte, zog sie einen Bastkoffer unter dem Bett hervor. Sie reichte Dmitri ein Gläschen Gänsepastete, geräucherten Käse und eine Flasche *Kindzmarauli*. Sonnenlicht fiel in schrägen Safranstreifen durch die Stores zum Bett herüber. An der gegenüberliegenden Wand hing ein gerahmter Kunstdruck: in Blüte stehende Eschenwipfel vor den Gipfeln des Beschtau. Dmitri löffelte gedankenversunken Gänsepastete: »Warum nur endeten alle unsere großen Dichter mit einer Kugel im Leib?«

Jewhenija warf ihm einen unterkühlten Blick zu: »Von welchen Dichtern sprichst du bitte?«

»Von Puschkin und Lermontow natürlich, außerdem noch Teterewkin. Warum endeten gerade ihre Werke mit bleiernen Schlusspunkten?«

»Ach so, mein Eulchen. Ich dachte, du meinst unsere zeitgenössischen Autoren.«

»Außer Majakowski wüsste ich da keinen mit Hang zu Hand-feuerwaffen«, erwiderte Dmitri und sann weiter darüber nach, warum sich gerade die Dichter der goldenen Epoche so oft in Duelle gestürzt haben mochten: »Ob sie insgeheim ihre Vorrei-terrolle nicht ertragen konnten? An der russischen Krankheit litten—«

»—die Gegend hier scheint dir ja mächtig aufs Gemüt zu schla-gen. Anstatt die Toten zu beweinen, solltest du dein Mäulchen mit Wein ausspülen, und tun, was du … ja genau!«

Dmitri tat, was er ihrer Meinung nach am besten konnte. Bei einem Gleichstand wollte es Jewhenija freilich nicht bewenden lassen. Sie umklammerte seinen Kopf mit den Oberschenkeln, wand sich wie eine Ringerin im Bodenkampf und schulterte Dmitri. Schon saß sie auf seinem Glied und gab die weitere Gangart vor. Als sie wieder neben ihm lag, zeigte sie sich an-derweitig fordernd: »Jetzt erzähl doch mal!«

Dmitri skizzierte die Routen seiner letztjährigen Fahrten und Flüge auf Jewhenijas Rücken: Von Moskau, dem großen Mutter-mal zwischen den Schulterblättern, strich er an ihrer Wirbel-säule entlang, massierte die Muskeln um Magnitogorsk. Nach Abstechern zu all den Moskowski Rajonen an ihren Flanken fuhren seine Finger weiter hinab zum Steiß und verirrten sich, als er von Magadan berichtete, daumentief nach Matua. Dann umkreiste er Minusinsk mit der Nasenspitze und küßte eine Linie von Molotabad nach Murmansk. Um Jewhenijas Neugier zu stillen, streute er allerlei Lokalkolorit aus dem Repertoire der Werkschauffeure ein. Und da er inzwischen in Urlaubslau-ne war, erwähnte er die Betriebsbesichtigungen nur beiläufig, fuhr mit der Zunge von Minsk zur linken Schulterhöhe, nach Mykolajiw und Melitopol.

»Meschpoweff«, säuselte Jewhenija. »Ich dachte immer, du wärst Planungsarchitekt.«

»War ich ja auch. In Schelesnodoroschny bin ich damals als frisch gebackener Spezialist angekommen«, erklärte Dmitri. Später, in einem anderen, südlicher gelegenen Schelesnodoroschny habe er in einer Baracke gehaust, deren Wände mit ausgedienten Schaltplänen tapeziert gewesen seien: »—um den Wüstenstaub abzuhalten. Das funktionierte mehr schlecht als recht. Aber mir hat es täglich vor Augen geführt, wie eng Schaltbilder und Stadtpläne miteinander verwandt sind«, erklärte Dmitri. Nein, nicht etwa, weil die Schaltzeichen von Relaiskontakten und Schwingquarzen schematisierten Klappbrücken und Parkanlagen ähnelten. Die Verwandtschaft beruhe vielmehr auf der Strenge, mit der sich die einzelnen Elemente bedingen und beeinflussen. Städte umzugestalten und Schaltkreise zu optimieren, laufe für ihn in vielerlei Hinsicht auf dasselbe hinaus. Die Schaltbilder, die neben seinem Bett klebten, habe er nach Feierabend überarbeitet, allein der Entspannung wegen, und dabei die Anzahl der elektrischen Bauelemente um bis zu dreißig Prozent reduzieren können. Von diesem Punkt sei es nicht mehr weit bis zur Meschpoweff gewesen: »Nun geht es freilich nicht mehr nur um einzelne Schaltelemente oder Automaten, sondern darum, ganze Produktionsanlagen und das Zusammenspiel aller Industriezweige zu optimieren. Früher oder später—«

Jewhenijas leises Schnarchen ließ ihn verstummen. Er leerte sein Glas, blinzelte abermals hinüber zum fehlfarbenen Beschtau ...

•

Dmitri erwachte, als eine Reisegruppe oder doch mindestens eine Großfamilie auf dem Flur schwadronierte. Aus dem Speisesaal des Ferienheims drangen saure Schwaden herauf, strömten durch Lüftungsschlitze oder Dielenritzen und reagierten unvorteilhaft mit der Zimmerluft. Es dämmerte bereits. Jewhenija lag nicht mehr neben ihm, mochte hinaus ins Bad oder in den Speisesaal gegangen sein. Er streckte sich nach dem Büstenhalter an der Wandlampe, fuhr jedoch mit den Fingern bloß durch einen trügerischen Schatten, griff ins Leere. Neben seiner Brille fand er eine halbierte Ansichtskarte. Jewhenija schrieb, sie habe ihren Zug nach Moskau nicht verpassen, ihr fleißiges Eulchen aber keinesfalls wecken wollen. Alsbaldiges Wiedersehen heraufbeschwörend, schloss die Nachricht ohne eine Adresse oder Telefonnummer: dein *Glühwürmchen*.

••

Russkaja Pawnina, 1963

In der zweiten Urlaubswoche erbrachte Dmitri überdurchschnittliche Leistungen bei Völlerei und Müßiggang, was ihm unter anderen einen Sonnenbrand auf der Nase bescherte. Mit diesem Ehrenzeichen versehen, trug er seinen Koffer durch Schelesnowodsk. Kaum reihte er sich in die Warteschlange am Fahrkartenschalter, sprach ihn ein Milizionär an: »Dmitri Frolowitsch?«
Dmitri zog seine Papiere aus der Jackettinnentasche. Der Milizionär winkte ab, wies mit ausgestrecktem Arm zum Ausgang: »Sie werden kein Billett benötigen, Genosse Sowakow. Man wartet draußen mit einem Wagen.«
Vor dem Bahnhof stand ein Pobeda mit Militärkennzeichen. Der Milizionär öffnete Dmitri den hinteren Schlag, reichte ihm den Koffer nach, und schon fuhr der Wagen an. Der Ausblick nach vorne war Dmitri durch zwei imposante Tellermützen versperrt, die Seitenfenster waren mit Vorhängen bespannt.

Im Kofferraum klapperte es, und auch auf der Sitzbank neben Dmitri standen zwei Kisten Mineralwasserflaschen.

»Guten Tag, die Herren Offiziere«, sagte Dmitri und lehnte sich zurück. Er hatte schon vor Jahren gelernt, dass es nichts nützt, zu früh auf Auskünfte zu hoffen. Um so überraschter war er, als sich der Beifahrer zu ihm herumdrehte: »Fürwahr, Genosse Sowakow, ein guter Tag. Wie geschaffen für einen kleinen Abstecher nach, warten Sie ...«, sagte der Fliegeroberst und zog ein Kärtchen aus der Brusttasche hervor: »—nach Chlestakowsk, zur Fabrik für Schnürsenkelspitzen. Ihre Expertise ist gefragt.«

»Man erwartet mich morgen am—«, glaubte Dmitri noch erklären zu müssen: »Nein? ... Besteht dann eventuell die Möglichkeit, ein kurzes Telefonat zu führen?«

»Gewiss doch«, antwortete der Oberst und blickte spitzbübisch unterm Mützenschirm hervor: »Aber alles zu seiner Zeit. Entspannen Sie sich. Jetzt fahren wir erst mal ein Weilchen.«

Dmitri zuckte mit den Schultern, ließ sich ins Polster sinken. Diesmal würde er zumindest lesen können, während er ungefragt disloziert wurde. Er schlug das Buch auf, das ihm Walentina Remowna geschenkt hatte.

»Ziehen Sie doch den Sichtschutz beiseite«, riet der Unteroffizier am Steuer, »so ruinieren Sie sich ja das Augenlicht.«

Es ging nach Nordwesten. Der Oberst monologisierte noch eine Weile über die Mesalliance von Raumfahrt und Frauen, ehe er matt in den Sitz sank. Dmitri erhaschte einen letzten Blick auf die Gipfel des Nordkaukasus und schaute erst wieder von seinem Buch auf, als der Pobeda vorm Schlagbaum eines Militärgeländes hielt. Ein Schild wies Unbefugte zur unverzüglichen Umkehr an. Der Oberst erwiderte lasch den Gruß des Wachhabenden und reichte ihm das Kärtchen aus seiner Brusttasche. Schon war der Weg frei. Eine Betonplattenpiste führte an Kasernenblocks entlang. Linker Hand übten Rekruten mit Gasmasken auf einer Sturmbahn, stiegen auf Eskaladierwänden der prallen Sonne entgegen. Der Unteroffizier hupte schadenfroh und bog aufs Rollfeld ab. Sie hielten neben einer Iljuschin. Zwei Gefreite kamen im Laufschritt aus einem Unterstand und luden die Mineralwasserkisten aus dem Pobeda in die Transportmaschine. Dmitri wurde der einzelne Klappsitz neben der Kabinentür zugewiesen. Die Füße konnte er nicht ausstrecken – der Stauraum war ohne Rücksicht auf außerplanmäßige Passagiere beladen: Transportkisten, Möbel, Körbe, Teppiche und Säcke türmten sich unter Sicherungsnetzen. Der Oberst zwängte sich durch einen schmalen Gang nach vorne. Dort schien ein etwas größerer Freiraum zu sein: Er wurde von einer Frau und mindestens zwei Kindern empfangen, begrüßte seinerseits die Besatzung, lachte laut. Sehen konnte Dmitri nichts von alledem, und auch die Fenster waren ihm verstellt. Beim Abheben knarrte und klirrte die Ladung bedrohlich, und ein »Schau, Großpapa!« gellte durch die Kabine.

Als die Maschine etwa dreieinhalb Stunden später zum Landeanflug ansetzte, zirkelte Dmitri in Gedanken über einer Karte der Union – und sah sich auf einem Halbkreis irgendwo zwischen Baku, Aktjubinsk, Kolokolamsk und Wynnyky. Er wusste also nicht allzu viel, zählte aber weiterhin darauf, dass die Zeit der grausamsten Wunder vorbei war.

Schon wurde eine Fluggasttreppe an die Kabinentür geschoben. Ein Uniformierter ohne Dienstgradabzeichen wies Dmitri an, auf dem nahebei stehenden Elektrowagen Platz zu nehmen. Der Abzeichenlose kaute getrocknetes Lärchenharz und spuckte alle paar Schritte aus. Um den Hals trug er eine Silberkette, an der drei kleine Schlüssel hingen, die sich unter der Feldbluse abzeichneten. Und kaum hatte er die Fluggasttreppe beiseitegeschoben, rollte die Iljuschin über das Vorfeld davon. Die Luft flimmerte über den Betonpisten und sonnenverbrannten Grasflächen; der Kontrollturm auf der anderen Seite des Flugplatzes waberte wie ein Kerzenlicht. Eine startende MiG schredderte einen Schwarm Schmetterlinge. Der Abzeichenlose schnürte Dmitris Koffer auf der Ladefläche fest und spuckte noch einmal auf die Piste, ehe er rief: »Festhalten, Meister!«

Sie surrten vom Rollfeld, hielten zügig auf eine Anhöhe am Rand des Flugplatzes zu. In die Böschung war ein Tor eingelassen, dessen Anstrich das angrenzende Buschwerk imitierte. Als der Fahrer einen Torflügel öffnete, schlug ihnen Kühle entgegen. Unter Tage befand sich ein weiträumiger Hangar, dessen Stahlbetongewölbe einer Flottille kleiner Sportflugzeuge Schutz bot. Der Fahrer steuerte geradewegs auf die hintere Wand zu, hielt neben einem mannshohen Metallsockel. Er schob einen Schlüssel in den eingelassen Schalter und blökte seine Dienstnummer in die Sprechanlage. Ein Warnlicht blinkte, während sich vor ihnen ein Betontor öffnete. Der Abzeichenlose summte ein Kampflied, dessen Kehrreim Dmitri nur zu gut kannte:

Verstieße bloß ein Atemzug gegen den Eid
Es täte ein kurzes Leben lang dir leid ...

Natürlich, dachte Dmitri, diese reibungslose Spedition trägt bis ins Detail die Handschrift von Konstantin Nogow. Es lag beinahe sechs Jahre zurück, dass er das letzte Mal von ihm gehört hatte – doch der einstige Lagerleiter schien noch ganz der Alte zu sein. Die inoffizielle Hymne der ehemaligen SMERSCH-Einheiten war immer sein Lieblingslied gewesen. Ein Lied, das höchsten Respekt verdiente. Nogow hatte sogar dann schneidige Haltung eingefordert, wenn er es beschwipst in der Banja sang, ja, selbst wenn er dabei mit seinem Gemächt dirigierte. Der Abzeichenlose ließ den Schlüssel zurück in die Feldbluse gleiten, verstummte. Sie fuhren in den spärlich beleuchteten Tunnel, dessen wellige Wandung mit Spritzbeton überzogen war. Dmitri zog den Kopf ein, da er fürchtete, bei der rasanten Fahrt die Tunnelwölbung zu streifen. Doch der Fahrer kannte offensichtlich jede Kurve, jedes lose hängende Kabel und jeden Kanaldeckel der unterirdischen Strecke, eckte nicht ein einziges Mal an.

»Auch ein Stückchen?«, fragte er und hielt Dmitri die harzig duftende Bonbondose unter die Nase. Der lehnte dankend ab – schon weil er sich mit beiden Händen an der Sitzschale festhalten musste. Der Fahrer kaute indes weiter, spuckte wieder und wieder zur Wand hin aus. Nach einer Viertelstunde erreichten sie eine weiträumige Kaverne. Alles Licht schien von einem Metrowaggon auszugehen, der in der Mitte des unterirdischen Raumes stand. Dieses schnittige Fabrikat hatte Dmitri noch nirgendwo gesehen. Der eintürige Fahrgastraum war leer, unbesetzt auch der Fahrerstand. Das Gleis führte auf der anderen Seite der Kaverne in einen Tunnel. Im letzten Abglanz der Frontscheinwerfer konnte Dmitri eine ferne Kurve ausmachen. »Von hier an geht's alleine weiter, Meister. Da müssen Sie so tapfer sein wie Walentina Tereschkowa!«, frotzelte der Fahrer und zog dabei abermals die Schlüsselkette aus der Feldbluse. Kaum war er in Richtung Prellbock verschwunden, glitten die pneumatischen Schiebetüren zu. Leise surrend fuhr der Metrowaggon los. Dmitri stellte den Koffer ab und setzte sich auf eine der gepolsterten Bänke. Die blitzblanken Fenster waren ihm nunmehr Spiegel – der unfreiwillige Passagier darin mit hepatitischem Teint unter getönten Deckenlampen.

Nach einigen Kilometern reduzierte sich die Geschwindigkeit des Metrowaggons und Dmitris kränkliches Abbild verblasste. Vorm Fenster sah er nun einen unterirdischen Maschinenraum, der von Flutlichtern ausgeleuchtet wurde. Auf Wellen, die wie Stahlsäulen bis zur Decke (und womöglich noch weiter) hinaufragten, waren Zahnräder von gewaltigem Ausmaß montiert – auf mehrere Ebenen gestaffelt, ergab das ein komplexes Getriebe. Die Zahnweite der mächtigsten Stirnräder mochten mindestens einen Meter betragen. In der unteren Ebene griffen Schneckenräder in schrägverzahnte Wellen, die horizontal durch die Kaverne verliefen. In die Betonwände waren neben Gewindelagern auch innenverzahnte Hohlräder eingelassen. Dmitri meinte, mitten durch das Räderwerk einer Drehscheibe zu fahren, wobei diese Anlage zweifellos nicht nur eine Lokomotive zu bewegen vermochte, sondern auch die dazugehörige Lokremise und das gesamte Bahnhofsgebäude. Womöglich ließen sich über ihm sogar schmale Straßen in vierspurige Prospekte verwandeln? Auf die Schnelle konnte er weder einen Antrieb ausmachen, noch sah er, ob sich eines der Zahnräder drehte. Schon starrte Dmitri wieder ins Dunkle. Sein Spiegelbild starrte zu ihm ins Abteil herein, rieb sich verdutzt das Kinn. Dmitri sank auf den Sitz zurück. Sein Magen knurrte, und mittlerweile hätte er sogar einen Schluck kaukasisches Mineralwasser gutgeheißen. Es ging nur noch langsam voran, der Waggon ratterte über ein Weichenfeld und fuhr wenig später in eine Station ein, hielt. Eisenträger stützten die salpeterfleckige Stahlbetondecke. Dies mochte Teil einer Bunkeranlage sein. An den Wänden waren Hunderte Kabel befestigt, die im bläulichen Schein der Notbeleuchtung wie Schlinggewächse wirkten. Dmitri nahm seinen Koffer. Auf der Plattform erwartete ihn ein drahtiger Mann in Zivil. Das Veilchen unterm linken Auge passte nicht zu seinem eleganten Aufzug. Er betätigte einen Schlüsselschalter, und die Schiebetür des Waggons öffnete sich: »Freut uns, dass Sie es so kurzfristig einrichten konnten.« »Man tut, was man kann, wenn das Vaterland ruft«, erwiderte Dmitri matt, woraufhin der Eskorteur sein Monokelveilchen zusammenkniff: »Ihre Scherze können Sie sich sparen! Und den Koffer dürfen Sie hier unten stehen lassen.«

Sie stiegen in einen Lastenaufzug. Nachdem der Eskorteur die Etagentür und das Scherengitter geschlossen hatte, steckte er einen Schlüssel ins Steuerungstableau. Relais klackerten und ein Elektromotor heulte auf. MINUS SECHS, MINUS FÜNF, MINUS VIER stand in großen gelben Ziffern auf den Etagentüren, die hinter dem Gitter vorüberglitten.

»Hier entlang«, wisperte der Eskorteur, als sie den Aufzug verließen. Der Flur des dritten Untergeschosses roch nach Stempeltinte und Sawarka. Dmitri hätte nicht sagen können, ob außer ihnen jemand auf dieser Etage war. Durch keine der zahlreichen Türen drang ein Ton nach draußen. Das Geräusch ihrer Schritte schien vom Fußboden geschluckt zu werden, als liefen sie über einen unsichtbaren Teppich. Sie betraten ein Vorzimmer, das mit jedem Schauraum auf der Messe für Fernmeldetechnik mithalten konnte. Eine schief schmunzelnde Sekretärin lotste Dmitri mit einer Kopfbewegung nach nebenan.

•

Ein Büro. In der Rückwand eine Brandschutztür. Daneben eine dunkelblaue Übergardine, die eine Glasscheibe verdeckt. Der Lichtstreifen unter der Borte erweckt den Anschein, draußen scheine die Sonne. Ein leise rauschendes Lüftungsrohr erinnert daran, dass sich das Büro drei Etagen unter der Erde befindet. Zwei Rolltürschränke flankieren einen Besucherstuhl. Zur Linken ein L-förmiger Schreibtisch. Auf der Hauptarbeitsfläche stehen ein Telefon und eine Leselampe, auf der Seitenplatte ein Fernschreiber und ein kleiner Fernsehapparat. Hinterm Tisch sitzt Jewhenija Swetljatschenko. Das Grün ihrer Uniform beißt sich mit dem Grün ihrer Augen; die Epauletten hingegen sind Ton in

Ton mit der Gardine. Auftritt Dmitri durch eine ledergepolsterte Tür an der Seite.

JEWHENIJA: Da bist du ja endlich, Eulchen. Ich hoffe, du hattest eine angenehme Reise.

DMITRI *verdutzt*: Genossin Major ...

Jewhenija: Jetzt hab dich nicht so, Dima. Sag doch einfach, wenn man dir etwas Gutes tun kann. (*Ohne eine Antwort abzuwarten, greift sie zum Hörer.*) Sjanja, bringen Sie unserem Gast eine Notration.

DMITRI: Wollen wir nicht einfach in die Kantine gehen?

JEWHENIJA: Ist das jetzt deine Masche? So setz' dich doch, ich bin gleich so weit. (*Sie nimmt eine Mappe aus dem Schreibtischschubfach, blättert darin.*) Mitja, Mitja. Mir säuselst du etwas von Scheidung und Studentenbude vor, und was lese ich hier? Ziehst wie ein Matrose umher, mit einer Braut in jedem Hafen.

DMITRI: Das ist doch—

JEWHENIJA: Ja?

DMITRI: Ein lächerlicher Vorwurf.

JEWHENIJA: Von wegen. Und das ist genau die soziale und gesellschaftliche Unreife, die dir seinerzeit Professor Maljutkin attestiert hat. Du legst es darauf an? Wen haben wir denn hier? Tschelpanow, Marlen Anatoljewna aus Minusinsk. Lewitina, Wera Samoilowna aus Samara. Hübsch, hübsch, aber so jung bist du nun auch nicht mehr, Eulchen. Und diese Muschnikowa aus Wosduchogorsk scheint es dir ja ganz besonders angetan zu haben.

DMITRI: Aber—

JEWHENIJA *fällt ihm ins Wort*: Warte, sag's nicht. Das ist in Wirklichkeit alles ganz anders? Du kannst dir nicht vorstellen, wie oft ich das schon zu hören gekriegt habe. Doch genug davon, darüber sprechen wir ein andermal. (*Setzt sich auf die vorde-*

re Schreibtischkante.) Als ich gestern aufgewacht bin und mich gewaschen habe, sah die Welt plötzlich ganz einfach aus, und da wusste ich, was zu tun ist. Verstehst du, Dima. Wir müssen unbedingt noch unser Gespräch von neulich zu Ende führen.

DMITRI: Über die Duelle der goldenen Triade?

JEWHENIJA: Jetzt stell dich nicht dümmer, als du bist. (*Es klopft.*) Herein.

(*Die Sekretärin rollt einen Servierwagen ins Zimmer, darauf Soljanka und Sahne, Bratfisch mit Kartoffelpüree, Kirschkompott, Kwas.*)

SEKRETÄRIN: Kaukasisches Mineralwasser war leider aus. (*Lacher aus dem Nebenraum.*)

DMITRI: Tausend Dank. (*Trinkt.*)

JEWHENIJA: Das wäre vorerst alles, Sjanja. (*Sekretärin ab. Jewhenija löffelt das Kompott.*) Also zur Sache. Ich habe den Abschlussbericht der Meschpoweff durchgesehen ... Was zeigt der Bericht? Zum einen, dass ihr mit großem Einsatz gearbeitet habt. Ich denke, Komissow hat seinen nächsten Orden sicher. Der Bericht macht mir allerdings auch deutlich, dass ihr zu sehr aus der Perspektive der Zahlen denkt. Weißt du, wo der Haken liegt, mein Lieber?

DMITRI *mit Püree im Mund*: Welcher Haken? Endlich ist die beschleunigte Einführung der Rechentechnik von ganz oben angeordnet worden.

JEWHENIJA: So wie ihr euch das vorstellt, stehen also bald in allen Winkeln des Landes mathematische Maschinen. Nicht zu vergessen der Verteidigungssektor. Und wer weiß, wo sonst noch alles. Derzeit erscheint ja kaum ein Zeitungsartikel, in dem die Rechentechnik nicht als Allheilmittel angepriesen wird.

DMITRI: Seit dem Sonderbeschluss laufen alle mit fliegenden Fahnen zur Kybernetik über. Aber was stört euch denn jetzt noch daran?

JEWHENIJA: Uns? Stören? Glaube bloß nicht, wir wollen Sand ins Getriebe der Zukunft streuen. Im Gegenteil! Doch dazu später. Worum es mir geht ... (*Sie spuckt einen Kirschkernsplitter in die Handfläche.*) Wir haben bereits jetzt zu wenig technische Experten für alle Abteilungen. Erstklassiges Personal für die Bedienung der mathematischen Maschinen ist rar. Du kannst dir gar nicht vorstellen, wie sehr die Arbeit meiner Abteilung darunter leidet.

DMITRI: Warum gründet ihr nicht ein eigenes ... Verstehe, habt ihr schon. Aber was hat das alles mit mir zu tun?

JEWHENIJA: Als ich gestern aufgewacht bin, war ich der festen Überzeugung, dass du eine Lösung für mein kleines Problem finden wirst!

•

Nicht bloß im Schlaf flogen Jewhenija Swetljatschenko wegweisende Gedanken zu. An einem M-20, dem damals schnellsten Elektronenröhrenrechner der Welt, empfing sie 1958 die zweifellos wichtigste ihrer Eingebungen. Doch menschliche Gedankengänge und elektromagnetische Rechenoperationen werden nur mittelbar sichtbar.

Foto: unbekannt.

System K

Nowotmutarakanski Rajon, 1975

Aus dem Aufgrabungsschacht gestiegen, dehnte Wenedikt seine Glieder. »—die Arbeit läuft schon nicht in den Wald davon, ist ja schließlich kein Wolf«, ächzte er und spähte zwischen den Kirschbäumen hindurch, schätzte: Es blieben noch etwa vierzig Meter bis zur Datscha des Generalmajors. Nichts rührte sich auf der Veranda. Auch der Vorhang am Schlafzimmerfenster war zugezogen. Über den Dachblechen flimmerte die Luft. Die Haltedrähte der Funkantenne vibrierten. Zikaden zirpten.

»Reich mal 'ne Fluppe rüber«, rief Pjotr, und, nach einem ersten Zug: »Wenn die den Tieflöffel nicht bald wieder flottkriegen, wird das niemals bis Samstag. Hier, schau dir mal meine Pfoten an!«

Wenedikt blies den Rauch mit lautem Schnaufen zur Nase aus: »Glaubst du etwa, die würden hier den Bagger reinlassen? So ein hübscher kleiner Garten«, sagte er und lehnte sich an die Kabeltrommel. Wespen nagten an aufgeplatzten Kirschen, Ameisen molken Blattläuse. Lumpige Wolkenwesen vagabundierten über den Himmel. Wenedikt drückte die Zigarette aus und blickte sich noch einmal nach allen Seiten um, ehe er sich abermals an Pjotr wandte: »Fällt dir bei der ganzen Kabelverlegerei was auf?«

»Klar, doch, Alter, dass mir das Geschaufel mächtig auf'n Buckel geht!«

»Nein, ich meine im Allgemeinen.«

Pjotr zuckte mit der Schulter, warf seine Kippe in den Schacht.

»Überleg doch mal«, seufzte Wenedikt. »Woche um Woche buddeln wir von irgendeiner Kreuzung bis zum nächsten Stacheldrahtzaun. Und jetzt bis zu so 'ner Bonzendatscha.«

»Ein Häuschen im Grünen mit Telefon, das ließe ich mir auch gefallen.«

»Pass auf, was du dir wünschst, Petja! Immer schön präzise, hörst du, sonst landest du vielleicht irgendwo am Ende der Wladimirka. Dort stehen ja auch jede Menge Häuschen im Grünen.«

»Aber ganz bestimmt keine mit Telefon.«

»Na, das eine oder andere Grubentelefon wird's da schon geben.«

Darauf ging Pjotr nicht ein. Er holte sein Brotpäckchen hervor.

»Aber, jetzt denkt doch mal weiter«, drängte Wenedikt.

»Du meinst bis über die Beringstraße hinweg«, gab Pjotr grinsend zurück.

»Nein, ich meine, die Datscha hier, die hat doch längst einen Telefonanschluss. Gestern, erinnerst du dich, ist der Genmaj mit seinem Apparat auf der Veranda auf und ab marschiert.«

»Ich hab die ganze Zeit darauf gewartet, dass er seine Alte dabei mit dem Kabel erdrosselt.«

»—und ein Funkgerät hat der außerdem noch. Weshalb wohl legen wir hier ein zweites Kabel, mmh?«

»Na, damit die Schachtel auch fernmündlich quatschen kann, während der Genmaj seinen Stab verarztet.«

Wenedikt rieb die Hände an der Hose ab, zog ein zusammengerolltes Schulheft aus seiner Tasche: »Hier, wirf da mal ein Auge rein!«

Kauend setzte sich Pjotr auf den Rand der Schubkarre, überflog das Gekritzel:

Allunionsliebeleien. Eine Litanei.

Ich liebte 'ne Frau aus Achmedkent,
die war sehr schlau und äußerst be-
händ.
Ich liebte 'ne Frau aus Aktjubinsk,
ihr Bruder verfolgte uns bis nach
Pinsk.
Ich liebte 'ne Artistin aus Aramil,
nur hielt die leider niemals still.
Ich liebte 'ne Frau aus Aschgabat,
die wusste gar nicht, wie gut sie es
hat.
Ich liebte 'ne Frau aus Astrakhan,
an der waren mehrere Handvoll
dran.
Ich liebte 'ne Frau aus Babuschkin,
die liebte ausschließlich Puschkin.
Ich liebte 'ne Frau aus Baku, die
bat jedes Mal ihre Freundin dazu.
Ich liebte 'ne Frau aus Bilibino,
später sah ich sie bloß noch im
Kino.
Ich liebte 'ne Frau aus Borjomi ...
unsere Kinder nennen sie Omi.
Ich liebte 'ne Frau aus Bratsk, die ist
kurz nach der Hochzeit geplatzt.
Ich liebte 'ne Perle aus Bender,
für sie wurde ich zum großen Ver-
schwender.
Ich liebte 'ne Frau aus Brest, doch
ihre Gören waren 'ne schreckliche
Pest.
Ich liebte 'ne Frau aus Chassan,
kaum Holz vorm Bug und am Heck
völlig plan.
Ich liebte 'ne Frau aus Chimkurgan,
die hatte es dem kompletten Korps
angetan.
Ich liebte ein Fräulein aus Dikson,
das dachte, ich wäre Bob Nixon.

Ich liebte 'ne Frau aus Dno ... ach,
wisst ihr, das ergab sich halt so.
Ich liebte 'ne Frau aus Dscher-
muk, die trug weder Schlüpfer noch
Schmuck.
Ich liebte 'ne Frau aus Druskinin-
kai, danach fehlte mir ein kleiner
Zeh.
Ich liebte 'ne Frau aus Dudinka,
aber die angelte bloß Bonzen mit
Blinker.
Ich liebte 'ne Frau aus Elektrougli,
doch ein Kugelblitz erschlug sie.
Ich liebte 'ne Lehrerin aus Engels ...
leider stand die nicht auf frühreife
Bengels.
Ich liebte 'ne Frau aus Frunse, die
war aber nur scharf auf Penunze.
Ich liebte zwei Mädchen in Gulis-
tan ... so 'ne Tour tue ich mir nie
wieder an.
Ich liebte 'ne Frau aus Haapsalu,
aber die schlug sofort mit 'm Schuh-
spanner zu.
Ich liebte 'ne Frau aus Irbit – ach,
wieso nahm ich sie bloß in den Urlaub mit?
Ich liebte 'ne Frau aus Iskatelei, die
lutschte mir immer am linken Ei.
Ich liebte 'ne Frau aus Ismailowo,
dabei labten sich Bettwanzen an
meinem Po.
Ich liebte 'ne Frau aus Jachroma,
nie wieder umgab mich ein solches
Aroma.
Ich liebte 'ne Frau aus Janaul, die
ritt mich zu Schanden wie 'nen
staatlichen Gaul.
Ich liebte 'ne Genossin aus Jeghe-

gnadsor, denn die stand 'ner Wein-
Sowchose vor.
Ich liebte 'ne Geologin aus Jelgava,
mit mir simulierte sie den Ausstoß
von Lava.
Ich liebte 'ne Frau aus Jakutsk, doch
das hat mir überhaupt nichts genutzt.
Ich liebte 'ne Frau aus Kaliningrad,
fand sie am Morgen danach aber
fad.
Ich liebte 'ne Kranführerin aus Ki-
schinjow, ein wildes Weib, solang
sie soff.
Ich liebte 'ne Frau aus Krasnowodsk,
die hat fast jeden Tag gekotzt.
Ich liebte 'ne Schönheit aus
Klaipėda, trotz ihres Gemächts
nannte sie sich Leda.
Ich liebte 'ne Frau aus Konibodom,
die setzte mich vorsätzlich unter
Strom.
Ich liebte 'ne Frau aus Kotlas, gut
gebaut und beliebt wie 'n Bierfass.
Ich liebte die Frau aus Kommunar,
die meinem Bruder 'ne Heerschar
Bälger gebar.
Ich liebte 'ne Frau aus Kronschtadt,
aber anderntags hatte sie mich
schon satt.
Ich liebte 'ne Frau aus Kropotkin,
für die ließ ich sogar mein Kompott
stehn.
Ich liebte 'ne Komsomolzin aus Ku-
mertau, ach, was fühlte ich mich
vor Kummer mau.
Ich liebte 'ne Frau aus Leningrad,
die hatte blaue Keramik im Bad.
Ich liebte 'ne Frau aus Lwiw, aber
die wollte 'nen Kerl mit mehr
Schliff.

Ich liebte 'ne Frau aus Magadan, um
die hat's mir hinterher leidgetan.
Ich liebte 'ne Frau aus Malgobek,
doch kaum ging's zur Sache, war
sie weg.
Ich liebte 'ne Frau aus Moskau, da
wurde meine Eichel blau.
Ich liebte 'ne Frau aus Mokroje –
ach, warum verliebte ich mich bloß
aufs Neue?
Ich liebte 'ne Frau aus Murmansk,
doch jetzt züchtet sie sich einen
Wanst.
Ich liebte 'ne Frau aus Njaswisch,
obwohl die stets sagte: Lass mich!
Ich liebte 'ne Frau aus Obiralowka,
die immer zitterte, wenn sie 'nen
Güterzug sah.
Ich liebte 'ne Frau aus Odessa,
sobald die kreiste, verduftete ich
besser.
Ich liebte 'ne Frau aus Onochoi,
doch die blieb stur ihrem Herrgott
treu.
Ich liebte ein Mädchen aus Pawlo-
dar, und ihre Mutter heiratete mich
sogar.
Ich liebte 'ne Frau aus Pärnu, mit
der bin ich bis heute per Du.
Ich liebte 'ne Frau aus Pereswet –
warum sperrte die mich stundenlang ins Klosett?
Ich liebte 'ne Rothaarige aus Pe-
tuschki ... doch dahin schaffte ich
es nie.
Ich liebte 'ne Frau aus Pizunda,
danach war ich platt wie 'ne
Flunder.
Ich liebte 'ne Studentin aus
Qahramon, die lief mir immer wieder davon.

Ich liebte 'ne Frau aus Qaraschal,
die war am ganzen Körper kahl.
Ich liebte 'ne Frau aus dem kleinen
Rostow, ein hübsches Ding, solang
ich soff.
Ich liebte 'ne Pilotin aus Riga,
mit der verpasste ich nie meinen
Flieger.
Ich liebte 'ne Frau aus Samarkand,
bis heute die schönste Jungfer im
Land.
Ich liebte 'ne Frau aus Saryschagan,
danach hat mir alles wehgetan.
Ich liebte 'ne Frau aus Sewastopol,
die sprach selbst noch im Bett von
Gogol.
Ich liebte 'ne Frau aus Skrunda, von
der kam ich gar nicht mehr runter.
Ich liebte 'ne Frau aus Smorgon,
dabei kannten wir uns bloß vom
Telefon.
Ich liebte 'ne Frau aus Sowetskaja
Gawan – oder hab ich mich da in
der Adresse vertan?
Ich liebte 'ne Frau aus Sterlitamak,
am Ende waren wir beide 'n Wrack.
Ich liebte 'ne Frau aus Stepanakert,
die war eigentlich gar nicht so ver-
kehrt.
Ich liebte 'ne Frau aus Stalino, bei
der spielte mein Schwanz Burattino.
Ich liebte 'ne Frau aus Surgut, bei
der hüpfte mir immer der Hut.
Ich liebte 'ne Frau aus Sussuman –
wieso schaute die mich bloß so
traurig an?
Ich liebte 'ne Göttin aus Syktywkar,
die roch ein bisschen sonderbar.
Ich liebte 'ne Frau aus Taischet, die
fesselte mich immer ans Bett.
Ich liebte 'ne Frau aus Taschkent ...

am Bahnhof hätte ich beinah ge-
flennt.
Ich liebte 'ne Frau aus Tiksi, drüben
in Texas heißt sie jetzt Trixi.
Ich liebte 'ne Frau aus Tichorezk,
die hat sich auf mein Gesicht gesetzt.
Ich liebte 'ne Frau aus Tjumen, die
duftete nach Sumpfdotterblumen.
Ich liebte 'ne Frau aus Tschegem,
von der lernte ich tolle Tricks mit
'm Becken.
Ich liebte 'ne Richterin aus Tschita,
ihr Leitspruch lautet: Ne ultra petita!
Ich liebte 'ne Frau aus Tuapse, doch
die landete in der Klapse.
Ich liebte 'ne Frau aus Ulan-Ude, die
zog Abend für Abend 'ne Schnute.
Ich liebe meine Gattin aus Uschg-
gorod, ja, unsere Liebe lebt immer
noch fort.
Ich liebte 'ne Frau aus Vilnius, die
gab mir bloß mit ihrem Arsch 'nen
Kuss.
Ich liebte 'ne Frau aus Virtsu, bei
der war abends immer die Tür zu.
Ich liebte 'ne Frau aus Workuta, die
bestrich meinen Bolzen mit Butter.
Ich liebte 'ne Schnalle aus Wladimir –
Mensch Wladimir, jetzt nimm du
sie dir!
Ich liebte 'ne Frau aus Wosducho-
gorsk, ihr Gatte war gerade im fernen Karlshorst.
Ich liebte 'ne Frau aus Xaçmaz, da-
bei wurde ihr Teppich klatschnass.
Ich liebte 'ne Frau aus Zaghkadsor,
die zog mir 'nen Knüppel übers Ohr.
Ich liebte ein Täubchen aus Zozin-
Jurt, ach Kollegen, was haben wir
gegurrt ...

Pjotr blätterte um: *Begonnen bei Kabelarbeiten nahe Tschernja-chowsk, 1973. Erweitert in Lugowoje, 1975*, stand auf der nächsten, ansonsten leeren Seite.

»Weißt du, was das bedeutet?«, fragte Wenedikt.

»Dass du 'n elender Aufschneider bist! Außerdem wiederholste dich in einem fort. Das bringt dich bestimmt nicht ans Gorki-Institut.«

»Vergiss doch mal das drumherum. Du musst auf die Orte schauen! Na? Klingelt da was? Das ist, wo die alle gebuddelt haben, mit denen wir in den letzten Jahren am Ausschachten waren. Das heißt, wir graben die Union von den Rändern her um. Denn wenn du das auf einer Karte einzeichnest—«

»—dann krieg ich schneller Ärger, als ich Grugenschtaba sagen kann! Meinst wohl, ich lege gesteigerten Wert darauf, es meinem Alten gleichzutun?«

»Na, dann zeichne doch einfach gedanklich.«

»Mein Hirn hat gerade Pause«, erwiderte Pjotr und schlug das Schulheft zu. »Also erleuchte mich, oder schweig für immerdar!«

»Daraus«, führte Wenedikt mit erhobenen Zeigefinger aus, »ergibt sich ein kupfernes Geflecht von gewaltigem Ausmaß. Ein übers ganze Land gespanntes Kabelnetz. Wer weiß, wen oder was wir da einspinnen?«

»Na, wen, ist ja wohl klar! Oder—«

»—Funkpause! Die Schraube kommt«, raunte Wenedikt und dann, hinter vorgehaltener Zigarettenhand: »Mensch, ich spinne wohl, was trägt die da? Die bringt uns doch nicht etwa zwei Flaschen Kwas?«

»Du träumst, Wenja. Das ist der Feldstecher, mit dem sie uns von der Veranda aus beobachtet hat.«

MSMP#05

Auf der abgeriegelten Etage des *Kosmos* trat die Nachtschicht ihren Dienst an – setzte das Werk der abgelösten Abhörtechniker fort: aufzeichnen, aufzeichnen, aufzeichnen und allzeit aufmerksam auf Auffälligkeiten achten, um eine Vorauswahl für die Transkription zu treffen oder Bandmarken für die Nachprüfung zu setzen oder die Aktivitäten einzelner Zielpersonen zu protokollieren. Kusmitsch rückte seinen Kopfhörer zurecht und korrigierte die Klangabstimmung, ging den aktuellen Zimmerbelegungsplan durch. Er gab zwei Befehle ein, ließ sich alle deutschsprachigen und tschechoslowakischen Gäste hervorheben. Links neben ihm traktierte Petrowski die Tastatur. Mitleidlos leuchtete die Bildröhre sein Gesicht aus, schärfte die Konturen einer von Pocken gezeichneten Karte, die zwar zu keinem verborgenen Schatz oder Einsatzort führte, die Kusmitsch dennoch in- und auswendig kannte, da er bereits in Dresden und Bratislava Tausende Stunden neben Petrowski gesessen hatte. Die Abhöreinheit erging sich in operativen Routinen. Der Offizier vom Dienst trainierte indes auf dem Flur fürs Sommersportfest, vollführte einen Tiefstart nach dem anderen. Dazu surrten die Bandmaschinen in den offen stehenden Zimmern: Datenbänder liefen an, stoppten oder spulten, liefen weiter und immer so fort – für sie war es kein Training, sondern permanenter Ernstfall. An der nächsten Tür ging Napalkow abermals in die Hocke, »Auf die Plätze, fer-tig ...«, und schon schnellte er wieder los. Am Ende des Flures machte er dreißig Kniebeugen oder Liegestütze, ehe er in die entgegengesetzte Richtung startete. Nach jeder vollen Runde legte er einen Halt am Kontrollraum ein und ließ den Blick über seine Untergebenen schweifen: »Walynin?«

»Auf zwanzig-zwanzig geht es immer noch zur Sache«, meldete der Neue. »Unglaublich. Hier, hören Sie mal. Nicht schlecht, oder? Was soll ich da aufschreiben?«

»Was du aufschreiben sollst? Gleich zieh ich dir einen zweiten Scheitel. Du schreibst, was du hörst, wenn du was von Belang hörst! Verstanden, Walynin?«

Kusmitsch schmunzelte und schob den Lautstärkeregler wieder hoch:

▷ den Vorsprung werden die nicht mehr lange halten, wenn wir morgen richtig loslegen. — Wenn! Ein Wort mit Doppel-N und unberechenbarem Weg zum Dann. — Mit dieser Einstellung wird es sicher nichts. — Ist aber auch kein Wunder, dass die diesmal so gut sind. Mein Onkel sagt, die Ungarn haben längst überall die neueste Technik aus 'm Westen stehen. — Was für 'n Quatsch. — Wie Quatsch? Glaubst wohl, du hast mehr Ahnung als mein Onkel? — Nein, ich meine bloß, hier sitzen die ja schließlich an den gleichen Kisten wie wir. — Ach? Auf wessen Seite stehst du eigentlich?

▷ lass uns nicht schon wieder streiten, Nika. — Wir streiten doch gar nicht. Ich versteh es bloß nicht, Mireyka. Sag doch einfach klipp und klar, wenn du kalte Füße bekommen hast! — Bitte, Nika, mir brummt ohnehin schon der Schädel. Außerdem habe ich eine Verbindung nach Havanna angemeldet, die müsste jeden Augenblick durchgestellt werden. Hörst du? Ich werde jetzt auflegen, und wir sprechen in Batumi noch mal darüber. Bis Sonntag am Flughafen, ja?

Kusmitsch notierte den Bandstand auf einem Zettel, um das Telefonat in einer ruhigen Minute noch einmal von Anfang an hören zu können. Es half wach zu bleiben, wenn die Fetzen flogen oder wenn Paare einander belogen oder flirteten, bis sich die Bettpfosten bogen. Apropos, wie weit war eigentlich der Jungspund auf 839 vorangekommen?

▷ so verzweigt es sich immer weiter. Bei Schachspielen kommt auf diese Weise schnell eine Sedezilliarde Zugvarianten zusammen. Also zehn hoch hundert, das ist eine zehn mit neunundneunzig Nullen dahinter. Und dabei soll es im ganzen Universum gerade mal zweieinhalb Tredezilliarden Teilchen geben. Das ist eine zwei Komma fünf mit lediglich einundachtzig Nullen dahinter. — Was muss ich denn eintippen, damit es mir das mal auf dem Bildschirm anzeigt? Lach doch nicht, Halinka! — Okay, schreib mit: Zehn, Leertaste, P, R, I, N, T, Leertaste, hundert, Asterisk, das ist das Sternchen da, und ab der hundert alles ohne Leerzeichen. So, jetzt noch ein Asterisk, und dann: Klammer auf, hundert, Asterisk, Asterisk, hundert, Klammer zu, Eingabetaste. Zwanzig, E, N, D. — Na toll, und was heißt das jetzt? Ich wollte doch, dass der so eine Sedezidingsa mit lauter Nullen dran anzeigt. — Das bedeutet Pufferüberlauf. Das Ergebnis ist viel zu lang für den Zielspeicher, deshalb. — Aha. Und solches Zeug macht ihr da unten also den ganzen Tag?

Kopfschüttelnd schaltete Kusmitsch um:

▷ und jetzt mal angenommen, wir stellen Gott die Aufgabe, einen Stein zu erschaffen, der so schwer ist, dass nicht einmal Gott selbst ihn bewegen kann. — Mmh. — Schwuppdiwupp, und schon liegt der Stein wie gefordert vor uns. Keine große

Sache für Gott, oder? Er ist ja allmächtig, stimmt's? — Ja, sicher. Und? — Na, als Nächstes soll er diesen Stein bitte beiseiterollen. — Und? Dann rollt er ihn halt beiseite. — Kapierst du nicht? Der Stein ist so schwer, dass er ihn nicht bewegen kann. Nicht einmal Gott, das war die Ausgangsbedingung. — Schon klar. — Na, so viel zum Thema Allmächtig! — Wo sollte denn da ein Problem für ihn liegen? Gottes Kraft strebt gegen Unendlich, da fehlt also bloß eine infinitesimal kleine Zusatzkraft, um diesen Stein zu bewegen. Das ist wie bei dem Märchen mit der Rübe, wo am Ende die Maus den Ausschlag gibt. — Ja, wie bei Joe Cocker: *With a little help from my friends,* däh, däh, dä-dä-dä! — Ich an Gottes Stelle würde einfach ins nächste Dorf latschen, den Einwohnern Manna auf Lebenszeit oder ein Sonderticket ins Paradies versprechen, und dann mit deren zusätzlicher Muskelkraft den Stein vom Acker rollen. — Wenn Gott wirklich so blöd wäre, ein derart schweres Objekt hier auf der Erde zu erschaffen, würde die ohnehin aus der Umlaufbahn geworfen. Das wäre schlimmer als die Sintflut. — Schnauze, Kurzer. Mit dir redet keiner.

Kusmitsch kratzte sich am Kopf, seufzte leise. Das Rauschen, das er auf dem nächsten Kanal hörte, identifizierte er mühelos als Toilettenspülung und gleichzeitig laufenden Wasserhahn. Das klang allemal verdächtig genug, um das Signal durch einen Störfilter zu schleifen:

▷ aber der Flakon ist leer! Hier ... Null, nada, nix mehr drin. — Glaubst du etwa, ich hätte dein Eau de Cologne gesoffen? — Heute früh war es jedenfalls noch voll. — Warte, ich kralle ihn mir, dann kannst du an seiner Fresse riechen. — Ey, nicht so fest, aua! Na toll! Das nähst du mir aber gefälligst.

— Du träumst wohl? Frag doch Jolana, die macht es dir bestimmt. — Genau, die macht es ihm garantiert!

Falscher Alarm. Also weiter im Programm:

▷ ich glaub nicht, dass das drankommt. Weil, im Endeffekt ist das ja bloß eine Abwandlung vom Persischen Puzzle. — Was für 'n Ding? — Na, wo das Schachbrett in sieben Stücke zerbrochen ist und man berechnen soll, wie die Stücke mit so wenigen Versuchen wie möglich wieder zusammengesetzt werden können. — Das Programm dafür schreibe ich dir im Schlaf. — Das könnte doch jeder. Die Lösung steht längst unten auf einer Wandzeitung. — Schnauze, Kurzer! Mach dich wieder rüber in euer Zimmer. — Ey, passt doch auf, wo ihr hinlatscht! — Du, ich mach dir gleich Beine. — Dann ruf ich bei Kleinwerth an und sag ihm, dass ihr noch wach seid. — Wer petzt, kriegt Zahnpasta auf 'n Pimmel, klar. — Mir doch egal. — Bleib halt hier, aber plapper mir nicht andauernd dazwischen, kapiert! — Was sagt denn dein Zeiteisen, Alex? — Sind schon wieder zehn Minuten rum. Das wird nichts mehr. — Der rechnet noch, hört doch mal genau hin! — Quatsch, der hat sich aufgehängt. — Da hilft nur noch Kaltstart. — Kannste ja gerne bei deinem machen. — Und wie lang sollen wir deiner Meinung nach noch dumm rumsitzen? — Wir können es auch ganz lassen, wenn du mir weiter so aufn Senkel gehst.

▷ hier steht es doch, hört zu: *Fliegst nicht auch du, Russland, wie eine schnelle Troika, die niemand einholen kann, dahin? Alles auf Erden fliegt vorbei, und alle Völker und Staaten treten zur Seite und weichen ihr aus?* — Ja, und? Was soll das beweisen? — Na, du wirst schon sehen, wie ihr am Ende auf

die zweite Stufe des Siegertreppchens ausweichen müsst!
— Du mit deinen alten Schinken. Das hat doch überhaupt
nichts zu bedeuten, was da vor Ewigkeiten mal einer hin-
gekritzelt hat. — Da ließe sich außerdem für jeden Anlass
irgendwo ein neunmalschlauer Satz finden. — Oder notfalls
selber schreiben. — Genau. Wir werden den Ausgang der
Spartakiade so schreiben, wie es uns passt. Möge der Beste
gewinnen! — Da sag ich doch glatt: Fenékig! — Na zdrowie!
— Na zdraví!

▷ dann eben: Eine aufs Kreuz legen, die Furche nachziehen,
'ne Nummer schieben, einen abwichsen — Wichsen zählt
nich! Das machste alleine. — Na, du musst es ja wissen. —
Und ob! Horch her: Poppen, pimpern, rödeln, korpulieren,
knallen, beglücken, begatten, besteigen, äh, drüberrutschen,
durchnehmen, bumsen, — Bumsen hatt'n wa schon! Jetz is
Ratscher dran. — Das Kopfkissen teilen, Beischlaf haben, Liebe machen, geschlechtlich verkehren, erkennen — Ick lach
mir 'n Ast! Erkennen? Dit haste dir doch selba ausklamüsat!
— So heißt das wirklich, in der Bibel. Der erkannte die, und
die gebar ihm dann den und den. — Dit lernt ihr wohl beim
Freundschaftsrat, wa? — Ich rat zur freundschaftlichen Er-
kennung! — Jenau. Und jetz is Eschi dran. — Den Fahnenmast
aufstellen, ein Rohr verlegen, wie die Karnickel rammeln,
einen Broiler in die Röhre schieben — Nix Broiler. Braten!

▷ — es geht nur darum, das Ende aufzuhalten? Das ist das ganze Spiel? — Genau! Das Programm basiert allein auf dieser
Prämisse. Es soll dich daran hindern, weiterzuspielen. Die
Steine fallen immer schneller und kommen immer näher an
den oberen Rand. Du kannst es so lang wie möglich hinaus-
zögern, aber sobald sie den Schacht verstopfen

▷ ned in die Dascha roigbaggd? — I würd's mir ja im Leba ned waga, dai Adressbüchloi anzufassa. Wenn du's bloß unda uf die Kommod druffgelegd haschd, isch's no zhause. — Na brima! Wie solla noh die Karda ohne Boschdleidzahl ankomma? Jürga wollde unbedingd oi gschdembelde Boschdkarde ausäm Oschde!

Diesen Kanal sollte besser Klopow übernehmen, der hatte sich auch bei der österreichischen Reisegruppe schnell eingehört. Kusmitsch steckte die Verbindung um, hörte auf dem nächsten Kanal weiter:

▷ oder, vielleicht so was in der Art: Wenn man sämtliche reellen Zahlen auflistet, auf welcher Seite des Kommas stehen dann am Ende mehr Ziffern? — Mensch, wir werden doch früh genug erfahren, was für Aufgaben die noch in petto haben. Jetzt würde ich mich wirklich gern endlich aufs Ohr hauen. — Dann schau ich halt noch bei Sjarhej und Pawel vorbei. Nacht! — Nee, warte, ich komm mit.

▷ wird der Feuerknopf total labberig, und dann kannstes vergessen! Die rammeln einfach irgendwohin oder bleiben dauernd stehn. — Musste dir mal 'nen *Competition Pro* mitbringen lassen! — Meine Alten fahren ja nie rüber. — Im Intershop gibt's die auch, für sechzig Westeier. — Sechzig? Pustekuchen. — Kannst ja noch versuchen, dir neue Kontaktbügel zu feilen.

▷ klopp das Vieh zu Brei! — Keine Panik, die stechen doch gar nicht — Wie du meinst. Dann zieh ich mich halt wieder an. — Hast du irgendwo ne Zeitung? Ja, das geht auch, gib her. — Hast du 's erwischt? — Ne! Wo isses hin? Ah, da.

Kusmitsch riss den Kopfhörer herunter, heulte auf: »Der Teufel soll eure Mütter vögeln und vierteilen!«

»Na, na, Kusmitsch, nicht in meiner Schicht«, keuchte Napalkow, der natürlich just in diesem Moment an der Tür auftauchen musste. »Was gibt es denn schon wieder?«

»Wir haben acht-einundvierzig verloren.«

»Wie, noch eine defekte Steuereinheit?«

»Totalausfall durch Einwirkung feindlich-negativer Kräfte«, rapportierte Kusmitsch.

»Ich hab von Anfang an gesagt, dass das eine Schnapsidee ist. Wir sind ein Aufklärungsposten, keine Versuchsanlage«, grummelte Napalkow und wischte sich mit dem Handrücken über die Stirn, rieb den Schweiß an der Trainingshose ab. »Vermerk den Verlust im System, die Bergung soll morgen die Putzbrigade übernehmen ... Und was hast du schon wieder, Petrowski?«

»Das sollten Sie sich unbedinge anhören, Genosse Leutnant.«

Der Leutnant hörte der Aufnahme zu, gähnte. Aber war er wirklich müde oder verstand er bloß den Dialekt nicht? Petrowski hakte vorsichtshalber nach: »Müssen wir das nicht sofort dem Genossen Major melden?«

»Was willst du da melden?«

»Wenn ich es richtig verstanden habe, geht es um eine Reisegesellschaft, die für ganz normale Leute Abenteuerurlaub nach dem Muster von Agentenmissionen organisiert. Da könnten sich dann doch auch echte Spion druntermischen.«

»Bist du verrückt? Für solches wirres Geschwätz willst du den Major wecken? Ich sag dir, Petrowski, wenn dieser Blödsinn wahr wäre, dann müssten wir rund um die Uhr hinter jedem einzelnen Touristen herjagen. Wenn du willst, streiche ich schon mal deinen Urlaub.«

Kusmitsch presste die Kopfhörermuscheln fester an die Ohren:

▷ oder hier, das ist super! Hört doch mal zu: *Mit Kamm und Bürsten zart getätschelt, mit schwarzer Bartwichse gehätschelt, prangt er modern dir in der Fresse, günstiger als Frack oder Mätresse, ziert er des Mannes stolzen Schein. Auch Schlafen wird im Stehn erledigt, dein Prachtstück würde sonst beschädigt, solch Schnurrbart will erlitten sein!* Das passt eins a zu Schöllösi, oder! — Das Original ist aber schon über hundert Jahre alt. — Die Modetrends in ihrem Lauf hält weder Ochs noch Esel auf!

Die Verse kamen ihm seltsam vertraut vor, doch war er sich nicht sicher, woher. Darum sollte sich Sabo von der Frühschicht kümmern. Kusmitsch machte einen Vermerk, dann hörte er beim nächsten Zimmer hinein:

▷ bleiben. Aber wieso hast du deinen Expander mitgeschleppt? — Den hab ich überall dabei. — Na, dann zeig mal, was du drauf hast: Eins, zwo, drei, vier, fünf, sechs, sieben, acht, neun, zehn, elf, zwölf, dreizehn, vierzehn, fünfzehn, sechzehn, siebzehn, achtzehn, neunzehn, zwanzig, einundzwanzig, zweiundzwanzig, dreiundzwanzig,

Kusmitsch spürte seine Lider schwerer werden, schaltete schnell weiter:

▷ *possebill Mischn,* bloß, dass dein Spielcharakter da eben kein Agent, sondern ein Privatschnüffler ist. Mit dem sammelst du alle Indizien, um den Fall zu lösen. Aber weil der früher Boxer war, hat sein Hirn lauter Löcher von den Schlägen, die er auf die Birne gekriegt hat. Außerdem haben die ihm irgendwelche Drogen gespritzt. Auf jeden Fall kann er die verstreuten Hinweise nicht einfach zusammenfügen, denn sein Gedächtnis wird im Spielverlauf immer schlimmer. Und dabei gibt es in jedem Raum neue Indizien, die du einsammeln musst, weil jeder Gegenstand später für irgendetwas von Nutzen ist — Könnt ihr mich endlich mal pennen lassen! Wenn wir morgen früh in der Wäsche hängen, wird das wieder nichts — Heute! Es ist schon heute. — Sechs Stunden Schlaf reichen doch locker, wenn man kein kleines Baby mehr ist — Ey, mach das Licht wieder aus! — Psst, Kurzer, wie geht es denn dann weiter? — Der Schnüffler wacht aus 'ner Ohnmacht auf und da liegt 'ne erschossene Leiche. — Leichen erschießen ist wie Schimmel weiß anstreichen. Kurzer, was issn? Mensch, jetzt schnapp nicht gleich ein. — Ich hab bloß versucht, mich zu erinnern. Also, in der Tasche von dem Schnüffler da steckt 'ne Knarre, und in der fehlen genau so viele Kugeln, wie die Leiche Einschusslöcher hat. Deshalb musst du rausfinden, wer in Wirklichkeit der Mörder war, weil, wenn du nicht schnell genug den richtigen findest, bringen die Bullen dich dafür in den Knast, und das war's dann, *Gäjm Ower*. Du musst also das Gegenmittel besorgen, damit er sich erinnert und so, darum heißt es ja *De-ja-fu.* — Du meinst wohl *Däschawüh.* — Von mir aus. Mein Alter hat jedenfalls versprochen, es mitzubringen, wenn er wieder rüberfährt.

▷ gieß Ondřej doch endlich noch was ein! Sonst redet der uns in Grund und Boden. — Lass gut sein! — So begreif doch. Es gibt Dinge auf dieser Welt, die Natur hält Rätsel bereit, schicksalhafte und freudige Rätsel, weiße Flecken. — Weiße Flecken. Dass ich nicht lache. Vielleicht in deiner Unterhose. — Weißt du nicht, was Prutkow darüber gesagt hat? Er hat gesagt: *Solange du jung bist,* und dann noch irgend etwas großartiges. Ganz wunderbar hat er das ausgedrückt. Ich kann mich bloß gerade nicht dran entsinnen. — Prutkow? Humbug, das ist von Chinaski! — Ich stand an der Küste und sprach mit der Brandung, blabla. — Willst du nicht doch noch ein Schlückchen, Ondřej?

▷ tei, ja, ja. Warum betont er es dann immer noch *die* Partei? Als ob es mehrere gäbe! — Nicht so laut, sonst hören uns die von nebenan. Mach mal deinen Leierkasten lauter!

Kusmitsch korrigierte den Pegel des übersteuernden Mikrofons. Er tippte eine Anmerkung und speicherte die Protokolldatei ab, gähnte. Nachdem er sich frischen Tee eingeschenkt hatte, schaltete er weiter auf Kanal 439:

▷ aber wenn er doch eher zurückkommt? Mm, ja. Nein, lass. Warte doch mal. — Entspann dich, ich hab abgesperrt. Zieh schon aus. Ich mach ganz vorsichtig. — Nein, nicht! — Was nicht? — Nicht so. — Du hast doch gesagt, du hättest schon. — Hab ich auch. Aber den kannte ich nicht. Und dem werde ich bestimmt nie wieder über den Weg laufen. — Dann stell dir vor, wir kennen uns nicht! Wir sind in einer Schwimmhallendusche und alle anderen sind schon draußen im, mmh. — Mmh. Mm. Au, das tut weh. Aua! — Warte mal, damit geht's besser! — Wir können doch auch einfach bloß

Naserümpfend schaltete Kusmitsch auf den nächsten Kanal um, stellte mit wenigen Handgriffen die richtige Störfilterabmischung ein – ja, er kannte seine Pappenheimer:

▷ als dieses Püppchen mit Radionzew aufgekreuzt ist, da schwante mir schon nichts Gutes! Und genauso ist es auch gekommen. Die hat Sowakow draußen im Flur bezirzt, tätatät, und schon wird der alte Schwerenöter schwach. Na, und die Abstimmung, die Schöllösi und Koslowski zum Schluss angezettelt haben, das war eine abgekartete Sache. — Darauf kannst du Gift nehmen: Pole und Ungar, zwei Brüderlein. Die Masche kennen wir doch zur Genüge. Aber sollen sie ruhig. Der Pinjera, der kann dir doch ohnehin nicht das Wasser reichen! — Darüber mache ich mir auch keinen Kopf. Was allerdings diese Rückgratlosigkeit von Sowakow angeht, das ist doch geradezu symptomatisch. Noch vor ein paar Monaten hätte es das nicht gegeben. — Ja, da kann einem schon die Galle hochkommen. Hier, noch ein Schluck zum Mund ausspülen!

▷ dürften gar nicht da sein. Schläfst du etwa schon? — Mhmh. — Also wenn die subatomaren Partikel spontan in dem Vakuumbehälter aufgetaucht sind, dann haben die sich demnach nicht durch unsere vier Dimensionen fortbewegt. — Mm. — Und, jetzt einmal angenommen, wir könnten sie tatsächlich gezielt empfangen und senden und durch die Zeit vor- und zurückschicken, dann ließen damit ja sich auch Daten austauschen, verstehst du? Tonček? Toni?

Ein paar Stunden später liefen nur noch die Bandkopierautomaten. Das Personal der Küche und der Rezeption wusste ohnehin, wo und worüber es den Mund halten musste. Napalkow schnarchte in der Offiziersstube, sägte sich quer durch Sibirien – um das zu hören, brauchte es weder Wanze noch Verstärker. Kusmitsch verschränkte die Hände hinterm Kopf und dehnte seine verspannte Rückenmuskulatur, gähnte geräuschvoll, um einen Furz zu übertönen. Doch Petrowski hätte ohnehin nichts bemerkt. Fiebrig die Tastatur traktierend, stapelte er schwarz-weiße Bauklötzchen. Er würde es allerdings zu kei-

nem neuen Rekord mehr bringen – ihre Ablösung war schon
auf dem Weg nach oben: »Walynin, marsch, den Leutnant wecken«, krähte Kusmitsch. Es graute über Moskau, und auf 11-01
schwoll bereits wieder der Wortstrom an:

▷ Wacht auf, Programmierer! Wacht auf, ihr Athleten!
In Boolscher Algebra zum Start angetreten!
Ein Schaltkreis erglüht: Ein Rekord eingestellt!
Programmierer, wacht auf, wir erobern die Welt!

Den schnellsten Prozessor heran, ihr Genossen!
Die Speicher gefüllt, die Kontakte geschlossen.
Summieren, skalieren – es zählt jedes Byte!
Wir lösen die Fragen der kommenden Zeit!

In Zukunft, da siegen Computer statt Waffen
– das erhebt uns noch weiter über die Affen
Wacht auf, ihr Adepten der Informatik!
Schreibt: RUN! Die Parole: Bloß keine Panik!

MSMP#06

Ihr Wecker krachte auf den Boden, verstummte. Ohne Kopfkissen hielt es Mireya trotzdem nicht mehr im Bett. Unter der Dusche stimmte sie einen Refrain an, den der Wind oder andere atmosphärische Ausgleichsströme im letzten Winter über den Finnischen Meerbusen getragen hatten. Dabei ersetzte sie Bangkok durch Moskau, verwandelte Männer in Frauen und nahm sich auch sonst allerlei Freiheiten.

Zwei Lieder und zehn geschlossene Knöpfe später klopfte es an der Zimmertür. Da sie nicht allzu laut gesungen hatte, würden dies wohl kaum ihre Nachbarn sein. Sie reckte ihren Frottiertuchturban vorsichtig in den Flur hinaus, und tatsächlich: dort stand ihr stiernackiger Landsmann in der Dienstkleidung des Fahrers, der sie am Vortag zur kubanischen Botschaft befördert hatte. Sie vermochte beileibe nicht zu sagen, ob der Fahrer und der mutmaßliche Attaché ein und dieselbe Person waren, ob es sich bei ihnen um Zwillingsbrüder handelte oder ob sie einander einfach nur verblüffend ähnelten. Doch dies war nicht der Moment für komplizierte Gedanken, ihr Landsmann forderte eine Erklärung ein: »Ich war gestern Abend schon mal da und hab mir die Füße platt gewartet. Warum warst du denn nicht wie besprochen auf deinem Zimmer, Compañera?«

Mireya ging auf Nummer sicher, fasste sich kurz: »Nach dem Abendessen sollte ich dem Spartakiadekomitee über den Verbleib unserer Auswahl berichten.«

»Das war genauso überflüssig wie dein gestriger Anruf in Havanna! So was wirft ein schlechtes Licht auf die Botschaft. Dabei hatte der Attaché längst alles in die Wege geleitet. Hier, die Vollmacht, um Compañero Piñeras Gepäck vom Flughafen abzuholen.«

Mireya verkniff sich, darauf hinzuweisen, dass ohne ihren Anruf beim kubanischen Sportverband überhaupt niemand gewusst hätte, wofür sie eine Vollmacht benötigte. Expósitos Einsatz deutete allerdings darauf hin, dass sich die Botschaftssekretärin Zayas geirrt oder einen Scherz erlaubt hatte. Wenn Expósito auf Anweisung aus Havanna ein solches Dokument aufsetzte, arbeitete er doch zweifellos für die Regierung. Ja, mit dem kubanischen Staatswappen und allerlei Stempeln versehen machte das Schriftstück durchaus einen amtlichen Eindruck. Während Mireya die steif formulierten Zeilen überflog, wechselte der Fahrer bereits das Thema: »Attaché Expósito lässt mich außerdem übermitteln, du möchtest ihn heute Abend auf die Datscha des Botschafters begleiten. Zu einer kleinen Feierlichkeit, alles ganz formlos, sagt er.«

Mireya meinte sich zu erinnern, die Zayas hätte gesagt, Botschafter Soto kure im Kaukasus. Darin konnte sie sich doch nicht auch noch geirrt haben. Oder sollte es sich um eine Feier anlässlich seiner Rückkehr handeln? Der Fahrer zuckte mit den Schultern, wollte nicht die leiseste Ahnung haben, von welcher Kur sie überhaupt sprach. Immerhin gab er sich nicht so kurz angebunden wie am Vortag, sondern fügte aus freien Stücken hinzu: »—der Botschafter ist gesund wie ein junger Stier«, und leierte danach noch ein paar Formalien für den formlosen Abend herunter.

Wieder allein entledigte sich Mireya des Frottiertuchs und bürstete ihre Haare auf. Als sie das Abzeichen der kubanischen Auswahl von 1981 am Kragen befestigte, stach sie sich in den Daumen, weshalb sie nun auch noch einen Blutfleck auswaschen und ihre Samstagsbluse anziehen musste.

Obwohl sie die kubanische Auswahl wiedergefunden hatte und Eduardos Datenbändern bereits einige Schritte näher gekommen war, bauten die schwer berechenbaren Begebenheiten, von denen derzeit eine auf die andere folgte, ein seltsames Spannungsfeld auf. Ihr war, als stünden zwischen den ganz alltäglichen Hürden einige zusätzliche Hindernisse auf dem undeutlich markierten Parcours. Nein, nichts davon, was sie in den letzten beiden Tagen erlebt hatte, beunruhigte sie – zumindest nicht mehr, als jedweder Abgleich von Zeitungsartikeln und Augenschein. Allein, dass derlei Ungereimtheiten und Unwägbarkeiten bis in ihr unmittelbares Umfeld hineinreichten, bereitete ihr ein wenig Unbehagen. Alles in allem hätte sie vermutlich viel mehr über-, durch- und nachdenken müssen, aber zum Denken blieb auch jetzt wieder keine Zeit: Das Telefon klingelte.

Mit verschnupfter Stimme meldete sich Hugo Mavatiku, der Trainer der angolanischen Auswahl: »Wirklich bedauerlich, dass wir uns gestern Abend verpasst haben, aber—« hier schmetterte ein Niesen durch die Leitung, und nachdem Mavatiku sich für Mireyas Segen bedankt hatte, fand er nicht zu seinem Aber zurück. »Hättest du vielleicht Lust, mich auf dem Rundgang durch die WDNCh zu begleiten?«, fragte er stattdessen. Auf mögliche Einwände schien er bestens vorbereitet: »Ich war auch schon letztes Mal dort, aber im Metallurgie-Pavillon wird seit Kurzem dieser berühmte Floh gezeigt, dem die Schmiede aus Tula mikroskopisch kleine Hufeisen angepasst haben.«

•

»—wer nie die Gelegenheit hatte, von dort oben unsere ebenso uralte wie hochmoderne Hauptstadt mit einem einzigen
Rundblick zu erfassen, der weiß nichts von ihr, denn Moskau
ist keine gewöhnliche Metropole«, wehte es die Suada eines
Reiseführers herüber. Der Fernsehturm, über dessen Panora-
maplattform er wohl sprach, hob sich kaum vom Himmel ab.
Von fahlen Wolkenschleiern gedämpft, warf die Sonne keinen
einzigen klaren Schatten. Über dem Rohbau des Pavillons der
Konsumgüterindustrie zirkelten bleiche Kranausleger. Stumpf
standen auch die vergoldeten Bäuerinnen im Brunnen der Völkerfreundschaft. Vom Beckenrand trat ein überaus attraktiver
Mann auf Mireya zu und schwadronierte sofort in Gebärden-
sprache los. Mireya verstand kein Wort. Um so gespannter folgte sie den Gesten und Gesichtsausdrücken, überlegte, ob sich
wohl russische Gebärden von spanischen unterschieden. Oder
war dies gar eine Universalsprache: Taubstumme aller Länder, verständigt euch? Der Adonis hatte seinen Irrtum längst
bemerkt. Er ließ Mireya mit einem zauberhaften Zeichen zurück und steuerte auf eine Frau zu, aus deren Handtasche eine
griechische Tageszeitung ragte. Die beiden verstanden sich auf
Anhieb.

Mireya wartete fünf Minuten vorm Eingang des stählernen Pavillon №1, wartete weitere sieben. Sie hätte wirklich gerne herausgefunden, ob der angolanische Trainer sich den Kubanern
noch immer »felsenfest« verbunden fühlte und ihr ein wenig
auf die Sprünge zu helfen bereit war – doch allem Anschein
nach gelang es ihm nicht, sich von der offiziellen Führung da-
vonzustehlen; wahrscheinlich hielt der Vorsitzende Sowakow
einen seiner berüchtigten Vorträge und hatte sich dabei strate-
gisch vorm Ausgang postiert. Die verbliebene Zeit, bis Schlykow
sie abholen käme, würde Mireya jedoch auch allein herumbe-
kommen: Sie schlenderte durch die Ausstellung. Die Haupthal-

le war mit quadratischen Platten aus Aluminiumblech verkleidet. An der Rückwand wuchs aus diesem matt schimmernden Schachbrettmuster ein gewaltiges Lenin-Profil. Auf einer Landkarte waren alle metallurgischen Kombinate der Sowjetunion verzeichnet, auf Stellwänden die Erzeugnisse der Hütten und ihrer nachgeschalteten Werke abgebildet. Rundum in den Boden eingelassene Gebläse ließen Erzproben auf Augenhöhe schweben. Mireya wollte gerade eine Aufsicht suchen, um nach dem mikroskopischen Exponat aus Tula zu fragen, als Mavatiku die Halle betrat. Der angolanische Nationaltrainer trug einen Wollschal über der Windjacke, und seine wunde Nasenspitze deutete darauf hin, dass er ein zu raues Taschentuch oder Toilettenpapier zum Schnäuzen benutzte. Dabei sollte er eigentlich besser ausgerüstet sein, hatte er doch, soweit Mireya sich erinnerte, in Nowosibirsk studiert – woher auch sein sibirischer Dialekt stammen dürfte: »Der stählerne Floh? Der ist den Kustoden entwischt«, lachte Mavatiku heiser. »Stattdessen zeigen sie jetzt im Kybernetik-Pavillon den größten Mikroprozessor der Welt! Außerdem soll es hier auf dem Ausstellungsgelände den mit Abstand besten Tee Moskaus geben. Darf ich dich vielleicht auf eine Tasse einladen?«

Mireya wusste nicht, was sie von seinen Scherzen halten sollte. Zurück unter freiem Himmel enthüllte er ihr obendrein, dass er den Telefonen im *Kosmos* misstraue, weil im Hintergrund immer wieder Geisterstimmen und Maschinensprachfetzen zu hören seien, jedoch sehr undeutlich und so kurz, dass er noch keine genaueren Schlüsse zu ziehen vermochte. Dem schickte er eine Niessequenz und ein »Entschuldigung!« hinterher.

Sie kamen an ein Teehaus, dessen Giebel mit geschnitzten Schwänen verziert waren, und wurden ohne langes Warten unterm Vordach platziert. Der Tee schmeckte tatsächlich nicht übel, und Mavatikus Schwüre klangen so kraftvoll wie ehedem.

Froh, endlich freiheraus ihre Suche nach den verschwundenen Spartakiden schildern zu können, sparte Mireya nicht an Atem und fragte Mavatiku immer wieder, ob er dies oder das ebenfalls eigenartig finde. Bald nickte er einvernehmlich, bald zuckte er mit den Brauen. Als sie die Quarantänestation beschrieb, verfinsterte sich sein Gesicht – doch am Ende lachte Mavatiku kampflustig auf und versicherte Mireya, wie sehr er sich darüber freue, dass seine Kollegen zugestimmt hatten, sie ersatzweise am Wettstreit der Trainer teilnehmen zu lassen: »Ich bin mächtig gespannt, was du uns zeigen wirst. Beim Vorbereitungstreffen habe ich mit Eduardo kurz unter vier Augen gesprochen, und da hat er durchblicken lassen, er sei an etwas dran, das uns zum Staunen bringen würde. Hast du sein Programm schon mal in Aktion erlebt?«

Mireya entgegnete, sie wisse bislang noch nicht einmal, wie die Aufgabe des Trainerwettbewerbs laute, geschweige denn, was Eduardos Programm zu leisten vermochte.

»Hat dich Sowakow schon auf Stillschweigen eingeschworen?«, fragte Mavatiku.

»Er hat etwas von einem höchst sensiblen Forschungsbereich salbadert. Verkriecht ihr euch deshalb im Wirtschaftskeller?«

»Nicht nur deshalb. Letztes Mal hatten wir ein Zimmer im Kongresstrakt, aber da ist die Klimaanlage schnell an ihre Grenzen gekommen. Auf dem Rechnergehäuse hätte man Spiegeleier braten können. Und weil wir das Maschinchen diesmal noch stärker fordern, wollte Sowakow einfach auf Nummer sicher gehen.«

Mavatiku zerkaute ein Stück Zucker, kam unvermittelt auf Marquis de Laplace zu sprechen: Dieser sei davon ausgegangen, dass eine Intelligenz, die es schaffe, restlos alle im Kosmos wirkenden Kräfte zu analysieren, dessen früheren und künftigen Zustand berechnen könne: »Aber nicht einmal der M-Dreizehn von Professor Karzew wäre in der Lage, den Kosmos so kleinteilig zu erfassen; zwei Komma vier Giga-FLOPS sind dafür kaum mehr als ein Tropfen auf den heißen Stein.«

»Das Problem kenne ich«, warf Mireya ein, »die Buchstaben des *Ulysses* reichen kaum aus, jeden neunundsechzigsten Quadratmeter von Dublin notdürftig zu markieren, und bei *Tres tristes tigres* bekommt bloß jeder achthundertste Quadratmeter von Havanna einen Buchstaben ab. Nicht, dass es tatsächlich Sinn und Zweck irgendeines Romans wäre, doch auf dieser Basis könnte bestimmt niemand eine Stadt rekonstruieren.«

Mit derlei Literaturzeug kenne ich mich absolut nicht aus, las Mireya von Mavatikus Miene ab – aber vielleicht war ihm auch bloß eine Essigfliege in die Nase gekrochen, denn er antworte: »Genauso ist es. Das Defizit des M-Dreizehn liegt allerdings in der Größenordnung von zehn hoch siebzig, und das ist immerhin der mächtigste Supercomputer der Welt. Ganz abgesehen davon, dass es ... Entschuldigung ... einige ernstzunehmende Einwände gegen den deterministischen Ansatz von Laplace gibt. Trotzdem hatte er die Grundidee der Rechnersimulation damit bereits vor einhunderteinundsiebzig Jahren ziemlich gut formuliert.«

Inzwischen hatten sie ihren Tee ausgetrunken. Sie schlenderten an einem aufgebockten Dampfer und einem mit Signalflaggen behangenen Schiffsmast vorüber, hielten auf eine Trägerrakete und eine Tupolew zu. Deren weiß lackierte Hüllen strahlten; der Wolkenschleier hatte sich aufgelöst. Mireya blinzelte, senkte den Blick: Die schnurgerade Allee war im Tageslicht undurchsichtig wie Schwarzfilm – das Hier und Heute mit Asphalt lückenlos abgedichtet, die Vergangenheit versiegelt.

»—und da dachten wir, es muss ja nicht gleich der ganze Kosmos sein. Deshalb ... Entschuldigung ... deshalb sollte unsere Aufgabenstellung diesmal eigentlich SEW-Sechsundachtzig heißen, aber einige meinten, das wäre zu heikel«, berichtete Mavatiku gerade, als vier Feuerlöschzüge und ein Mannschaftswagen mit quietschenden Reifen bei der Wostok-Rakete zum Stehen kamen und sogleich von einer Kolonne Rettungswagen eingekesselt wurden. Einige Feuerwehrmänner hatten bereits ihre Atemmasken übergestülpt, stürmten in den Pavillon der Energietechnik. Ein Oberst steckte sich eine Zigarette an. Obwohl ansonsten kein Rauch zu sehen oder riechen war, rollten die Löschzugbesatzungen eilig ihre Schläuche aus, stellten die Leitern auf. Unter dem Raunen ringsum stehender Ausstellungsbesucher trugen Feuerwehrmänner erste Opfer aus dem Pavillon und übergaben sie an die Sanitäter. Doch so, wie die rußwangigen Komsomolzinnen unter den Griffen der Rettungskräfte kicherten, konnte es sich bloß um eine Übung handeln. Die Anspannung der Menge schlug in Schaufreude um, und schon wurde Kritik am Einsatz von Wasserlöschzügen bei einem mutmaßlichen Metallbrand laut. Über die Hauptallee näherten sich indes die angolanischen Spartakiden, aus deren Mitte die Fachübersetzerin Yola Magalhães herausragte. Magalhães scherte sich keinen Deut um die Feuerwehr, musterte Mireya. Nachdem sie Mavatiku mit einer portugiesischen Breitseite bedacht hatte, lachte dieser heiser auf – verabschiedete sich aber gleich darauf von Mireya: »Wir müssen uns noch auf die nächste Wettkampfrunde vorbereiten. Hoffentlich konnte ich dir ein wenig weiterhelfen.«

»Ich hätte durchaus noch ein paar Fragen, aber ich muss auch los. Um elf fahr ich raus zum Scheremetjewo-Zwo, um Eduardos Bänder abzuholen. Euch viel Erfolg heute Nachmittag!«

•

Mireya blieb sachlich, blieb beharrlich – und siehe: Nach einigem Hin und Her verschaffte ihr das Botschaftsschreiben tatsächlich Zutritt zum Zolllager des Flughafens. Der Lagerist wendete jedoch die Handteller nach oben und maulte: »Erst bittet uns eure Botschaft, das Mannschaftsgepäck mit der nächsten Maschine nach Havanna zurückzuschicken, und heute wollen Sie hier einen der Koffer abholen: Wie soll das funktionieren, Genossin?«

So wenig Mireya darauf eine Antwort wusste, konnte sie sich einen Reim machen, wer den Rücktransport in die Wege geleitet haben mochte: »Wie, der Botschafter höchstpersönlich? Sind Sie sich sicher, dass es Genosse Soto war?«

An einen Namen könne er sich nicht entsinnen, entgegnete der Lagerist, aber Soto habe der Anrufer garantiert nicht geheißen. »Wenn der als Kubaner einen japanischen Namen gehabt hätte, wäre mir das doch im Gedächtnis geblieben!«

Falls Mireya es genau wissen müsse, solle sie in die Frachtpapiere schauen. Denen liege gewiss ein Fernschreiben der Botschaft oder irgendein anderer unterzeichneter Auftragsbeleg bei. Um diese Dokumente in der Frachtverwaltungsabteilung einsehen zu dürfen, benötige sie allerdings eine entsprechende Vollmacht.

Wie gerne hätte Mireya eine verspiegelte Sonnenbrille gehabt. Auf der Rückfahrt erzählte Schlykow ihr heitere Anekdoten von seinen schlimmsten Fuhren und von einäugigen Verkehrspolizisten, von der Zweitbesetzung eines Flohzirkusses, von einem im Kofferraum vergessenen Kübel voll dreiäugiger Krebse ... vergeblich – nicht einmal ein Stück Eistorte aus der havannischen Milchbar *Prado y Neptuno* hätte Mireya aufzuheitern vermocht. Schlykows Hinweis auf den Abzweig zum Leningradski Rajon, zum Chowrinskaja-Krankenhaus, überging sie kommentarlos – die Hiobsbotschaft würde sie Eduardo noch früh genug überbringen müssen. Zuvor wollte sie allerdings erst noch einmal mit Expósito und Zayas sprechen.

Schlykow, wahrlich keiner der schwerfälligen, unentschlossenen Moskauer, wagte kurz vor der Auffahrt zum *Kosmos* einen anderweitigen Vorstoß.

»Nimm es mir bitte nicht krumm«, antwortete Mireya, wobei sie ihm sacht die Hand auf den Oberarm legte. »Ich würde wirklich gerne mitkommen, aber ausgerechnet heute Abend muss ich zu einer Feier unserer Botschaft.«

»Bei solchen Kalibern kann ich natürlich nicht mithalten«, sagte Schlykow.

•

Die Aufzugtür hatte sich fast geschlossen, als von draußen ein Aktenkoffer in den verbliebenen Spalt geschoben wurde: »Moment, Moment. Sie wollen einen Veteranen doch nicht etwa Treppen steigen lassen?«

Bereitwillig drückte Mireya den Türschalter. Ein hochgewachsener, hagerer Alter betrat die Kabine, stellte schnaufend den Aktenkoffer ab. Jede seiner Poren und Fasern dünstete den Duft vanillierten Pfeifentabaks aus. Er säuselte etwas, das entfernt russisch klang, Mireya jedoch an die Grenze ihrer Sprachkenntnisse brachte.

»Gern geschehen«, gab sie auf gut Glück zurück.

»Oha«, antwortete der Alte und presste den rechten Daumen gegen seine runzelige Wange, verdrehte die Augen. Mireya unterzog ihre Schuhspitzen einer Inspektion und überlegte noch, was sie am Abend anziehen würde, als der Aufzug mit einem heftigen Ruck anhielt. Die Schiebetür öffnete sich handbreit, gab einen Blick auf die Betonwand des Fahrschachts frei, schloss sich wieder. Auf der Positionsanzeige über der Tür sprang das Licht zwischen der Acht und der Neun hin und her. Die Steuerung wird durcheinandergeraten sein, als das Großväterchen den Schließvorgang unterbrochen hat, dachte Mireya – was ihr der Alte offenbar von den Augen ablesen konnte: »Das mache ich schon seit Jahren so, und bisher ist er nie stecken geblieben!«

Mit festem Fingerdruck wählte Mireya noch einmal ihre Etage, doch der Aufzug bewegte sich keinen Millimeter, auch nicht, als sie nacheinander alle anderen Zahlenknöpfe durchprobierte, sie aleatorisch miteinander kombinierte und dabei gedanklich über ihre vorgesehene Funktion instruierte.

»Darf man!«, insistierte der Alte im geübten Tonfall der sowjetischen Kriegsveteranen, die an jedweder Warteschlange vorbei sofort zur Theke strebten. Er trat ans Steuertableau und las sich gewissenhaft die Nutzungsvorschriften durch. Am letzten Absatz angekommen, richtete er seinen tabakgelben Zeigefinger auf den Notrufknopf und zwinkerte Mireya zu: »Den wollte ich schon immer einmal drücken!«

Da sich auch auf seinen dritten Versuch hin niemand meldete, trat der Alte wieder beiseite und nahm eine Wartehaltung ein, die an ein Fragezeichen erinnerte. Mireya presste ihr Ohr an die Löchlein der Sprechstelle. Die leisen Tonfetzen, die sie hörte, klangen wie ein defekter Fernseher oder, nein, vielmehr wie die dissonanten Signalfolgen auf Datenkassetten – gerade so, wie es Mavatiku über die Telefonanlage des *Kosmos* gemunkelt hatte. Die gedämpften Stimmen, die kurz darauf folgten, kamen allerdings nicht aus der Sprechstelle, sondern drangen anscheinend aus einem der Flure in den Fahrstuhlschacht herein: »Hören Sie das auch?«

»Nein«, der Alte hörte es nicht – vielleicht aufgrund all der Härchen in seinen Ohren? Und die sonst so hellhörigen Etagenfrauen schienen in kollektive Nachmittagsstarre verfallen zu sein.

Zumindest erhielt Mireya auf ihre beherzten Rufe hin keine Antwort. Der Alte stimmte gar nicht erst ein: »Spätestens zum Schichtwechsel wird es jemandem auffallen. Solang die Seile halten, brauchen wir uns also keine Sorgen machen!«

Den Tragseilen schien er jedoch nur bedingt zu trauen, hielt er es doch für unerlässlich, Mireya darüber zu unterrichten, warum er heute keinesfalls abstürzen wollte: »Ich mag zwar schon genügend Jährchen auf dem Buckel haben, aber es wäre doch schade um den Teppich, den ich vorgestern ergattern konnte.« Um nicht noch länger über Tragseile nachdenken zu müssen, gab Mireya vor, mehr über den Teppich wissen zu wollen. Die Antwort des Alten klang nur vage russisch, brachte Mireya abermals an die Grenze ihrer Übersetzungskünste – doch diesmal hakte sie nach. Der Alte bedeutete ihr pantomimisch, sie möge sich einen Augenblick gedulden. Daraufhin wandte er sich zur Seite, streckte den Oberkiefer vor und rückte seinen Zahnersatz mit Zunge und Daumen zurecht. Mireyas Blick glitt von den verspiegelten Kabinenwänden abermals zu ihren Schuhen.

»Darf ich fragen, wie Sie heißen, Mädchen?«

Er durfte – und, nachdem er sich seinerseits als Otar Kartwelidse aus der Rosenstadt Kutaissi vorgestellt hatte, schwärmte er von seinem neuen Teppich aus Marneuli, aus dem weltberühmten Werk *Goldenes Vlies*, einem echten Borchalo-Teppich also, der in puncto Knüpfdichte und Farbenspiel seinesgleichen suche. Mireya wiederum berichtete freimütig über die Rolle ihrer Familie in der Kubanischen Revolution und im Angolanischen Befreiungskrieg. Einmal in Fahrt, zog sie auch das Phantombild ihres Vaters aus dem Portemonnaie. Noch ehe sie dazu kam, nach dem verschollenen Kubabesucher zu fragen, gluckste Kartwelidse: »Da schau einer an, unser Buddha von Bordschomi ...«

Mireya ahnte, was nun folgen würde, lief es doch bei fast all ihren georgischen Bekannten auf das Gleiche hinaus: Sie reklamierten nicht bloß den Ursprung der Weinkelterei für ihre Heimat, sondern auch die Erfindung der Polyphonie, der Pansenbrühe, des Schaschlik, des Säbeltanzes, der Schnabeltasse, der Cola und des Chansons. Ja, beinahe alle zivilisatorischen Errungenschaften sollten aus den georgischen Tälern und Küstenstreifen hervorgegangen oder doch mindestens von einem in die Ferne verschlagenen Georgier erfunden worden sein. Dass nun auch der Buddhismus seine Wurzeln im Kaukasus haben sollte, war nach diesem Argumentationsmuster bloß eine Frage bislang falsch ausgesprochener Namen, unwiederbringlich verlorener Chroniken, feindlicher Beutezüge, imperialistischer Ignoranz ...

Kartwelidse strich indes mit seiner gelben Zeigefingerspitze über die Zeichnung: »Was ist das für eine sozialistische Kunst, die noch immer beschönigt? Vor zehn Jahren, als ich Serjoscha das letzte Mal gesehen habe, hatte er hier auf der linken Wange eine Narbe, irgendeine Messerstecherei, wenn ich mich recht entsinne.«

Aber ja doch, bestätigte Kartwelidse, er spreche von Sergei Vardanowitsch Bogosian. Noch während er den vollen Namen aussprach, verhärteten sich die Gesichtszüge des Alten. Offenbar hatte sich sein Zahnersatz schon wieder gelockert. Steiflippig brachte er noch hervor, dass er nicht den leisesten Schimmer habe, wohin es Sergei Vardanowitsch seit jenen Tagen verschlagen habe. Taktvoll wandte Mireya sich zum Steuertableau. Immerhin wusste sie nun, dass Bogosian tatsächlich existierte und dass er seinem Phantombild ähnelte: Dies würde ihre Mutter mit Stolz erfüllen.

Kartwelidse hatte seine Zähne wohl mittlerweile festgedrückt, sinnierte nun wieder über die Trageseile und seinen Teppich.

Mireya hielt die Notruftaste mehrere Minuten lang gedrückt, doch es drangen nicht einmal mehr dissonante Signale aus der Sprechstelle. Allmählich wurde ihr die Kabine zu eng. Sie rief durch die millimeterdünne Fuge der Schiebetür in den Schacht hinaus, horchte: »Ist es denn die Möglichkeit, dass es keiner bemerkt, wenn der Aufzug so lange steht?«

»Das lässt sich von draußen vermutlich gar nicht so einfach feststellen«, erwiderte der Alte und deutete auf die Anzeige über der Tür. Das Positionslicht sprang längst nicht mehr zwischen der Acht und der Neun hin und her, sondern glitt gemächlich von der Zwanzig zur Elf hinüber, hielt kurz inne, glitt weiter gen Acht. Dort verweilte das Licht etwa eine halbe Minute, ehe es wieder seitwärts strebte. Mireya hämmerte mit der flachen Hand gegen die Schiebetür, trat fest mit dem rechten Absatz auf. Die Kabine vibrierte, und irgendetwas knarzte. Kartwelidse bedachte Mireya mit einem nervösen Seitenblick, entriegelte seinen Aktenkoffer. Darin lag lediglich eine aus Zeitungspapier gewickelte Stanitzel, deren zusammengedrücktes oberes Ende der Alte sogleich entfaltete: »Bitte sehr, bedienen Sie sich! Sonnenblumenkerne sind Seelennahrung ... Überhaupt hält der Mensch fast alles aus. Stellen Sie sich vor, ich habe einhundertundeinundsiebzig Tage lang in einer winzigen Einzelhaftzelle überstanden. Ohne Licht, wohlgemerkt.«

Mireya spukte die Schalen in ihre locker geballte linke Hand: »Und darf man fragen, weshalb Sie im Gefängnis saßen?«

Kartwelidse blies ein Lachen durch die Nase aus: »Darf man, ja, heutzutage darf man fragen. Wegen meiner geschickten Hände. Nein, nein, meine Liebe, ich war weder Dieb noch Trickbetrüger. Ich war einmal der beste Schattenspieler der Sowjetunion. Schauen Sie!«

Allen physikalischen Gesetzen zuwider, vermochte der Alte das mannigfaltig widerspiegelnde Kabinenlicht so einzufangen, dass unter seinen Händen scharf umrissene Schatten fielen. Beinah schien es, als emittiere seine runzelige Haut das Schattenschwarz: Schon schlich ein Kater über den Fußboden, strich um Mireya herum. Kaum hatte er sich an ihre Fesseln geschmiegt, wich der Kater panisch zurück und verwandelte sich in einen Dämon, der mit Gehörn und geschwungenem Gewaff bewehrt war. Seine spitzen Hauer wuchsen immer weiter an, verschmolzen miteinander und entpuppten sich schließlich als ein Schmetterling, der grazil durch die Kabine flog, sich neben das Steuertableau setzte. Als er die Flügel zusammenklappte, erkannte Mireya in seinen Umrissen ihre eigene Silhouette – und ja, ihr Mund stand tatsächlich offen.

»Mit Gesichtern, die offiziell längst aus der Geschichte verschwunden waren, habe ich mich seinerzeit geradewegs hinter Schloss und Riegel gebracht, in verschärfte Einzelhaft. Ich befürchtete schon das Schlimmste, als sich eines Tages die Tür öffnete und unser stählernes Väterchen eintrat: Was denn«, hier verlegte Kartwelidse sich auf einen süßlichen Zungenschlag, »was denn, Otar Wanojowitsch, was machen Sie im Gefängnis und liegen auf der faulen Haut, wo Sie doch das Sowjetvolk dringend braucht? Bis die vor uns liegenden Prüfungen—«

»Sie wollen mir weismachen, dass Stalin höchstpersönlich zu Ihnen ins Gefängnis gekommen ist?«

»So waren die Zeiten«, erwiderte Kartwelidse und nahm seinen Faden sogleich wieder auf. »Er sagte also: Bis die vor uns liegenden Prüfungen überwunden sind, müssen wir die Wahrheit einstweilen als Klassenfeind betrachten und aus dem Schatten heraus regieren ... Auf sein unumstößliches Wort hin wurde ich unverzüglich freigelassen, und die folgenden sieben Jahre trat ich Nacht für Nacht meinen Dienst im Kreml an. Bestimmt haben Sie schon davon gehört, dass in Stalins Arbeitszimmer auch zu nächtlicher Stunde das Licht brannte, weil unser oberster

Genosse niemals schlief. Doch was man da am Fenster auf und ab gehen sah, das war nicht unser sinnierendes Väterchen, nein, das war einzig das Werk meiner Finger.«

Um seinen Worten mehr Nachdruck zu verleihen, ließ Kartwelidse den Verstorbenen als Schatten wiederauferstehen. Mireya blieb skeptisch – was der Alte allerdings nicht erst von ihren Augen ablesen musste:»Sie glauben mir nicht! Alle denken, für solche Aufgaben hätte Stalin seine Doppelgänger eingesetzt. Weit gefehlt! Die wurden doch dauernd für Filme gebraucht, und als Zielscheiben in den Staatskarossen, die zu seinem Schutz auf Täuschungsrouten fuhren. Außerdem, bedenken Sie, ein Doppelgänger in den Gemächern des Generalissimus, am Schreibtisch des Vorsitzenden, nein, nein! Allein die Möglichkeit, dass ein Doppelgänger irgendeinem schlaftrunkenen Minister schnell ein paar falsche Befehle diktiert, dieses Risiko wäre Josef Wissarionitsch niemals eingegangen. Eine Bohnenstange wie mich hingegen würde keiner mit Stalin verwechseln. Wissen Sie nicht, wie klein er war? Auf den Plakaten und auf den Tribünen, ja, da wirkte er imposant, sah so groß aus wie Mikojan, Molotow und all die anderen, größer sogar. Aber in Wirklichkeit reichte er mir gerade einmal bis hier«, sagte Kartwelidse und legte die Handkante an seine Reversspitze. »Nichtsdestotrotz war er ein großer Georgier. Und dass ich mit nichts als Lichtschein die Illusion seiner Anwesenheit erzeugen konnte, das war ganz nach Sosos Geschmack.«

Inzwischen hatte Mireya noch einmal alle Steuertasten durchprobiert und nun, da der Alte mit gedankenverlorenem Blick verstummt war, hämmerte sie abermals mit der flachen Hand gegen die Kabinenwand:»Womöglich würde uns ja jemand hören, wenn es uns gelänge, die Tür aufzuhebeln.«

»Immer mit der Ruhe, Mädchen. Darf ich Ihnen vielleicht noch ein paar geröstete Sonnenblumenkerne anbieten?«

»Nein, danke«, erwiderte Mireya. »Aber, sagen Sie bitte, woher kennen sie Sergei Vardanowitsch denn eigentlich? Aus dem Kreml?«

»Wen?«

»Den Buddha von Bordschomi, mit der Narbe auf der linken Wange.«

»Ach, Bogosian. Na, was heißt kennen ... Wir waren zweiundsiebzig zur gleichen Zeit zur Kur in Bordschomi. Da haben wir zwei- oder dreimal Schach gespielt«, berichtete Kartwelidse und zog dabei eine Miene, als habe er alle Partien kläglich verloren. »Das mit dem Buddha ist übrigens nicht auf meinem Mist gewachsen, so nannten ihn die Heilmasseusen des Sanatoriums.«

»Und wo haben Sie ihn das letzte Mal gesehen?«, fragte Mireya. Doch entweder machte dem Alten die verbrauchte Kabinenluft zu schaffen oder sein Nervensystem brauchte dringend neues Nikotin. »Sie sagten vorhin, Sie hätten Bogosian vor zehn Jahren das letzte Mal gesehen«, half sie ihm auf die Sprünge.

»Ach«, seufzte Kartwelidse, »das war bloß eine ganz flüchtige Begegnung auf dem Flughafen von Tbilissi, genauer gesagt, am Rollfeld: Er rein, ich raus.«

»Lebt er dort, in Tbilissi?«

»Wissen Sie, Mädchen, das Schachspiel ist ein Zeitvertreib, bei dem sich wunderbar gemeinsam schweigen lässt. Ich hab Ihren Bogosian nie danach gefragt, wo er wohnt oder dergleichen«, sagte Kartwelidse, und dann: »Vielleicht sollten wir ja wirklich versuchen, die Tür einen Spaltbreit zu öffnen?«

»Ja, sonst warten wir hier noch ewig. Ein ganzes Hotel voller Kybernetiker, und keiner kümmert sich um den defekten—«, hier stutzte sie und nahm sogleich die Schrauben des Steuertableaus in Augenschein. Obwohl Mireya keinerlei verdächtige Spuren entdeckte, berichtete sie Kartwelidse von den beiden Spartakiden, die ihr am Vorabend im Aufzug begegnet waren und die nicht nur Werkzeug, sondern auch allerlei technische Gerätschaften mit sich geführt hatten. Der Alte winkte ab: »Wenn man auf engstem Raum eingeschlossen ist, darf man derartige Gedanken gar nicht erst aufkeimen lassen. Sonst kann man am Ende die wirkliche Welt nicht mehr von Hirngespinsten unterscheiden!«

••

Aus dem Autoradio dudelte *Die Parade der Planeten.* Bequem im Sitz zurückgelehnt, also eigentlich ganz in seinem Element, steuerte der stiernackige Fahrer auf den Gartenring zu. Gleichwohl gab er sich noch immer grantig, hatte er doch abermals auf Mireya warten müssen: »Mir kannst du meinetwegen mit solchen Ausreden kommen. Attaché Expósito solltest du aber den gebotenen Respekt erweisen und ihm keine Märchen auftischen. Wegen dir werden wir viel zu spät kommen, und am Ende heißt es dann wieder, Leonardo hat das Gaspedal nicht gefunden«, und noch eine Weile so weiter – die üble Laune machte ihn geradezu geschwätzig: »Hör doch auf, Compañera, wo soll das denn hinführen? Ich hab schließlich mit eigenen Augen gesehen, dass alle Aufzüge in Betrieb waren.«

Wäre Mireya noch nie zuvor von ihm chauffiert worden, sie hätte annehmen müssen, Leonardo versuche, auf Teufel komm raus die Verspätung zu verringern – doch nein, diesmal fuhr er schon beinah bedächtig, ließ sogar einen Krankenwagen an sich vorbeiziehen. Auf der für Nomenklatura und Diplomaten reservierten Fahrbahn rauschten sie den Neuen Arbat hinab: vorbei am SEW-Gebäude (nun sah sie, warum Nika es als ein aufgeklapptes Schuldbuch bezeichnet hatte), vorbei am Weißen Haus und am Hotel *Ukraina*, dessen sternbesetzte Spitze im Abendrot leuchtete, und unbeirrt unter zitternden Oberleitungen und zwielichtigen Ampeln weiter an den Wohnpalästen des Kutusow-Prospekts entlang. Auf Höhe des Triumphbogens wurden die Fassaden allmählich schlichter, und jenseits des Poklonnaja-Hügels tauchten auch wieder Plattenbauten auf. Wenig später strich das Scheinwerferlicht bereits über Büsche und Stämme, die Säume der Wäldchen, die von der Rubljower Chaussee durchschnitten wurden. Leonardo suchte einen anderen Sender, weil unter den Interferenzen kaum noch *Der Stern des Orients* durchdrang. Er bog in eine seitwärts abgehende Sackgasse ein, wobei er sich weder um die Verbotsschilder, noch um den Polizeiposten scherte. Mireya kurbelte die Scheibe herunter, ließ sich die milde Luft ins Gesicht wehen, roch Kiefernharz, Dung und Lack. Seit einigen Kilometern von hohen Zäunen gesäumt, weitete sich die Waldstraße schließlich zu einem kleinen Platz. Gelassen wich Leonardo den Radlern aus, die vor einem Dorfladen plauderten, bog abermals ab und hielt auf das Tor am Ende der schmalen Straße zu. Mireya, die sich diesmal keine Blöße hatte geben wollen, touchierte, als der Wagen zum Stehen kam, mit der Stirn die Frontscheibe: Leonardo quittierte ihre mangelnde Voraussicht mit einem Schnalzen und wünschte ihr noch einen angenehmen Abend.

Lampions wiesen ihr den Weg durch einen Obstgarten, hin zu einer Datscha, die ohnehin nicht zu verfehlen gewesen wäre. Die Feier war bereits im vollen Gange. Zwischen den Obstbäumen huschten ein paar Halbwüchsige umher, wirbelten Blütenblätter vom Boden auf. Vom Balkon drang Gläserklirren herab, gefolgt von einer Klage über den vulgären Stil westlich orientierter Musikkollektive, der unweigerlich ungesunde Emotionen und Verfallserscheinungen auslösen müsse, »ein akustischer Virus ist das, der die Gehirnströme umprogrammiert, nein, lachen Sie nicht, Grigol Nikolajewitsch! Anders kann man es mit gesundem Menschenverstand nicht begreifen, dass selbst die Melkerinnen unserer Sowchose ihre Ersparnisse für solche Aufnahmen rausschmeißen, anstatt sich für ihre ureigene Volksmusik zu interessieren«.

Über eine kleine Treppe gelangte Mireya auf eine Veranda. Keiner der dichtauf sitzenden Gäste nahm von ihrer Ankunft Notiz. Neben der Tür stritt ein Balte, dem das Haar wie verwelkter Schnittlauch am Schädel hing, mit einem kahlen Kirgisen darüber, welche kubanische Baseballmannschaft die Play-offs gewinnen würde: »—ach, niemals! Die *Naranjas* haben nicht den Hauch einer Chance. Die *Vegueros*, ganz klar, oder die *Alfareros*, die spielen von Mal zu Mal besser.«

Am Tisch hinter den beiden gab eine sommersprossige Gerte Schwänke zum Besten: »Bei der Konferenz in Warschau meinte ein indischer Mathematiker, dass der Rest jeder Berechnung eine tausendköpfige Schlange ist. Aber vielleicht habe ich ihn auch missverstanden, dieses indische Englisch ist ein sonderbarer Singsang.«

Ein alter Kaufmannssamowar verbreitete den herbsüßen Duft von Holzkohleglut und Essenz. Mireya mischte ein Gläschen Tee an, machte sich auf die Suche nach Attaché Expósito. Von der Veranda gingen zwei Flügeltüren ab. Durch die linke gelangte Mireya in ein Arbeitszimmer, dessen museale Atmosphäre die übrigen Gäste ferngehalten haben mochte: Auf dem Schreibtisch standen neben kleinen Marmorbüsten von Martí, Marx und Lenin ein weißes und ein schwarzes Telefon, lagen Aktenstapel und sorgsam sortierte Stifte unter einer Federzugleuchte. An der Wand hingen zahlreiche Fotografien – weithin bekannte Ikonen verschiedener Revolutionen und hohe Funktionäre der PCC, die ihre Mutter so oft in heroischer Pose gemalt hatte. Hier zeigten sie sich völlig entspannt, schüttelten einem lachenden Mestizen die Hand, legten ihm einen Arm um die Schulter, küssten ihn brüderlich: Das war nicht Compañe-

ro Soto, dessen Gesicht sie doch recht genau aus den Skizzen-
büchern ihrer Mutter und aus den Zeitungen kannte, nein, das
mochte einer seiner vielen Vorgänger sein.

Der Firnis des Ölgemäldes an der gegenüberliegenden Wand
glänzte im seitlich hereinfallenden Licht. Mireya trat näher,
staunte: Die sagenumwobene Stadt Kitesch segelte auf einer
riesigen Galeasse über einen See, auf dessen glatter Oberfläche sich die prachtvollen Tore, Türme, Paläste und die goldene Kuppel seiner Kathedrale spiegelten – gerade so, als sei die
schwimmende Stadt von allem Anfang an auch schon die un-
tergegangene gewesen. So, wie Atlantis, Babylon, Cusco, Irâm
und Teotihuacán, all die Hauptstädte mächtiger Reiche, die
einst aus Weltmeeren, Wüsten und Wolken aufragten. Ob ihre
Bewohner das Verderben unter allen Wegen gespürt und zu guter Letzt um Errettung durch einen Untergang gebetet haben?

Die dunkelblauen Bände der *Großen Sowjetischen Enzyklopädie* nebst einer *Enciclopedia Espasa* mit goldglänzenden Lettern
auf den Rücken nahmen beinahe das gesamte Bücherregal ein.
Auf dem verbliebenen mittleren Regal reihten sich Humido-
re: »Unsere Spitzenerzeugnisse«, raunte es in gepflegtem, doch
schwer verortbarem Spanisch, »*Montecristo Número Tres, Da-
vidoff Cinco Millar, Rey del Mundo* ... wonach auch immer unseren sowjetischen Freunden der Gaumen gelüsten mag.«

Die adrette Alte – ohne Zweifel die Botschaftssekretärin Zayas – holte weit mit der Hand aus: »Alles andere stammt noch
aus früheren Tagen. Botschafter Soto hatte bislang keine Muße,
sich hier einzurichten. Er geht ganz und gar in dienstlichen Ver-
pflichtungen auf.«

Mireyas Interesse am Pensum und den Passionen des Botschafters hielt sich in Grenzen, weitaus dringlicher wollte sie wissen,
warum das Gepäck der Spartakiden bereits zurück nach Kuba
verschickt worden war.

»Aber wie kommen Sie denn auf diese kuriose Idee, meine Liebe?«

Wie sie darauf kam, war in wenigen Worten umrissen. Die Zayas schürzte dazu die Lippen und erwiderte schließlich: »Dieser Beamte war offenbar überfordert. Zumindest hatte er keinen blassen Schimmer, wovon er spricht. Bereits gestern habe ich in die Wege geleitet, dass das Gepäck unserer Equipe unverzüglich ins Krankenhaus überstellt wird. Die armen Kinder, ganz ohne Zahnbürste und frische Unterwäsche, das ging doch wahrlich nicht an.«

Dies Auf und Ab setzte Mireya merklich zu – und doch, frohlockte sie, wäre damit, wenn es denn stimmte, wieder alles offen. Weshalb aber hatte ihr Attaché Expósito heute morgen die Vollmacht für den Flughafenzoll zukommen lassen, als doch die Koffer längst auf dem Weg ins Chowrinskaja gewesen sein mussten?

»Meine Liebe, ich habe Ihnen bereits am Telefon erklärt, dass niemand dieses Namens an unserer Botschaft tätig ist!«

»Das begreife ich nicht. Er war es doch, der mich zu dieser Feier eingeladen hat. Ein kräftiger Herr, Anfang dreißig. Äußerlich könnte er gut und gerne der Zwillingsbruder des Fahrers sein, der mich hierhergebracht hat.«

»Hören Sie, Kindchen, die Einladung kam von mir. Wir können doch nicht zulassen, dass sie allein im *Kosmos* Trübsal blasen. Und Leonardo hat ganz gewiss keinen Bruder – glauben Sie mir, ich wüsste es, wenn ich zwei Neffen hätte. Augenblicklich beschleicht mich allerdings das Gefühl, ich sei mit diesem einen bereits weit über Gebühr gestraft. Wohin soll das führen, wenn er bei den einfachsten Gängen solch ein Tohuwabohu heraufbeschwört? Am Ende fällt es doch auf mich und die Botschaft zurück«, klagte sie, wobei erstmals nicht jedes *R* und jedes *S* zu ihrem Recht kamen: »Dem werde ich die Leviten lesen müssen. Vielleicht bringt ihn ja eine Saison bei der Zuckerrohrernte zur Raison.«

Ton und Richtung des Gespräches gefielen Mireya gar nicht. Doch auf das Knarren einer Diele hin fand die Zayas bereits in ihre gepflegte Haltung zurück: »Ah, Daniil Alexandrowitsch. Fräulein Fuentes, darf ich vorstellen? Oder kennen Sie den Sohn des Genossen Owragin schon?«

Nein, sie hatte den sommersprossigen Sinologen bislang noch nicht gekannt. Doch schon sah sie sich genötigt, ihm zu erklären, warum sie Leningrad *seinem* Moskau vorzog: »Vor allem, weil es am Meer liegt. Wissen Sie, im Frühsommer bringt mich der Geruch von offenen Muscheln, Tang und Brack fast jede Nacht nach Havanna. Und dann kommt es mir wie ein weiterer Traum vor, wenn ich am Morgen an der Newa aufwache. Außerdem dieses wunderbare Licht in den Sommernächten …«

Als hätte irgendjemand ihre Schwärmerei gehört und sich anstecken lassen, ertönte nun die sorgsam konservierte Stimme von María Teresa Vera und lockte Mireya in den Flur. Das Knistern der Schallplatte heizte ihre sentimentale Stimmung noch weiter an, und weil auch Tejedor y Luis von verglommener Liebe sangen, ließ sich Mireya auf ein Gläschen Rum überreden – der Son Cubano spült sich schlecht mit Tee hinunter.

»Hier, das müsst ihr unbedingt ausprobieren«, empfing sie der welkhaarige Balte am Getränkebüfett. »Vielleicht fällt euch zwei Hübschen ja ein Name für meine neue Mixtur ein. Einhundert Gramm Noworossijsker Pepsi als Basis und ein Schuss Johannisbeerlikör fürs Aroma, mehr möchte ich noch nicht verraten. Bitte sehr, die Dame!«

»Bah! Bei mir haben Sie die Cola und den Likör vergessen. Das ist schwarz eingefärbtes Spülwasser.«

»Süß-schwarzes Spülicht«, probierte der Balte den Klang, formte die Vokale mit sichtlichem Genuss: »Schwarzwassertraum …«

Auch das Mineralwasser, das er ihr ausschenkte, schmeckte widerlich – sie würde sich den Mund wohl mit Tee ausspülen müssen. Obendrein hatte es nun auch noch sein kirgisischer Freund auf ihre Laune abgesehen: »Bleiben Sie bei Leitungswasser, solang Rokas am Schanktisch ist. Sein Köfferchen war heute wieder randvoll. *Atropin, Analgin, Papaverin* – das ganze Programm. Ich frage mich wirklich, wo er das Zeug immer herkriegt. Bei uns ist alles wie leer gefegt!«

Doch so leicht ließ Mireya sich nicht ins Bockshorn jagen: »Vielleicht importiert er es ja aus Kuba«, konterte sie. Für völlig abwegig hielt der Kirgise das offenbar nicht. Auf der Veranda wurden indes Instrumente gestimmt und nachdem über ein pfeifendes Mikrofon *Grigol und seine Giperboloidy* angekündigt worden waren, spielte eine kleine Kapelle auf. Mireya ließ Daniil Alexandrowitsch am Büfett zurück. Auf der Treppe saß ein feingliedriger Russe neben einer Kubanerin, bei der sich die Natur nicht hatte entscheiden können, wo sie mit Reizen sparen sollte. Das Weißhändchen unterhielt sie nicht ohne Geschick: »—aber weint die Welt einem Stein nach, an den niemals ein Fuß stieß, über dem nie das Rad einer Kutsche brach und der sich bis an Ende aller Tage in keine Mauer fügen wird? Kurzum: könnte man irgendeinen beliebigen Kiesel bedenkenlos aus diesem Gedicht weglassen?«

Ja, über Poetik hätte Mireya auch gerne diskutiert. Doch stand inzwischen der Sänger der Tanzkapelle vor ihr, straff gestriegelt, unverkennbar: Grigol Nikolajewitsch Gogoladse, der Georgier aus dem Schnellzug, diesmal in einem Sakko mit noch größeren Schulterpolstern, obwohl er beileibe keiner Verbreiterungen bedurft hätte: »Liebe kubanische Freunde, teures heimisches Publikum, unser nächstes Stück spielen wir mit besonderem Gruß an unsere holde georgische Genossin Mineralwasseradse. Diese dokumentarische Ballade über die denkwürdigen Vorkommnisse in der Frostschutzmittelfabrik namens *Polbezwinger Papanin* stammt aus der Feder meines Großonkels Schota, möge die Erde ihm leicht sein ...«

Zu Mireyas Überraschung schien die Ballade von Amors Absturz nicht nur den anwesenden Russen bestens bekannt. Immer mehr Gäste strömten auf die Veranda, und schon griffen einige die Melodie auf. Mireya spürte eine Hitzewelle in ihrem Bauch, spürte die Halsschlagader wild pulsieren, spürte ihre Wangen glühen. Nach der Strophe über den Liebesregen verfiel die Datscha geradezu in Enthusiasmus, und nun tönte es lauthals aus allen Winkeln:

Egal ob Pförtner oder Brigadier
Vor Liebeshagel schützt kein Moralin
Mascha seufzte von zwei Pfeil'n getroffen (Oh Konstantin, oh Kasimir)
Das heilt nur eine Medizin!
Und Waljas Brust durchbohrten sogar vier.

Hätt' bloß der Kaderleiter nicht gesoffen
Sechs Maiden wär'n gefall'n für ihn!
Der frischgeback'ne Doktor der Chemie (Der Walentin, der Walentin)
Zeigte sich anderweitig aufgeschlossen:
Rutschte dem Lehrling ungefragt aufs—

Mireya hatte kein Ohr mehr für die Ballade, taumelte die Treppe in den mondhellen Garten hinab. Kaum hatte sie sich an einen Baumstamm geklammert, hob sich ihr Magen – verteilte saure Säfte und einen schleimigen Brei aus Sesambällchen und Sonnenblumenkernen auf den Blüten. Sie wischte sich mit dem Handrücken übers Kinn, machte sich auf die Suche nach dem Badezimmer.

Der beinahe parteilose Spiegel über dem Waschbecken zeigte

eine Zusammenfassung der letzten Stunden, Wochen und Jahre – da half kein Augenreiben. Ganz im Gegenteil, das machte alles noch viel schlimmer. Ihre Haut reagierte überempfindlich auf die Berührung. Schon zeigte sich ein zartes Faltennetz rings um ihre Augenhöhlen und auf ihren Wangen; schon breitete es sich halsabwärts aus. Stressfalten, Sorgenfalten. Erst die Doktorarbeit, dann die Verteidigung, dazu die Hängepartie mit Nika und jetzt auch noch das Durcheinander bei der Spartakiade: Diese fortwährende Anspannung ginge wohl an niemandem spurlos vorüber! So seltsam ihr dieser Gedanke im ersten Moment anmutete, so einleuchtend und beruhigend erschien er im nächsten. Nein, so konnte es nicht weitergehen! Was ihr fehlte, waren Ruhe und Feuchtigkeit! Während sie warmes Wasser einließ, unterzog sie das Badezimmer einer Inventur. Im Spiegelschrank, hinterm Spülkasten und auf dem Wannenrand fand sie:

- einen Rasierhobel nebst Pinsel und Alaunwürfel,
- allerlei anrüchige Aftershaves, Parfüms und Lippenstifte,
- spanische Sonnenmilch und deutsche Cremes,
- *Partavaahto* (was auch immer in der Tube sein mochte),
- vietnamesisches Goldsternbalsam,
- Fußspray, Bimsstein und Handseifen unergründlicher Provenienz,
- namloses Badesalz (von dem sie, schwupp, einen Schwung ins Wasser schüttete),
- belarussisches Birkenwasser,
- kubanische Zahnpasta,
- Zahnstocher,

und auf dem Fensterbrett stand eine schlichte Dose. Das Gel darin, geruchlos und durchsichtig, mochte genau das richtige für ihre strapazierte Haut sein, ja: Es glitt geschmeidig über die Finger. Sofort breitete sich ein angenehmes Kribbeln entlang der Papillarlinien aus, und die Fingernägel glänzten silbrig – wozu vielleicht auch der Mond beitrug, der durchs offene Oberlicht leuchtete. Aber, ach, welch herrliches Kribbeln! Außerstande sich zu bremsen, verteilte sie drei Tröpfchen Gel auf Stirn und Wangen, wo es sofort verdampfte. Dabei kühlte es nicht nur, sondern ließ die Haut makellos zurück. Im Handumdrehen ihrer Kleider entledigt, verrieb Mireya das Gel großzügig auf allen Körperteilen. Hier und da verteilte sie noch ein bisschen mehr und wollte es partout nicht bei äußerlicher Anwendung belassen. Nachdem sie die Dose ausgeleckt hatte, rülpste sie und rüttelte ihre Glieder, fand alsbald zu fließenden Bewegungen, tanzte. Unter diesem Wallen und Wogen trieb weicher Flaum aus ihren Poren, wuchsen unversehens Schwungfedern an ihren Armen, und zwischen den Zehen spannten sich Schwimmhäute auf. Dies alles kam ihr völlig natürlich vor. Ihr war, als habe sie dies alles bereits einmal so oder auf ganz ähnliche Weise durchlebt. Dass sie derweil rapide schrumpfte, bemerkte sie erst, als sie schon nicht mehr über den Waschbeckenrand blicken konnte. Mit einem kräftigen Satz sprang sie hoch auf den Wasserhahn, reckte sich. Ihr roter Schnabel stieß gegen den Spiegel: Da glotzte sie — sie, eine Möwe! Das traf sich gut. Schon spannte Mireya die Flügel auf und glitt mit heiserem Schrei zum Oberlicht hinaus. Ihr nach flog lustige Tanzmusik.

Aufwärts ging es, ohne Mühe. Ebenso hilfsbereit wie lüstern strich der Wind durch ihre Federn, perlten Nebeltröpfchen über ihren Schnabel. Der Mond trieb wie ein verbeulter Wetterballon durch Mireyas Blickfeld, blieb hinter ihr zurück, als sie sich gen Osten wandte. Mehrfach querte sie den metallen schimmernden Mäander der Moskwa. Als Mireya jenseits der

Wälder, Datschen und Erdbeerfelder ins Magnetfeld der Hauptstadt eindrang, jauchzte sie: »Kriii!«

Moskau mochte an keinem Meeresufer liegen, doch, ach, nun flog sie über einem Ozean aus elektrischem Licht: Was hätte sie nicht für eine getönte Brille und einen Fotoapparat gegeben. Auf dem Glockenturm des Kiewer Bahnhofs verschnaufte sie kurz und schiss einem Schaffner auf die Schildkappe, ehe sie wieder in den Nachthimmel aufstieg. Über die Borodinski-Brücke und bunt beleuchtete Barkassen hinweg glitt sie ostwärts über Gassen, über Chruschtschows Zähne, über zugige Prospekte. Auf sorgsam ausgeleuchteten Parkplätzen sammelten sich schnittige Schlitten, die Trolleys auf dem Ring sprühten Funken, Gelenkbusse schlüpften um Straßenecken. Die Wartenden an den Haltestellen, die drängelnden Passanten und sogar die Wachposten vor den Berjoskas wirkten von hier oben fröhlich, ja, beinahe glücklich; die aus dem Bolschoi dringende Menge zerstob indes über den Swerdlow-Platz, als sei sie vor irgendetwas auf der Flucht. Immer weiter flog Mireya, stieg hoch über die Schlote und Stalinfinger hinaus. Schon lag ihr das *Gagarin* auf der Zunge, das ihre Mutter so oft gesungen hatte – doch es wollte ihr einfach nicht über die Schnabelspitze ...

Das *Kosmos* kam gerade in Sicht, als Mireya von einer Stoßwelle erfasst wurde. Unter infernalischem Dröhnen schleifte es sie »—krrriii—« auf einer steinharten Luftschicht am Cockpit eines Jagdflugzeugs vorbei. Ihr Schnabel hobelte »—iiäää—« übers Höhenruder hinweg, ehe sie von einer zweiten Schallwelle durchgebeutelt wurde und der Düsenstrahl ihre Steuerfedern ansengte. Benommen stürzte Mireya in die Tiefe. Schneller und schneller trudelte sie auf Blechdächer und Baumkronen zu, konnte ihr Ende bereits absehen: Ausgerechnet auf der Kirche im Kinderpark *Dserschinski* würde es sie zerschmettern: »—ääääääääääääää

Spätabends in der Zukunft

Moskau, 2023

Nein, es will und will ihm partout nicht einfallen. Leonid schaltet das Tonbandgerät wieder an, nimmt weitere Spulen aus der Schachtel. Um ihre Nummerierung entziffern zu können, muss er sie am ausgestreckten Arm vor sich halten. Schwieriger gestaltet es sich, das ausgewählte Magnetband einzufädeln. Eine rheumatische Entzündung ist tief in seine Gelenke gedrungen, das Fingerspitzengefühl dahin. Endlich hat er Spule 8 eingelegt, drückt die Wiedergabetaste. Es ist seine eigene Stimme, die aus dem Lautsprecher dringt.

STIMME 1: —geschweige denn wusste ich, dass ihr eine Spezialeinheit unterstand. Sie ist j███████ls nicht als Oberst des KGB, sondern als Sprecherin des Komitees zur Förderung des Programmiernachwuchses an mich herangetreten. *(Ein Streichholz wird angerieben.)* Zugegeben, Jewhenija Arsenjewna war alles andere als die klassische Sportfunktionärin, aber durchaus noch eine attraktive Frau. Außer wenn sie lachte, dann schallte es durchs ganze Lokal.
STIMME 2: Ich habe mir die Swetljatschenko immer humorlos vorgestellt, verbiestert und sadistisch, wie die Agentin Rosa Klebb bei James Bond.
STIMME 1: I wo! Sie hat sogar ein paar gute Witze erzählt. Warten Sie, wie ging der noch ... Ein ukrainischer Kolchosnik hört im Radio, dass es der UdSSR gelungen ist, den ██sten Menschen ins Weltall zu schießen. Sofort eilt er hinüber zu seinem Nachbarn, um—

Leonid schüttelt den Kopf, spult das Band vor. Dabei versucht er sich an einem »I wo«, und gleich noch einmal, lauter. Schau an, schau an, denkt er dann, so selbstsicher klang das damals.

STIMME 1: —sagte sie, dies sei die typische Ausrede, mit der Fachleute ihr eigenes Versagen zu kaschieren versuchen. Nachdem ich Jewhenija Arsenjewna erklärt hatte, warum das auf die Situation am Konstruktionsbüro keineswegs zutraf, hat sie noch eins draufgesetzt. Die Crux mit dem OMEM läge tatsächlich an anderer Stelle. Ihr habe es sich von Anfang an nicht erschlossen, was eine Arbeiterfamilie mit einer Re⬛nmaschine im Wohnzimmer anfangen solle. *(Stößt durch die Nase einen Lachlaut hervor.)* Als ob Anfang der ⬛zigerjahre irgendjemand die Erfolgsgeschichte der Kernphysik oder der Kosmonautik erahnt hätte ... Jewhenija Arsenjewna stand freilich nicht allein mit dieser Ansicht. Aber neunzehnvierundsiebzig, also keine zehn Jahre später, wurde die Kleinrechnerproduktion im SEW dann mit großem Tamtam erneut ins Rollen gebracht. Da waren uns die ⬛erikaner allerdings schon um eine halbe Nasenlänge voraus. Das alte Lied, da lässt sich kein Wort rausnehmen, was? Ich weiß nicht mehr genau, was ich Jewhenija Arsenjewna damals geantwortet habe, wohl aber, wie herausfordernd sie mich fragte, ob ich wirklich glaube, dass eines Tages ein riesiges Heer von Elektronengehirnen für uns arbeiten würde und ob wir dann alle ... *(Im Hintergrund klingelt ein Telefon.)* Entschuldigen Sie, da muss ich kurz rangehen! *(Schritte entfernen sich, das Magnetband knackt zweimal.)* —mir wieder eingefallen. ⬛ versuchte ihr zu erklären, wie hervorragend der OMEM geeignet gewesen wäre, die Jugend überall im Land an Digitalrechner heranzuführen—

Leonid spult das Band weiter, bis nur noch ein schmaler Streifen bleibt.

STIMME 1: —wissen doch, wie das damals lief!

STIMME 2: Man hatte Sie also auf Herz und Nieren überprüft, bevor Sie den Trainerposten bekommen haben?

STIMME 1: Die wussten jedenfalls von dem Fragebogen. Dass meine Angaben nicht ganz wahrheitsgemäß waren, die verschwiegene Strafsache meines Vater, das hat mir Jewhenija Arsenjewna selbst unter die Nase gerieben. Obwohl gar kein Druck nötig gewesen wäre. Das war ▓▓▓ ganz andere Situation als seinerzeit bei der Armee. Allein schon wegen Waljenka hätte ich zugesagt. Der Trainerkader von Dynamo genoss ja durchaus einige Privilegien. Zugang zu den besten Kureinrichtungen, ausländische Medikamente und dergleichen, immerhin stand die Sportvereinigung unter der Schirmherrschaft des KGB, und der wusste seine Schäfchen zu umsorgen. *(Trinkgeräusche. Ein leeres Glas wird neben dem Mikrofon abgestellt.)* Überdies war die Trainerstelle wie für mich geschaffen, nachdem ich ▓▓▓ am KB OMEM zwei Jahre lang damit beschäftigt hatte, wie man fachferne Nutzer an Digitalrechner heranführen könnte. Aber davon habe ich Ihnen ja bereits mehr als genug erzählt, oder?

STIMME 2: Ja, zum OMEM sollten wir genug haben. Und ich muss sowieso erst einmal das— *(Statisches Rauschen.)*

Leonid lässt das Band vollständig zurücklaufen, nimmt Spule 8 aus dem Tonbandgerät und setzt die nächste ein, steiffingrig, aber beharrlich. Die von den alten Bändern abgeblätterte Ferritbeschichtung, hauchdünne rostbraune Fitzelchen, wischt er mit der Handkante an den Tischrand.

STIMME 1: —dann kam Walja zur Welt, und damit gingen die ständigen Arztbesuche los. Manches konnte meine Frau zuhause ▓▓▓▓en, ei▓▓ Krankenschwester in der Familie ist da wirklich ein Segen. Aber wenn sie Schicht hatte, musste ich mit Waljenka zur Inhalation, zur Klopfmassage, ach, wohin ich sie nicht alles geschleppt habe. Damals glaubten wir noch fest daran, dass sie geheilt werden könnte, schließlich ging es in der Medizin rasant vorwärts, man musste eben nur irgendwie an die besten Ärzte und die neu▓▓▓▓▓▓zneimittel herankommen—

Leonid seufzt, korrigiert seinen Fehler: Er legt Spule 6 zurück in das Kästchen, lässt schließlich Spule 9 anlaufen. Vorgebeugt, den Kopf auf die Hände gestützt, sitzt er am Tisch und starrt beim Zuhören in sein Teeglas.

STIMME 1: —vorige Woche stehen geblieben?
STIMME 2: Wir waren bei Ihrer Anwerbung als Jugendtrainer angelangt.
STIMME 1: Stimmt, stimmt. Neunzehn-fünfundsechzig. Da haben wir noch einiges vor uns. Soll ich vielleicht in etwas gröberen Zügen—
STIMME 2 *fällt* 1 *ins Wort*: Nein, nein, alles bestens. Beschreiben Sie doch bitte als Nächstes, wie Sie in die Operation WAN eingebunden worden sind.
STIMME 1: Eingebunden? Überhaupt nicht. Als Trainer war ich der Leitung des Sportclubs unterstellt, nicht der ▓▓▓▓tverwaltung. Es gab zwar auch personelle Verknüpfungen in den Club hinein, bei den Reisekadern hauptsächlich. Aber WAN, dafür hatten die ihre eigenen Leute.
STIMME 2: A▓▓▓▓e sagten doch, Ihr Prüfmodul sei ein Schlüsselelement der Suchsoftware gewesen.

STIMME 1: Und ob es das war! Ohne Modul N wäre das Suchprogramm WAN wahrscheinlich nicht halb so mächtig geworden. Allerdings wusste ich zu meiner Zeit als Trainer überhaupt noch nichts von der Existenz irgendeiner Operation gegen subversive Witze. Davon habe ich erst neunzehnfünfundneunzig von einem ehemaligen Kommilitonen erfahren.

STIMME 2: Wie das?

STIMME 1: Sein einziger Enkel ist im Tschetschenienkrieg gefallen. Wir haben uns auf der Trauerfeier zum ersten Mal seit dem Augustputsch wiedergesehen▌

STIMME 2: �▬e, woher Ihr Kommilitone so gut über WAN Bescheid wusste? Und wie heißt er überhaupt?

STIMME 1: Das wäre seiner Familie womöglich nicht recht, wenn ich Ihnen seinen Namen nenne.

STIMME 2: Leonid Michailitsch, ersparen Sie mir doch bitte, dass ich das Studentenverzeichnis durchsehen muss.

STIMME 1 *stößt ein trockenes Lachen hervor. Das Magnetband knackt.*

Leonid stoppt die Wiedergabe, hebt den Kopf und starrt ins Leere. Schließlich leert er die Neige des Teeglases und lässt das Band weiterlaufen.

STIMME 1: ▬können sich vorstellen, wie perplex ich war, dass überhaupt jemand mein Konzept zur automatisierten Prüfung Künstlicher Intelligenzen kannte. Es war ja Jahrzehnte zuvor im Keim verkümmert und ich hatte nie etwas dazu veröffentlicht.

STIMME 2: Woher wusste Leutnant Komarow es dann?

STIMME 1: Aus den Unterlagen müssten Sie doch längst wissen, dass er es war, der ... *(Schnauft.)*

STIMME 2 *fällt in die Pause ein*: Der Ihre Idee gestohlen hat?

STIMME 1: Nun, das kann man so nicht sagen. Er hat einen dienstlichen Auftrag erledigt. Es war Jewhenija Arsenjewna, die ihn damit betraut hatte, mein Prüfmodul ins Suchprogramm von WAN einzubinden. Und sie hat ihm auch alles geliefert, was er brauchte: mein Pseudoprogramm, das Ablaufdiagramm und sämtliche Notizen, an die ihre Leute herangekommen waren. Offenbar ging sie davon aus, dass Slawa meine Gedankenschritte besser als jeder andere würde nachvollziehen können, weil wir gemeinsam studiert haben, ja, befreundet gewesen waren.

STIMME 2: Aber woher wusste die Swetljatschenko von Ihrem Prüfmodul?

STIMME 1: Nach allem, was Slawa mir erzählt hat, war es wohl Professor Babdis, der ihr mein Konzeptpapier hat zukommen lassen. Babdis saß mit ihr in irgendeinem Gremium ...

STIMME 2: Und Sie denken, die Swetljatschenko hat das Potenzial des Prüfmoduls sofort erkannt?

STIMME 1: W██████ vermute allerdings, dass Babdis ihr nicht ins Blaue hinein meine Aufzeichnungen zugespielt haben wird. Zumal er es doch seinerzeit abgelehnt hatte, das Pr████m als Abschlussarbeit anzunehmen. Habe ich Ihnen eigentlich schon erzählt, mit welchem Argument—

Leonid schüttelt den Kopf, spult das Band weiter vor. Mit dem Daumen auf der Wiedergabetaste hält er inne und schaut hinüber zur Digitalanzeige des Funkweckers. Er atmet tief ein, drückt die Taste.

STIMME 1: —zielte nicht auf die staatlich geförderten Witzerfinder in den Kabaretts und Zeitungsredaktionen ab.

Was die Führung umtrieb, waren staatsschädigende Witze, die über unkontrollierte Kanäle auftauchten und hinter vorgehaltener Hand ausgetauscht wurden. Diese Witze wurden überall im Land gesammelt und dann per Fernschreiber von den Außenstellen ans Zentralarchiv übermittelt.

STIMME 2: Es heißt ja, Jewhenija Swetljatschenko sei es im Jahr einundfünfzig in b███r Fleißarbeit gelungen, den Urheber eines subversiven Witzes dingfest zu machen. Das habe ihre Karriere überhaupt erst begründet. Bei einer abgeschiedenen Werkssiedlung klingt das noch nachvollziehbar. Aber in einem ganzen Land, in der riesigen Sowjetunion?

STIMME 1: Eben deshalb der Einsatz elektronischer Datenverarbeitung. Die Fülle an Rohdaten nahm unaufhörlich zu. Da ging es dem KGB nicht besser als Gosplan bei der Erstellung der Fünfjahrespläne. Damals hatten wir in der UdSSR ███ts mehr als zweihundert Millionen Staatsbürger, und bei dieser Operation sollte ja nicht bloß ermittelt werden, wer irgendeinen Witz weitererzählt hatte. Das fanden der KGB auch weiterhin auf konventionellem Wege heraus. Um ███ den Urheber eines Witzes zu ermitteln, benötigte die WAN umfangreiche Referenzdaten von jedem einzelnen Bürger: Briefe, Klassenarbeiten, Abhörprotokolle und weiß der Teufel, was sonst noch alles gesammelt wurde. Solche gewaltigen Datenbanken lassen sich nur automatisiert beherrschen. Und nur mit Modul N konnte man daraus die zw███dert Millionen individuellen Sprachmuster errechnen, auf die das Hauptprogramm bei der Ermittlung des Urhebers angewiesen war. Je mehr Referenzdaten eingespeist wurden, desto aussagekräftigere Ergebnisse waren zu erwarten, das liegt in der Natur der Sache. Wie die Analyse im Detail funktionierte, dazu hätte Ihnen Slawa genauere Auskunft geben können—

Leonid spult vor und reibt seine Schläfen, ehe er die Aufnahme wieder anlaufen lässt.

STIMME 1: —sterschaft unbedingt die Spitzenpositionen er-ringen—

Er stoppt das Band, dreht die Spule von Hand ein paar Zenti-meter zurück.

STIMME 2: —wenn Ihr Modul N für die WAN so unverzicht-bar war, ░░rum haben die Sie nicht einfach als Program-mierer angeworben? Die hätten doch auch Slawa Komarow oder Mitrofan Joknuwkin auf die Trainerstelle am KMP D setzen können?

STIMME 1: Sie machen sich völlig falsche Vorstellungen, wie das damals lief. Immerhin richtete sich die Operation WAN gegen Feinde im Inneren. Antisubversion, das war eine heikle Sache. Da ließen die keinen von außen ran, schon gar nicht jemanden mit meiner Vorgeschichte. Für die Hard- und Software war meines Wissens das technische Personal der ░░ten Hauptverwaltung zuständig, also Spezialisten mit lupenreiner Akte. Außerdem hatten die mit meinen Un-terlagen längst alles, was sie brauchten, um Modul N zum Laufen zu bringen. *(Ein Streichholz wird angerieben.)* Woran es seinerzeit jedoch mangelte, waren Leute mit ... *(Schnalzt.)* Die brauchten jemand mit meinen Lehrfähigkeiten. Es war ja bereits beschlossene Sache, System S in Gang zu setzen. Und die Moskauer Sektion sollte bei der ersten Allunions-meisterschaft unbedingt die Spitzenpositionen erringen, »Sieger produzieren«, lautete ░░e Direktive. Das░

Leonid quält sich vom Stuhl hoch, schert sich nicht darum, dass die Rücklauftaste nicht einrastet. Und so läuft das Band weiter, während er im Badezimmer ist.

STIMME 1: ░ählte zu den Voraussetzungen, um später die Nationalmannschaft übernehmen zu können.

STIMME 2: War denn zu diesem Zeitpunkt überhaupt schon klar, dass es schlagkräftige Konkurrenz geben würde?

STIMME 1: Und ob! Als Dynamo in ░skau den ersten Club junger Programmierer ins Leben rief, wurde auch der ZSKA aktiv, denn der Armeeklub wollte das Feld schließlich nicht seinem Erzrivalen überlassen. Noch dazu, da überall händeringend Programmierer gesucht wurden und den Clubs bald das Hauptaugenmerk bei der Rekrutierung gelten sollte. Auch über die DSO wurden Mittel freigesetzt, um in weiteren ░ten Sektionen zu gründen: Leningrad, Kiew, Minsk, Tiflis, Jerewan, Taschkent, Magadan und dann weiter in kleineren Städten. Zudem veranstalteten einige Forschungsinstitute aus freien Stücken Sommerkurse für begabte Schüler, die dort von den besten Spezialisten des Landes betreut wurden. Dabei gab es natürlich auch zahlreiche personelle Überschneidungen.

STIMME 2: Das klingt so, als sei die Maschinerie mit voller Kraft angelaufen. Warum fand die ersten Allunionsmeisterschaft dann erst neunzehnhundertsechsundsiebzig statt?

STIMME 1 *stößt ein trockenes Lachen durch die Nase hervor*: Nun, zuerst einmal galt es landesweit die Jugendkader aufzubauen, von der Pike auf, wohlgemerkt. Und überhaupt sprechen wir hier von einer Dekade, in der Rechenzeit vielerorts noch rationiert wurde ... rationiert werden musste. Rechenanlagen setzten enorme Investitionen voraus, aber plötzlich glaubte jeder Betrieb in jedem Kaff, er könne nicht mehr ohne EDV auskommen. Und dann kamen auch noch Programmierclubs dazu. Es ▮▮▮▮a nicht in jedem Pionierpalast einen Digitalrechner, da war Moskau anfangs eine Ausnahme von der Regel, dank des KB OMEM. Abgesehen davon brauchte es bis zu jeder Allunionsmeisterschaft einigen Vorlauf. Zuerst standen Ausscheide in den Städten, in den Oblasten und in den einzelnen Unionsrepubliken an, das war bei Leichtathletik oder Schach nicht anders. Wir aber betraten absolutes Neuland, der Computersport steckte ja noch in den Kinderschuhen! Ohne ▮▮▮ri Frolowi▮▮ hätte es in den Siebzigern wahrscheinlich überhaupt noch keine Meisterschaften gegeben.

STIMME 2: Dmitri Frolowitsch Sowakow, der spätere Vorsitzende des Spartakiadekomitees?

STIMME 1: Eben jener. Das Herz der Spartakiade und der Kopf hinter System S.

STIMME 2: System S?

STIMME 1: Ein geheimer Hintergedanke der Spartakiade, sozusagen. Dabei ging es darum, Problemstellungen aus klassifizierten Bereichen in harmlose Teilaufgaben zu überführen. *(Ein Streichholz wird angerieben. Husten.)* Jewhenija Arsenjewna und Dmitri Frolowitsch haben die E▮▮▮idu▮▮räger überzeugt, dass auf diese Weise sogar sensible militärische Aufgaben von x-beliebigen Zivilisten, von Jugendlichen gelöst werden können. Später▮▮▮er einmal, es wäre, als hätte man Kinder einkaufen geschickt, und jedes Kind habe nur eine einzige Zutat geholt, ohne dabei von den anderen zu wissen. Keines hätte erraten können, was für eine Torte am Ende gebacken werden sollte, nicht einmal, dass es überhaupt eine Torte geben würde. Sie holten bloß Mehl für Bliny, Zucker für den Tee und dergleichen.

STIMME 2: Die Aufgaben wurden also in jugendgerechte

Teilaufgaben zerlegt, die keinerlei Rückschlüsse auf das eigentliche Problemfeld zuließen.

STIMME 1: Die Aufgabenzettel hätte man bedenkenlos in der Metro liegen lassen können! Nicht einmal ich habe damals Lunte gerochen. Die Wettbewerbsaufgaben unterschieden sich im Wortlaut kaum von Sachaufgaben für Berufsschüler oder Prüfungen für Informatikstudenten. Je nach Altersstufe. Auf diese Weise lieferten die ▓▓▓bewerbsteilnehmer offenbar eine ganze Reihe wirklich eleganter Lösungen, ohne auch nur zu ahnen, dass sie gerade einen amerikanischen Geheimcode knackten oder ein Raketenabfangmanöver optimierten. Darüber weiß ich freilich keine Einzelheiten.

STIMME 2: Nicht einmal Sie als Nationaltrainer haben gewusst oder wenigstens geahnt, was sich hinter den Aufgaben verbarg?

STIMME 1: Wie auch? ▓▓▓m S funktionierte ja bis zum Schluss tadellos. Dmitri Frolowitsch hat mich erst neunzehnvierundneunzig in sein obsolet gewordenes Geheimnis eingeweiht. Die Sonderaufgaben wurden von Spezialisten der Hauptverwaltung vorbereitet. Und Dmitri Frolowitsch hat sie dann unauffällig unter jene Aufgaben gemischt, die von ▓▓▓ wissenschaftlichen Mitarbeitern des Spartakiadekomitees erarbeitet worden waren.

STIMME 2: Lassen Sie uns damit nächste Woche weitermachen. *(Das Magnetband knackt.)*

Zurück aus dem Bad, lässt Leonid das Band vollständig zurücklaufen. Er starrt regungslos vor sich hin, gähnt. Nach einem Blick hinüber zum Wecker tauscht er Spule 9 gegen Spule 10 aus. Und wieder fallen Ferritfitzel auf den Tisch. Ja, er hätte die Spulen bei dieser Gelegenheit endlich digitalisieren sollen: Je älter die Tonbänder werden, desto mehr lösen sie sich auf, verlieren erst einzelne Wörter, dann ganze Sinneinheiten, darin ähneln die magnetischen Aufzeichnungen dem menschlichen Gedächtnis. Seinem Gedächtnis. Als Leonid die Wiedergabetaste drückt, erklingt Musik.

SÄNGER: —Bücher in Form einer Pistole.
Am Fenster ███en
Und dem Lärm großer Ideen— *(Es knackt zweimal kurz hintereinander.)*
STIMME 1: —lang gedauert, bis Foma sich von diesem Schlag erholt hatte. Zurück aus der Anstalt fing er noch einmal von vorne an, einen Teterewkinschen Erzählgolem zu bauen. Für die GLM-Zwei verlegte er sich allerdings auf elektrische Schaltungen und auf Magnetdatenbänder.
STIMME 2: Ein echter sowjetischer Nerd also?
STIMME 1: Damals nannten wir solche Kerle noch Botaniker. Er trug zwar keine Hornbrille, aber ansonsten, ja, ein Nerd. Alltagsdinge waren ihm lästig, Einkaufen und Kochen zum Beispiel. Deshalb verrührte er am Monatsbeginn dreieinhalb Kilogramm geliertes Dosenfleisch, zwei Margarinewürfel ███████ Pfund Sauerkraut in einem Topf, kochte es kurz auf und konservierte alles in Einweckgläsern. Das Zeug konnte er kalt essen, auf Brot oder pur. Es war aber auch ruckzuck aufgewärmt und kostete kaum drei Rubel pro Monat. Damit sparte er v███████t und Geld, die er in seine GLM-Zwei stecken konnte.

Leonid stoppt die Wiedergabe, macht sich Notizen. Schließlich legt er den Stift beiseite und lässt die Aufnahme weiterlaufen.

STIMME 2: Sehr schön. Darüber sollten wir später noch ausführlicher sprechen. Wenn es Ihnen nichts ausmacht, würde ich jetzt aber gerne noch einmal auf Operation WAN zurückkommen. *(Papier raschelt.)* Was genau hat Ihnen Komarow über den Start der dritten Phase berichtet?

STIMME 1 *mit einem Seufzen*: Was hätte er darüber groß berichten sollen? Das dürfen Sie sich nicht wie bei einer Schiffstaufe vorstellen. Es gab da bestimmt keinen offiziellen Systemstart mit Sekt und Blaskapelle, zu dem alle Beteiligten als Ehrengäste eingeladen wurden. Ich vermute mal, das ▓▓▓programm wird sang- und klanglos in den Tagesbetrieb übergegangen sein, nachdem das Debugging abgeschlossen war.

STIMME 2: Aber über die erste Festnahme wird Komarow doch sicherlich—

STIMME 1 *fällt 2 ins Wort*: Ich weiß nicht einmal, ob überhaupt einmal irgendjemand aufgrund von Analysen der ▓▓▓-Software verhaftet wurde. Und so, wie ich Slawa verstanden habe, ist die Witzabwehr neunzehneinundneunzig ohnehin eingestellt worden—

Leonid nickt, spult das Band ins letzte Drittel vor.

STIMME 1:—als er noch halbwegs klar bei Sinnen war, hatte er mich darum gebeten, Galina Georgijewna beim Ausräumen seiner Wohnung zu helfen. W▓▓▓ren gerade in der heißen Trainingsphase vor den Qualifikationswettkämpfen, aber ein Versprechen am Sterbebett bindet fester als jeder Fahneneid. *(Schnauft.)* Das Mädchen vom Hauskomitee ist fast g▓▓▓t, als wir ihr klargemacht haben, dass Foma keine Söhne in Dudinka oder Djudingan oder sonstwo hat. Wie auch immer, diese Gauner hatten offenbar die nötigen Papiere und haben alles mitgenommen, was sie—

Leonid hält das Band an, dreht es von Hand zurück und hört die Stelle noch einmal ab. Dann schlurft er zum Teleschirm, wählt: »Ich bitte die späte Störung zu entschuldigen, aber Sie sagten, ich solle unverzüglich ... Ja, habe ich! Ehrlich gesagt verstehe ich gar nicht, wie ich das hatte vergessen können.«

WAN

Nun lief die Jagd tatsächlich an. Leonid rutschte auf dem Stuhl hin und her, verfolgte das Treiben im Datenverarbeitungszentrum mit eingefrorenem Lächeln. Oberst Swetljatschenko hatte es sich nicht nehmen lassen, die verbliebenen Lochkarten eigenhändig ins Zufuhrmagazin des Lesegeräts einzulegen. Sie beschwerte den Kartenstapel mit einer Bleiplatte und verkündete: »Die letzten achthundert«, wobei sie die Handflächen aneinanderrieb wie eine Gewichtheberin, die nach einer preisverdächtigen Leistung die Talkumreste abstreicht. Der Stapel wurde kleiner und kleiner, in jeder Sekunde um vierzehn Karten. Wenn nötig bewältigte dieser vollautomatische Lochkartenleser mehr als eins Komma zwei Millionen Datenträger pro Tag – Leonid kannte die Leistungswerte aller gängigen Datenverarbeitungsgeräte. In seinen Kursen stellte er gerne Aufgaben, mit denen er die Teilnehmer in den Bereich des Unmöglichen lockte. Mit numerischen Berechnungen etwa, bei denen die Rechenmaschine eine für den Abend bestimmte Wetterprognose erst am nächsten Morgen würde liefern können. Nur wer die Grenzen einer Maschine kenne, wisse, mit welcher Genauigkeit das zu lösende Problem in der vorgegebenen Zeit bewältigt werden könne, lautete sein Schlusswort zu dieser Lektion. Und gerade darin, in den technischen Leistungsgrenzen, sah Leonid einen Pferdefuß der Operation WAN. Der Datenberg war schlichtweg zu groß, die Aufgabenstellung zu komplex. Die hauseigenen Spezialisten hatten einige Unterprogramme drastisch stutzen und somit die Analysetiefe weiter und weiter verringern müssen, damit das hier eingesetzte hochmoderne Großrechnersystem in überschaubarer Zeit Ergebnisse liefern würde. Auf Unschärfen, die unter diesen Voraussetzungen unvermeidbar waren, hatte Leonid vorab hingewiesen – doch von den Einwänden eines einflusslosen externen Fachberaters hatte sich niemand Kopfschmerzen bereiten lassen.

Als die letzte Lochkarte eingelesen war, surrte das lindgrüne Lesegerät noch ein paar Sekunden im Leerlauf weiter. Dmitri Sowakow ballte die Hände in den Hosentaschen zu Fäusten, wohl um die Erektion zu kaschieren, die seinen Schritt ausbeulte. Er verschwand zwischen den Regalreihen, auf denen Abertausende Kartons voller Lochkarten lagerten, und tat so, als inspiziere er den Datenschatz der Abteilung. Oder inspizierte er ihn tatsächlich, um alsbald wieder mit einer seiner glorreichen Verbesserungsideen aufwarten zu können? Leonid seufzte leise.

Derweil war Oberst Swetljatschenko an das Steuerpult der Rechenanlage getreten: »Meine Herren – der Moment der Wahrheit! Die Kollegen in Kuibyschew sind in Alarmbereitschaft versetzt. Auf Ihren Befehl, Genosse Generalmajor.«

Infolge einer Fehlstellung beider Augen blickte Generalmajor Nogow so weit an seiner Untergebenen vorbei, dass es aussah, als nicke er den Lüftungsrohren zu. Unbeirrt von derart verrauschter Signalübermittlung startete Oberst Swetljatschenko die finale Analysesequenz. Auf ihre Befehlseingabe hin begann das nervöse Lichtspiel Hunderter Leuchtanzeigen, und die spindgroßen Speichereinheiten spulten hochtourig Magnetbänder vor und zurück, klackerten beim Einlesen der Dateiblöcke. Obwohl sich sofort weitere Ventilatoren zuschalteten, meinte Leonid, dass nicht genügend Abluft aus dem unterirdischen Datenverarbeitungszentrum abgesaugt wurde. Während er an seiner Krawatte nestelte, rollte die Sekretärin einen großen Servierwagen herein. Die von Salzgurken, Sprotten, Schichtsalat, Schweinepastete und sibirischen Birnchen flankierte Batterie Spirituosen brachte sie im respektvollen Abstand zu den elektronischen Geräten in Stellung. Oberst Swetljatschenko bediente sich selbst, hielt ihr Glas am ausgestreckten Arm vor der Brust: »Es ist noch einen Augenblick zu früh, auf den ersten erfolgreichen Schlag von Operation WAN anzustoßen. Gestatten Sie mir deshalb ein paar Worte vorab«, hob sie gegen den Geräuschpegel an, woraufhin ihre Gäste und Mitarbeiter näher rückten, um sie besser verstehen zu können: »Nikolai Wassiljewitsch Gogol attestierte einst treffend, dass es keinen Witz gibt, der mit solch kühnem Schwung aus dem Herzen kommt, keinen Witz, der so brodelt und zappelt wie der russische Witz. Leider ließ Gogol dabei die leidige Ausnahme von der Regel außer Acht. Eine Ungenauigkeit, die einem vorrevolutionären Dichter vergeben werden mag, niemals aber den Schild- und Schwertträgern der Partei. Wie wir aus bitterer Erfahrung wissen, findet sich unter Hunderten herzlichen Witzen immer wieder ein einzelner, der in giftiger Atmosphäre ausgebrütet wurde und sich schnell zu einer Hydra auswächst. Die reaktionär gesinnten Urheber solcher Witze aufzuspüren, bevor sie uns weitere Schlangeneier ins Nest legen können, dieser Pflicht haben wir uns verschrieben«, psalmodierte sie. Dabei wandte sie den Oberkörper von rechts nach links, sodass ihr Glas der Reihe nach auf alle Anwesenden deutete: »Als die Idee zur automatisierten Antisubversionseinheit aufkam, schlug uns Skepsis und Spott entgegen: Unmöglich, sagten die einen. Überzogen, meinten die anderen. Doch wer so denkt, versteht nichts von den Gesetzmäßigkeiten, die der wissenschaftlich-technischen Entwicklung innewohnen! Konstantin Iwanowitsch, der schon während des Großen Vaterländischen Krieges als wichtige Stütze des sowjetischen Datenverarbeitungswesens galt, Konstantin Iwanowitsch wurde glücklicherweise in all den Jahren

305

niemals müde, darauf hinzuweisen, dass es gerade solche unmöglich erscheinenden Herausforderungen sind, die das wahre Potenzial eines Menschen oder eben einer Maschine sichtbar werden lassen. Dass wir inzwischen ein gutes Stück unseres Weges vorangekommen sind und heute erstmals die Leistungsfähigkeit von WAN-2 unter Beweis stellen können, ist also allen voran das Verdienst—«

Generalmajor Nogow wischte das Satzende mit seiner grauhaarigen Rückhand beiseite, und so hob Oberst Swetljatschenko schweigend das Glas in seine Richtung.

Die Ansprache hatte auch Sowakow aus dem Regallabyrinth zurückgelockt. Er leerte sein Glas und warf dem Wodka ein Gürkchen nach, ehe er sich flüsternd an Leonid wandte: »Was ich mich schon die ganze Zeit frage: Haben Sie Zahnschmerzen, Genosse Ptuschkow?«

Auf Sowakows verschmierten Brillengläsern brach sich das Neonlicht, deshalb vermochte Leonid nicht auszumachen, ob er auf den Arm genommen wurde: »Zahnschmerzen? Wie kommen Sie darauf, Dmitri Frolowitsch?«

»Sie verziehen schon den ganzen Tag das Gesicht«, erwiderte dieser.

»Ich mache mir Sorgen um Sergei Alexejewitsch.«

»Um Lebedew? Was ist mit dem alten Recken?«

»Er liegt schon seit drei Wochen im Krankenhaus, und sein Zustand hat sich immer noch nicht verbessert«, sagte Leonid.

»Wer könnte an einem Tag wie diesem nicht an Professor Lebedew denken«, warf Chefprogrammierer Komarow von der Seite her ein, »wo wir doch unser flottes Maschinchen in erster Linie seinem Genie verdanken.«

»Jetzt aber halblang«, intervenierte Nogow, »als Genie dürfen Sie denjenigen bezeichnen, der ein Datenverarbeitungssystem entwickelt, mit dem sich sämtliche Gespräche und Schriftstücke analysieren lassen, noch während die Worte aufgezeichnet werden«, wies der Generalmajor das Lochkartenlesegerät zurecht: »Erst dann wird es möglich, jeden Bürger lebensumspannend zu begleiten, seine Taten und Äußerungen automatisch auszuwerten, um jederzeit ein Gesamtbild seiner Gesinnung erstellen zu können, Fehlverhalten bereits im Entstehen zu erkennen und unverzüglich zu korrigieren, damit Verstöße gegen die öffentliche Ordnung überhaupt nicht erst zustande kommen.«

Und siehe: Jewhenija Swetljatschenkos Augen leuchteten auf, als habe sie gerade ihr eigenes Pfingstwunder erlebt. Aus dem durchdringenden Blick, den sie ihren engsten Mitarbeitern zuwarf, vermochte Leonid deren künftigen Kampfauftrag abzuleiten. Von einem Moment zum anderen fröstelte ihn, die Klimaanlage schien schlecht kalibriert zu sein. Komarow schob sich an Leonid vorbei, versuchte anscheinend, aus dem schwer kalkulierbaren Blickfeld des Generalmajors zu entkommen. Sein Rückzug zum Steuerpult wurde jedoch vom Ausgabegerät des Großrechners vereitelt: Die Typenhebel hämmerten das Ergebnis aufs Papier.

»Es ist so weit, Genossen! Wir haben den Urheber von Witz zweihundertsechsundfünfzig-K-einundsiebzig«, rief Komarow erleichtert. Alles jubelte. In Erwartung der Verkündung des ermittelten Namens wurden ringsum die Gläser emporgehoben. Doch Komarow kam nicht dazu, den Ausdruck von der Endlosrolle zu reißen, denn der Papierträgerwagen des Druckers lief zurück und schon prasselten die Typen in die nächste Zeile nieder – bis abermals der Wagenrücklaufmotor surrte. Als das Druckwerk nach weiteren fünf Zeilen endlich zum Stillstand kam, scharten sich die Spezialisten um den blassen Chefprogrammierer. Der hielt den Ausdruck zwischen den Fingerspitzen, als wäre es eine uringetränkte Windel.

»Ich höre«, gurrte Oberst Swetljatschenko in unverhohlener Vorfreude.

»Das Ergebnis ... ich fürchte, es ist leider uneindeutig, Genossin Oberst«, stieß Komarow hervor.

»Was soll das heißen?«

»Es wurden insgesamt sieben potenzielle Urheber ermittelt. Ihre Werte sind vollkommen identisch«, rapportierte der Chefprogrammierer.

Oberst Swetljatschenko leerte ihr Glas ohne Trinkspruch. Der linguistische Fachberater simulierte erhöhte Denkanstrengung, indem er die Lider fest zusammenkniff und mit dem Zeigefinger über die Lippen strich. Der epidemiologische Spezialist erinnerte die Sekretärin daran, wann er bereits darauf hingewiesen habe, dass die Datenbasis noch zu schmal sei, um bis zur Infektionsquelle vorzudringen. Mit wem er seine frühe Erkenntnis geteilt hatte, ging jedoch unter, da Leonid einwarf: »Ich denke, es ist die geringe Abgleichtiefe, die zu dieser Kongruenz führt. Damit war ja zu rechnen gewesen.«

»Sieben absolut übereinstimmende Werte? Ich bitte Sie! Weitaus wahrscheinlicher haben wir es mit einem Programmierfehler zu tun«, konterte Sowakow.

Komarow sah sich zur Schadensbegrenzung genötigt: »Jetzt, da wir die Zielgruppe eingegrenzt haben, sollte es ein Leichtes sein, weitere Textproben für einen finalen Abgleich—«

»Falls es Ihnen entgangen sein sollte, Genosse Komarow: Die finale Analyse ist soeben erfolgreich durchgeführt worden!«, fuhr Nogow dazwischen. »Im Einsatz können wir nicht so lange rechnen, bis das Ergebnis unsere Erwartungen erfüllt. Zahlen sind die Kammerdiener der Tat. Und wie die Tat sich gestaltet, ist stets eine politische Entscheidung!«

Auf dieses Verdikt hin griff sich Oberst Swetljatschenko den Ausdruck. Ohne einen Blick auf die Werte zu werfen, verschwand sie mit Nogow in ihrem Büro. Die Sekretärin folgte ihnen mit dem Servierwagen, ließ die Brandschutztür hinter sich ins Schloss fallen.

Witzarchiv

[...]

....

Pawlo, ein ukrainischer Bauer, hört im Radio, dass es die ruhmreiche UdSSR geschafft hat, den ersten Menschen ins Weltall zu befördern. Er ruft von seinem Hof hinüber zum Hof des benachbarten Bauern: »Mykola!«

Mykola: »Was gibt's?«

Pawlo: »Die Moskali sind rauf ins Weltall geflogen.«

Mykola: »Alle?«

Pawlo: »Nein, bloß einer.«

Mykola: »Und warum behelligst du mich dann überhaupt?«

....

Das Telefon in Juri Gagarins Wohnung klingelt. Seine kleine Tochter Jelena geht ran: »Tut mir leid«, sagt sie, »Papa fliegt gerade mit seiner Rakete um die Erde und wird erst um neunzehn Uhr fünfzehn zurück sein.«

»Ja, und deine Mama?«

»Ach, Mamuschka, die kauft Lebensmittel ein – wer weiß, wann wir sie wiedersehen werden.«

....

TASS meldet allen sowjetischen Zeitungsredaktionen: Am Morgen des 26. April 1986 ist es dem Kollektiv des Tschernobyler Kernkraftwerk *W. I. Lenin* gelungen, den Fünfjahresplan zur Hitzeenergieerzeugung innerhalb von vier Mikrosekunden zu erfüllen.

Anfrage an Radio *Eriwan*: »Stimmt es, dass die Amerikaner in puncto Mikrotechnologie mittlerweile einen kaum noch einholbaren Vorsprung vor allen anderen Ländern haben?«

Radio *Eriwan* antwortet: »Im Prinzip ja. Der VEB Kombinat *Robotron* hat jedoch mit dem Bau des größten Microchips der Welt einen Etappensieg für die Deutsche Demokratische Republik errungen.«

....

Auf die Gewinner des Sozialistischen Wettbewerbs der Milizstation № 23 warten folgende Preise:

3. Platz – eine ledergebundene Werkausgabe von W. I. Lenin

2. Platz – eine zweiwöchige Urlaubsreise nach Pjatigorsk

1. Platz – ein transportables Stoppschild

....

Der Vorsitzende der Blumenzucht-Sowchose *Mainelke* erhält die Bestellungen für den Trauerzug eines Politbüromitglieds. Er schüttelt den Kopf und raunt seinem Gesellen zu: »Was für eine Verschwendung. Für das Geld hätte man das gesamte ZK beerdigen können!«

....

Ein Amerikaner, ein Franzose und ein Russe sind auf einer einsamen Tropeninsel gestrandet. Als die letzten Vorräte aufgebraucht sind, binden sie ihre Schnürsenkel zusammen und schnitzen einen Haken. Es klappt prima mit dem Angeln. Eines Tages fangen sie ein goldenes Fischlein. Zu ihrer Überraschung kann es sprechen. Das Fischlein verspricht ihnen, jedem einen Wunsch zu erfüllen, wenn sie es wieder freilassen. Ja, es lässt sich in seiner Not sogar auf zwei Wünsche hochhandeln.

»Topp!«, sagt der Amerikaner. »Dann will ich eine Million Dollar und damit zurück nach New Orleans.«

Und zack, ist der Wunsch erfüllt.

»Prima!«, jauchzt der Franzose. »Dann wünsche ich mir drei wunderschöne Mätressen und will mit ihnen zurück nach Marseille.«

Und zack, ist der Wunsch erfüllt.

»Aber wieso?«, jammert daraufhin der Russe. »Es lief doch so gut mit uns dreien. Weißt du was, Fischlein? Ich wünsche mir zehn LKW-Ladungen Exportwodka und dass meine beiden Freunde hierher zurückkommen.«

Und zack ...

Zum Jahrestag der Oktoberrevolution gibt Politkommissar Furmanow eine Lehrstunde für alle Dienstgrade: »—und jetzt sind wir endlich auf dem glorreichen Weg zum leuchtenden Horizont des Kommunismus!«

Tschapajew springt begeistert auf: »Großartig! Nur eine Frage, Genosse Politkommissar, was genau ist ein Horizont?«

»So, teurer Kampfgefährte, nennt man die ferne Linie zwischen Himmel und Steppe«, erklärt Furmanow, woraufhin Tschapajews Augen aufleuchten: »Verstehe, Genosse – egal wie lang wir reiten, wir werden niemals ankommen, bloß unsere Pferde ruinieren.«

Der Geschichtslehrer schaut sich verzweifelt im Klassenzimmer um: »Weiß denn wirklich keiner von euch, wer unser Genosse Breschnew war?«

Lediglich der Primus meldet sich: »Irgendein Politiker in der Ära Pugatschowa?«

....

Die Genossen Breschnew und Andropow unterhalten sich am
Rande einer Politbürositzung über ihre Hobbys: »Ich sammle
alle Witze, die über mich in Umlauf gebracht werden«, prahlt
Breschnew.

»Mensch, Leonid Iljitsch, da haben wir ja fast das gleiche Steckenpferd«, freut sich Andropow, »ich sammle nämlich alle, die
Witze über dich in Umlauf bringen!«

....

[...]

•

Erich Honecker erzählt Leonid Breschnew einen Witz, in dem er selbst und
Breschnew vorkommen. Der KGB-Vorsitzende Juri Andropow belässt es bei
einem Aktenvermerk.

Foto: Friedrich Gahlbeck.

Verworfene Motti

»I am astonished at the power of the machine I am creating.«

CHARLES BABBAGE (1835)

»Any sufficiently advanced technology is indistinguishable from magic.«

ARTHUR C. CLARKE,
Profiles of the Future (1962)

»Um die Utopie in der Welt einzurichten, braucht es berechenbare Instrumente.«

MICHAEL WINTER,
Ende eines Traums (1993)

»Die Haltung, die unsere Republik gegenüber der Computertechnologie eingenommen hat, kommt einem Verbrechen gegen den Staat gleich.«

SERGEI ALEXEJEWITSCH LEBEDEW (1956)

»... by 1970 the USSR may have a radically new production technology, involving total enterprises or complexes of industries, managed by closed-loop, feedback control employing self-teaching computers.«

ARTHUR M. SCHLESINGER JR. (1962)

»Das einfachste Programm ist ein *Geradeausprogramm*. Es besteht nur aus Operationsschritten [...] und hat keine Verzweigungen oder Schleifen. Praktisch kommen reine Geradeausprogramme kaum vor. Sie treten höchstens als Programmteil auf.«

HORST GÖTZKE,
Programmgesteuerte Rechenautomaten (1968)

»Die Maschine zwingt den Menschen, ehrlich, präzise, rigoros zu sein und bereit, die Wahrheit zu akzeptieren, egal wie unerwartet und bitter diese Wahrheit sein mag.«

IGOR ANDREJEWITSCH POLETAJEW,
Der Mensch in der zukünftigen Welt (1971)

»... they prefer and expect to be put in suspense, to be left to grope in textual darkness toward the light of full revelation that they hope and assume awaits them at (or by) the novel's end.«

CLARICE MARIE DOUCETTE,
Inside the Flickering Flame (1991)

»Literatur des 20. Jahrhunderts: verrückt und mathematisch zugleich, analytisch-phantastisch: die Dinge wichtiger und im Vordergrund, nicht mehr die Wesen.«

FRIEDRICH NIETZSCHE,
Posthume Fragmente (1887–1889)

»Das Leben duldet eine Unzahl von nebensächlichen Bestandteilen, die die Literatur nicht zuließe. Dort wird nämlich alles ganz genau genommen, jedes kleinste Würmchen muss zu irgend etwas gut sein.«

WJATSCHESLAW ALEXEJEWITSCH PJEZUCH,
Die Neue Moskauer Philosophie (1989)

»… ein Werk muss organisch, real sein, muss sein eigenes Leben leben. Sein eigenes Leben. Es soll nicht eine Kopie der Natur sein, sondern gleichberechtigt neben der Natur stehen.«

LEW NATANOWITSCH LUNC,
Warum wir Serapionsbrüder sind (1922)

»De fausses pistes en fin de compte. Oui, des parenthèses ouvertes, des amorces qui n'aboutissent pas, des pistes qui n'en sont pas. Comme dans la vie. Des possibilités, des ambiguïtés, des inachèvements.«

FRANCE DAIGLE, *Pour Sûr* (2011)

»… um meinen Zuhörer, sei es auch einer wie Sie, nicht zu verlieren, flechte ich für Sie ein Abenteuer ein, damit das Feuer in Ihren Augen erneut aufflamme. Ach, ich hätte nicht gedacht, dass auch Sie, mein liebwerter Herr, zu den Menschen gehören, die es gern sehen, wenn möglichst schnell geheiratet wird oder jemand zu Tode kommt, um sich alsdann der nächsten Geschichte widmen zu können.«

BULAT SCHALWOWITSCH OKUDSCHAWA,
Der arme Awrossimow (1969)

»... what I was engaged in was merely a literary venture, an attempt to find pattern and motive, to [...] seek links.«

DON DELILLO, *Americana* (1971)

»Ха-ха-ха!!! А математика?«

IOSSEB BESSARIONIS DSE DSCHUGHASCHWILI (1948)

»Mich interessiert nicht die Arithmetik, sondern die Algebra des Lebens.«

SIGISMUND DOMINIKOWITSCH KRSCHISCHANOWSKI,
Erinnerungen an die Zukunft (1929)

»Jeder, der mehr oder weniger regelmäßig Mathematikern begegnet, kann sich leicht das katastrophale Bild der Welt vorstellen, sobald unser Leben und Schaffen mathematisiert werden.«

NIKOLAI WLADIMIROWITSCH TIMOFEJEW-RESSOWSKI
(1956)

»El número 8 es [...] todo esto y más en la charada cubana significa muerto, y 64, en esta misma charada, es muerto grande, el Gran Muerto. 8 × 8 = 64 como creo que sabes.«

GUILLERMO CABRERA INFANTE,
Tres tristes tigres (1967)

Abkürzungsschlüssel

AG – Arbeitsgruppe

BAM – Baikal-Amur-Magistrale (*Байкало-Амурская маги-
страль*)

BASIC – Symbolische Allzweck-Programmiersprache für
Anfänger (*Beginner's All-purpose Symbolic Instruction
Code*)

BESM – Große elektronische Rechenmaschine (*Большая
электронно-счётная машина*)

Benelux – Belgien, Niederlande, Luxemburg (*België, Neder-
lands, Luxembourg*)

BRD – Bundesrepublik Deutschland

BSG – Buchstabensalatgenerator

CoCom – Koordinationsausschuss für multilaterale Ausfuhr-
kontrollen (*Coordinating Committee for Multilateral
Export Controls*)

CSM – Computer Services Morschakin

DDR – Datenrichtungsregister (*Data Direction Register*) *oder*
Doppelte Datenrate (*Double Data Rate*) *oder* Deutsche
Demokratische Republik

DGSE – Generaldirektion für äußere Sicherheit (*Direction
Générale de la Sécurité Extérieure*)

DOS – Abrechnung der Spezialoperationen (*Décompte des
Opérations Spéciales*)

DOSAAF – Freiwillige Gesellschaft zur Unterstützung der Armee, der Luftstreitkräfte und der Flotte (*Добровольное
общество содействия армии, авиации и флоту*)

DSO – Freiwillige Sportgesellschaften (*Добровольные спор-
тивное общество*)

DWK – Interaktiver Rechenkomplex (*Диалоговый вычислительный комплекс*)

EDVA – Elektronische Datenverarbeitungsanlage

ELREMA – Elektronische Rechenmaschinen

ES – Einheitliches System (*Единая система*)

E.I.W. – Seine Imperiale Majestät (*Его Императорского Величества*)

FDJ – Freie Deutsche Jugend

FK – Fußballclub (*Футбольный клуб*)

FLOPS – Gleitkommaoperationen pro Sekunde (*Floating Point Operations Per Second*)

GLM – Golemartige Literaturmaschine (*Големическая литературная машина*)

GenMaj – Generalmajor

G.I. – galvanisiertes Eisen (*Galvanized Iron*)

GorONO – Städtisches Volksbildungsdezernat (*Городской отдел народного образования*)

Grugenschtaba – siehe: GRU GSch WS CCCP

GRU GSch WS CCCP – Hauptverwaltung für Aufklärung beim Generalstab der Streitkräfte der UdSSR (*Главное разведывательное управление Генерального штаба Вооружённых сил СССР*)

Gosplan – Staatliches Plankomitee (*Государственный плановый комитет*)

GTO – Bereit zur Arbeit und Verteidigung der UdSSR (*Готов к труду и обороне СССР*)

GUM – Hauptkaufhaus (*Главный Универсальный Магазин*)

HVA – Hauptverwaltung Aufklärung

IBM – Internationale Geschäftsmaschinen (*International Business Machines*)

IFIP – Internationale Föderation für Informationsverarbeitung (*International Federation for Information Processing*)

IM – Mikroprozessorspiel (*Игра микропроцессорная*)

INDER – Nationalinstitut für Sport, Leibeserziehung und Erholung (*Instituto Nacional de Deportes, Educación Física y Recreación*)

ITMiWT – Institut für Präzisionsmechanik und Rechentechnik (*Институт точной механики и вычислительной техники*)

Kawminwody – Kaukasische Mineralwässer (*Кавказские Минеральные Воды*)

kB – Kilobyte

KB – Konstruktionsbüro (*Конструкторское бюро*)

KGB – Komitee für Staatssicherheit (*Комитет государственной безопасности*)

KJuR – siehe: SKJuRPro

KLM – Krutow, Larionow, Makarow (*Крутов, Ларионов, Макаров*)

KMP – Club junger Programmierer (*Клуб молодых программистов*)

KPdSU – siehe: KPSS

KPP – Ausweiskontrollpunkt (*Контрольно-пропускной пункт*)

KPSS – Kommunistische Partei der Sowjetunion (*Коммунистическая партия Советского Союза*)

LCD – Flüssigkristallanzeige (*Liquid Crystal Display*)

LEF – Linke Front der Künste (*Левый фронт искусств*)

LON – Lager zur besonderen Verwendung (*Лагерь особого назначéния*)

Mechmat – Fakultät für Mechanik und Mathematik (*Механико-математический факультет*)

Meschpoweff – Interministerielle Spezialkommission zur Effektivitätssteigerung der gesellschaftlichen Produktionsprozesse (*Междуведомственная специальная*

комиссия по повышение эффективности общественного производства)

MESM – Kleine elektronische Rechenmaschine (*Малая элек-
тронная счётная машина*)

Mossowjet – Moskauer Stadtrat (*Московский городской
совет*)

MTB – Moskauer Trolleybus (*Московский троллейбус*)

MSMP – Internationale Spartakiade junger Programmierer
(*Международная спартакиада молодых программистов*)

MiG – Mikojan und Gurewitsch (*Микоян и Гуревич*)

MIR – Maschine für Ingenieursberechnungen (*Машина для
инженерных расчетов*)

MWD – Ministerium für innere Angelegenheiten (*Министерство внутренних дел*)

Narkomwod – Volkskommissariat für Wasserwirtschaft
(*Народный комиссариат водного транспорта*)

NATO – Organisation des Nordatlantikvertrags (*North Atlantic
Treaty Organization*)

NLO – Unbekanntes Flugobjekt (*Неопознанный летающий
объект*)

NÖSPL – Neues Ökonomisches System der Planung und
Leitung

OAO – Offene Aktiengesellschaft (*Открытое акционерное
общество*)

OblONO – Volksbildungsdezernat des Oblasts (*Областной
отдел народного образования*)

OMEM – Vaterländischer Miniaturcomputer (*Отечественная
миниатюрная электронно-вычислительная
машина*)

OOO – Gesellschaft mit beschränkter Haftung (*Общество с
ограниченной ответственностью*)

OPOJAS – Gesellschaft zum Studium der poetischen Sprache (*Общество изучения поэтического языка*)

OWG – Warschauer Vertragsorganisation (*Организация Варшавского договора*)

PCC – Kommunistische Partei Kubas (*Partido Comunista de Cuba*)

RAM – Speicher mit Direktzugriff (*Random-Access Memory*)

RSFSR – Russische Sozialistische Föderative Sowjetrepublik (*Российская Советская Федеративная Социалистическая Республика*)

RGW – siehe: SEW

SAM – Werk für Rechenanalysemaschinen (*Завод счётно-аналитических машин*)

SEW – Rat für gegenseitige Wirtschaftshilfe (*Совет экономической взаимопомощи*)

SKB – Spezielles Konstruktionsbüro (*Специальное конструкторское бюро*)

SKJuRPro – Programmierjugendauswahl der RSFSR (*Сборная команда юниоров РСФСР по программированию*)

SBOMOPS – Programmiererjugendauswahl der UdSSR (*Сборная команда молодых программистов СССР*)

SMERSCH – Tod den Spionen (*Смерть шпионам*)

SPB – Sankt Petersburg (*Санкт-Петербург*)

Spetsnaz – Einheit zur besonderen Verwendung (*Войска Специального назначения*)

SpN WAN – Sondereinheit ›Witzerfassung‹ (*подразделения Специального назначения ›Выявление анекдотов‹*)

Sredmasch – Ministerium für Mittleren Maschinenbau (*Министерство среднего машиностроения*)

SSR – Sozialistische Sowjetrepublik (*Советская Социалистическая Республика*)

SU – Sowjetunion (*Советский Союз*)

TASS – Telegrafenagentur der Sowjetunion (*Телеграфное агентство Советского Союза*)

UAZ – Uljanowsker Automobilfabrik (*Ульяновский автомобильный завод*)

UdSSR – Union der sozialistischen Sowjetrepubliken (*Союз Советских Социалистических Республик*)

US – Vereinigte Staaten (*United States*)

VAVeF – Staatliche Axialventilatorenfabrik (*Valsts Aksiālā Ventilatori Fabrika*)

VEB – Volkseigener Betrieb

VF – Vakuum-Fluoreszenz

WAN – siehe: SpN WAN

WDNCh – Ausstellung der Volkswirtschaftlichen Errungenschaften der UdSSR (*Выставка достижений народного хозяйства СССР*)

WWW – Allrussische Leistungsschau der Computertechnik (*Всероссийская выставка достижений Вычислительной техники*)

WZIOM – Allunionszentrum der Erforschung der öffentlichen Meinung (*Всесоюзный центр изучения общественного мнения*)

ZK – Zentralkomitee

ZKB – Zentrales Konstruktionsbüro (*Центральное Конструкторское бюро*)

ZSKA – Zentraler Sportklub der Armee (*Центральный спортивный клуб Армии*)

ZZ – Sperrgebiet (*Запретная зона*)

Wiederkehrende Figuren

A Adynatajew, Anton Antonowitsch – Parteisekretär in Wosduchogorsk

Afonja – Barbiergeselle im Hotel *Rossija* und modebewusster KGB-Mitarbeiter

Akselrod, Maxim Wilenowitsch – Informatiktalent, Reservekader der SBOMOPS

B Bajun – mächtiger schwarzer Kater

Bogosian, Sergei Vardanowitsch – Personenschützer, (mutmaßlicher) Vater von Mireya Fuentes

C Chwatowa, Oksana Rinatowna alias Sjanja – Sekretärin von Jewhenija Swetljatschenko

D Dumas *alias* der Colonel – Führungsoffizier beim DGSE

E Esox lucius rex – goldäugiger Hecht

F Fuentes, Mireya – Fachübersetzerin der kubanischen Auswahl

G Galkin, Gennadi Gennadijewitsch – Lagerwart des Jugendtrainingslagers *M. W. Keldysch*

Gogoladse, Grigol Nikolajewitsch – Musiker

Golubew, Igor Wladimirowitsch – Spezialist für BASIC-Dialekte, später: sowjetischer Nationaltrainer

H Hrbáček, Zdeněk *alias* Jean-Pierre Dupont – DGSE-Agent

I Ionowa, Irina Wladimirowna *alias* Ira – Studentin

Isotow, Walentin Gerasimowitsch – Informatikspezialist der Sondereinheit WAN

J Joknuwkin, Mitrofan Wassiljewitsch – Cheftrainer der KJuR

K Kleinwerth, Herbert – HVA-Agent, Trainer der DDR-Auswahl

Komarow, Swjatoslaw Fjodorowitsch *alias* Slawa – Kommilitone von Leonid Ptuschkow

Komissow, Roman Terentjewitsch – Vorsitzender der Meschpoweff

Kjonja – Würfelspielerin

Kukuschina, Kapitolina Karlowna – Köchin im Jugendtrainingslager *M. W. Keldysch*, später: zweite Frau von Leonid Ptuschkow

Kusmitsch, Ilja Borissowitsch – Abhörposten im Hotel *Kosmos*

L Larina, Ljudmila Petrowna – Trainerkader am KMP D, später: Cheftrainerin der KJuR

Laskanow, Grigori Olegowitsch *alias* Grischa – Mitarbeiter der Sondereinheit WAN

Lebedew, Sergei Alexejewitsch – Computerpionier, Laborleiter, später: Direktor des ITMiWT

Leonardo – (mutmaßlicher) kubanischer Botschaftschauffeur

Lermontow, Michail Jurjewitsch *auch* Lermontov, Mihail – russischer Dichter und Duellant

Łukasiewicz, Halina – polnische Jungprogrammiererin

M Mascha – Schichtleiterin in der Frostschutzmittelfabrik *Papanin*

Makanina, Galina Petrowna *alias* Galja – schwangere Moskauerin

Mavatiku, Hugo – angolanischer Nationaltrainer

Méndez, Ramón Expósito – (mutmaßlicher) kubanischer Attaché für Kultur und Sport

Metodiew, Nedko Stojanowitsch – bulgarischer Nationaltrainer

Mitrochina, Marina Stepanowna – Kommilitonin von Leonid Ptuschkow

Miuțescu, Cătălin – rumänischer Nationaltrainer

Morschakin *auch* Moršakin, Palina und Sjarhej Aljaksejewitsch – Programmierer, Unternehmer und Computersammler

Muschnikowa, Walentina Remowna – Leiterin der Abteilung *Neuerung und Rationalisierung*, später: Vizedirektorin der Wosduchogorsker Radialventilatorenfabrik

N Napalkow, Pawel Wladimirowitsch – Offizier der Abhöreinheit *Kosmos*

Nogow, Konstantin Iwanowitsch – Leiter des LON-101; später: KGB-Generalmajor

O Orlowski, Nikita Lawrentjewitsch – Chefkonstrukteur am KB OMEM

P Piñera Escobar, Eduardo – kubanischer Nationaltrainer in Quaratäne

Pelewina, Ljubow Andrejewna *alias* Ljusja – Hausfreundin der Makanins

Popow, Pawel Platonowitsch – militärischer Parteiarbeiter in Schelesnodoroschny (KSSR)

Ptuschkow, Leonid Michailowitsch – Student der Angewandten Mathematik, später: sowjetischer Nationaltrainer

Puschkin, Alexander Sergejewitsch *auch* Puškin, Aleksandr – russischer Dichter und Duellant

R Radionzew, Boris Tichonowitsch – Assistent des Vorsitzenden des Spartakiadekomitees

S Schlykow, Iwan Filippowitsch – Taxifahrer

Schreiber, Detlev – Assistenztrainer der ostdeutschen Auswahl

Schura – Mitarbeiter der Sondereinheit WAN

Sirina – Würfelspielerin

Geh, steh, steh

Moskau, 1982

—Unmöglich! Wie soll das gelingen? Der Effizienz-Quotient ist schon seit Langem tief im Keller. Müßig, ihn überhaupt noch zu berechnen. Der Zeit hängen unter dem Bruchstrich horrende Datenmengen an. Ein bleierner Nenner! Gewiss, der Aktenberg war bereits im Gründungsjahr der Meschpoweff bedenklich hoch. Doch in den Jahren darauf ist das Datenaufkommen geradezu explodiert. Mit Faktor zweihundert hin zum dialektischen Sprung ...

»Goldstück?«

—Nein, dieser quantitative Anstieg brachte keinen Umschlag in Qualität. Im Bemühen den Aktenberg zu bezwingen, haben wir lediglich sein Wachstum befördert. Sehenden Auges. Mittlerweile sind es bereits achthundert Milliarden Dokumente pro Jahr.
Achthundert Milliarden allein in der Wirtschaftsverwaltung! Wenn es mit dieser Steigung weitergeht, kämpfen wir Anfang der Neunzigerjahre mit sechzehn Billionen Dokumenten. Dann kämen auf jeden einzelnen Sowjetbürger täglich tausendfünfhundertelf Aktenseiten. Ausgedruckt lägen am Jahresende vor jedem ... über fünfhunderteinundfünfzigtausend Seiten. Ein rund zweiundachtzig Meter hoher Papierstapel. Höher als eine dreistufige Sojus-Rakete, höher als die Mutter-Heimat-Statue in Wolgograd, höher als der Dreifaltigkeitsturm des Moskauer Kremls ... Doch mit Drucken allein ist es längst nicht getan. Veranschlagt man für jedes Dokument eine Minute Bearbeitungs-

zeit, dann blieben von tausendfünfhundertelf Aktenseiten am Ende eines pausenlosen Tages einundsiebzig Seiten ungelesen. Die Zeit beugt sich zu keinem von uns! Landesweit täglich über zwanzig Milliarden ungelesene Dokumente. Das wiederum ergäbe am Jahresende ... drei Papierstapel, die bis hinauf zum Mond ragen.

»Romka?«

—Gewiss doch, gewiss, nicht jedes Dokument muss ausgedruckt und von Menschen gelesen werden, ein ansehnlicher Teil der Dateien lässt sich maschinell verarbeiten. Und weiter? Diesen Grundwiderspruch wird auch die EDV nicht überwinden können. Es ist ein noch immer weit verbreiteter Irrglaube, dass Rechenmaschinen mit jedem beliebigen Problem zurechtkommen. Dass sie gar Lösungen liefern. Lösungen? Die Maschine schert es doch nicht einmal, ob die von ihr verarbeiteten Kennziffern unserer ökonomischen Wirklichkeit entsprechen. Für sie spielt es keine Rolle, dass jeder kleine Bürokrat, der Angst hat, in der Provinz zu versauern oder von Moskau eins auf den Deckel zu kriegen, überhöhte Produktionsergebnisse verbucht. Wenn aber die Datenbanken keine korrekten Rohdaten enthalten, spuckt der Drucker am Ende unwillkürlich unsinnige Ergebnisse aus.

»Roman, hörst Du?«

—Und wozu das alles? Soll es denn nur noch darum gehen, das Ende so lange wie möglich hinauszuzögern? Wie bei einem dieser Spielautomaten, bei dem die Kugel immerfort durch die Ausläufe verschwinden will ...

»Es wird Zeit, dass wir losfahren. Mama tigert bestimmt schon auf dem Balkon hin und her.«

—Wie soll es unter diesen Voraussetzungen gelingen, jedes einzelne Rädchen im Land in Bewegung zu setzen, in Bewegung zu halten? Unmöglich. Unmöglich! Noch dazu, da die meisten Genossen und Genossinnen doch bloß darauf bedacht sind, jeden dienstlichen Verschleiß zu meiden, um ihre Kräfte fürs Privatleben zu schonen. Nein, daran sollen sich andere die Zähne ausbeißen! Wirkliche Verbesserung wird es auf diesem Wege ohnehin nie geben. Da buhlen viel zu viele kleine Lichter um Geltung, und die Genossen im Futteral wehren alles ab, was nicht ins gewohnte Schema passt. Dem Wortlaut nach mögen alle an einem Strang ziehen, doch insgeheim ...

»Hier steckst du. Hast du mich denn nicht rufen gehört? Wir müssen los. Du weißt doch, wie Mama ist ... Warte, deine Krawatte sitzt ganz schief.«

Duplex XII-1

Paris, 1987

»—Himmel, Arsch und Zwirn, Dupont! So machen Sie doch endlich die vermaledeite Tür zu!«, rief der Colonel. Alles stand auf Start. Sowie ins Schloss gezogen, wurde die Sicherheitstür straff an den Rahmen gesogen, und die automatischen Riegel rasteten ein. Dass draußen Gebläse anliefen und den Container aufsteigen ließen, war drinnen nicht zu hören, allenfalls in der Magengrube zu spüren. Dupont ging in Defensivstellung. Dem Besprechungsraum im dritten Untergeschoss des Hauptquartiers hing ein übler Ruf an. Der schalldichte Container schwebte auf einer Druckluftschicht in der Mitte eines ansonsten leeren Saales. Es hieß, es habe schon mehrfach Probleme mit dem Druckpegel gegeben, wobei der abhörsichere Raum unvermittelt abgesackt und jedes Mal auf die linke Seitenwand gestürzt sei – wie ein gezinkter Würfel. Kein Wunder also, dass die konventionellen Besprechungsräume zumeist belegt waren, der experimentelle Container aber stets für kurzfristig anberaumte Treffen zur Verfügung stand.

»Na, prima haben Sie das hingekriegt, Dupont. Sehen Sie, sehen Sie! Da hätten wir uns ja auch gleich im Innenhof der sowjetischen Botschaft treffen können!«

Eine fette Fliege drehte Runden um die Deckenlampe, erkundete die verbeulten Stellen der wabenförmigen Wandverkleidung und landete auf dem eingelassenen Bildnis des Präsidenten. Ohne die Fliege aus den Augen zu lassen, griff sich der Colonel die obenauf liegende Akte vom Schreibtisch. So behäbig der Aufklärungsleiter auch anmutete, er erwischte die Fliege bei ihrem Fluchtmanöver – zerschmetterte sie auf Präsident Mitterands hoher Stirn.

»Nur zu, grinsen Sie ruhig! Wenn Sie wüssten, was für ausgeklügelte Abhörgeräte ich in meiner Laufbahn bereits gesehen habe.«

Dupont malte sich aus, wie sowjetische Spionagetechniker ein winziges Mikrofon oder eine Kamera auf dem haarigen Hinterleib einer Fliege befestigen, um sie anschließend auf Zielpersonen anzusetzen. Sollte ihnen tatsächlich ein solches Kunststück gelungen sein, so war ihre Fliege wohl andernorts im Einsatz. Soweit er sehen konnte, waren nur Blut und Gekröse auf dem Aktendeckel zurückgeblieben. Der Colonel setzte sich wieder, schlug die befleckte Akte auf und schnaufte: »Ihre Identität ist also nach wie vor intakt?«

Wenige Jahre nachdem Zdeněk Hrbáček seine Heimatstadt Brno hatte verlassen müssen, war er als Jean-Pierre Dupont in Brüssel aufgetaucht. Dass er dort für einen gebürtigen Picarden gehalten wurde, verdankte er nicht allein seiner außergewöhnlichen Sprachbegabung, sondern auch seinen französischen Ausbildern. Der Colonel hatte Jean-Pierre Dupont überhaupt sehr gut ins Spiel gebracht: Duponts kurze, aber erfolgreiche Karriere beim belgischen Büromaschinengroßhändler *Dix Fois Dix Doigts* wurde durch eine feindliche Übernahme wie von selbst in die gewünschten Bahnen gelenkt. Seit 1975 machte er sich um die Verbreitung von IBM-Produkten in den Beneluxstaaten verdient. Dass er auch sporadische Messekontakte mit Russen, Polen, Tschechen oder Slowaken meisterte, bescherte ihm hohes Ansehen in der Firmenzentrale sowie einige zusätzliche Dienstreisen.

»Augenblicklich befinde ich mich auf dem Weg zu einer Schulung in Zürich.«

»Und wie ist das Befinden der werten Gattin?«

»Madame ist es bereits gelungen, bei einem Segelunfall ums Leben zu kommen. Es gab sogar eine anrührende Nachricht im *Standaard*«, rapportierte Dupont.

»Ausgezeichnete Arbeit«, sagte der Colonel und steckte sich eine Zigarette an. »Ihre Führungsfähigkeiten lassen allerdings zu wünschen übrig. Wie um alles in der Welt konnten Sie Mademoiselle Vanhaesebrouck zu *Apple* überlaufen lassen? Das Mädchen muss von allen guten Geistern verlassen sein, die Stelle bei *Commodore* aufzugeben. Was für eine Scheiße. Nach allem, was wir in diesen Zugang investiert hatten.«

Dupont hatte das Gefühl, der Raum habe sich soeben ein paar Millimeter nach links geneigt. Unwillkürlich spannte er die Muskeln an, weshalb er nicht so gelassen klang, wie er es einstudiert hatte: »Mademoiselle Vanhaesebrouck wird uns auch weiterhin von Nutzen sein. Haben Sie mein Memo zu Projekt *Newton* gelesen?«

»Glauben Sie, ich sitze auf meinen Daumen und warte auf Zufallsfunde? Davon weiß ich bereits seit Monaten. Außerdem würde es mich nicht wundern, wenn mittlerweile sogar schon *La Tribune* über diesen neuesten aller Pläne aus dem Silicon Valley berichtet hätte«, sagte der Colonel und, nach einem Hustenschwall: »Halten Sie sich das Mädchen meinetwegen warm. Wenn Frankreich von Ihren Freizeitaktivitäten profitiert, um so besser. Aber ich will keinerlei Schnickschnack mehr auf den Spesenabrechnungen finden, verstanden!«

Damit war das Vorgeplänkel offensichtlich beendet – der Colonel schob Duponts Akte beiseite: »So setzen Sie sich doch endlich!«

Kaum hatte Dupont seine sichere Position aufgeben und auf dem Plexiglasstuhl Platz genommen, kam der Colonel auf eine wertvolle Quelle zu sprechen, die er unter dem Namen Barsukow führte: »Barsukow hat nicht nur Zugriff auf das Herz des sowjetischen Verteidigungssektors, sondern hat auch einen neuen Weg aufgetan, uns unbemerkt Päckchen zukommen zu lassen.«

Barsukow habe ein Kodiersystem entwickelt, das beim Verschlüsseln zugleich ein funktionstüchtiges Computerprogramm schreibe, erklärte der Colonel und fuhr noch eine Weile in dieser Diktion fort. Wieso bloß beschrieb er die Duplex-Methode derart unpräzise, obwohl er doch wissen musste, dass Dupont wusste, dass der Colonel beileibe kein technischer Laie war?

»Der Kryptocode sieht also wie ein ordinärer Programmcode aus und lässt irgendein Computerspiel ablaufen«, ließ Dupont sich auf die vage Ausführung ein. Noch vermochte er nicht abzuschätzen, ob ihm eine faule Legende aufgetischt wurde. Aus operativer Sicht wäre dies nicht ungewöhnlich – womöglich gab es wieder einmal ein Leck im *Schwimmbad*, was ihn, der er hinterm Eisernen Vorhang geboren war, unweigerlich ins Visier rücken musste.

»So ist es! Ein ganz banales Spielzeug, mit dem man sich auch während einer Grenzkontrolle bedenkenlos vergnügen kann. Die im Schatten untertauchen, fängt man, die im Licht sind, sieht man nicht«, tremolierte der Colonel und schob Dupont ein handliches Mikroprozessorspielgerät über die Plexiglasplatte zu.

»Diese Dinger waren bereits vierundachtzig der große Schrei in Moskau. Ein geringfügig modifizierter Nintendo-Klon«, wusste Dupont. »Aber wie bringt ein Geheimnisträger des Verteidigungssektors seine Informationen auf einem Videospielgerät unter? Arbeitet seine Frau rein zufällig in der Spielzeugindustrie?«

»Sie ziehen unzulässige Schlüsse, Dupont. Wer sagt denn, dass Barsukow ein Mann ist? Sie werden doch nicht dem Kryptonym aufgesessen sein? Barsukow arbeitet in einem Betriebskomplex, der sowohl zivile als auch militärische Produkte herstellt.«

Hatte sich der Raum soeben noch ein paar Millimeter nach links geneigt? Dupont rutschte vorsichtshalber auf die vordere Stuhlkante. Wie sollte er unter diesen Umständen den Überblick behalten? Wenn überhaupt eine Duplex-Methode existierte, wäre es dann nicht effizienter, sich eines dieser Mikroprozessorspiele zu kaufen und dessen Programm nachträglich zu überschreiben, anstatt alles durch die Massenproduktion zu schleusen? Anderseits war der Gedanke bestechend, dass auf diese Weise Tausende uneingeweihte Zuträger Staatsgeheimnisse über die Grenze schmuggeln würden, schoss es Dupont durch den Kopf. Doch nun bedurfte es erst einmal offenen Widerspruchs: »Im dualen Sektor gibt es nichtsdestotrotz streng getrennte Bereiche.«

»Wobei die personelle Durchlässigkeit hinein in den zivilen Sektor kaum beschränkt zu sein scheint. Die Integrität dieser Quelle wurde bereits geprüft, und die Probelieferung war äußerst ... vielversprechend. Das nächste modifizierte Videospiel wird bereits für die Serienproduktion vorbereitet! Das kann, wie wir wissen, eine Weile dauern, aber sobald wir alle Päckchen beisammen haben, sitzt Tschebrikow ohne Unterhosen da!«

»Ich warte gespannt auf das Aber, mein Colonel.«

Der Colonel schmunzelte; für gutes Gespür gab es Extrapunkte: »Wir haben den Kontakt zu Barsukow verloren. Das Entgelt für die zweite Lieferung wurde nicht abgerufen und die Übermittlung des Konverterschlüssels ist geplatzt. Ohne diesen Schlüssel kommen wir nicht an den Code im Code. Bislang haben wir lediglich herausgekriegt, wie man einen Wolf zum Auffangen von Hühnereiern bringt.«

»Haben Sie dabei herausgefunden, was passiert, wenn man über neunhundertneunundneunzig Punkte kommt?«

»Sparen Sie sich Ihre Sperenzien, Dupont!«

»Aber ich bitte Sie, in Spielerkreisen ist derlei Wissen Goldes wert.«

»Dann wenden Sie sich an Fignolier aus der EDV und lassen mich verdammt noch mal in Ruhe ausreden!«, keuchte der Colonel, und: »Wir haben Grund zur Annahme, dass C bereits Wind von der Duplex-Methode bekommen hat. Einer von seinen Leuten hat den Russen kürzlich dieses Bauklötzchenprogramm abgekauft. Sie wissen schon, das Spiel, das es jetzt auch für Ihre IBM-Rechner gibt. *Tetris*, richtig. Völlig harmlos, Gott sei Dank! Bislang wissen die wohl nicht, welche Produktreihe den Duplex-Code enthält. Aber bei der überschaubaren Auswahl findet letzten Endes auch eine blinde Bulldogge, was sie sucht.«

Allerdings dürfte das Gefundene ohne den Konverter gar nichts wert sein, schlussfolgerte Dupont: »Womöglich wurde Barsukow vom MI-Six abgeworben, und der Code ist jetzt in anderen Spielen?«

»Warum sollte Barsukow sich unsere Zahlung entgehen lassen, wenn er doppelt kassieren könnte? Nein, wir halten es für wahrscheinlicher, dass Tschebrikow Lunte gerochen hat. Ihr Auftrag ist es—«

»—dem Ukrainer die Unterhose auszuziehen, verstehe.«

Dupont war der Meinung, dass dies im Grunde überhaupt kein Auftrag für ihn war, zu sehr hatte sein Fokus in den letzten Jahren auf anderen Bereichen gelegen. Mittlerweile schien es aber bereits zu spät, zurück auf Start zu gehen. Andererseits würde ihn ein dezenter Versuch höchstens zwei Strafpunkte kosten: »Es wird meinerseits allerdings zu einer kleinen Verzögerung kommen. Die Weisheitszähne, mein Colonel.«

»Du meine Güte, Dupont, soll ich Sie etwa ins Wartezimmer begleiten? Stellen Sie bloß sicher, dass man Ihnen keine Wanzen unter den Plomben einsetzt! Nach der OP melden Sie sich schnellstmöglich in Moskau. Ihr Auftrag ist es, an den zweiten Schlüssel heranzukommen. Tolstoi wird Ihnen das lose Ende des Fadens an die Hand geben. Von ihm erhalten Sie auch alles Weitere, was Sie vor Ort benötigen. Und vergessen Sie nicht, nach Ihrer Rückkehr ein Formular DOS einzureichen! Die Erbsenzähler zetteln sonst wieder einen Aufstand an.«

Der Colonel klappte die Akte zu und steckte sich eine weitere Zigarette an. Dupont stand vorsichtig auf. Er hielt die Türklinke so lange fest, bis der schalldichte Container auf dem Boden aufsetzte und die Tür automatisch entriegelt wurde. Komprimierte Luft entwich, wie das letzte Ausatmen nach einem Fangschuss.

• •

Moskau, 1987

Dupont hatte allzu fest auf Tolstois Wäschesack gesetzt – nun hieß es: Improvisieren, um keine weiteren Bonuspunkte zu verlieren. Er streifte den Morgenmantel über und breitete seine soeben ausgezogenen Kleidungsstücke säuberlich auf dem Bett aus. Die gefütterten Halbstiefel stellte er am Fußende auf den Boden, ächzte.

Den Eisbeutel an die Wange pressend gelang es ihm, das leidige Pochen im Oberkiefer wieder zu stoppen. Durch die breite Fensterfront fiel künstliches Licht in seine Suite. Er trat in eins der hellen Trapeze auf dem Teppich, lehnte die Stirn an die kalte Scheibe. Beinah alles in seinem Blickfeld zeigte sich von Straßenlaternen gesäumt oder von mächtigen Außenstrahlern beleuchtet:

- die Große Moskwa-Brücke, auf der im Mai ein aberwitziger Deutscher mit seiner Cessna gelandet war,
- die Kreml-Mauer mit ihren Türmen (deren Rubinsterne überdies von innen heraus glühten),
- die Zwiebelhauben und Kreuze der Kreml-Kathedralen,
- der Giebel von Gebäude XIV, auf dem eine steifgefrorene Sowjetflagge hing,
- die Uhr am Spasski-Turm, deren goldene Zeiger sich auf den neununddreißigsten rechten Winkel dieses Tages zubewegten,
- die kunterbunte Kathedrale des seligen Basilius und
- die kleine lachsfarbene Erlöserkirche an der Warwarka-Straße

– wohin er auch blickte: Sowjetmacht plus elektrische Energie negierten die Nacht. Auch deshalb wähnte sich Dupont im Hotel *Rossija* genau am richtigen Ort.

Nichtsdestotrotz lief sein Einsatz miserabel an: Tolstoi hatte sowohl das Treffen auf der Flughafentoilette als auch den Ausweichtermin am Puschkin-Denkmal platzen lassen. Folglich fehlte Dupont der Ansatzpunkt, um die Suche zu beginnen. In diesem Labyrinth gab es der Fäden zu viele. Barsukows Klarname oder Adresse wäre zumindest ein Anfang gewesen. Die Informationsstrategie des Colonels stellte den Einsatz auf tönerne Füße. Was aber, wenn der Fehlstart zu seinem Spiel gehörte?

Zu allem Übel schien Duponts Garderobe alles andere als unauffällig zu sein. Oder hatten Sowjetmenschen tatsächlich Röntgenaugen und konnten die Namensschildchen der Brüsseler Schneider durch Wildleder ebenso gut wie durch Wolle lesen? Offensichtlich:

× Ein beim Taxistand lauernder Kriegsinvalide hatte sich zielsicher als *persoonlijke reisgids* angepriesen und seine Palette bald noch um rare Genussmittel erweitert.

× Während Dupont den Schneehaufen vor Puschkins bronzener Stiefelspitze inspiziert hatte, war ein ambulanter Geldwechsler nach dem anderen mit einem rauchigen »Bonjour« an ihn herangetreten.

× Im Hotelfoyer hatte sich eine junge Frau an seine Fersen geheftet und ihm in fehlerfreiem Französisch zu verstehen gegeben, er solle in einer Metropole wie Moskau bloß keinen weiteren Schritt allein tun – schon gar nicht hinauf auf sein Zimmer.

Gehörte dies zum üblichen Geschäftsgebaren der freischaffenden Dienstleister, die von Gorbatschows Reformen ans Tageslicht gelockt wurden? Oder waren es verkleidete Mitarbeiter des Innenministeriums? Zweifelsohne gab es auch hierbei zahlreiche duale Geschäftsmodelle. In den letzten beiden Jahren hatte sich offensichtlich mehr verändert, als Dupont aus den monatlichen Aufklärungsbulletins entnommen hatte. Insbesondere das verschmitzte Grinsen einiger Milizionäre wusste er bislang überhaupt noch nicht einzuschätzen.

Dupont rieb den fettigen Fleck, den seine Stirn an der Fensterscheibe hinterlassen hatte, mit dem Ärmel des Morgenmantels weg. Als er den Vorhang zuzog, floh ein Weberknecht zur Decke hinauf. Es war frappierend, wie sehr das Spinnentier einem Transistor mit langen Kontaktdrähten ähnelte. Dupont rollte seine noch druckfrisch riechende *Nauka i Schizn* der Länge nach zusammen und stieg auf den Sessel. Er traf den Weberknecht beim zweiten Schlag, ächzte. Doch ihm blieb weder Zeit, die Überreste zu untersuchen, noch den Eisbeutel abermals an die Wange zu halten: Es klopfte.

Beim Öffnen der Tür drang eine vielschichtige Parfümwolke in die Suite herein. Der Geselle des Hotelbarbiers lehnte mit der Schulter am Rahmen und grüßte reichlich gut gelaunt; er hatte seinen Feierabend offenbar zünftig willkommen geheißen. Nun tappte er ins Schlafzimmer und zog einen Stoß Geldscheine aus der Hosentasche: »—notfalls hätte ich auch ein paar Luxemburger Franc!«

»Rubel sind mir vollkommen recht«, erwiderte Dupont.

Nachdem der Barbiergeselle die ausgebreiteten Kleidungsstücke noch einmal gründlich in Augenschein genommen hatte, feilschte er sich von der Krawatte abwärts bis zu den Halbstiefeln. Dabei ließ sich Dupont vorsätzlich übers Ohr hauen, bis sein Defizit über hundertsechzig Rubel betrug. Wie erwartet traf er auf keinerlei Widerstand, als er sich im Gegenzug die Kleidung des Gesellen als Dreingabe ausbat: »Ich möchte doch zu gern meinen Kollegen zeigen, wie man sich heutzutage in Moskau kleidet.«

»In Moskau? Ich bitte Sie! Eine einheitliche Mode gibt es hier nicht. Ich habe meinen eigenen Stil. Nie im Leben würde ich wie die Ljubery oder wie die Punks herumlaufen. Es geht viel zu viel durch dieser Tage«, erwiderte der Barbiergeselle. Kaum war er im Badezimmer verschwunden, klopfte es abermals.

Vor der Tür stand die Etagenfrau. Dupont, der sie bislang nur neben dem Fahrstuhl sitzen gesehen hatte, konnte sich das Schmunzeln nicht verkneifen. Die Alte wirkte derart gedrungen, als sei sie soeben aus einer Matrjoschka gezogen worden. Auf ihren Wortschwall durfte Dupont nicht eingehen – solche sprachliche Gewandtheit hätte nicht zu seiner Legende gepasst. Er zuckte also mit den Schultern und stammelte, er wisse nicht, womit er helfen könne. Sein hervorragendes Russisch lobend preschte die Alte an Dupont vorbei. In Anbetracht ihrer kurzen Beine kehrte sie erstaunlich schnell vom Nachtschränkchen zurück, wobei sie mahnend mit seinem Anmeldeformular wedelte. Sie wollte es Dupont gerade in die Hand drücken, als ein Scheppern ihren Blick zur Badezimmertür lenkte. Auf dem Milchglas zeichnete sich die Silhouette des Barbiergesellen ab. Die Etagenfrau blickte Dupont vorwurfsvoll an, zog sich im Rückwärtsgang zurück. Auf der Schwelle besann sie sich jedoch ihrer Mission und erklärte in altbackenem Französisch: »Bevor Sie unser Hotel abermals zu verlassen geruhen, ist es unerlässlich, dieses Formular ausgefüllt und signiert an der Rezeption abzugeben. Sollten Sie es versäumen, stünde Ihnen ein Rendezvous bevor, das sicherlich auch für die Herrschaften von der Miliz unerquicklich wäre!«

Unterdessen hatte der Barbiergeselle aus Duponts Mundspülung, Rasierwasser und Eau de Toilette zwei Cocktails gemischt: »Guter Handel will begossen sein!«

Es folgte eine kurze Kontroverse über das giftgrüne Gemisch – die damit endete, dass Afonja sich zu einem Cognac überreden ließ und die Zahnputzgläser alleine leerte. Nach dem dritten Cognac meinte Dupont, ausreichend angeheitert zu wirken, um auch noch seine neue *Casio* mit Thermometer und Taschenrechner gegen Afonjas zerkratzte Armbanduhr eintauschen zu wollen. Afonja nahm Duponts Digitaluhr nur flüchtig in Augenschein: »Nimm's mir nicht übel, Jan-Piotr, aber daraus wird nichts. Ein Zeiteisen ohne Zeiger ist wie ... wie ein Traum von einem bellenden Hund! Wir Russen wissen, mit welchen Zeichen sich der Tod ankündigt. Ich für meinen Teil werd' ihn nicht herausfordern.«

•

Den roten Ausweis in Afonjas Jackett fand Dupont, als er sich für seine nächste Expedition einkleidete: »Der Teufel soll deine Mutter vögeln«, wärmte er sein Gassenrussisch an. Der Barbiergeselle arbeitete also für den KGB, lernte vermutlich, die Gäste des *Rossija* ganz besonders aufmerksam zu rasieren. Allerdings dürfte Afonja noch eine sehr kleine Nummer sein, ansonsten würde er sich wohl in einem Spezialladen des Innenministeriums einkleiden, anstatt einen konspirativen Handel mit einem Unbekannten einzufädeln. Oder war das seine übliche Masche? Sei's drum, dachte Dupont: In seiner Suite ließ sich ohnehin nichts ausspähen. Allem Anschein nach vermisste Afonja den Ausweis noch nicht – oder suchte ihn an anderer Stelle. Gewiss wirkte das giftgrüne Gemisch verhängnisvoll auf sein Gedächtnis, mutmaßte Dupont. Ein rechtschaffener Handelsreisender sollte das rote Büchlein allerdings unverzüglich beim Hotelbarbier oder im Fundbüro abgeben. Andererseits war nicht von der Hand zu weisen, dass ihm diese universale Eintrittskarte von großem Nutzen sein könnte. Und, wie seine Mutter stets gesagt hatte: *Chudobná to myš, co jen jednu díru má* – es wäre leichtsinnig, auf einen alternativen Fluchtweg zu verzichten. Er schob den Ausweis in den Kniestrumpf und steckte prophylaktisch ein Passbild in sein Portemonnaie.

Mit Umsteigemanövern stellte Dupont sicher, dass ihm niemand folgte. Im dritten Trolleybus zog er seinen französischen Langmantel aus und schob ihn zusammengerollt in die Umhängetasche. Bevor er sich unter die Kundschaft des Kinderkaufhauses mischte, prüfte er noch einmal sein Aussehen: In Afonjas Aufzug dürfte er ohne Weiteres als ein Moskowiter Stenz durchgehen. Die Verkäuferin, beinah selbst noch ein Kind, zeigte sich unbeeindruckt und konnte ihm auch sonst nicht dienen: »Ein *Elektronika*? Vielleicht im neuen Jahr wieder. — Der Nächste!«

Dupont überlegte kurz, ob er nach einer Bedienanleitung des Spiels fragen sollte, schließlich brauchte er bloß die Herstellerdaten, doch die Kunden hinter ihm hakten bereits nach, wie lange er die Schlange noch aufzuhalten gedenke. Ein junger Vater riet ihm, es am Sonntag auf dem Flohmarkt im Ismailowski-Park zu versuchen, dort werde er sicherlich fündig.

So viel, wie gestern gedacht, hatte sich in den letzten Jahren also doch nicht verändert, sinnierte Dupont, als er aus dem Kaufhaus trat. In der Mitte des Lubjanka-Platzes stand der Eiserne Felix und blickte von seinem Sockel finster gen Westen. Dupont legte unauffällig mit dem Zeigefinger auf den Eisernen an, ehe er hinab in die Metrostation verschwand. (Das hätte durchaus einen Lebenspunkt kosten können, doch der Eiserne Felix machte sich nicht die Mühe, vom Sockel zu steigen und dem Aufmüpfigen hinterherzujagen. Unverwandt musterte er all seine Spitzel in spe oder überwachte eine Sonderlieferung Spielzeug: Immer in Sorge um die Kinder!)

•

Bereits von Paris aus hatte Dupont ein Treffen mit dem belgischen Wirtschaftsattaché vereinbart. Es stünde einem ambitionierten Handelsvertreter gut zu Gesicht, sich auf diese Weise in die hiesigen Kreise einzuführen, sich Ratschläge für die Sondierungsgespräche mit *Elektronorgtechnica* geben zu lassen, und so weiter. Er zog sich gerade zum Essen um, als der Adjoint des Attachés anrief und fragte, ob Dupont sich kurzfristig für einen Besuch der WDNCh begeistern ließe: Allein das architektonische Ensemble sei einen Abstecher wert, und darüber hinaus gebe es eine Ausstellung sowjetischer Computer – das dürfte ihn als IBM-Mitarbeiter doch ohnehin interessieren. Der Herr Attaché habe dort im Anschluss einen Termin, und auf diese Weise wäre es für alle weitaus entspannter: » — nicht wahr?«

•

Im Hauptsaal des Kybernetik-Pavillons wurde eine Ahnenrei-
he der automatisierten Datenverarbeitung präsentiert: eine
Rekonstruktion von Korsakows Komparator, ein Arithmome-
ter aus der Dserschinski-Fabrik, eine kunstvoll punzierte Re-
gistrierkasse mit Handkurbel, diverse elektromechanische
Rechenhilfen, ein Lochkartensortierer und eine Tabelliermaschine, Agapows elektro-optische Texteinlesemaschine (deren
archaisches Baujahr Dupont ein anerkennendes Schnalzen ab-
nötigte), ein gewaltiger Röhrenschaltschrank, futuristisch gestaltete Steuerkonsolen, Minirechner mit multiplen Terminals,
und neben dem Schreibtischcomputer DWK lag ein brandneuer
Solartaschenrechner. Den Bordrechner des Buran-Orbiters und
die Supercomputer, auf die Dupont gespannt gewesen wäre, bekam er ausschließlich auf Fotostellwänden zu sehen, und die
Begleittexte listeten hauptsächlich die Staatspreise auf, die deren Entwickler errungen hatten. Kniehoch hängende Kordeln
hielten die Besucherströme auf Abstand von allen Ausstellungs-
stücken, lenkten sie in ein Rechenzentrum. Dort pries ein Schild
den ES-1066 als eine der jüngsten Errungenschaften sowjetischen Schöpfergeistes an, verwies auf fünf Komma fünf Millionen Rechenoperationen pro Sekunde und auf die solidarische
Zusammenarbeit mit den sozialistischen Brudernationen. Dupont, der die ES-Reihe aus einem Aufklärungsbulletin kannte,
sah vor sich eine Rechenanlage auf dem technischen Stand der
frühen Siebzigerjahre, sah lediglich einen Klon des IBM S/370,
sah—
»Herr Attaché, nehme ich an?«
»Monsieur Dupont?«
»Angenehm! Herr Attaché ist doch korrekt, oder heißt es Exzellenz?«

344

Hieß es natürlich nicht. Doch damit waren Dupont und der Wirtschaftsattaché bereits mitten in jener Komödie, in der sich zwei Belgier in Moskau begegnen, wobei der eine sich durch seinen picardischen Dialekt als gebürtiger Hainauter verrät, woraufhin sich der andere als flämischer Muttersprachler zu erkennen geben muss. Kurz vorm Ausgang bogen sie in einen Seitenflügel des Pavillons ab, in dem Arcade-Automaten flackerten: *Tankodrom, Torpedoattacke, Telejagd, Telerallye* und einige aufschriftlose Prototypen der sowjetischen Videospielindustrie. Seine Pelzmütze wie eine Signalfahne in die Höhe haltend drängte sich der Attaché an den dicht umlagerten Automaten vorbei – und siehe: Aus den Menschentrauben lösten sich zwei stupsnasige Schönheiten und hakten sich bei ihm unter. Dass der füllige Flame eine Neigung zu Nerz und Nymphchen hegte, war in Paris bereits aktenkundig, sein Faible für Nagaika und Natursekt ebenfalls. Dupont, der seine Hausaufgaben gemacht hatte, ließ sich folglich nicht davon irritieren, dass die beiden den Attaché wiederholt »Oompje Juul« nannten. Ira lenkte das Quartett mit sanftem Nachdruck durch die weitläufige Parkanlage, während Daria am Wegesrand einen Schneeengel ausheckte, sich hinter einer Skulptur versteckte und ihren Oompje Juul aus dem Hinterhalt mit Schneebällen neckte. Dupont lutschte an einem kleinen Eiszapfen, versuchte seinen schmerzenden Kiefer zu kühlen.

Unter dem geschnitzten Giebel des Teehauses *Lebed* klopfte Ira dem Attaché den Pelzmantel ab, was diesen nicht davon abhielt, weiter zu schwadronieren: »—aber wussten Sie, dass dieser Ausstellungskomplex auf einer ehemaligen Mülldeponie der Zaren errichtet worden ist? Gewiss wollte Lenin auch damit eine Botschaft vermitteln!«

Dupont ging nicht darauf ein, wer welchen Komplex wann errichtet haben konnte, und ließ während des Tees noch allerlei landeskundliche Exkurse, urbane Legenden und altbekannte Anekdoten über sich ergehen. Kaum waren Ira und Daria zum Pavillon der Konsumgüterindustrie weitergezogen, stellte Dupont die Teetasse beiseite und erklärte ungefragt: »In den Sechzigern, als die Sowjets nach dem Sputnik auch noch Gagarin ins All geschossen hatten, dachte ich: Unglaublich!«

Der Attaché nickte zustimmend – genauso hatte er es wohl auch in Erinnerung. Dupont spulte sein Garn rasch weiter ab: »Ich dachte damals wirklich: Noch acht oder zehn Jahre, und die Sowjets haben es geschafft! Es sah ja so aus, als würde hierzulande alle Energie in die Hochtechnologien fließen. Unter dieser Prämisse klang es nach einem realistischen Ziel, innerhalb einer Dekade das gesamte Land flächendeckend mit Computern auszustatten und alle Rechenzentren untereinander zu vernetzen. Dann, neunzehnhundertsiebenundsiebzig, traf ich auf der IFIP-Konferenz einen Informatiker aus Nowosibirsk. Dessen freimütige Ausführungen über seinen Arbeitsalltag haben mich weitgehend ernüchtert. Aber das, was ich gerade bei dieser Leistungsschau gesehen habe, hat mir wirklich den Rest gegeben. Jetzt verstehe ich allmählich, wie es zu Tschernobyl kommen konnte!«

»Meines Wissens hat das eine nichts mit dem anderen zu tun. Laut dem Bericht der Atomenergiebehörde spricht alles für menschliches Versagen und eklatante Verstöße gegen die Bedienungsvorschriften«, sprang der Attaché in diese Bresche, wobei er sich offenbar ein wenig unwohl fühlte. »Nichtsdestotrotz verstehe ich, worauf Sie hinauswollen, Monsieur Dupont. Hier gäbe es durchaus einen Markt für die Produkte Ihres Unternehmens. Allerdings dachte ich, die Amerikaner würden keinesfalls von den Handelseinschränkungen für neueste Mikroelektronik abrücken wollen.«

»Ja, die CoCom-Liste bleibt auch weiterhin das vorderste Bollwerk gegen die kommunistische Bedrohung. Das soll und wird uns freilich nicht davon abhalten, hinterm Eisernen Vorhang preisgünstige Software einzukaufen. Damit wir uns richtig verstehen, Herr Attaché: Es geht ausschließlich um Computerspiele. Sie glauben gar nicht, wie prächtig sich dieses russische *Tetris* verkauft. Und das bei einer geradezu lächerlichen Lizenzgebühr.«

»Aber klingeln da bei Ihnen nicht längst die Alarmglocken? Macht denn der Erfolg dieser perfiden Klötzchen niemanden stutzig?«

»Was genau sollte uns denn daran stutzig machen? Die von *HoloByte* sind im Vorweihnachtsgeschäft überm Geldscheffeln kaum zum Schlafen gekommen. Und je mehr Leute solche Spiele bei sich zu Hause spielen wollen, desto mehr Heimprodukte verkaufen wir. Mehr Spieler, mehr PCs, ganz einfach!«

»Genau das vergrößert die Gefahr doch exponentiell. Es heißt, dieses *Tetris* sei von einer geheimen Forschungsgruppe des Siewissen-schon entwickelt worden. Wenn es stimmt, was der japanische Kulturattaché durchblicken ließ, soll damit die westliche Jugend gezielt abhängig gemacht und letzten Endes geistig paralysiert werden. Bei einer Dauertestgruppe von *Atari* zeigten sich angeblich gravierende Auswirkungen.«

»Aber die Sowjets lassen ihre eigene Jugend und sogar ihre wertvollsten Wissenschaftler damit spielen.«

»Bei chemischen oder biologischen Kampfstoffen ist das auch nicht anders: Wenn sie das Gegenmittel besitzen, brauchen sie sich um die Auswirkungen ihrer Waffe auf die eigenen Streitkräfte keine Gedanken zu machen.«

»Sie meinen, die hiesige Jugend ist gegen die Wirkung solcher Computerspiele immunisiert worden?«, und so weiter und so fort.

•

»—kaum zu glauben, was für Glück Sie haben«, meinte die Rezeptionistin, als Dupont um seinen Zimmerschlüssel bat. Sie zwinkerte ihm wie eine Zauberkünstlerin zu, die an ihren eigenen Tricks den größten Gefallen findet, und zog einen fingerdicken Umschlag aus dem Ablagefach: »Heute Nachmittag hat eine Polizistin Ihre verlorene Brieftasche abgegeben!«

»Aber ... das ist ja großartig!«, erwiderte Dupont, der sein Portemonnaie an den Rippen spürte; die Innentaschen all seiner Mäntel und Jacken waren mit Reißverschlüssen oder Knöpfen gesichert.

»Die junge Genossin sagte, es habe mitten auf dem Parkplatz an der Kreml-Mauer gelegen. Bitte unterzeichnen Sie hier, dass Sie den Umschlag verschlossen in Empfang nehmen.«

Aus dem Quittungsbogen ging hervor, dass die Finderin eine Verkehrspolizistin namens Tolstaja war. Daher also wehte der Wind, dachte Dupont und zeigte sich dankbar: »Ich wünschte, bei uns in Belgien wären die Sicherheitskräfte ebenso zuvorkommend wie hier in Moskau!« Die Rezeptionistin nickte daraufhin so beifällig, als sei er soeben zu einer längst überfälligen Erkenntnis gelangt.

Gerade noch rechtzeitig sah Dupont den Barbiergesellen. Afonja lehnte im Durchgang zu den Aufzügen an der Wand und plauderte mit der jungen Frau, die ortsfremde Besucher bis aufs Zimmer geleitete. Dupont wich zur Seitentreppe aus, stieg eilends in die zweite Etage des Foyers.

»Jan-Piotr«, hallte es ihm von unten hinterher. Dupont stellte sich taub, verließ die Empore und bog in einen Korridor, der hinüber zur Südseite des Hotelkarrees führte. Vermisste Afonja seinen Ausweis oder wollte er nachträglich die Digitaluhr abstauben, die er unter dem Einfluss des giftgrünen Cocktails leichtfertig ausgeschlagen hatte? Wie auch immer, mit Tolstois konspirativer Lieferung in der Hand wollte er dem kleinen Spitzel lieber nicht über den Weg laufen. Als er sah, dass der Aufzug vom Erdgeschoss heraufkam, verschwand er rasch durch die nächstgelegene Tür.

Der stomatologische Service des Hotels empfing ihn mit einem Schwall Formaldehyd, unterstrichen von einer Nebennote *Pique Dame* und einer Sprechstundenhilfe, die im steifsten Oxford-Englisch protestierte: »Glauben Sie etwa, wir Russen hätten niemals Feierabend?«

Dabei deutete sie vorwurfsvoll auf die Knopfleiste ihres bereits geöffneten Kittels. Die Bluse, die sie darunter trug, korrespondierte farblich mit der siechenden Topfpflanze auf dem Sterilisator und hätte durchaus als Tarnkleidung getaugt. Dupont trat mit einem »Entschuldigen Sie vielmals« den Rückzug an – doch zu spät: Die Tür des Behandlungszimmers ging auf, und eine kernige Mittfünfzigerin baute sich neben ihm auf: »Aber Mascha, der junge Mann wird sich ja nicht grundlos in unsere Arme gestürzt haben. S'il vous plaît, Monsieur.«

Mit einem Nicken bedeutete sie Dupont einzutreten. Seine Versuche, den beiden auf Englisch und Französisch zu vermitteln, dass es gar nicht so dringend sei und er gerne auch am nächsten Tag wiederkommen könne, wurden von der Ärztin mit einem knorrigen Lachen quittiert: »Vertrauen Sie mir, hinterher werden Sie sich besser fühlen.«

Die beiden Frauen bugsierten Dupont auf den Behandlungsstuhl, und während die Sprechstundenhilfe die Kopfstütze arretierte, raunte sie der Ärztin auf Russisch zu: »Wohin sind bloß die echten Männer verschwunden?«

»Da haben Sie sich den falschen Beruf gewählt, Mascha«, lachte die Ärztin, die sich bereits mit dem Mundspiegel einen Überblick verschaffte. Schon stieß sie mit der Sichelsonde zielstrebig in die Oberkieferwunde vor: »Kein Wunder, dass Sie Beschwerden haben! Bei der Extraktion des Zwei-Achter scheint etwas zurückgeblieben zu sein. Da hat Ihr Arzt nicht gerade eine Glanzleistung moderner Stomatologie vollbracht«, attestierte sie und beförderte mit der Pinzette einen blutverschmierten Fremdkörper zutage: »Na, was haben wir denn hier? Einen Plombensplitter?«

Die drei dünnen Gerinnselfäden, die wie Drähte von der Pinzettenspitze herabhingen, widerstanden einem Spülgang. Sollte das tatsächlich eine Mikrowanze sein? Das gäbe Minuspunkte. Als Dupont sich zum Becken hinüberbeugte, stieß er gegen den Ellenbogen der Stomatologin. Und schon kullerte der Fremdkörper klackernd in den Abfluss, hinterließ eine blutige Schliere auf dem Edelstahl: »Ach, schade! Den Splitter hätten Sie zu Ehren der heiligen Apollonia in eine Brosche einfassen lassen können. Aber keine Angst, Ihre Schmerzen werden jetzt auch ohne höheren Beistand abklingen. Hierzulande haben wir den Aberglauben ja längst gegen Fachkompetenz eingetauscht.«

Dupont ging nicht darauf ein, dass seine Weisheitszähne nie plombiert gewesen waren, schwang sich vom Untersuchungsstuhl, taumelte. Das Trinkgeld, mit dem er das medizinische Hotelpersonal bedachte, veranlasste die Sprechstundenhilfe, ihm zu versichern, er dürfe bei etwaigen weiteren Beschwerden jederzeit wiederkommen.

Das Mädchen, das allein auf dem Korridor spielte, hatte nur Augen für sein ferngesteuertes Modellauto. Der baschkirische Trachtentänzer, der in der vierten Etage in den Aufzug zustieg, würdigte Dupont keines zweiten Blickes. Und die Etagenfrau schnarchte leise in ihrer Nische. Erleichtert schloss Dupont die Tür hinter sich.

Wer auch immer sich Zutritt zu seiner Suite verschafft hatte, war nicht darauf bedacht gewesen, keine Spuren zu hinterlassen: Auf dem Badewannenrand standen restlos geleerte Flakons; auch Mundspülung würde Dupont bald nachkaufen müssen. Doch weder im Kleiderschrank noch im Koffer fehlte etwas. Kompromittierendes gab es ohnehin nicht zu finden, und sein Koffercomputer lag im Hotelschließfach. Hinzugekommen schien auch nichts zu sein oder würde sich nur mit technischen Hilfsmitteln aufspüren lassen – was einem arglosen Handelsvertreter freilich schlecht zu Gesicht stünde. Dupont fühlte sich nach der Wundreinigung noch ein wenig wackelig auf den Beinen, ließ sich in einen Sessel sinken. Sah es nicht ganz danach aus, als habe der Barbiergeselle nach seinem Dienstausweis gesucht? Die Reinigungskräfte hätten ihren Durst gewiss diskreter gestillt. Was also tun? Es wäre heikel, den Einbruch nicht zu melden. Doch da nichts gestohlen worden war, würde er mit einer Anzeige nur unnötig Aufmerksamkeit auf sich lenken. Nachdem Afonja sich mit eigenen Augen vergewissert hatte, dürfte er nunmehr davon ausgehen, den Ausweis nicht im verhökerten Jackett vergessen, sondern an anderer Stelle verlegt zu haben ... und noch mancherlei mehr solcher Erwägungen gingen ihm durch den Kopf.

Dupont zog die Übergardinen zu, ehe er den Umschlag der Verkehrspolizistin Tolstaja aufriss. In dem Portemonnaie steckten sieben Rubel, ein paar belgische Centimes, eine schludrig gesetzte Visitenkarte

```
Dupont, Jean Pierre
Représentant de  IBM pour
le Benelux entier
26 Av. de la Toison d'Or
1000 Bruxelles ( België)
```

sowie ein unvollständig ausgefüllter Tippschein der sowjetischen Sportlotterie. Das war es also: ein Code – endlich hatte Tolstoi einen diskreten Weg der Kontaktaufnahme gefunden. Dupont probierte Algorithmus um Algorithmus durch, kramte alle Umformungsverfahren aus dem Gedächtnis hervor, die er während seiner Ausbildung erlernt hatte, um Botschaften aus Zahlenreihen zu dechiffrieren. Dabei verstrickte er sich in immer komplexere Rechenoperationen und hätte darüber beinahe zu spät bemerkt, dass die Zahlengruppen das aktuelle Datum und die alsbald ablaufende elfte Stunde angaben. Eilig schaltete er den Fernseher an: Im ersten Programm ermittelte Scheglow wieder einmal verdeckt gegen die Schwarze Katze, im zweiten landete eine Eiskunstläuferin nach ihrem Axel-Paulsen unsauber, und auf dem Moskauer Kanal lief ein Bericht über einen Studentenwettbewerb der hiesigen Kybernetischen Institute. Unter den Augen von Juroren und Nachwuchskonstrukteuren kletterten elektromechanische Krabben über einen Hindernisparcours im Flachwasserbereich eines Schwimmbeckens. Nur zwei der Kleinroboter, die schließlich den Beckenrand erreichten, schafften es, sich ohne menschliche Hilfe aus dem dampfenden Wasser ins Trockene zu hieven. Nach der Siegerehrung schwenkte die Kamera zurück ins Becken und sendete einen cyanblauen Hintergrund für den Abspann.

»Ich hoffe, man bekommt hier im Winter eine Badehose zu kaufen«, murmelte Dupont. Den Lottoschein und seine Dechiffrierversuche verbrannte er im Aschenbecher, die verkohlten Rückstände schüttete er in die Toilette. Müde folgte er der finalen Mahnung auf dem Bildschirm und ging ins Bett.

PAUSED. PRESS ANY KEY TO CONTINUE.

Trainerstäbe

Moskau, 1974

»—damit erkläre ich die Brandschutzübung für beendet. Also bis Montag zu gewohnter Stunde! Und vergesst nicht, euch zu Hause noch einmal die Parametrisierung der Makros anzuschauen«, entließ Leonid die Nachwuchsprogrammierer. Auch seine Kollegen eilten daraufhin zur Bushaltestelle, und die pelzverbrämten Kurven der Kollegin Larina verschwanden hinter rußigen Schneehaufen. Zurück zum Eingang stapfend, warf Leonid einen Schatten auf die zwei vereisten Schilder am Mauerwerk: Das eine attestierte dem Gebäude eine gewisse Bedeutung für die Geschichte, das andere informierte über seine derzeitige Nutzung als Clubhaus der Jungen Programmierer – vorausgesetzt, man wusste Akronyme und Embleme zu entziffern. Weniger Sachkundige mochten an dem schwungvollen blauen D zuoberst immerhin erkennen, dass unter der Ägide des mächtigen *Dynamo* irgendein KMP operierte.

Leonid schlüpfte durch den schweren Türvorhang in die Pförtnerloge. Foma schenkte Tee aus, ehe er die Dominosteine mischte. Während sie spielten, taute der Schnee von Leonids Sohlen. Foma schob ihm eine Zeitung unter die Stiefel und verstaute Leonids Aktentasche im unteren Regalfach – neben seinem eigenen Einkaufsnetz, das mit Konservendosen, Margarinewürfeln und Lötzinnrollen gefüllt war. Das Regal wankte ein wenig, weshalb die im mittleren Fach hängenden Schlüssel rasselten. Auf dem obersten Regalbrett stand ein Mayonnaiseglas voll vertrockneter Nelken, das den allgegenwärtigen Generalsekretär dezent von Petruschka separierte.

БАТУМСКИЙ ДЕЛЬФИНАРИЙ

Petruschka war der Publikumsliebling des Delfinariums in Batumi, das Leonid im Mai 1974 besucht hatte. Er verstand diese Schauanlage auch als eine gesellschaftliche Versuchsanordnung: »Schnell zeigte sich, dass in einem solchen Schlaraffenland aus Stahlbeton körperliche und seelische Störungen auftreten, wenn nicht die Betreuer für ausreichend Ablenkung und Bewegung sorgen. Ich denke, auch hierbei sollte der Einsatz programmgesteuerter Automaten erwogen werden. Was meinst du, Foma?«

Diese Postkarte hatte Leonid seinem Freund geschickt – ihm überhaupt beim Wiedereinstieg in die Arbeitswelt geholfen, angefangen damit, dass er Foma zu der Stelle als Pförtner verholfen hatte, nachdem dieser aus der psychiatrischen Klinik entlassen worden war.

Dass Foma als geheilt gelten durfte, ließ sich daran ablesen, dass er keinen Aufstand gemacht hatte, obwohl doch die GLM während seiner Abwesenheit aus dem Wohnungskeller entfernt worden war, »von der Hausverwaltung oder irgendeiner verantwortungsbewussten Behörde, da kann man nichts machen«, hatte Foma gesagt. Allein die lockere Handbewegung, mit der er dabei durch die Luft gewischt hatte, konnte als Zeugnis für den Erfolg der modernen Medizin gelten. Allerdings ähnelte Foma seit dem Klinikaufenthalt einem in Formaldehyd eingelegten Igel. Bei der Hautveränderung handelte es sich um eine harmlose Nebenwirkung seiner Medikamente. Dass diese noch immer nicht abgeklungen war, führte Leonid auf Fomas eigenwillige Diät zurück.

Kein Grund zur Sorge also.

Jeden zweiten oder dritten Freitag saßen die beiden nun wieder im abendfüllenden Gespräch beisammen. Meist begannen sie dabei im Fassbaren (etwa bei der Schachmeisterschaft oder bei Lucys Knochen), ehe sie sich in die allgemeine Lage und das Wesen der Welt vertieften. Im Treibsand erratischer Gedankenspiele versanken sie allerdings nur noch selten, da sie sich für gewöhnlich auf den Heimweg machten, sobald Fomas Ablösung eintraf. An diesem Abend aber rief der Nachtwächter mit gramgedämpfter Stimme an: Er könne erst später kommen, da seine Tochter erkrankt sei, setzte Foma seinen Besucher ins Bild, und »—bloß keine-keine Bange, ich hab noch ein paar Hundert Gramm im Schrank«.

»Warte wenigstens, bis wir allein sind«, erwiderte Leonid. Er wusste aus berufenem Munde, dass er den sowjetischen Sportgeist derzeit besonders hoch halten musste, wenn er nicht seine nächste Beförderung gefährden wollte. Und überhaupt: »Ich dachte, Berger hätte nur Söhne?«

Foma zuckte mit den Schultern, schenkte noch einmal Tee nach. Im Radio schwadronierte ein schreibfauler Schriftsteller von einer weltweiten Verschwörung finsterer Mächte. Leonid stellte eine Musiksendung ein; die Leningrader Philharmoniker stimmten einen Satz in h-Moll an. Derweil klapperte die technische Brigade mit Besen gegen die Treppenränder und schob Ölspäne über die Flure des ehrwürdigen Clubhauses. Schließlich verschwand auch die letzte Reinigungskraft hinaus in die Winternacht. Nach einer hochgeistigen Kehlspülung streckte Foma die Arme seitwärts aus: »—ein-ein wenig an den Rand gedrängt? Ich bitte dich! Wohin man auch schaut: Puschkin ... Puschkin allerorten, sogar ein Wolga-Dampfer wurde auf seinen Namen getauft. Nicht, dass ihm weniger Ehre zustünde, aber bald fehlt bloß noch eine Puschkin-Brause und eine Puschkin-Rakete! Und manch anderer Dichter droht darüber in Vergessenheit zu geraten.«

»Bei uns geht eben alles gerne in die Breite.«

»Das-das ist es ja gerade. Das Angedenken zerfließt inzwischen wie Brei. Und zwar einer, der niemals ausgelöffelt werden kann«, seufzte Foma und klaubte die nasse Zeitung unter Leonids Stiefeln hervor: »*Heute, da wir, inspiriert von unserer Leninschen Partei mit dem Generalsekretär des ZK der KPdSU Genossen Leonid Iljitsch Breschnew an der Spitze, für eine hohe Kultur der kommunistischen Gesellschaft kämpfen* – horch-horch her, jetzt kommt's –, *ist das ewig lebendige, niemals verblassende literarische Erbe Puschkins für uns das sichere Fundament, auf dem die revolutionäre Kunst unserer Tage emporwächst!*«

Die Äderchen, die an seinen Schläfen hervorgetreten waren, sanken sofort wieder ein, als er die Zeitung zu Boden fallen ließ. Dies wertete Leonid als weiteres Zeichen für Fomas neue Ausgeglichenheit. Mehr noch, sein Freund schmunzelte sogar: »Wie das wohl aus dem Maul eines Krokodils klänge?«

Nun doch ein wenig froh, dass das Radio lief, stieg Leonid darauf ein: »Du meinst, wenn das Krokodil den ersten Sekretär verschluckt hätte?«

»Ganz genau«, gluckste Foma. »Der Brei ist bewiesen, wenn man ihn essen kann, stimmt's? Reich mal deine Tasche her.«

Kaum hatte er Leonids Einkäufe und Ordner auf den Tisch gestapelt, stülpte Foma sich die leere Ledertasche über den Kopf: »*Ihr Ärmsten, ach, wie seid ihr dumm*«, drang seine Stimme gedämpft darunter hervor:

Ihr kreist nur um euch selbst herum!
Mir graut, wenn ich euch reden höre!
Wie Würmer kriecht ihr auf der Flur,
Nach schnödem Nutzen fragt ihr nur!

»Schau an, schau an!«, lachte Leonid. »Aber das klang eher, als wärst du von Tscheburaschka verschluckt worden.«

Foma streifte die Aktentasche ab, blinzelte: »Von wem?«

»Von Tscheburaschka ... Krokodil Genas pelziger kleiner Freund.«

»Ich dachte, das Krokodil hieße Karlchen«, erwiderte Foma und zwirbelte seinen zerzausten Walrossschnauzer. Der blank polierte Samowar spiegelte ihn dabei mit kupfernem Teint, weshalb Fomas verzerrtes Abbild geradezu viril anmutete. Wohl auch, weil sein Blick nicht mehr so unstet schlingerte wie noch im Sommer, als Orlowski und Lebedew gestorben waren. Obgleich seine Verfassung sich deutlich verbessert hatte, kam Foma auch an diesem Abend auf die Toten zu sprechen: »—glaub-glaub mir, Baba Jaga ist ihnen auf die Schultern gesprungen und hat ihren Lebensgeist ausgesaugt. Ich kenne das gut; wenn sie auf meinem Rücken reitet, wird mir immer ganz kalt-kalt in der Seele.«

Daraufhin hätte Leonid liebend gern die Existenz von Seelen in einem aus Zahlen zusammengesetzten Universum erörtert, wiegelte aber vorsichtshalber ab: »Sergei Alexejewitsch hat sein Leben lang hart gearbeitet und dabei geraucht wie ein Stahlwerk auf Stachanow-Kurs. Das schafft Lunge und Herz, ganz ohne Märchen!«

»Du-du denkst, das sind Märchen? Nein, mein Lieber, das sind keine Märchen. Das ist das wahre sowjetische Leben.«

Versonnen wiegte Leonid den Kopf. Doch Foma hatte dies Stocken überhaupt nicht bemerkt, war längst abgeschweift: »Wer hätte denn gedacht, dass-dass sich auch Shura-Bura und Babdis gegen ihn stellen würden? Die haben sich auf den Standard von IBM festnageln lassen, und jetzt hinken wir den Amerikanern hinterher. Oder etwa nicht-nicht? Welchen Fortschritt soll denn eine Reihe bringen, die auf längst veralteten Standards basiert?«

»Die Suppe haben uns unsere Deutschen eingebrockt.«

»Und jetzt-jetzt löffeln wir sie gemeinsam aus, anstatt auf unsere eigenen Fähigkeiten zu setzen?«

»Die jungen Leute kommen mit den unglaublichsten Ideen zu mir. Aber ich bin nicht Sergei Alexejewitsch. Ich kann nicht einfach etwas machen, das aus der Reihe fällt.«

»Vielleicht hättest du-du beim Militär bleiben sollen«, stichelte Foma: »Also ich würde ... « – doch was er würde, verriet er nicht. Er ließ den Satzstummel in der Luft hängen, als die Leningrader Philharmoniker mit einem ausgelassenen Presto zum Schluss kamen. Tosender Applaus malträtierte die Lautsprecher. Es schlug zehn. Foma riss einen Streifen von der mittlerweile getrockneten Zeitung ab und knüllte ihn zu einem Pfropf, mit dem er den verdunstenden Drachentöter verschloss. Bis der Nachtwächter kam, tranken sie noch ein weiteres Glas Tee, und Foma berichtete, dass mit seinen Gallenfarbstoffen etwas nicht stimme. Der Verdacht auf Hepatitis sei aber mittlerweile ausgeräumt. Bei aller Offenheit verlor er kein Wort darüber, dass er wieder an einem Teterewkinschen Erzählgolem arbeitete, an einem Nachfolgemodell namens GLM-2. Leonid wiederum schwieg sich darüber aus, dass er

(1) wusste, dass Foma sich unter der Hand neue und ausgemusterte elektrische Bauteile organisierte, die, falls sie nicht für ein Denkmal der digitalen Datenverarbeitung oder für irgendein ausgeklügeltes Spielzeug gedacht sein sollten, sich wohl mindestens zu einem Addierwerk zusammensetzen lassen würden, und dass er selbst

(2) demnächst, das heißt, wenn bei den anstehenden Ausscheiden alles glattliefe, zum Cheftrainer der Auswahl der Russischen SFSR aufsteigen und folglich den KMP D verlassen würde.

Dass er sich in Ljudmila Petrowna Larina verliebt hatte, behielt Leonid ebenfalls für sich. Immerhin war seine Kollegin verheiratet, Mutter. So gut er konnte, achtete er darauf, dass sich seine Gefühle lediglich in kollegialer Fürsorge, Höflichkeit und dem einen oder anderen Seufzer abends vorm Einschlafen äußerten. Allerdings würde er, unübersehbar, in den Ferien zu Schere und Rasiermesser greifen – da die Kollegin Larina, wie die Reinigungskräfte munkelten, für Bärte nicht das Geringste übrighat.

»—also dann bis nächste Woche. Drück uns die Daumen!«

»Uns?«

●

Moskau, 1975

Frühblüher zerknickten unter dem Schneematsch, den Hausmeisterinnen auf Rabatten und Rasen schaufelten. Die Luftmassen stockten. Abgase aus mindestens achthunderttausend Auspuffen, Schornsteinen und Schloten stauten sich unter der dichten Wolkendecke. Diese sank dadurch immer tiefer, bis der Himmel beinahe den Rinnstein berührte. Leonid sog die Schwaden sorglos ein und pfiff auf dem Weg zur Metrostation einen Schlager.

Wider Erwarten war er nicht zum Cheftrainer der KJuR, der Jugendauswahl der russischen Programmierer, berufen worden. Hätte Foma von Leonids Ambitionen gewusst, würde er wohlmeinend mit der Hand durch die Luft gewischt haben: Wer langsam aufsteigt, bringt es am Ende bis ganz nach oben! So aber hatte er sich begeistert gezeigt: »Erster Stellvertreter des Cheftrainers, große Klasse!«

Alles in allem kein Grund zu übergroßer Ausgelassenheit – aber auch für Ljudmila Petrowna Larina waren die Würfel in eine unerwartete Richtung gefallen. Leonid hatte sie als seine Nachfolgerin am KMP D vorgeschlagen. Weil es ihr zukam, »gar keine Frage, sie ist eine der besten Lehrkräfte im Lande« ... obendrein aber, um weiterhin dienstliche Gründe für Treffen mit seiner heimlichen Liebe zu haben. Er hatte sein Beziehungsnetz mit diskretem Nachdruck in zielgerichtete Spannung versetzt. Nun schien es jedoch, als habe irgendein eigensinniger Hecht seine Flossen im Spiel gehabt: Die Leitung des Moskauer KMP D war Igor Golubew, einem Spezialisten für östliche BASIC-Dialekte übertragen worden. Die in höchsten Tönen gepriesene Larina würde stattdessen den Trainerkader der KJuR verstärken – schließlich sollte der russische Nachwuchs bei der ersten Allunionsmeisterschaft unter allen Umständen die Medaillen einstreichen. Kurzum: Sie würden gemeinsam die begabtesten Jugendlichen der größten Teilrepublik trainieren. Beschwingt eilte Leonid, trapp-tra-trapp-tra-trapp, eine defekte Rolltreppe in den Untergrund hinab und fuhr mit der Metro zu seinem neuen Arbeitsplatz.

Für den ersten Tag standen Grundsatzfragen und die Planung neuer Übungseinheiten an. Während sie auf das Eintreffen des Cheftrainers warteten, trugen sie Ideen zusammen. Leonid schlug vor, die männlichen Kandidaten besonders streng heranzunehmen: »Im Grunde genommen erfordert Programmieren die gleichen Fertigkeiten wie das Vorbereiten eines Festessens. Man muss alles so einrichten, dass jede einzelne Zutat fertig ist, wenn man sie braucht. Und man muss sauber arbeiten, damit es hinterher keinem übel wird. Frauen sind Naturtalente darin; alle anderen müssen es von Kindesbeinen auf einüben.«

»Kommen Sie bloß nie zu uns zum Essen«, lachte Ljudmila Petrowna, »erst kürzlich vergaß ich das Salz, woraufhin meine Tochter das dreifache der angegebenen Menge in die Suppe schüttete. Überhaupt sollten wir kulinarische Vergleiche meiden, sonst schreiben unsere Schützlinge bald ungenießbaren Spaghetticode.«

Leonid, der bei seiner reizenden Kollegin bereits mit anderen Artigkeiten aufgelaufen war, ließ es dabei bewenden. Stattdessen erläuterte er nun, wie er sich das Fernkurs-Curriculum vorstellte und wie sie die Anforderungen im Trainingslagern höher schrauben würden, und so weiter und so fort. Schließlich bremste ihn Ljudmila Petrowna, um auf praktische Steuerelemente hinzuweisen, die Leonid glattweg vergessen hatte. Sie stellte gerade ein Punktesystem für die interne Rangliste vor, als endlich der Cheftrainer zu ihnen stieß.

»Entschuldigen Sie vielmals«, nuschelte Joknuwkin, »aber die Sitzung an der Akademie wollte kein Ende nehmen. Jetzt, da die Feierlichkeiten zum dreißigsten Jahrestag vor der Tür stehen, schwillt die Tagesordnung ins Unermessliche. Derweil kam mir der Gedanke, wir sollten vielleicht auch einen kleinen Beitrag vorbereiten, wenigstens eine Wandzeitung für das Lehrkabinett. Haben Sie die Güte, das zu übernehmen, Genossin Larina.«

Leonid erbot sich, ihr dabei zur Hand zu gehen – und schlug eine elektronische Wandzeitung vor.

»Ausgezeichnete Idee!«, befand Joknuwkin. »Die Kollegin Larina kriegt das aber zweifellos alleine hin. Mit Ihnen wollte ich unterdessen über die ersten Trainingseinheiten sprechen.«

Cheftrainer Joknuwkin sollte recht behalten. Seine Assistentin schaffte es allein, eine Wandzeitung zum 30. Jahrestag des Sieges über Hitlerdeutschland anzufertigen. Ihre Dissertation hatte Ljudmila Larina einst vor größere Herausforderungen gestellt (hier 1972 an einer BESM-4), allerdings auch bemerkenswertere Erkenntnisse erbracht. Foto: privat.

●

Es war Foma, der Leonid darüber aufklärte, wie Mitrofan Joknuwkin ohne jede Erfahrung in der Nachwuchsarbeit zum
Cheftrainer der Jugendauswahl hatte aufsteigen können. Foma
kannte Joknuwkin noch von der Kirgisischen Staatsuniversität,
wohin auch dieser einen akademischen Abstecher hatte machen müssen, ehe er sich um die Verwaltung des Rechenzentrums der Sibirischen Akademie der Wissenschaften verdient
machen durfte. In Sibirien hatte er sich überdies zum Sachver-
walter des Leninschen Vermächtnisses bekehren lassen.
Leonid mischte die Dominosteine auf dem Spielbrett, wischte den herabgefallenen Pappelschnee beiseite. Die weißen Sa-
menfasern schwebten dieser Tage durch die ganze Stadt, be-
deckten Bahndämme, Brücken und Baugerüste wie Schimmel.
Auch auf der Moskwa trieben Myriaden der Faserbüschel und
wurden von einem Schwimmbagger mit öligem Schlamm ver-
rührt.
»Ende der Fünfziger war vieles möglich! Und wer weiß, vielleicht wäre ich jetzt auch ein korrespondierendes Mitglied der
Akademie, wenn ich damals wie Mitrofan Wasilitsch nach Aka-
demgorodok anstatt zurück nach Moskau gegangen wäre«, sinnierte Foma und starrte noch eine Weile dem Pappelschnee-
matsch nach, ehe er zum Punkt kam: »Überdies ist er der liebe
Schwiegerpapa von eurem großen Vorsitzenden.«
»Du meinst, der Schwiegervater von Dmitri Frolowitsch?«
Foma nickte. Er spuckte eine Sonnenblumenspelze aus und
deutete auf das Spielbrett: »Legst du an, oder nicht?«
Leonid schüttelte den Kopf, zog zwei Steine aus dem Talon:
»Wie konnte uns das bloß entgehen?«
»Uns? Wenn du seit deinem letzten Besuch nicht ein Dreiviertel-
jahr hättest ins Land gehen lassen, hätte ich es dir schon früher

gesteckt«, erwiderte Foma. Er würde Leonid auch längst eingeweiht haben, dass die Larins in Scheidung lagen – an der Pforte des KMP bekam Foma allerhand mit. Allerdings war er sich
nicht so sicher, was die Details anging. Die Kollegen am KMP D
munkelten, Ljudmila Petrownas Gatte

(a) kommandiere ein U-Boot und schippere häufig unter
    dem Polareis herum, weshalb er einen düsteren Charak-
    ter entwickelt habe (und einen kratzigen Bart kultiviere),
    was die Larina nicht mehr ertrage,
(b) sei Pilot bei *Aeroflot* gewesen, bis er sich in Paris abge-
    setzt habe, wo eine Prinzessin der *Air France* bereits
    Nachwuchs von ihm erwarte,
(c) sei als Lektor Opfer seiner Kurzsichtigkeit geworden, ein
    Schicksal, von dem weder die Kinder noch die Karriere
    der Larina weiteren Schaden nehmen sollten.

»Aber woher denn, ich bitte dich, wer kippt bloß solche Gerüchte aus? Konstantin Stepanowitsch arbeitet auf dem Arbeitsamt
im Baumanski Rajon«, hielt Leonid pflichtschuldig dagegen,
doch im Grunde gefiel ihm, was er soeben gehört hatte: Abzüg-
lich der fragwürdigsten Details blieb unterm Strich, dass er sich
womöglich Hoffnungen machen durfte.

••

Wosduchogorski Rajon, 1975

Ein von der DOSAAF bereitgestellter Bus brachte sie vom Bahnhof hinaus aufs Land. An der ehemaligen Brennerei von Ptit-
schnoje bogen sie in einen befestigten Waldweg ein und holper-
ten noch eineinhalb Kilometer über Betonplatten. Diese ragten

bald an der rechten, bald an der linken Seite nach oben und erwiesen sich somit bestens dafür geeignet, die Zustände bistabiler Kippelemente zu repetieren. Der Fahrer blickte grimmig in den Rückspiegel, aber wagte nicht, sich den Schweiß von der Stirn zu wischen. Das Quäntchen Luft, das durch die Deckenklappen in den Bus strömte, duftete kienig. Schwebefliegen prasselten gegen die Frontscheibe. Hinter einer Biegung tauchte ein frei stehender Torbogen auf: »Ypsilon gleich eins minus x-Quadrat-Halbe«, mutmaßte Pawel Weltman. Die Aufschrift des Torbogens informierte darüber, dass sich hier ein Jugendtrainingslager namens *Akademik M. W. Keldysch* befand. Gemeinsam mit dem Erziehungsministerium unterstützte eine Moskauer Fabrik für Rechenanalysemaschinen, kurz: SAM, das Sommertraining im Grünen: Geist und Gesundheit der Jugend sollten gleichzeitig gestärkt werden. Deshalb war ein Betriebsferienlager der SAM unter Einsatz zahlreicher Amtsstempel auf die Bedürfnisse der neuen Zeit ausgerichtet worden. Und siehe: Die dingliche Welt hatte innerhalb von neunundfünfzig Wochen zu den Worten aufgeschlossen. Rings um das Gelände verlief nun ein trutziger Zaun. In der trainingsfreien Zeit zerscharrte ein Wachhund die akkurat gezogenen Rechenspuren am Waldrand. Kaum nahten die Ferien, musste Dozor jedoch zurück in den Zwinger. Die Jugendauswahl der Russischen SFSR wurde auf olympische Art im Lager empfangen: Aus den Lautsprechern, die an den Laternen entlang der goldgelben Wege hingen, tönte blechern der Erfolgsschlager von Alexander Alexandrow, wobei es mehrmals so klang, als mache sich ein Specht an den Lautsprecherkabeln zu schaffen. Der Lagerwart salutierte mit einer Butterschnitte in der Hand, ehe er den Schlagbaum anhob. Auch innerhalb des Lagers zeigte sich jeder Quadratmeter Waldboden von Rechenspuren durchzogen, und alle Wege waren säuberlich gefegt. Während der Cheftrainer und Ljudmila Petrowna die Jugendlichen auf die Stuben verteilten, trieb Leonid die studentischen Assistenten an, die Arbeitsmaterialien ins Hauptgebäude zu tragen: »Da braut sich ein Gewitter zusammen.«

»Ach was, das zerbläst sich«, wiegelte der Lagerwart ab. »Wolken aus Richtung Wosduchogorsk haben noch nie Regen zu uns gebracht.«

Das Smaragdgrün, mit dem die Faschen der Eingangstür und der Fenster lackiert waren, setzte sich nahtlos im Foyer und in den beiderseits abgehenden Fluren fort. Dort roch es nach Kohlsuppe, Kissel und Iodoform – der Nase nach gelangte man entweder in den Speisesaal oder ins Sanitätszimmer. Leonid orientierte sich am Lageplan. Den Trainerunterkünften gegenüber befand sich der Mehrzweckraum. Dort hatten die Techniker der SAM einen Minirechner nebst Einzelarbeitsplätzen aufgebaut. Leonid nickte zufrieden, trat ans Fenster. Das Hauptgebäude und seine Nebentrakte bildeten einen u-förmigen Komplex. An seiner offenen Seite stand eine pilzförmige Plakatsäule, hinter der sich die gelb gepflasterten Wege zu einem einzelnen Strang vereinten, der geradewegs in einen Waldstreifen führte. Zwischen den Stämmen hindurch sah Leonid den Wosduchogorsker Stausee schimmern. Die Wolkenwand riss mittig auf: Die erhoffte Luftabkühlung würde ausbleiben.

•

Die Hitzewelle forderte ein erstes Opfer. Zum Bergfest wollte das Trainertrio sein Versprechen wahrmachen und zeigte, wie sich die optimale Flugbahn einer Sonde ermitteln ließ, die mittels siebenfacher Schwerkraftumlenkung das Sonnensystem verlassen sollte. Dabei überhitzte der Minirechner dermaßen, dass

× die mühsam eingegebenen Befehle, Variablen und Kons-
tanten vom Bildschirm verschwanden,

× Staub und Epoxidharz verschmorten, stanken,

× die Leiterplatten irreparable Schäden davontrugen,

× eine Sicherung mit lautem Knall herausflog,

× Joknuwkins Finger sich um sein Klemmbrett krallten und
er beinahe hyperventilierte.

Das Stellvertreterduo musste schleunigst reagieren, um weitere Ausfälle zu verhindern. Ljudmila Larina führte den fahlen Cheftrainer und die schwitzenden Jungprogrammierer
zum Stausee. Leonid ließ sich mit Moskau verbinden. Repara-
tur oder Ersatz, so viel schien klar, war auf die Schnelle nicht
zu erwarten. Nach ein paar Anläufen bekam er den Vorsitzenden des Spartakiadekomitees an den Apparat.
Dmitri Sowakow tat, was er am besten konnte – er ließ sich
etwas einfallen. Und siehe: nach dem Wochenende würde die
KJuR eine Rechenanlage der Wosduchogorsker Radialventilatorenfabrik nutzen dürfen. Die Belegschaft der Buchhaltung befand sich ohnehin im Urlaub. Im Gegenzug verpflichtete sich
Leonid im Namen der Jugendauswahl, eine renitente Fehlfunk-
tion aus dem Programm der neuen Produktionssteuerung zu
beseitigen. »Nichts leichter als das«, lachte er und legte erleichtert auf.

•

Die Wosduchogorsker Radialventilatorenfabrik, vertreten durch
Direktion und Partei, begrüßte die KJuR mit Erfrischungsgeträn-
ken. Der Parteisekretär diktierte dem Lokalreporter ein paar
Sätze (über die Verantwortung gegenüber der Jugend und über
die Vorreiterrolle des Krschischanowski-Kombinats auf dem Ge-

biet rechnergestützter Produktionsoptimierung) in die Feder. Cheftrainer Joknuwkin wusste mit schlagkräftigen Superlativen zu beeindrucken. Für das abschließende Foto scharten sie mit geübten Händen ein paar pausbäckige Jugendliche um sich.

Der vom Sektionsleiter der Moskauer KMP D zum Vizetrainer der KJuR aufgestiegene Leonid Ptuschkow (hier mit Maxim Akselrod und Irina Worobjowa) galt als begnadeter Vermittler der Grundlagen und Finessen des elektronischen Rechenwesens. Er dressierte Prozessoren mit spielerischer Leichtigkeit und besaß die seltene Gabe, hochkomplexe Probleme nachvollziehbar aufzuschlüsseln, Lösungsansätze eingängig zu vermitteln – kurzum: Den Programmiernachwuchs zu motivieren und zu Erfolgen zu führen.

Foto: Wosduchogorskaja Prawda.

Kaum war der Reporter verschwunden, erklärte der Parteisekretär unumwunden, er werde das Banner des Fortschritts auch weiterhin mit ganzer Kraft hochhalten, »—aber eher vereinigen sich die magnetischen Pole, als dass ich mich in meinem Alter noch freiwillig ins Joch einer Bildschirmeinheit spannen lasse!«

Direktorin Muschnikowa schüttelte resigniert den Kopf und blickte zu Joknuwkin hinab – weshalb dieser sich genötigt sah, zu erwidern:»An eben solchen Bildschirmeinheiten schmieden wir die Zukunft, Genosse Adynatajew, und das ist alles andere als ein Joch. Außer natürlich, man ist der Verantwortliche, dann ist es auch ein bisschen blutdrucksteigernd.«

Indes trieb Ljudmila Petrowna die Jugendlichen in den kühlen Kultursaal des Werkes, um wenigstens noch einen Bruchteil der morgendlichen Trainingseinheit zu absolvieren. Und Leonid ließ sich, wie verabredet, von einem EDV-Techniker die unzureichend gezähmte Steuerungseinheit und die dazugehörigen Produktionsanlagen zeigen. Der zentrale *Minsk-22* war bereits seit neun Jahren in Betrieb, nichtsdestotrotz in glänzendem Zustand. Das Umfeld erwies sich als ideal, sogar die Gardinen waren farblich auf den Großrechner abgestimmt. Das Problem lag definitiv im Steuerprogramm.

»Die Sache scheint vertrackter als angenommen«, befand Leonid, als die Mittagssirene ertönte. Der Techniker lachte trocken auf und ließ den Moskowiter Experten alleine weiterbrüten. Leonids Augen glänzten im Licht der Bildschirmeinheit – der Ehrgeiz hatte ihn gepackt. Es war also völlig unnötig, dass Joknuwkin noch einmal die auf dem Spiel stehende Ehre der KJuR erwähnte, ehe er sich mit der Muschnikowa zum Abendessen in die Kreisstadt absetzte.

Erst zwei Tage später, während der Rückfahrt ins Lager, ging Leonid auf, wie der Fehler zu beheben sein mochte. Im Bus war es trotz offener Klappen stickig. Slawa Sopljakins sonst so lustiges Bajan pfiff auf dem letzten Loch, und der Busfahrer reckte den Kopf zu seinem Seitenfenster hinaus. Wieder und wieder rutschte Leonid der Kugelschreiber aus den schweißfeuchten Fingern. Dennoch hatte er den Lösungsansatz schon fast vollständig in seine Kladde notiert, als ihn der holprige Waldweg zum Pausieren zwang. Doch auch diese Minuten ließ er nicht ungenutzt: Er dachte bereits über den Zapfenstreich hinaus, freute sich darauf, endlich Ljudmila Petrowna zum Mondscheinschwimmen begleiten zu können.

Im Lager angekommen eilte Leonid auf den Innenhof, um im Schatten des steinernen Agit-Pilzes seine Notizen zu vervollständigen. Obwohl in der letzten Winkelstunde ihres Abstiegs, brannte die Sonne noch immer kräftig, ließ die Luft über dem Weg flimmern. Und schlimmer: die gelben Ziegelbrocken unter Leonids Füßen fühlten sich bei jedem weiteren Schritt ein wenig weicher an. Ihm war, als liefe er auf flüssigem Honig, ja, schon blieb er an der zähen Masse kleben, er konnte die Füße kaum mehr bewegen, wie sollte er den Schatten des Pilzes jemals erreichen, er zappelte wie ein Weberknecht auf Fliegenpapier, und noch schlimmer: Er sank tiefer und tiefer in das gelbe Flimmern.

•

Leonid erwachte auf einer Liege. Unter seinen Waden steckte ein lederner Kissenkeil, auf seiner Stirn lag ein feuchtes Tuch. »Also Sie machen mir Sachen«, schalt ihn Kapitolina Karlowna. Die Köchin, die von allen nur Kapa gerufen wurde, verwaltete als Erste-Hilfe-Beauftragte das Sanitätszimmer. Gekonnt schnallte sie eine Manschette um Leonids Oberarm, fand mit dem Stethoskop sofort den Puls, bewegte die Lippen beim Zählen mit. Ein Ventilator verquirlte träge die Luft. An der Zimmerdecke tänzelte eine Schnake. Alles wirkte völlig normal – die Zeit der Wunder war schon lange vorbei. Kein gläserner Sargdeckel hinderte ihn, mit Kapa zu sprechen. Die attestierte ihm akzeptable Blutdruckwerte, insistierte jedoch, über jedwede Vorerkrankung aufgeklärt zu werden. Sollte er an chronischer Kreislaufschwäche oder Kurzatmigkeit leiden, müsse sie ihn zu einer ärztlichen Untersuchung überführen lassen. »Nein? Und es hat auch bestimmt nichts mit all den Narben zu tun? Nun gut, Genosse Ptuschkow, dann schreibe ich also Hitzeerschöpfung. Ich komme in einer Stunde noch einmal wieder, bis dahin müssen Sie sich unbedingt ausruhen!«, sagte Kapa und verrührte weißes Pulver in einem Wasserkrug: »Ehe Sie das nicht ausgetrunken haben, lasse ich Sie auf keinen Fall aufstehen. Sie können übrigens ganz beruhigt sein, Ljudmila Petrowna hat Ihr Notizbüchlein.«

»Aber wieso das denn?«, stöhnte Leonid.

»Sie waren es doch, der wieder und wieder darauf gedrungen hat. Wenn ich Sie recht verstanden habe, wollten Sie, dass Ljudmila Petrowna irgendetwas darin nachliest. Nun, auf jeden Fall ist es bei ihr in sicheren Händen.«

»Ganz und gar nicht! Ich meine ... da haben Sie mich missverstanden. Würden Sie bitte die Kollegin Larina mit meiner Kladde zu mir schicken?«

»In der Küche werden sie sich bedanken, wenn ich jetzt auch noch die Botin spiele, während wir doch gerade das Abendbrot für Ihre hungrige Horde zubereiten«, produzierte sich Kapa, doch wenig später klopfte es und Ljudmila Petrowna trat herein: »Da haben Sie uns aber einen gewaltigen Schreck eingejagt, Leonid Michailowitsch.«

»Die Sonne, nichts Schlimmes. Doch ich fürchte, es gab ein Missverständnis in Bezug auf meine Kladde.«

»Das dachte ich mir bereits.«

»Verstehe. Nun, jetzt, da Sie ohnehin einen Blick hineingeworfen haben – was sagen Sie? Frei heraus!«

»Ist das wirklich von Ihnen?«, sondierte Ljudmila Petrowna und stieß auf sein Nicken hin ein trockenes »Ah!« hervor. »Wissen Sie, mein Borja dichtet in letzter Zeit in ähnlicher Manier, über Lel und dergleichen. Dabei habe ich ihm von jeher nur fortschrittliche Literatur zu lesen gegeben. Um ganz aufrichtig zu sein: Ich dachte bislang, das wüchse sich von allein aus.«

»Ich bitte Sie! Das, was Sie da versehentlich gelesen haben, sind doch bloß Kritzeleien«, wiegelte Leonid ab, doch Röte stieg ihm ins Gesicht. »Verse aus meinen Kindertagen, die ich zu rekapitulieren versucht habe. Um die geht es doch überhaupt nicht. Ich meinte die Lösung für das Steuerungsprogramm, ziemlich genau in der Mitte, warten Sie, ich zeige es Ihnen!«

Ljudmila Petrowna unterließ es, anzumerken, welche zivilisatorischen Errungenschaften es in der Nachkriegszeit noch nicht in ein Sonett hätten schaffen können. Stattdessen überflog sie die Seite, die Leonid ihr aufgeschlagen hatte. »Aber natürlich! Warum ist uns das nicht schon früher aufgefallen?«, sagte sie und dachte das Programmfragment nun konsequent zu Ende: »Der Wert müsste freilich als reiner Leseparameter zurückgegeben werden.«

»So ist es. Die Endsequenz wollte ich gerade notieren, als ich—« Seine Stimmbänder schnarrten schrecklich. Kaum hatte er das Glas geleert, schenkte ihm Ljudmila Petrowna kräftig nach.

»Wissen Sie, Leonid Michailowitsch, manchmal, wenn ich ein gut geschriebenes Programm lese, denke ich, dass das unsere neue Lyrik ist! Die Kraft, mit der sich die Welt in ein paar wenigen Zeilen wie diesen hier verdichtet, ist doch reine Poesie. Das hat eine formale Schönheit, ganz ohne jeden Beigeschmack ...«

BSG

```
10 ON i GOTO 20, 30, 40, 50, 60, 70
20 ON j GOTO 21, 22, 23, 24
21 PRINT "A"; : GOTO 80
22 PRINT "B"; : GOTO 80
23 PRINT "C"; : GOTO 80
24 PRINT "D"; : GOTO 80
30 ON j GOTO 31, 32, 33, 34
31 PRINT "E"; : GOTO 80
32 PRINT "F"; : GOTO 80
33 PRINT "G"; : GOTO 80
34 PRINT "H"; : GOTO 80
40 ON j GOTO 41, 42, 43, 44
41 PRINT "I"; : GOTO 78
42 PRINT "J"; : GOTO 80
43 PRINT "K"; : GOTO 80
44 PRINT "L"; : GOTO 80
50 ON j GOTO 51, 52, 53, 54, 55
51 PRINT "M"; : GOTO 80
52 PRINT "N"; : GOTO 80
53 PRINT "O"; : GOTO 80
54 PRINT "P"; : GOTO 80
55 PRINT "Q"; : GOTO 80
60 ON j GOTO 61, 62, 63, 64, 65
61 PRINT "R"; : GOTO 80
62 PRINT "S"; : GOTO 80
63 PRINT "T"; : GOTO 80
64 PRINT "U"; : GOTO 80
65 PRINT "V"; : GOTO 80
```

```
70 ON j GOTO 71, 72, 73, 74
71 PRINT "W"; : GOTO 80
72 PRINT "X"; : GOTO 80
73 PRINT "Y"; : GOTO 80
74 PRINT "Z"; : GOTO 78
78 if k = 8 then 79 ELSE 80
79 PRINT " ";
80 i = INT(RND(1) * 6) + 1
81 k = k + 1
82 j = INT(INT(k * RND(1)) / 2) + 1
83 IF k > 9 THEN 84 ELSE 85
84 k = 0
85 GOTO 10
99 END
```

MSMP#07

Moskau, 31. Mai 1985

Verschanzt hinter zwei Bildschirmen und einer Batterie Telefonen ging Jewhenija Swetljatschenko die Anthologie der Nachtschicht durch – jene Vorauswahl, die Leutnant Napalkow aus den Abhörprotokollen zusammengestellt hatte. Ein ums andere Mal schlug sie gelangweilt auf die rechte Pfeiltaste, dann wieder schrieb sie schmunzelnd einen Vermerk. Ihr Tee war längst kalt geworden. Sie rief das Datenblatt zum Trainerstab der DDR auf, schürzte die Lippen. Auch ohne Bildaufzeichnung konnte sie sich das hammelhafte Mienenspiel der beiden Deutschen vorstellen, die nach Mitternacht auf ihrem Hotelzimmer noch einen Schlummertrunk zu sich genommen hatten – wie immer bei laufendem Kassettenrekorder und rauschendem Wasserhahn:

Da sich bereits abzeichnete, dass Kleinwerth beim inoffiziellen Turnier der Trainer lediglich auf einem mittleren Platz landen würde, schälte sein Stellvertreter die Schwachstellen der diesjährigen Wettbewerbsaufgabe schonungslos heraus. Als neuralgischen Punkt benannte Schreiber die ökonomischen Kennziffern, an denen sich die Simulationsergebnisse messen lassen mussten: »—bleibt doch unsicher, ob die betrieblichen Daten den tatsächlichen Produktionsausstoß wiedergeben. Zweifellos wurden hier oder da Kennziffern frisiert, um die Planvorgaben überzuerfüllen. Es wäre demzufolge denkbar, dass unser Programm die wahre Wirtschaftslage genauer abbildet als die offiziellen Halbjahreskennziffern.«

Kleinwerth hielt seinen Stellvertreter dazu an, solch kreuzgefährliche Gedankengänge unbedingt für sich zu behalten, um nicht den Ruf und die Karrieren des ostdeutschen Trainerkaders zu gefährden. Ein paar Schlückchen später kam er allerdings selbst auf besagte Differenz von realer und papierner Produktion zurück: »Also, nur mal angenommen, dass ... dass bei der Auswertung solche geschönten Endziffern als Richtschnur angelegt werden ... dann müsste man doch neidlos eingestehen, dass allen vor mir Platzierten ... objektiv betrachtet ... eine wirklichkeitsnähere Modellierung gelungen ist ... indem sie nämlich den menschlichen Faktor einbeziehen und ... die erwartbare Abweichung extrapoliert haben.«

Alle Achtung, dachte Jewhenija, was der bei seinem Pegel noch alles über die Lippen bringt.

Letzten Endes einigten sich die beiden, dass Kleinwerth in Hinblick auf die real-ökonomischen Werte der wahre Sieger des Trainerwettbewerbes sei. Außerdem einigten sie sich, dies mit einem weiteren Gläschen zu begießen.
Warum Schreiber gegen drei Uhr morgens mit einem Hotelkopfkissen in den Fahrstuhl gestiegen war und sein Nachtlager in die Badewanne der Spartakiden Altwasser und Unger verlegt hatte, gab das Protokoll nicht preis. Aus den wörtlich übersetzten Passagen ging lediglich hervor, worüber der Assistenztrainer seine schlaftrunkenen Schützlinge kurz vor Morgengrauen unterrichtet hatte: »Vor Gutenberg und Reis und Zuse ... da wussten wir wenig und lebten ruhig. Heute wissen wir fast alles und mancherlei sogar schon im Voraus, doch davon wird einem ganz wirr in der Birne. Jetzt aber marsch, zurück in die Kojen!«

Hatte sie sich etwa von seinem Hammelblick täuschen lassen? Wusste Schreiber mehr, als er wissen sollte? Während Jewhenija die Tastatur traktierte, überlegte sie es sich anders und griff nach dem zimtfarbenen Telefonhörer: »Hol mir Kusmitsch an die Strippe ... Ja, Kusmitsch von der Nachtwache ... Papperlapapp. Sieh zu, dass er sich bis spätestens elf zum Rapport meldet. Und Isotow soll sofort hier antanzen, sobald er das Programm zum Laufen gebracht hat. Wenn er nicht bald fertig wird, sitzt er künftig an einer sibirischen Schreibmaschine. Ich habe mehr als nur meinen Ruf zu verlieren! ... Ah, Klößchen? Der kann ruhig noch ein paar Minuten köcheln, jetzt schick mir erst mal unser Adlerauge rein.«

•

Auf Jewhenijas Wink hin setzte sich Nowikow – oder vielmehr schien er auf die Sitzfläche des Stuhles zu fließen. Trotz trainierter Muskulatur hatten seine Bewegungen etwas von schmelzender Sülze an sich. Solch innere Schlaffheit und damit verwandte Schwächen registrierte Jewhenija immer häufiger bei Nachwuchskadern. Seit geraumer Zeit fehlte es sogar den Strebsamen an Haltung, an Esprit, an Ambition und Beharrlichkeit, und, zu allem Übel, an Weitblick. Alle schnurren einfach bloß gleichstimmig, und kaum einer weiß mehr, wann und wie man bis ins Mark beißt, dachte Jewhenija: Was hatte sie in Nowikows Alter nicht schon alles vollbracht? Ohne irgendeines der technischen Hilfsmittel, die ihrer Zunft heutzutage zur Verfügung standen. Aufgestiegen war sie nicht zuletzt dank ihres Gespürs für die Fallstricke ihrer männlichen Kollegen und dank ihres Auges für unscheinbar anmutende Fitzelchen, die sich, sicher gespeichert und katalogisiert, früher oder später nutzbringend verarbeiten ließen: Sogar *Held der Sowjetunion* und *Staatsfeind* waren Kategorien mit variablem Haltbarkeits-datum. Nein, es kam nicht von ungefähr, dass sie mittlerweile sämtliche Sondereinheiten des geheimdienstlichen Datenver-arbeitungswesens unter sich hatte. Doch trotz ihres Ranges, der kaum noch weitere Beförderungen zuließ, behielt sie die Augen allzeit für neue Herausforderungen offen. Selbst solch aufrei-bende Einsätze wie die laufende Operation zur Spartakiade de-legierte sie nicht einfach nach unten, sondern nahm die Zügel selbst in die Hand. Nowikow hingegen schien sich noch nicht einmal zu schämen, ihr vom Versagen seines Kommandos be-richten zu müssen. Allem Anschein nach genügte es ihm, seine Schichtzeit auf die Sekunde genau im Überwachungswagen ab-gesessen und den Einsatzbericht in fehlerfreiem Russisch ab-geliefert zu haben. Blind dafür, welche Kämpfe innerhalb der Landesgrenzen tobten, mochte er einzig und allein zur Staatssi-cherheit gekommen sein, um sich vorm Fronteinsatz in Afgha-nistan zu drücken. Zick, zack, kritzelte Jewhenija zwei Zeichen auf den Seitenrand des Einsatzberichtes: Ihr würde gewiss et-was Rückgratfestigendes für Nowikow einfallen.

»Was soll das denn im Klartext heißen: wie vom Erdboden ver-schluckt?«, ging sie den Einsatzleiter der Überwachungsgrup-pe № 6 an.

»Anders lässt es sich wirklich nicht zusammenfassen, Genos-sin Generalmajor. Weder ist sie mit dem Chauffeur weggefah-ren, noch mit einem der Gäste. Die Elektritschka oder ein Taxi hat sie auch nicht genommen. Sie ist an keinem einzigen Kon-trollposten vorbeigekommen. Dageblieben ist sie ebensowe-nig, Schura hat die Datscha von oben bis unten durchkämmt. Womöglich ist sie ja in der Moskwa baden gegangen und abge-soffen. Bis jetzt hat die Wassermiliz allerdings keinen Leichen-fund gemeldet. Wie auch immer es ihr gelungen sein mag, sie ist ohne jede Spur verschwunden.«

»Um das im Nachhinein festzustellen, hätte ich auch meine Großmutter auf Streife schicken können. Wenn ich es recht verstehe, hattet ihr die Badestelle nicht durchgängig im Blick. Was, wenn sie mit einem Ruderboot abgeholt worden ist?«, murrte Jewhenija, die eine heftige Hitzewelle von ihrer Brust hinauf zum Scheitel aufsteigen spürte. Sie kippte den kalten Tee hinunter und verwies Nowikow mit einem Wink nach draußen: »Immerhin hatte sich das Mädchen bereits bis zum Chowrinskaja Krankenhaus durchgeschlagen, da hättest du auf alles gefasst sein müssen. Sieh also zu, wie du sie wieder aufspürst«, schickte Jewhenija ihm hinterher. Schweiß perlte aus all ihren Poren.

•

Kalt geduscht und umgezogen kehrte Jewhenija an den Schreibtisch zurück. Sie verrührte Warenje im dampfenden Tee und verfolgte eine Weile das Treiben auf ihrem Überwachungsmonitor, ehe sie Leutnant Laskanow hereinrief. Der sprudelte mit stolzgeschwellter Brust los: »Ich sollte Sie sofort informieren, wenn uns Kassetten mit Volksmusik unterkommen.«
»Sag bloß, ihr seid bei den Milchgesichtern tatsächlich fündig geworden?«
»Wir haben neunzehn Kassetten mit afroamerikanischer Tanzmusik aufgespürt.«
»Die Mensapläne waren wohl das Einzige, was du an der Akademie studiert hast«, fuhr Jewhenija ihn an. »Mit Volksmusik meinte ich waschechte Folklore: Aufnahmen vom Pokrowski-Ensemble, vom Omsker Volkschor oder von den Großmütterchen aus Bistritsa.«
»Derlei Volksliedgut hatte keiner der Spartakiden im Gepäck. Bei unseren Funden handelt es sich ausschließlich um zeitge-

nössisches Tingeltangel. Auf allen übrigen Magnetbändern ist Maschinencode«, berichtete der teigige Leutnant und warf seinen nächsten Köder mit einer Prise Empörung aus: »Darunter auch einige westliche Computerspiele!«

Jewhenija wischte mit der Hand durch die Luft, als verscheuche sie eine Schmeißfliege.

•

Elf Uhr zweiundfünfzig meldete Isotow endlich Vollzug: »Das Programm ist Ihren Vorgaben entsprechend modifiziert und auf die veränderten Rückgabewerte angepasst. Die Datenbanken sind bereits eingebunden.«

Sofort ging Jewhenija daran, ihr Schreibtischterminal über eine sichere Leitung mit der Großrechenanlage in der Lubjanka zu verbinden. Isotow missdeutete die geschäftige Stille und referierte aufs Neue über die komplexe Auswirkung des Temporalparameters: »Mit massiver Rechenkraft lassen sich zwar Näherungswerte ermitteln, aber das dauert. Schon deshalb hat Piñera die Simulation zeitlich begrenzt. Um über den Horizont der Wettbewerbsaufgabe hinauszublicken, wäre es eigentlich—«

Mit einem Augenaufschlag gebot Jewhenija ihm Einhalt. Isotow stützte sich mit seinen Spinnenfingern auf die Lehne des Besucherstuhls: »Bei allem Respekt möchte ich noch einmal darauf hinweisen—«

»Schon gut, schon gut, Walentin Gerasimowitsch. Ich bin mir über die eingeschränkte Aussagekraft der Endwerte durchaus im Klaren. Diese Unschärfe wird nicht auf Sie zurückfallen.«

Was die Leistungsfähigkeit elektronischer Datenverarbeitungsanlagen und hochkomplexer Programme anbelangte, hatte Jewhenija bereits einige Durchbrüche, aber auch zahlreiche

Ernüchterungen erlebt. Ja, sie kannte die Grenzen der Robotron-Rechenanlage in der Lubjanka und erahnte die Grenzen von Piñeras Programm – nichtsdestotrotz hatte sie angekündigt, nützliche Schlüsse aus den Ergebnissen ziehen zu können: Bei hochkomplexen Systemen, etwa Volkswirtschaften oder globalen Konflikten, die derart viele Variablen enthielten, dass es unmöglich war, ein exaktes Modell zu erstellen, würde es von größtem Nutzen sein, konkrete Szenarien mit variierenden Parametern näherungsweise durchzurechnen. Wie bei einem Schachcomputer sollten sich verschiedene Ausgangskonstellationen bis zu einem vorherbestimmten Punkt analysieren lassen. Mit den Einzelheiten würden sich ihre Spezialisten in den kommenden Monaten und Jahren weiter beschäftigen. Für den Augenblick galt es jedoch, dem Vorsitzenden des Komitees für Staatssicherheit, Generaloberst Tschebrikow, schnellstmöglich die geforderten Rohprognosen zu liefern. Nach politischen Gesichtszügen gewichtet, könnten sie alsbald zu Kammerdienern der Tat werden. Generaloberst Tschebrikow, der kürzlich zum Vollmitglied des Politbüros aufgestiegen war, würde künftige Wahlen noch präziser lenken können. Etwa hin zu Genosse Romanow, jenem Verfechter eines harten Kurses, der im März hatte zurückstecken müssen. Oder hin zu Genosse Grischin, der unterzeichnete, was man ihm unter den Füller legte. Derzeit galten die beiden ZK-Sekretäre als angezählt, doch der neue Generalsekretär steuerte einen höchst riskanten Kurs, der ihn ebenfalls schnell zum Schlingern bringen könnte. Gleichwohl ging es nicht um einzelne Namen: Genosse Orangensaft oder Genosse Zarenfaust, das waren bloß provisorische Straßenschilder an einem Scheideweg. Gewichtiger war die Frage, wohin die vielen abzweigenden Wege letzten Endes führen würden. Tschebrikow hatte seine loyalen Auguren angerufen, und der Leiterin der Sonderabteilung für experimentelle Datenverarbeitung oblag es nun, das Entscheidungsfeld weiter zu erhellen.

Jewhenija rief das Simulationsprogramm auf. Wenige Sekunden nachdem sie RUN getippt hatte, erschien auf ihrem Bildschirm eine schlichte Eingabemaske. Den Zeigefinger an die Lippen gelegt, ging Jewhenija die voreingestellten Werte durch. Unter Isotows skeptischem Blick fügte sie eine Zwei und drei Nullen hinzu und drückte die Eingabetaste: »Was halten Sie von einem kleinen Ausflug, Walentin Gerasimowitsch? Ich brauche dringend ein wenig frische Luft.«

Duplex XII-2

Moskau, 1987

Lichte Schwaden stiegen über dem beheizten Schwimmbecken auf, wurden vom Wind zerpflückt, trieben über die Umkleidekabinen und Flutlichter des Freibad *Moskwa* hinweg. Am Beckenrand stand ein Bademeister in gefüttertem Bademantel. Vermummte Alte gingen lustlos gegen den Neuschnee vom Vormittag an. Tolstoi ließ auf sich warten. Die Haut an Duponts Händen verschrumpelte bereits, sein Hinterkopf kühlte aus. Eine Erkältung würde ihn wertvolle Lebenspunkte kosten. Er wechselte noch einmal in die Rückenlage und blickte hinauf zu den Raben, die hoch über dem Becken ihre Kreise zogen. Es erweckte den Anschein, als richteten sie ihre Flugbahnen an einem imaginären Punkt etwa hundert Meter über dem Freibad aus – gerade so, als wäre die Christ-Erlöser-Kathedrale niemals gesprengt worden und ihre mächtige Kuppel noch immer der Dreh- und Angelpunkt für orthodoxe Cherubim und anderes Federvieh.

Mit knurrendem Magen kehrte Dupont in den Umkleideraum zurück. Als er seinen Spind öffnete, sah er, dass es sich erübrigte, später noch einmal wiederzukommen. Verschwunden waren sowohl die Bekleidung des Barbiergesellen als auch dessen weinrote Stiefel. An deren Stelle stand ein Wäschesack mit verwaschenem Aufdruck, der höchstwahrscheinlich *Chemische Reinigung* lautete. Dupont nahm das obenauf liegende Hemd heraus und hängte es über die Spindtür, schaute sich um: Die krebsrot frottierten Knaben nebenan erfreuten sich glaubhaft an ihren frisch aufgepumpten Muskeln. Der Bademeistergehilfe erfüllte seine Planvorgaben vorfristig, behängte eine kleine Kiefer hingebungsvoll mit Stanniol. Die Spinnwebe unter dem Heizungsrohr hing verwaist. Beruhigt zog Dupont seine neue, weniger modebewusste Garderobe an, schlüpfte in die gebrauchten Stiefel. Im Schatten der Spindtür sondierte er den Rest der Lieferung:

- ein Necessaire voller Utensilien, die, einer Aufschrift zufolge, aus der Maske des Tadschikfilm-Studios in Duschanbe stammten,
- ein silberner Mehrfarbkugelschreiber, um den die Hälfte eines alten Dreirubelscheins gewickelt war,
- eine ukrainische Kleinstbildkamera nebst Ersatzfilm,
- eine digitale Armbanduhr *Pobeda*, die Omsker Zeit anzeigte oder einfach falsch ging,
- ein fabrikneu verpacktes Videospiel *Elektronika IM-03* und
- eine Kompaktkassette mit dem Titel *Stenka Rasin und andere berühmte russische Volkslieder.*

Warum nur mussten es immer Kassetten mit Folklore sein? Er konnte sich nicht mehr an die Finessen dieser Technologie entsinnen. Während seiner Ausbildung waren die verschlüsselten Botschaften durchweg unter Aufnahmen von sowjetischen Volkschören versteckt gewesen. Dupont bedauerte es, seinen Koffercomputer nicht zur Hand zu haben, hätte er doch die Daten ansonsten sofort auslesen und entschlüsseln können. Ebenso reizte es ihn, das Videospiel einzuschalten: Womöglich würden weitere Einsatzanweisungen auf dem Display erscheinen. Womöglich würde sich der Mikroprozessor nach einem »Bonne chance, Jean-Pierre« mittels Säure oder durch einen Schwelbrand vernichten. Womöglich wäre dies ja der Einsatz, bei dem er endlich die Fiktion einholte.

Doch um herauszufinden, welche Fadenenden ihm für seine Mission an die Hand gegeben wurden, würde Dupont sich erst einmal einen sicheren Ort suchen müssen. Er nahm die Bedienungsanleitung des IM-03 aus der Verpackung, steckte alles andere in die Umhängetasche und deckte seinen Langmantel darüber. Ehe er aufbrach, vergewisserte sich Dupont, ob das rote Büchlein noch im Seitenfach der Tasche steckte – und tatsächlich: Tolstoi hatte es nicht entdeckt oder es wohlweislich an Ort und Stelle belassen.

•

Auf der Suche nach Hinweisen drang Dupont zu diesem Labyrinth vor. Die Leiterbahnen ließen sich recht einfach durchschauen. In ihrem Zentrum aber befand sich ein pechschwarzes, daumennagelgroßes Quadrat: der KB1013WK1-2. Die integrierten Schaltkreise des Mikroprozessors würden ihre Geheimnisse niemals dem bloßen Auge preisgeben.

Foto: W. Sawtschik.

•

Auch im Zentralen Konstruktionsbüro der Spielzeugindustrie wirkte Afonjas Ausweis seine profanen Wunder. Hierfür musste Dupont das rote Büchlein bloß selbstsicher zücken, es drei Fingerbreit öffnen und schließlich so zuklappen, dass der Luftstoß seinem Gegenüber kühl über die Wimpern wehte – was zuverlässig als Verdächtigung oder Warnung aufgenommen wurde. Folglich fühlte sich niemand im ZKB dazu berufen, den Auftrag des wortkargen Staatsdieners zu erfragen oder ihm Einblicke zu verwehren. Und niemand hielt ihn beim Verlassen der Entwicklungsabteilung auf: Sollte der Vertreter des Innenministeriums seinen Rücken tatsächlich deshalb ins Hohlkreuz drücken, damit etwas unrechtmäßig Konfisziertes nicht aus dem Hosenbund hinab zum Gesäß rutschte, so war dies doch allemal besser, als dass er sich für verschollene Spielzeugprototypen oder für die geistreiche Destillierapparatur im Keller interessiert hätte.

Die Kladde hatte auf dem Schreibtisch der seit Wochen erkrankten Abteilungsleiterin gelegen. Sie wäre Dupont gar nicht aufgefallen, hätte ihr Umschlag nicht himmelblau unter den bleichen Unterlagen des *Elektronika IM-05* hervorgestochen. Derlei Fundstücke unvorbereitet zu entwenden bedeutete zwar ein zusätzliches Risiko, doch die zahlreichen eng beschriebenen Seiten hätten seine Filmpatrone alsbald ans Limit gebracht. Nach Prüfung einiger weniger abgelichteter Seiten noch einmal in dieses Büro zurückzukehren, wäre leichtsinnig. Und, wie seine Mutter zu sagen pflegte: *Lepší vrabec v hrsti než holub na střeše*, wobei es sich bei besagtem Spatz in der Hand – oder vielmehr in seinem Hosenbund – um mehr als nur den gesuchten Dekodierschlüssel handeln könnte. Womöglich befand sich der komplette Duplex-Quelltext in der Kladde. Das gäbe zahlreiche Bonuspunkte.

Dupont fand durch eine Brandschutztür am enthaupteten Glockenturm nach draußen. Die zum Konstruktionsbüro umgewidmete Kirche trug keine Turmkreuze mehr, doch das Gerüst, das die marode Fassade provisorisch stützte, war an zahlreichen Stellen russisch-orthodox verschraubt.

385

Dupont warf dem Pförtner einen strengen Blick zu, schritt stocksteif durch das Liefertor.

Ja, für Barsukow wäre dieses ZKB eine denkbar günstige Außenstelle: Auf der gegenüberliegenden Straßenseite, kaum zweihundert Meter entfernt, befand sich die SAM. Dupont meinte in einem Aufklärungsbulletin gelesen zu haben, dass diese Fabrik sowohl zivile Rechenanlagen als auch Bordrechner für das Militär produzierte. Ob dort neuerdings auch elektronische Spielwaren hergestellt wurden, hoffte er alsbald herauszufinden. Doch nun galt es zuerst einmal, ein Ausweichmanöver auszuführen: Der Mann, der an der Straßenbahnhaltestelle stand, stach von Weitem aus der Menge. Waren das etwa die Wildlederjacke und die karierte Hose, die er dem Barbiergesellen verkauft hatte? Es sah ganz danach aus. Ob es sich bei dem Wartenden um Afonja handelte, konnte Dupont allerdings nicht ausmachen, da jener den Kragen steil aufgestellt und die Fellmütze tief ins Gesicht gezogen hatte.

Dupont wandte sich in die entgegengesetzte Richtung. Zügigen Schrittes überquerte er die Eisenbahnbrücke hinüber zur Krasnoselskaja Station, stieg bereits an der nächsten Haltestelle in die Ringlinie um, und so weiter und so fort – bis er sich sicher war, dass ihm niemand folgte.

•

Der Garderobenmann des Café *Jablotschko* händigte Dupont die Umhängetasche aus, bedankte sich mit einer angedeuteten Verbeugung für das Trinkgeld. In Paris wurde der redliche Alte – ohne sein Wissen – als Herr Ladon geführt, das Café während seiner Schicht als sicheres Zwischendepot empfohlen. Die himmelblaue Kladde hätte Dupont allerdings gerne unbeobachtet aus dem Hosenbund in die Tasche verfrachtet. Doch die

Putzkraft blockierte mit ihrem Schrubber die frisch gescheuerte Toilette, schickte Dupont am Arsch der Welt Fliegenpilze suchen. Er ließ sich auf keinen Streit ein, eilte zur Metro und korrigierte während der Fahrt diskret den Sitz der Kladde unter Mantel, Pullover und Hemd.

Am Ausgang der Station Kitai-Gorod stand jene junge Reiseführerin, die unerfahrene Besucher bis aufs Hotelzimmer eskortierte. Sie plauderte mit einer Kollegin, deren Bartstoppeln bläulich durch die Schminke schimmerten. Die beiden mochten einander auf dem Weg zur Arbeit getroffen haben, immerhin war die Metrostation nur dreihundert Meter vom *Rossija* entfernt – doch: ihnen gegenüber fläzten fünf Männer, vermeintliche Hippies, die ihre Blicke allerdings wie Kadetten seitwärts zum Boden wandten. Die gleichmäßigen Abstände, in denen sie am Geländer lehnten, wirkten ebenfalls militärisch korrekt bemessen. Es sah beinah danach aus, als stünden die beiden Gruppen bereit, ihn in die Zange zu nehmen.

Kdo uteĉ, ten vyhraje, wusste Dupont von seiner Mutter, und genauso hielt er es in dieser Situation: Er trat den Rückzug an. Es galt, seine Ausrüstung und die himmelblaue Kladde in Sicherheit zu bringen. Abermals reizte er die Möglichkeiten der Metro aus, bemühte Linie um Linie. Die künstlerischen Reize der unterirdischen Stationen wusste er überhaupt nicht zu schätzen: Die Skulpturen, die mit Jagdhunden und Feldstechern in der Ploschtschad Rewoljuzii kauerten, bronzene Revolutionäre, die ihm schwer bewaffnet an den Durchgängen auflauerten, verstärkten sein Unbehagen weiter. Erst nachdem er in einen Trolleybus umgestiegen war, fasste sich Dupont allmählich. Er wartete, bis sämtliche Plätze mit neuen Fahrgästen belegt waren, stieg aus. Die Kladde war inzwischen wieder so weit nach unten gerutscht, dass er nicht mehr den Rücken durchdrücken, sondern den Hintern herausstrecken musste, um ein weiteres

Abgleiten zu verhindern. Er durchquerte eine Fußgängerunterführung, um abermals die Fahrtrichtung zu wechseln. An den salpeterfleckigen Wänden standen Babuschkas, die Bubliki, Baumschmuck und Bücher, ja sogar Böhmische Rauhbärte verkauften. Beinahe wäre Dupont gegen einen mit Decken verhüllten Korb gestoßen, aus dem zwei Welpen hervorlugten. Das Muttertier sprang auf und bedachte ihn mit heiserem Kläffen. Er rempelte versehentlich einer Passantin gegen den Arm, wofür diese ihm einen gehörigen Gegenstoß versetzte. Zurück in der Spur hetzte er weiter. Ein junger Kriegsinvalide ging ihn dösig um Schlaftabletten an. Bereits am oberen Treppenabsatz angelangt, hörte Dupont die Hündin einen weiteren Vorbeieilenden anbellen, hörte hinter sich näherkommendes Trapsen. Rasch verschwand er durch das nächstgelegene Tor, fand sich in der Waschanlage einer Personenbeförderungskooperative namens *Progress*. Nichts regte sich. In den Haltenischen standen Wolgas mit schwarzgelb-karierten Dachschildern, davor ein zum Leichenwagen umgebauter Pobeda, drei UAZ-Kleinbusse und ein Mercedes-Benz mit offener Motorhaube. Die vom Anblick des Motorblocks gefesselten Taxifahrer schenkten Dupont keinerlei Beachtung, als er durch die Autowaschstraße zur gegenüberliegenden Ausfahrt eilte.

Der Mond blitzte wie eine abgewetzte Kopeke durch Wolkenlücken. Aus den Schornsteinen eines Kraftwerks stiegen träge Schwaden auf. Dupont durchquerte das Viertel im Zickzackkurs, meinte von einigen Hauseingängen her Blicke zu spüren. Doch wann immer er zur Seite schaute, sah er bloß dekorative Basreliefs mit Arbeiterhelden und Pionieren, deren Pupillen von saurem Regen oder Taubenkot zerfressen waren.

Dupont war außer Atem, er fror und seine Rückenmuskeln schmerzten. Den letzten Trolleybus hatte er knapp verpasst. Straßenlaternen gossen bläuliches Licht über ihn. Wohl des halb zeigte er sich heimeligen Reizen offen: Aus der spaltbreit offenen Hintertür eines Kiosks drangen Kerzenlicht, warm flimmernde Luft und verspieltes Klappern. Drinnen saßen zwei Frauen auf Zeitungsbündeln. Die Ältere trug Trauer, die Jüngere eine mit Pfauenfedern bedruckte Kittelschürze. Beide streckten die Füße einem Heizstrahler entgegen, wahrten gerade genug Abstand, dass ihre Nylonstrümpfe keinen Schaden nahmen. Wollsocken und Stulpen hingen vom Kassentresen, zum Trocknen oder Ausdünsten, dem Klima nach schien beides möglich. Dupont zog die Mütze: »Guten Abend, werte Damen! Wäre es wohl möglich, sich für drei Minuten bei Ihnen aufzuwärmen?«

»Scher dich zur Fickmutter«, fuhr ihn die Ältere an, »wir haben geschlossen.«

»Ach was, herein, herein! In einem Land, in dem Hunger und Kälte sich reimen, heißt es gastfreundlich sein«, zwitscherte die Jüngere. Ihre Ohrclips klapperten, als sie Dupont mit einem Nicken die letzten freien Quadratdezimeter zuwies. Er zog die Tür zu, sank steif auf die obere Stufe einer Trittleiter und ließ seine Umhängetasche zwischen den Beinen ab.

»Siehst du, Sirina, Väterchen Frost bringt uns bereits heute Geschenke«, sagte die Jüngere und zwinkerte Dupont zu. Der fragte sich, ob die violetten Streifen über ihren Augen lediglich Lidschatten oder mit Lidschatten kaschierte Veilchen waren.

»Vielleicht nimmt er mich auch als seine Snegurotschka mit nach Hause?«

»Halt die Klappe, Kjonja, und würfele endlich«, forderte die Ältere.

Kjonja würfelte, verlor. Auch in den nächsten Runden fielen die Würfel zu Gunsten Sirinas. Die gurrte jedes Mal gehässig, nahm eins von Kjonjas Bonbons und schob es durch ihre mittlere Zahnlücke. Sie erwies sich als Meisterin des Zungenspiels, ließ, wenn sie nicht gerade Perlen auserlesener Nettigkeit hervorbrachte, die Bonbons im Slalom durch all ihre Zahnlücken gleiten. Kjonja reichte Dupont den Knobelbecher, forderte einen Spieleinsatz. Die Fünfer, die er aus der Manteltasche kramte, lehnte sie ab: »Wir würfeln niemals um Münzen. Gib irgendwas anderes!«

Dupont beugte sich über die Umhängetasche, tastete nach dem Mehrfarbkugelschreiber und bemerkte noch einen Schatten, ehe ihn ein Schlag an der Schläfe traf ...

PAUSED. PRESS ANY KEY TO CONTINUE.

SBOMOPS

Kiew, 1981

Während Leonid die üppigen Rauken und Grasbüschel ausriss, die das Grab seiner Eltern umwucherten, ruhte sich Kapa ein wenig abseits auf einer Bank aus. Ein ums andere Mal lächelte er zu ihr hinüber, gefiel ihm doch, wie sie versonnen im Schatten der Schwarzerle saß – allerdings beeinträchtigten Pollen seine ohnehin getrübten Sinne, womöglich schmollte Kapa auch schon wieder. Auf dem Weg hierher hatte sie noch voller Elan auf ihn eingeredet: Was er sich nicht bieten lassen, wo er nicht klein beigeben dürfe, immerhin sei er doch nicht irgendwer, sondern ein Nationaltrainer der UdSSR, und dergleichen mehr. Mit dem Umfang ihres Bauches schienen auch ihre Ambitionen und Ansprüche zuzunehmen. So hatte Leonid sich in der vorangegangenen Woche mit einem Antrag auf Wohnraumzuweisung und mit der dreisten Belegschaft eines Fischgeschäftes herumschlagen müssen, obwohl er ohnehin genug Ärger hatte: Der Sekretär des Spartakiadekomitees hatte ihn aufgefordert, die Voraussetzungen zur Aufstellung von Maxim Akselrod und Roman Pfeffer zu überprüfen. Man wolle keinesfalls in den Kompetenzbereich des Trainerstabes eingreifen, erwarte jedoch, dass bis zur Eröffnungsveranstaltung alle notwendigen Änderungen am Startkader vorgenommen würden. Obwohl der Sekretär hinsichtlich der Notwendigkeit dieser Änderungen vage geblieben war, hatte sich Leonids junger Vizetrainer in einem nie zuvor geäußerten Einwand bestätigt gefühlt: »Die mussten sie uns ja von der Liste pflücken. Noch dazu als Kapitäne ihrer Altersklassen, da stechen die zwei doch doppelt ins Auge.«

Petro Lysenko, Trainer des Dnipropetrowsker KMP *Zenit*, war von höchster Stelle zu Leonids Stellvertreter berufen worden. Gemeinsam trainierten sie die Auswahl, in der die besten Nachwuchsprogrammierer aller fünfzehn Sowjetrepubliken zusammengeführt worden waren. Ja, Leonid hatte es bis zum Cheftrainer gebracht, doch diesen exponierten Posten galt es noch mit Erfolgen zu festigen. Im nächsten Jahr würde sich die Nationalauswahl erstmals der ausländischen Konkurrenz stellen – im offiziellen Wortlaut »in den sportlichen Wettstreit mit den Nachwuchsprogrammierern aller sozialistischen Länder treten«.

Bislang war allerdings ungewiss, ob die polnische Auswahl bei der Spartakiade dabei sein würde. Seit in der benachbarten Volksrepublik ein bedrohlich zischendes S-Wort im Umlauf war, ging es mit der Planung drunter und drüber. Es wurde erwogen, die Polen diskret zur Absage ihrer Teilnahme aufzufordern, wenn bei ihnen nicht alsbald die antisozialistischen Provokateure zur Raison gebracht würden ... obschon es bedauerlich wäre, die fortschrittliche polnische Jugend für die Unvernunft und den Undank ihrer Eltern bestrafen zu müssen. Im schlimmsten Fall werde sich eine offene Ausladung nicht umgehen lassen, hatte Leonid es unken gehört. Das hätte ihm im Grunde bloß recht sein können – schließlich lautete seine Zielvorgabe, die Sieger der ersten internationalen Spartakiade zu schmieden. Andererseits würde ohne die polnischen Konkurrenten jeder sowjetische Sieg weniger wiegen.

Von sicheren Siegen konnte ohnehin keine Rede mehr sein, wenn sie nun ihre besten Schützlinge aus der Auswahl streichen müssten. Leonids Gesichtszüge entgleisten. Lysenko sah sich bemüßigt, daran zu erinnern, dass selbst bei den Aufnahmeprüfungen der Mechmat-Fakultät für das Scheitern unerwünschter Bewerber gesorgt werde: »Es ist ja nicht von der

Hand zu weisen, dass wir darauf achten müssen, wem wir welches Wissen zugänglich machen.«

Leonid riss sich zusammen, hörte sich sagen: »Daran gibt es überhaupt nichts zu deuteln, bei einer Aufnahmeprüfung der Universität ist das etwas anderes. Aber jetzt, nach all der mühsamen Arbeit der letzten Monate?«

»Was wissen wir schon? Die da oben müssen den gesamten Staat und die Weltlage im Blick behalten. Angesichts der wenigen Zeit, die uns noch bleibt, heißt es jetzt, pragmatisch zu handeln. Für die A-Jugend sollten wir Morosow aufstellen.«

»Morosow? Schau dir doch bloß seine individuelle Grafik an«, sagte Leonid und schob die aufgeschlagene Akte in die Tischmitte.

»Die Basiswerte sind überdurchschnittlich!«, lautete Lysenkos Lesart.

»Nichtsdestotrotz beschreibt seine Leistungskurve eine ungedämpfte Sinusschwingung«, hielt Leonid dagegen. »Wenn er am Starttag im Maximum antritt, geht es erst einmal abwärts. Wenn doch Tkaczuk bloß nicht immer so viele Flüchtigkeitsfehler machen würde, dann wäre die Wahl einfach.«

»In Morosow steckt zweifellos das Zeug zum Kapitän, und diese besondere Verantwortung könnte genau das sein, was ihn auf die Spur setzt. Findest du nicht auch?«

Leonid ließ die Lider zu einer matten Zustimmung sinken. Weder der Vorsitzende Sowakow noch die Swetljatschenko hatten ihn davor gewarnt, dass er auf die falschen Favoriten setzte. Sein Vize hingegen schien wieder einmal genauestens instruiert worden zu sein, denn er legte unverzüglich nach: »Und für die B-Jugend wäre meines Erachtens Prokoljew genau der Richtige. Er ist, wie man so schön sagt, in jeder Hinsicht vielseitig—«

»Ergo stets zu allem fähig! Deshalb haben wir ihn doch auf Position zwei gesetzt«, sagte Leonid und wieder sanken seine Lider nieder, »aber wie die Sache nun einmal steht ... Allerdings sollten wir Akselrod und Pfeffer wenigstens auf der Reserveliste unterbringen!«

Offenbar war dieser Versuchsballon durchgekommen, zumindest hatte es bislang keinerlei Einwände aus dem Komitee gegeben. Am Montag nach der Trainerbesprechung würde Leonid mehr wissen.

Kapa kam zum Grab herüber, zupfte die Astern in der Kefirflasche zurecht. Da sie den eigentümlichen Glanz in Leonids Blick nicht zu deuten wusste, drückte sie zärtlich seinen Arm, hakte sich unter: »Weißt du, ich dachte gerade, wie viel Glück doch unsere Eltern haben. Sie liegen sicher in ihren Gräbern, während von uns womöglich nur ein weißer Schatten auf irgendeiner Mauer bleiben wird.«

»Linotschka, ich bitte dich, fang doch nicht wieder davon an!« Die menschlichen Schattenrisse trieben Kapa nun schon eine Weile um. Bei jedem Flugzeug, das in der Nacht über ihren Wohnblock hinwegflog, presste sie sich fester an Leonid. Für den Einwand, dass es sich gewiss um ein von Scheremetjewo kommendes Passagierflugzeug handele, war sie ebensowenig empfänglich wie für den Hinweis, dass die Bombe, wenn überhaupt, mit einer Langstreckenrakete käme. Schweigen wäre in solchen Situationen kaum hilfreicher als rationale Argumente, so viel wusste er aus erster Ehe: Die kleinste Zelle der Gesellschaft hatte sich als stark verrauschtes System erwiesen, auf das technische Steuerungsverfahren nur bedingt übertragbar waren. Am erfolgversprechendsten erschien es ihm, die Gefühlsregung schlicht mit einem Gegenstoß umzulenken: »So wie es um Foma steht, müssen wir doch alle Hoffnung auf die positiven Kräfte der Atome setzen, meinst du nicht auch?«

Und tatsächlich: »Ja, bei unserem letzten Besuch ging es ihm zum Glück ein wenig besser. Aber hast du seine Armbeuge ge-

sehen? Die stechen auf der Station wie Schlachtergesellen. Das
solltest du vielleicht einmal bei der Krankenhausleitung vor-
bringen«, und so weiter und zwischen den Grabzäunen hindurch bis jenseits des Ausgangs fort: »—also: Warum gehen
Musiker so ungern auf Friedhöfe?«

»Überall Kreuze und nirgendwo ein Auflösungszeichen«, lachte Leonid lasch auf. »Nun glaub mir doch, Linotschka, ich kenne fast alle Witze, die derzeit im Umlauf sind.«

An der Bushaltestelle stand ein Bestattungswagen mit offener
Motorhaube. Der Fahrer hatte sein Jackett abgelegt und han-
tierte halbherzig an den Zündkerzen, während ihm das Geleit
mit allerlei unnützen Ratschlägen zur Seite stand – sich womöglich knapp bei Kasse befand. Eine Alte, deren Trauerkleid dezent durch orthopädische Strümpfe aufgelockert wurde, lehnte
am Kofferraumdeckel und hielt den Ruhenden über den Stand
der Dinge auf dem Laufenden.

•

Moskau, 1981

»Komm schon, lass mich den Wagen schieben, dabei kann ich
mich ein bisschen aufstützen«, sagte Foma, und: »Schau mich
mal an, du Windelheld, da-da-da-da. Ah, die Natur meint es gut
mit dir, bist ganz nach der Mama geraten. Also eins kannst du
wissen, Serjoscha, ihr rettet mich Glückspilz vorm Versauern!
Was hat denn deinen vielbeschäftigten Vater vorzeitig aus dem
Trainingslager gelockt?«

Dass die sowjetischen Jungprogrammierer ihre letzte Trainingseinheit im Kongressgebäude *Kosmos* bestreiten würden,
ganz einfach. Die Rechner mussten ohnehin einige Tage vor der
Spartakiade aufgestellt werden und könnten auf diese Weise

praxisgerechte Probeläufe absolvieren – was letzten Endes allen Teilnehmern nützen würde, »oder etwa nicht?« Außerdem hatte Leonid sich beim Treffen der Nationaltrainer in Kiew bereit erklärt, die Vorbereitungen für einen weiteren Wettstreit zu übernehmen: »Manchmal ist unsereins wirklich bekloppt und bindet sich den Klotz selbst ans Bein.«

Die Idee zu einem Trainerwettstreit war zwischen Blumenkohlhappen, *Bärenblut* und Beschwörungsformeln unverbrüchlicher Freundschaft aufgekommen. Anderntags hatte niemand mehr zu rekonstruieren vermocht, von wem der Vorschlag ursprünglich stammte.

»Lass mich raten«, sagte Foma, »trotzdem habt ihr einander versichert, was für eine hervorragende Idee es doch sei?«

»Warum auch nicht? Es hat doch durchaus etwas für sich, bei der Gelegenheit auch den besten Programmierer aus den Reihen der Trainer zu ermitteln.«

Dieser Wettstreit am Rande der Spartakiade würde allerdings hinter verschlossenen Türen ablaufen und der Kreis der Beteiligten beschränkt bleiben müssen, um dem kurzfristig anberaumten Unterfangen keine unnötigen Hürden in den Weg zu stellen. Auf diese und weitere Details waren sie im nüchternen Zustand gekommen, und der sonst so gestrenge Vorsitzende Sowakow hatte sich ohne viel Gegenwehr verpflichten lassen, Zugriff auf einen Rechner der Einheitlichen Reihe zu organisieren: »Auf dass für alle die gleichen Bedingungen herrschen. Von wegen! Da hätte ich mir eigentlich schon ausrechnen können, welche großzügige Institution uns die Datenverarbeitungskontingente auf ihren Großrechnern bereitstellen würde. Jetzt ist es jedenfalls an mir, neben dem Training auch noch eine Arbeitsstation für diesen Wettstreit einzurichten«, berichtete Leonid. »Immerhin hat Dmitri Frolowitsch bereits den kleinen Saal im Kongressgebäude reservieren lassen.«

»Lass mich raten«, sagte Foma, »geschlossen wegen Reparatur- arbeiten?«

Leonid versetzte dem Kinderwagen sachte Stöße, doch vergeb- lich: Serjoscha passte es überhaupt nicht, dass sein Gefährt zum Stillstand gekommen war. Die Schachspieler auf den Nachbar- bänken wagten jedoch nicht, Ruhe einzufordern, denn von Fo- mas kahlem Schädel hing eine einsame Strähne, wie bei einem Saporoger Kosaken, und Leonid hatte sich nach Sergeis Ge- burt wieder den Bart abrasiert, wodurch seine alte Sturznar- be eindrücklich zu Geltung kam. Doch die beiden zeigten sich einfühlsamer, als sie aussahen. Foma schob den Kinderwagen weiter, schritt gemächlich den Parkweg entlang – Leonid blieb also reichlich Luft: »Ginge es nach Kleinwerth, würde ich noch nicht einmal am Trainerwettkampf teilnehmen.«

Trainer Kleinwerth hatte die trüben Augen einer gebratenen Flunder, was vordergründig Tiefsinn suggerierte und es zu- gleich erschwerte, seine inneren Regungen einzuschätzen. Ob- wohl der Ostdeutsche sich ein Schmunzeln abgerungen hatte, schien er Leonids Bonmot über die Erfolge der ostdeutschen Halbleitertechnik als persönlichen Affront gewertet zu haben. »Der größte Mikrochip der Welt?«, lachte Foma auf. »Am Ende ist dieser Witz gar *Made in GDR*.«

»Du hättest Kleinwerths mitfühlende Miene sehen müssen, als er am nächsten Morgen druckste: Er könne durchaus verste- hen, fenn der Sportgeist es dem geschätzten Kollegen Ptuschkof verbieten fürde, sich an diesem unseren Fettstreit zu beteiligen, nachdem er sich, dankensferter Feise, für die Fartung der Fett- kampfmittel verpflichtet habe, na und so weiter. Was hätte ich darauf entgegnen sollen? Mein Sportgeist, das hatte er sich pri- ma ausgedacht. Aber Dmitri Frolowitsch hat ihm sofort einen Dämpfer verpasst, von wegen Angriff auf die Ehre der sowjeti- schen Intelligenzija.«

»Lass mich raten: Das Ganze endete damit, dass euer Fritz den Genossen Sowakow als Unparteiischen vorgeschlagen hat?«

»Und Dmitri Frolowitsch hat sich nicht lange bitten lassen. Mensch Foma, man könnte glatt meinen, dass dir die Bestrahlung hellseherische Fähigkeiten verleiht.«

»Nicht nur das! Ich brauch jetzt zum Beispiel keine Fernbedienung mehr. Wann immer unser geschätzter Genosse Nasurow im Aufenthaltsraum das erste Programm einschaltet, lasse ich den Fernseher auf Kanal Vier umspringen. Die Nebenwirkungen sind allerdings unerquicklich! Wenn ich mich allzu sehr anstrenge, fühlt es sich so an, als bohre mir ein Bratspieß mitten durchs Hirn. Ich hatte bislang gar nicht gewusst, dass es auf der Welt einen solchen Schmerz gibt«, und dergleichen mehr erzählte Foma, bis sie schließlich wieder an der Krankenhauspforte angelangt waren. Leonid verabschiedete sich rasch – die sommersprossige Lettin aus der Radiologie musste ihn ja nicht unbedingt mit dem Kinderwagen sehen.

»Brauchst gar nicht so zu hetzen«, rief Foma ihm hinterher, »Lina hatte heute Frühschicht!«

•

»—Programm Drei wird ebenfalls dabei sein«, erklärte Sowakow. Der Vorsitzende schob seine Unterlagen parallel zur Tischkante und strich den herausgerieselten Radiergummiabrieb von der grünen Filzdecke: »Das werden großartige Fernsehbilder. Programmiernachwuchs sichtlich begeistert von den Leistungen der Werktätigen in der Computerproduktion, und dann das große Finale mit elektronischer Wandzeitung! Also sagen Sie Ihren Pappenheimern klipp und klar: Wer am Donnerstag nicht erscheint, braucht sich nächste Woche gar nicht erst beim Wettkampf blicken lassen!«

Auch ohne diese ultimative Motivierung wären Leonids Schützlinge vollzählig erschienen. Irgendjemand hatte das Gerücht gestreut, sie bekämen in der SAM den Prototypen eines Heimcomputers zu sehen, der es locker mit seinen amerikanischen und britischen Vettern aufnehmen könne. Über dessen technische Ausstattung stellten sie auf dem Weg in den Perwomajski Rajon allerlei Hypothesen auf: »—vielleicht kriegt das neue Modell ja einen WM-Eins. Der soll es auf fünf Megahertz bringen«, und immer so weiter und dabei flotten Schrittes aus der Baumanskaja Station heraus, vorbei an der Epiphanien-Kathedrale, von deren Wänden weitere wilde Wunschvorstellungen widerhallten: »—vierundsechzig Kilobyte frei verfügbarer Speicher, das wäre spitze«, bis sie vor der Fabrik für Rechenanalysemaschinen angelangt waren. Obwohl die SAM seit sieben Jahren für das Wohlergehen und Weiterkommen der Nachwuchsprogrammierer sorgte, hatte bislang noch keiner von ihnen die Moskauer Produktionsstätte betreten. Gegenüber einem baufälligen Stadtgehöft aus Zeiten des dritten Zaren Alexander ragte eine dreihundert Meter lange Fabrikfront aus grüngrauem Beton und staubtrübem Glas auf. Vorm Haupteingang stand eine Doppelreihe frisch bepflanzter Waschbetonkübel. Lysenko ließ die Jugendlichen nach Altersgruppen Aufstellung nehmen. Unterdessen trafen die ersten Journalisten und der Kleinbus des Spartakiadekomitees ein. Sowakow warf dem Trainergespann einen Gruß zu und verschwand im Foyer. Sein Assistent zupfte noch die Pioniertücher und Zöpfe der D-Jugend zurecht, als ein Sendewagen vor den Blumenkübeln hielt. Der Kameramann schulterte sofort seine Ausrüstung, um ein paar Einstellungen von der bereitstehenden Formation zu filmen. Nachdem der Betriebsdirektor zum vierten Mal die Pforten der Fabrik geöffnet hatte, durften die jungen Programmierer endlich aus der Sonne hinein ins Foyer. Dort sank ihre Stimmung schlagartig. Aus dem Wortwechsel zwischen dem Direktor und dem Aufnahmeleiter ging hervor, dass sie wohl weder einen Prototypen noch die Produktionsanlagen zu Gesicht bekommen würden: »Das hatten wir Ihrer Redaktion klipp und klar zu verstehen gegeben. Zu unseren Fertigungsbereichen haben Unbefugte keinen Zutritt, geschweige denn dürfen sie dort drehen.«

»Dann schneiden wir stattdessen was von dem Material rein, das wir für die Doku übers Halbleiterwerk Erfurt geschossen haben«, schlug der Kameramann vor. Damit war die Diskussion beendet.

Der Direktor führte seine Gäste durch einen langen Gang. Über den Zwischentüren hing jeweils eine Agitationstafel, auf der die Belegschaft vorsorglich daran erinnert wurde, dass sie sich aktiv zu Beschlüssen und hehren Zielen, Frieden, Völkerfreundschaft und dergleichen mehr bekannte. Neben den Toiletten klebte überdies ein Erlass, dass in der Sowjetunion ein für alle Mal mit der Trinkerei Schluss zu machen sei. Drinnen fehlte es an Klopapier, aber Leonid wollte ohnehin nur schnell seinen Schlips richten. Folglich kam er als Letzter in die Warenausgangshalle. Dort begrüßten ihn der stellvertretende Volksbildungsminister, die Vorsitzenden des GorONO und OblONO sowie ein paar ältere Herren aus dem Stadtsowjet, die offenbar kürzlich eine Fabrik inspiziert hatten, in der es Kaffee, Kuchen und Kirschwasser gab. Auch die Augen der jungen Programmierer leuchteten wieder, denn für die Fernsehaufnahmen waren in alle Lampen funktionstüchtige Neonröhren geschraubt worden. Vor säuberlich aufgereihten Transportkisten stand ein Rednerpult, standen sechs mal sechs Monitore, stand eine Phalanx silbergrauer Stahlblechschränke.

»Ich werd' verrückt«, wisperte Babajew, »ist das nicht ein *Elbrus*?«

»Fünfzehn Millionen Rechenoperationen pro Sekunde«, wusste Prokoljew. »Mit dem hätten wir das Lösungsmuster für Rubiks Würfel in null Komma nix berechnet!«

Die sechsunddreißig Monitore waren neben dem sagenumwobenen Mehrprozessorkomplex übereinandergestapelt und derart miteinander verkabelt, dass sie einen Großbildschirm ergaben: Mit feinskalierten fuchsroten Lettern hießen die Arbeiter und Ingenieure der SAM die besten sowjetischen Nachwuchsprogrammierer willkommen. Der stellvertretende Volksbildungsminister trat ans Rednerpult und wiederholte die Botschaft des Bildschirms. Die nächste Viertelstunde füllte er mit der Ankündigung, sich angesichts der zahlreichen auf die Nationalauswahl zukommenden Herausforderungen kurz fassen zu wollen. Weitere fünf Minuten benötigte er, um das Wort an den Direktor der SAM zu übergeben. Der klärte die Jugendlichen unverblümt darüber auf, welche Herausforderungen nach ihren Spartakiadesiegen in der Produktion auf sie warteten. Die Stimmung sank merklich. Der Kameramann hatte zu diesem Zeitpunkt bereits alle denkbaren Einstellungen ausprobiert und pflanzte die Kamera nun auf ein Stativ, um aufzuzeichnen, wie der Vorsitzende des Spartakiadekomitees die Jugendlichen zu Höchstleistungen anstacheln würde. Sowakow blinzelte kurz über den Brillenrand, ehe er wieder einmal damit begann, dass die Kunst des Programmierens darin bestehe, vom Computer ausführbare Befehle dergestalt aneinanderzureihen, dass ihre Ausführung zur gesuchten Lösung führe, und so weiter und so fort. Leonid unterdrückte mehrere Seufzer. Auch dieses Mal war Sowakows Stimme kurz davor, sich zu überschlagen, als er endlich auf die Apollo-Sojus-Mission zu sprechen kam: »Während die besten Computer der US-amerikanischen Raumfahrtagentur für die Berechnung des Kopplungsmanövers geschlagene dreißig Minuten benötigten, schaffte es unser Rechenkomplex innerhalb von drei! Das haben wir nicht zuletzt den überragenden Leistungen sowjetischer Programmierer zu verdanken.«

Kaum ebbte der Applaus ab, erklang aus versteckten Lautsprechern die eigens für die Spartakiade komponierte Hymne. Auf dem Großbildschirm erschien eine Rastergrafik der Mutter-Heimat-Statue: »Söhne und Töchter der Sowjetunion, nehmt meinen mütterlichen Befehl entgegen!«, forderte eine mit Hall belegte Frauenstimme. »Das ganze Land hat euch zur ersten Internationalen Spartakiade der jungen Programmierer unter sein dynamisches Banner gerufen. Die Heimat erweist euch das große Vertrauen, dass ihr mit all eurem fachlichen Können und schöpferischen Geist ihre Ehre verteidigt. Denkt immer daran!«

Der Kameramann schwenkte gerade zu den Reihen strammstehender Nachwuchsprogrammierer, als sich Prokoljew zu Morosow neigte und hauchte: »Unser mächtigster Supercomputer, bloß um eine Achtfarbengrafik anzuzeigen.«

Die Großaufnahme ihrer gerümpften Nasen fand in dem kurzen Fernsehbeitrag über die Zeremonie keine Verwendung. Damit war die Scharte längst nicht aus der Welt, denn dem Vorsitzenden des Spartakiadekomitees waren die beiden schwankenden Banner keineswegs entgangen. Von Sowakows konsternierter Miene hatte Leonid klar und deutlich abgelesen, dass es diesmal nicht reichen würde, mit seinen Schützlingen ein Hühnchen zu rupfen. Alles andere als ein haushoher Gesamtsieg bei der Spartakiade würde unweigerlich das Ende seiner Nationaltrainerkarriere bedeuten.

Perestroika

Ira erwachte, ächzte, spürte: Durst, grässlichen Durst. Sie lag auf Gras, auf zerbrochenen Ästchen. Widerwillig öffnete sie ihre verquollenen Lider. Sonnenlicht flirrte in Birkenkronen. Das Schattengeäder bot Legionen von Stechmücken und Gnitzen sichere Angriffsschneisen. Kaum kratzte Ira die Quaddeln am Handrücken, meldeten sich ihre malträtierten Fersen, Knöchel, Waden, Ellen, Wangen, Ohren, ach, und schlimmer noch: ihr Kopf fühlte sich an, als wären die Mücken durch die Gehörgänge bis zur Rückseite ihrer Schläfen vorgedrungen. Als sie aufstand, wurde ihr schummrig. An einen Stamm geklammert, schaute sie sich um: Wo um alles in der Welt war sie? So weit das Auge reichte, standen Birken. Junge Zweige schwangen im Wind, als wären sie begierig, abgeschnitten und in eine Banja gebracht zu werden, um dort russische Rücken zu peitschen. Allmählich passte sich Iras Kreislauf an ihre aufrechte Haltung an. Sobald sie es wagte, freihändig zu stehen, zog sie ihr zerknittertes Kleid zurecht. Über und über mit Grasflecken bedeckt und an den Säumen eingerissen, würde es nur noch für den Heimweg taugen. Den Heimweg? Sie trottete der Nase nach los, tappte barfuß über weiche Kaninchenpfade. Zum Waldrand hin wurde das Terrain unwegsamer. Ira überquerte verwitterte Schützengräben und eingestürzte Panzerunterstände, umging alte Granattrichter, in denen sich Regenwasser sammelte, in denen Müll und Bauschutt lagen. Sie querte Wegsperren aus Brennnesseln und Brombeergestrüpp, fragte sich, wie sie bloß hierhergekommen sein mochte. Es graute. In einem

403

Altarm der Moskwa schwoite ein Ruderboot. Auf der Heckbank saß ein kräftiger Endvierziger mit einer Angelrute.

»Können Sie mich vielleicht zur Elektritschka übersetzen?«, rief Ira.

Der Angler konnte mehr als das.

••

Nowotmutarakanski Rajon, 1985

Ira räkelte sich auf dem Beifahrersitz des schwarzen Wolgas, reckte die nackten Füße in den Fahrtwind. Sollte Witalis Fahrer doch glotzen, solang er nicht von der Straße abkam. Bestimmt hatte er eine Spezialausbildung genossen, bei der er mit verbundenen Augen Slalom fahren musste. Sie überholten einen offenen Lastwagen voller Erntehelfer – Studenten der Berufshochschule *Benediktow*, die den Sowchosniki bei der Mahd halfen –, verriet das Banner an der Pritschenwand. Gerade hatten sie noch *Ach, du meine Zahnschneidemaschine* gesungen, nun krakeelten sie windige Liebesschwüre und die eine oder andere Andeutung. Ira zeigte ihnen eine Feige.

Witalis Fahrer schwitzte, als führe er ein Tretmobil. Giftgelber Hederich säumte die Felder, und hinter Kombinen und Traktoren stiegen Staubschwaden auf, die Ira ein ums andere Mal zwangen, die Scheibe hinaufzukurbeln. Holzhäuser, die von Sonne, Ruß und Regen vergraut waren, säumten die Durchgangsstraße. In jedem fünften oder sechsten Dorf ragten ein paar Silos oder ein flacher Plattenbau auf. Im Autoradio dudelte volkstümliche Musik.

»Morgen werden wir Regen bekommen«, meinte der Fahrer.

»Hast du das etwa an der Zahl der Schäfchenwolken errechnet?«

»Ich kann es riechen.«

»Ah.«

Trockenfisch plus Solidol plus Stroh ergab also Regen? Ira langweilte sich schrecklich. Sie hieß den Fahrer aussteigen und einem Mütterchen Kirschen abkaufen – das konnte er bestimmt bei Witali abrechnen, wenn nicht, sollte er es als Ausgleich für die Blicke auf ihre Waden verbuchen. Die nächsten Kilometer spuckte sie Kerne zum Fenster hinaus. Der Kaugummi, den sie auf einem Kronkorken zwischengelagert hatte, fiel dummerweise auf die Fußmatte. Der Fahrer knirschte mit den Zähnen, schwieg. Am Horizont tauchte ein Wäldchen auf, daneben gleißte die Sonne auf Wasser.

Sie erreichten Witalis Datscha in der größten Nachmittagshitze. Überall zirpten Grillen. Ob sich wohl aus der Frequenz ihrer Rufe die Temperatur bestimmen ließe? Unter dem Vordach standen Apfelstiegen und ein Zuber voll Johannisbeeren. An der Wand hingen Kräuter und Wiesenblumen zum Trocknen, darunter ein Korb voller Eschenrinde. Ira bezweifelte, dass Witali dies eigenhändig hergerichtet hatte: Ob er wohl, seit seine Frau gestorben war, regelmäßig ein Häuflein Gefreite zum Gärtnern aufmarschieren ließ? Die Ölflecke vorm Gartenzaun rührten doch bestimmt von einem Truppentransporter her.

Die Haltedrähte der langen Funkantenne über dem Vordach vibrierten, als Ira die Stufen zur Veranda hinaufstieg. Neben der Tür stand ein Kinderwagen, in dem ein schwarzer und ein weißer Plastikpudel mit verdrehten Gliedmaßen lagen. Aus der Diele schlug Ira der herbe Duft von Moorrosmarin entgegen. Mit geübtem Griff bändigte sie ihre roten Locken, ehe sie eintrat: »Wita? Wo steckst du?«

Auf der Kommode stand ein Bild seiner schiefzähnigen Tochter in Schuluniform. Darüber hingen dilettantische Aquarelle und eine Ahnengalerie, die keine familiäre Veranlagung für dauerhaften Zahnfehlstand erkennen ließ. Ein verblichenes Foto zeigte Witali als Sergeant beim Angeln. Er schien in den letzten Jahrzehnten keinen Deut älter geworden zu sein, oder war das womöglich sein Vater, der da stolz einen Hecht hochhielt? In der schönen Ecke tickte eine deutsche Bahnhäusleuhr, die Witali als Andenken in Ehren hielt, obwohl ihr Kuckuck in Kriegsgefangenschaft nie gesungen hatte. Aus der Schlafstube drang ungleichmäßiges Schnarchen, verträumtes Schmatzen. Ira stieß die Tür auf. An Witalis schelmischem Schmunzeln erkannte sie, dass er keineswegs gedöst hatte. Er klopfte mit der flachen Hand auf die Matratze. Ira zögerte: »Schlafen wir gleich miteinander? Sonst würde ich jetzt lieber baden gehen.«

Die Verandatreppe knarrte. Der Fahrer schleppte Iras Koffer herauf, stellte ihn in der Diele ab. Mit Blick auf die Kuckucksuhr schnaufte er: »Haben Sie noch einen Wunsch, Genosse Generalpolkownik?«

Ja, den hatte er.

»Bitte nicht«, sagte Ira. Doch Witali zeigte kein Einsehen.

•

»Ich sag ja bloß«, sagte Sonja.

»Meinst du, hier wird irgendetwas besser, wenn alle nach Kalifornien gehen?«, erwiderte Pascha ohne aufzublicken und legte seine Karten zu einem keltischen Kreuz aus.

»Besser? Ich hab einfach keine Lust mehr, mich wegen irgendwelcher hehren Ideale einzuschränken. Ich will Gummistiefel kaufen, wenn ich welche brauche. Die sozialökonomische Entwicklung sollen wir beschleunigen, aber nach Paprika und Pampelmusen stehst du dir derweil die Beine in den Bauch—«

»Wie sollen wir das eine ohne das andere erreichen?«, fiel ihr Arkadi ins Wort.

Ira hatte genug vom Geplänkel ihrer Geschwister, zog die Gardine zu. Im Aquarium leuchteten die Krabben auf. Sie lumineszierten wie die Leuchtziffern einer Armbanduhr – angeblich, weil sie nach den amerikanischen Kernwaffentests Radium in ihre Panzer eingebaut hatten. Witalis Schwager soll die strahlenden Tiefseetiere von einem seiner Einsätze aus dem Pazifik mitgebracht haben. Ira wusste nicht, ob sie Witali in irgendeinem dieser Punkte Glauben schenken wollte. Wahrscheinlich hatte er die Krabben in einem Zoofachgeschäft gekauft und mit Leuchtlack streichen lassen. Wie auch immer – sie waren wundervoll. Pascha ließ von seinen Spielkarten ab und Sonja verstummte. Arkadi hingegen hatte augenblicklich keinerlei Sinn für Schönheit. »Bei diesem Funzellicht finde ich die Schräubchen nicht«, moserte er. Der Rekorder hatte Bandsalat aus seiner Lieblingskassette gemacht, und nun schraubte Arkadi die Plastikhülle auf, um das Band zu entwirren, sachte zu kürzen. Ira zog die Gardine beiseite, sah: Ljoscha stieg aus einem Traktor, war also doch per Autostopp gefahren. Er tappte mitten in die Pfütze vor der Pumpe, schabte an der unteren Treppenstufe den Schmutz von den Sohlen seiner Sandalen. Sonja lief ihm entgegen und schmiegte sich an seinen Rücken, während er die nassen Socken auszog. Kaum hatte er sich an den Tisch gesetzt, erkundigte sich Pascha, wie es im Club gelaufen war.

»Frag nicht«, blies Ljoscha mit Zigarettenrauch hervor und nahm einen weiteren Zug, ehe er antwortete: »Erst fing Elena Andrejewna an, mir von den Apokryphen des Propheten Sacharow vorzuschwärmen. Dann wollte der Balte wissen, ob ich meinen Tee mit Zuckerow süße, und so ein kleiner Dürrer schwärmte mir was von Sacharow-Torte vor. Ich hatte die ganze Zeit das Gefühl, die legen es darauf an, dass ich irgendwas zu dem Hungerstreik sage. Also hab ich mich abgesetzt—«

»—du hast deine Geschichte gar nicht vorgelesen?«

Ljoscha senkte den Blick. Sonja strich ihm mit der Hand durchs Haar, und er zündete sich eine neue Zigarette an. »Im Treppenhaus hab ich noch Wenja getroffen, der wollte auch zum Club und war ausnahmsweise völlig nüchtern. Das pure Elend! Er hat mir erzählt, dass er als Soldat Heizer in einem Offiziersquartier war. Und weil es beim Kohlenachschub klemmte, musste er alles Brennbare verheizen, zuletzt sogar die Bibliothek. Seither schreibt er jeden Tag mindestens ein Gedicht, um das Gleichgewicht wiederherzustellen. Er hat mir ein paar mitgegeben, da sind geniale Sachen darunter! Wir sollten die Gelegenheit nutzten und, ihr wisst schon ...«

»Ein paar Durchschläge machen?«

»Oder besser noch: drucken. Ich hab nebenan einen voll ausgestatteten Heimcomputer stehen sehen«, posaunte Pascha.

»Das kannst du dir abschminken«, bremste Ira ihn aus, »der funktioniert nur mit Schlüsselwort.«

»Von wegen neue Offenheit«, murmelte Arkadi und klemmte das gekürzte Band an der Aufnahmespule fest, schloss die Plastikhülle der Kassette.

»Aber worauf schreibst du dann, während du hier bist?«, fragte Ljoscha.

»Auf Mamas Reiseschreibmaschine tippt sie«, sagte Sonja, und: »Damit trägt unser Täubchen der dialektisch begründeten Erfordernis Rechnung, die Wechselwirkungen der technischen und gesellschaftlichen Umwelt so darzustellen, dass sie den objektiven Gesetzmäßigkeiten der Gesellschaft gerecht werden.«

»Schlechte Witze waren dem russischen Menschen noch nie ein Trost!«

Ira zog die Gardine wieder zu, und die Krabben leuchteten neongrün auf. Leiernd lief die reparierte Kassette an: » — ravel the world and the seven seas, everybody's looking for something«, wusste die Sängerin, und Ljoschas Lunge rasselte dazu.

..

Nowotmutarakanski Rajon, 1987

Ira schlurfte auf die Veranda, hörte leises Klackern. Die Flügeltür von Witalis Arbeitszimmer stand offen. Über den Fernsehschirm flimmerte tonlos der Abspann von *Diene der Sowjetunion*. Witali saß am Schreibtisch und traktierte mit zwei Fingern die Computertastatur. Auf dem Bildschirm sah Ira die grobgepixelten Kacheln eines Schiebepuzzles, die sich im Takt der Tastenanschläge bewegten – mal aufwärts, mal abwärts, mal zur Seite ruckelten, um schließlich auf einer neuen Position zum Stillstand zu kommen. Am Ende mochte dabei das Bild eines gekochten Hummers herauskommen ... oder wurde das eine Landkarte?

Witali drückte eine Funktionstaste, ließ das Schiebepuzzle vom Bildschirm verschwinden. Er blinzelte, als er sich zu Ira herumdrehte, schnarrte: »Wünsche wohl geruht zu haben!«

Ira schüttelte den Kopf – was sie auf der Stelle bereute. Gemeine Abkömmlinge des Weingeists bissen ihr mit kleinen spitzen Zähnen auf die Augäpfel, rissen an den Fasern ihres Zwerchfells.

Witali zeigte sich von Iras Leidensmiene unbeeindruckt, horchte auf: Von Norden her näherte sich ein Hubschrauber, ein *Krokodil*, wenn ihn nicht alles täuschte.

»Zieh dir was über«, sagte er – so schlichen sich Veränderungen ein.

Der Hubschrauber landete am Seeufer, wirbelte Staub bis über die Wipfel des Wäldchens auf. Schafe blökten, und im Nachbargarten bellte Scharik, als ein Uniformierter den Weg vom See heraufkam. Der spillerige Stabsoffizier trug zwei lederne Aktentaschen und einen Zeitungsstapel. Auf den Stufen stolperte er über einen der umherliegenden Plastikpudel, und die Zeitungen entglitten ihm. Der Stapel fächerte am Boden auf: *UmUmbaUmUmbau* – die Beratungen des Obersten Sowjets füllten alle Titelseiten. Der Offizier klaubte die Zeitungen hastig zusammen, trat schnaufend ein.

»Langsam, Wanja, langsam, einen Schritt nach dem anderen«, empfing ihn Witali, »oder hast du etwa die halbe Minute fest eingeplant, die du heute früher fertig werden willst?«

»Unverzüglich, lautete der Befehl«, erwiderte der Offizier und öffnete die weinrote Aktentasche, reichte Witali eine verplombte Stahlkassette.

Witali schnalzte. Mit einem Wink hieß er den Offizier, die braune Aktentasche und die Zeitungen auf der Kommode abzulegen, wandte sich um: »Iritschka, mein Engel, biete Wanja doch eine kleine Erfrischung an!«

»Bloß keine Umstände, Genosse Generalpolkownik«, brachte der Offizier der Form halber vor, und: »Der Hubschrauber steht für Sie bereit.«

Witali wischte den Einwand beiseite, und Ira hatte das Nachsehen.

••

Die Bolzen der Bunkertür rasteten ein: Nun war Witali endlich allein. Im Kommandoraum stand ein Stuhl, stand ein Tresor, stand ein Computerterminal, und an der Wand hing ein Telefon. Witali legte die Stahlkassette auf den Tresor, schnitt die Plomben mit seinem Dolch ab. Pflichtgetreu nahm er alle achtundzwanzig Umschläge aus der Kassette, um ihre Unversehrtheit zu prüfen. Jeder Umschlag war mit einem einzelnen Großbuchstaben bedruckt; Witali legte sie dem Alphabet nach aus. Wie viele historische Momente bestanden wohl aus schlichten Routinen, aus einer Kette alltäglicher Verrichtungen? Witali setzte sich, schob seinen Kommandoschlüssel ins Terminal, wartete. Auf dem Monitor vor ihm erschien eine Rastergrafik – eine hühnerbeinige Holzhütte, die sich auf der Stelle drehte. Keine ihrer Seitenwände hatte ein Fenster oder eine Tür, aber jedes Mal, wenn die Hütte in ihrer Drehung innehielt, flackerte ein Eingabefeld am unteren Bildschirmrand.

Das Telefon klingelte. Witali nahm ab, wiederholte: »Eins Acht Drei Sieben ... Himmelblau ... Pe«, und hörte noch eine Weile schweigend zu, ehe er mit einem »Das werden wir, Konstantin Iwanitsch, zweifellos!« auflegte.

Witali ging zum Tresor zurück und drehte die vier Einstellscheiben des Zahlenschlosses in Position. Aus dem oberen Fach entnahm er den himmelblauen Umschlag, riss ihn auf. Auf dem Kärtchen, das herausglitt, stand ein siebenstelliger Code. Sowie Witali ihn am Terminal eingetippt und bestätigt hatte, kippte die Hütte von ihren gelben Hühnerbeinen. Die Laufknochen und Zehen zerfielen in Aschepixel. An der Unterseite der Hütte zeigte sich nunmehr eine verriegelte Tür, und am Bildschirmrand leuchtete ein neues Eingabefeld auf. Witali öffnete den Briefumschlag *II*. Wieder und wieder stießen seine Zeigefinger auf die Tastatur nieder, und nach dem zwölften Zeichen folgte der obligatorische Schlag auf die Eingabetaste. Die Grafik ruckelte, erstarrte. Witali bedachte das Terminal mit einem Fluch und einem Hieb aufs Gehäuse: Schon sprang die Tür der Holzhütte auf. Im Inneren der Hütte schwebte ein Computerterminal, auf dessen Bildschirm ein einladendes Eingabezeichen leuchtete. Witali steuerte den Mauszeiger in das Bearbeitungsfeld und gab eine Kommandosequenz ein. Dann hob er seine Hand wie ein Konzertpianist, bevor er den finalen Akkord anschlägt.

•

Von Knotenstation zu Knotenstation vermittelt, erreichten Datenpakete in Sekundenschnelle noch die entferntesten Punkte des Netzwerks und wurden von Kopplungsgeräten sogleich an Steuermodule übertragen, die überall im Land Elektromotoren starteten, Millionen Zahnräder und mächtige Wellen in Rotation versetzten: Der Umbau begann.

Duplex XII-3

—brannte es etwa? Das würde wertvolle Lebenspunkte kosten. Nach Atem ringend kam Dupont zu sich, doch es gelang ihm nicht, sich aufzurichten: Die Beckenwirbel streikten wohl, mochten zu Schaden gekommen sein, als er besinnungslos zu Boden gegangen war. Sämtliche Glieder fühlten sich bleiern an (ein Gefühl, das er nur aus Alpträumen kannte, in denen er vorm schrecklichen Krakonoš oder vor einem schießwütigen Spezialkommando fliehen musste, dabei aber nicht von der Stelle kam, keine Zehe zu rühren vermochte).

Der Rauch trieb ihm Tränen in die Augen, reizte die Lunge. Als er sich hustend am Boden wand, rutschte die Kladde aus seinem Hosenbund, wodurch sich die Blockade seiner Wirbel löste. Dupont stemmte sich hoch, stöhnte. Ihm war, als würden Krallen durch seine Schläfe tief hinein ins Hirn geschlagen. Er zwang sich, die Lider wieder zu öffnen, presste die Armbeuge vor Mund und Nase. Die über dem Heizstrahler hängenden Socken hatten das Feuer hinauf zum hölzernen Stschoty und zu den Lottoscheinen verbreitet. Am Boden neben den Zeitungsbündeln brodelte geschmolzenes Polyamid – die Überreste einer schwarzen und einer bunten Kittelschürze. Ansonsten keinerlei Spur von Kjonja und Sirina. Mit ihnen waren seine Mütze und die Umhängetasche verschwunden. Das Portemonnaie hatten sie ihm gelassen, womöglich hatte er auf der Innentasche gelegen. Er bekam kaum noch Luft. Die Flammen hatten sich an den Zeitschriften bis zur obersten Auslage emporgefressen und leckten an den Deckenbalken und Fensterrahmen,

413

schwärzten die Scheiben des Kiosks. Dupont klaubte die Kladde vom Boden auf, taumelte nach draußen.

Hier sah er sich zwei obskuren Gestalten gegenüber, die ihn überschwänglich begrüßten: »Zeit, Feierabend zu machen, Genosse Stachanow«, drang aus einem Pelzknäuel hervor. Von Kopf bis Fuß in Kürschnerwaren gehüllt, die lediglich die Augenpartie unbedeckt ließen, blinzelte ihm der kleine Korpulente durch seine Brille zu. Dem Akzent nach mochte er aus einer transoxanischen Sowjetrepublik stammen. Der große Wohlbeleibte neben ihm steckte in einem Soldatenmantel, der ihm bereits vor siebzig Jahren zu kurz gewesen sein dürfte, sofern er darin tatsächlich gegen die Weiße Garde gekämpft haben sollte. Er zeigte ebenfalls kein Interesse an dem festtäglich ausgeleuchteten Kiosk, sondern schob die Seitenklappen seiner Budjonowka unters Kinn und skandierte: »Brüderchen, sei bitte in unserem Bund der Dritte!«

Aus Duponts geräuchertem Rachen drang lediglich ein Röcheln, was den beiden als Antwort vollauf genügte. Sie nahmen ihn in ihre Mitte und steuerten auf einen dunklen Hauseingang zu. Ein quälender Gedanke lähmte Duponts Schritte: dass es verkehrt sein mochte, sich in solch kritischer Situation von einem unversehens aufgetauchten Narrengespann stützen zu lassen. Anderseits fühlte er sich zu wackelig, um freihändig zu laufen, und eine Troika könnte genau die richtige Tarnung für einen sicheren Rückzug sein. So, wie die Dinge standen, wäre es das Klügste, er würde den Notfallkoffer aus dem Schließfach am Bahnhof abholen und das Land umgehend verlassen.

»Mit den Lahmen lernt man hinken, mit den Kampfgefährten trinken«, schnaufte der Korpulente, und als sie Dupont bis an den Hauseingang bugsiert hatten, klang der Wohlbeleibte ebenfalls atemlos: »Brüderchen, ich bitte euch sehr, habt ihr zu viel, gebt ruhig auch mehr!«

Als Antwort brachte Dupont lediglich ein Grunzen und rußgetrübten Rotz hervor, doch seine Stützen waren ohnehin nicht auf Worte aus. Sie lauschten gespannt dem Klimpern und Knistern, während Dupont in der Manteltasche kramte. Steuerte er bloß seinen Obolus bei oder zahlte er die gesamte Zeche? Er konnte sich partout nicht an die Schwarzmarktpreise entsinnen. Der Wohlbeleibte verschwand im Treppenhaus und der Korpulente lehnte Dupont an die Wand. Dass er am rechten Ohr fror und das linke nicht spürte, war momentan das kleinste Übel:

- Sein Mantel war mit Blut und Ruß beschmiert, und die himmelblaue Kladde lugte aus der linken Tasche,
- Tolstois Ausrüstung und sämtliche Ablichtungen waren in Diebeshände gefallen,
- Afonjas Ausweis, den er hinterm Stirnschild der Fellmütze versteckt hatte, war nicht bloß gestohlen, sondern trug mit dem ausgetauschten Passbild de facto einen Steckbrief,
- unter seiner Schädeldecke dröhnte es fürchterlich,
- über den Dächern heulte ohne jede Gnade eine schlecht gestimmte Sirene auf und
- der lichterloh brennende Kiosk leuchtete mittlerweile auch den Hauseingang aus.

Der Korpulente verstand Duponts Unruhe falsch und drückte ihn fester gegen die Wand: »Ruhig, ganz ruhig! So eilig, wie du's hast, kriegst du den ersten Schluck – versprochen.«
Inzwischen knisterte an der Straßenecke nicht mehr nur das Feuer, der Schnee auf den umstehenden Bäumen taute, knackte, Schmelzwasser tröpfelte von den Ästen, und ein Eiszapfen stürzte mit lautem Knall auf den Bürgersteig. Der große Wohlbeleibte trat mit einem Schuhkarton unterm Arm aus dem

Treppenhaus und schüttelte den Kopf: »Ich kann unser Klima beim besten Willen nicht in Ordnung finden.«

»Tauwetter bringt immer Matsch, und aus dem Matsch kriecht neues Ungeziefer hervor«, sagte der Korpulente, woraufhin ihn der Wohlbeleibte zurechtwies: »Keine Politik heute Nacht, das hatten wir doch abgemacht!«

Duponts Räuspern verstanden die beiden nicht als Warnung, dass mit der Feuerwehr auch Miliz eintreffen würde – doch zeigten sie anderweitig Verständnis: »Recht hast du, Brüderchen, lass uns gehen, wir trinken auch nicht gern im Stehen.«

•

Wer war der Vierte, der die ganze Zeit an ihrer Seite ging? Zählte Dupont nach, so waren da lediglich er und seine zwei Stützen. Doch auf den Bürgersteig fiel immer noch ein vierter Schatten. Kaum kamen sie zum Halt, war der Vierte verschwunden.

»—und ich fr ge Euch: Wie könnte irgendjem nd den G rtenring überqueren wollen, ohne die letzte Fl sche usgetrunken zu h ben?«

Der große Wohlbeleibte verlor nach jedem Schluck einen anderen Vokal, oder Dupots Gehör hatte selektive Aussetzer. Nichtsdestotrotz erschien ihm die Logik der Aussage unhintergehbar, waren doch die ersten beiden Flaschen bereits geleert. Seine professionelle Zurückhaltung hatte ihm nichts genützt: Der etikettenlose Fusel drang auch in kleinsten Dosen unverzüglich bis zu den angeschlagenen Enden seiner Nervenbahnen – woraufhin diese sofort weiterer Linderung bedurften. Der kleine Korpulente versorgte die Troika mit vorgewärmten Äpfeln aus einer tiefen Mantelfalte. Prompt stimmte der große Wohlbeleibte einen Klassiker an: »Du mein Äpfelchen, grün an den Seiten, K ltschak wird nie über den Ural reiten ...«

Den Rachen hatte Dupont inzwischen von Ruß befreit, doch wollte ihm kein russisches Wort über die Lippen. Er konnte nur noch das Kinn seitwärts senken und schweigen – und sich dabei gedanklich aus der Vogelperspektive betrachten: Mit seitwärts gerichtetem Schweigen ist jeder vertraut, der den Anfang und den Ausgang eines vielfältigen und schweren Rausches kennt.

Dass der kleine Korpulente den Selbstgebrannten mit Tropfen aus einer Phiole verdünnte, bemerkte Dupont erst, als jener hockend die dritte Flasche trinkfertig machte.

»Frosschuts«, lallte der Korpulente.

Diese Maßnahme hielt Dupont für durchaus begründet, schließlich schneite es inzwischen wieder. Drei Schlucke später entsann er sich der Worte des Wirtschaftsattachés, dass die Sowjetbürger mit Gegengiften geimpft waren. Beim Ausspucken verschluckte er sich und stolperte über die eigenen Füße. Er stieß gegen ein Verkehrsschild und hörte noch: »J tzt hat r uns das Li d v rdorb n!«

.

Im Halbschlaf sah Dupont sich selbst unter einer Palme schlafen. Die Beine angewinkelt und die Hände zwischen die Knie geklemmt lag er auf bloßem Marmorboden, verborgen in der lauschigen Lücke zwischen einem Pflanzkübel und den Heizungsrohren, die über dem Wandsockel eines großen Wartesaals verliefen. Nur ein Hirnverbrannter oder Heiliger konnte ihm dieses erstklassige Plätzchen überlassen, ihm fürsorglich die himmelblaue Kladde unter den Kopf geschoben und ihm das Portemonnaie zurück in die Innentasche gesteckt haben. Überdies sah Dupont seine nassen Stiefel von den Haaren einer armenischen Prinzessin bedeckt, seine blutverschmierte Schläfe von einem Bernhardiner abgeleckt. Jener trug allerdings kein

Branntweinfässchen, sondern eine Digitaluhr um den Hals. Als die Minutenanzeige von neunundzwanzig auf dreiunddreißig umsprang, hallten Pfiffe durch den Bahnhof. Sie hallten über die belegten Böden, Treppenstufen und Fensterbänke und wurden mit einer Kakofonie von Kinderschreien, Rüpeleien, schlaftrunkenem Schnäuzen und schleimschwerem Husten beantwortet. Griesgrämig blinzelte Dupont hinter dem Palmenkübel hervor: Putzfrauen in erdfarbenen Kitteln kippten Sägespäne aus und schoben diese mit breiten Besen durch die Schneisen, die ihnen die Bahnhofsmilizionäre kraft ihrer Trillerpfeifen freiräumten. Wartenden, die nicht schnell genug parierten, halfen die Milizionäre mit geübten Griffen auf die Beine oder auf die Wache. Lautsprecherdurchsagen kündigten Züge vergangener Tage an. Ungeachtet des Lärms sank Dupont zurück zu Boden, schloss schleunigst die Augen. Aggressive Stoffwechselzwischenprodukte reizten seine Sehnerven, die ihr Unbehagen unverzüglich an die Magenmuskulatur weiterleiteten.

»Pass auf, die ham uns entdeckt«, hörte er eine Mädchenstimme. Widerwillig richtete sich Dupont noch einmal auf, sah eine junge Streunerin mit bunt schillerndem Haar. Sie stieß mahnend gegen seine Stiefelsohle und eilte davon.

»Na, Väterchen, haben wir an einem Apothekerkongress teilgenommen?«

»Sieht mir verdächtig nach Affenkäfig aus. Übernimm du das, Trofimowitsch!«

Die Aussicht auf eine Ausnüchterungszelle und auf die unvermeidlich damit einhergehende Personalienaufnahme aktivierte Duponts Lebenskräfte. »Aber nicht doch, Genosse, ich warte hier lediglich auf meinen Zug«, beschwor er die polierten Stiefelspitzen vor seine Nase. Er zog sich am Pflanzkübel empor, stöhnte: Ein Star pochte von innen an seine Schläfe, beruhigte sich nicht.

»Wohin soll's denn so früh am Morgen gehen?«, fragte der Bahnhofsmilizionär: »Halt, sag nichts: Auf einen Frühzug wartest du, also geht's nach Rostow am Don? Nein, nein, wer bei solchen Temperaturen ohne Mütze unterwegs ist, kommt aus Sibirien, stimmt's? Ich seh's dir an der Nasenspitze an, es geht weit nach Osten, an den großen Irtysch«, konstatierte Trofimowitsch und sang: »Wo das Gold der Wellen sich in deinen Wellen spiegelt, am uralten Ufer …«

»—blüht unser Omsk mit seinen Gärten«, krächzte Dupont halbwegs rhythmisch mit – in der Hoffnung, dass damit zumindest das Reiseziel zufriedenstellend geklärt sein dürfte. Hätte er auf eine Vorortbahn gedrungen, würde er nach den Regeln dieses Spiels gewiss den Pass vorzeigen müssen. Der Bahnhofsmilizionär erwies sich als ein mustergültiger Beamter, der sich auch alltäglichen Aufgaben mit Hingabe widmete: »Na, dann zeig mal her … deine Fahrkarte!«

»Die muss ich noch kaufen, Genosse Natschalnik.«

Trofimowitsch grinste verschmitzt, gerade so, als habe Dupont ihn auf einen Gedanken gebracht: »Worauf wartest du dann noch, hopp, hopp! Wir wollen doch unseren Zug nicht verpassen, was?«

Damit fasste er Dupont fest am Oberarm und beförderte ihn in halbwegs gerader Linie durch den Wartesaal. Es war die kritische Stunde, in der irdische und unterirdische Geschöpfe zur Arbeit eilten. Eine Flucht durch die Pendlerströme wäre also durchaus möglich gewesen, wenn Duponts Metabolismus nicht mit Ethanal und Dioxinen hätte kämpfen müssen, wenn der Schlag gegen seine Schläfe keine neuromotorischen Ausfälle hervorgerufen hätte, ja, wenn! Der Bahnhofsmilizionär eskortierte ihn direkt zum Anfang der Schlange und klopfte einen unverständlichen Morsecode an die Scheibe.

»Olga Eduardowna, ich bitte Sie, dieser brave Omsker Bürger

ist dringend auf Ihre Hilfe angewiesen. Er muss unter allen Umständen noch seinen Anschluss erreichen.«

Dupont lächelte schief zur Seite und sah dabei sich selbst schief zur Seite lächeln. Die Fahrkartenverkäuferin musterte die verkrusteten Haare über seiner Schläfe, die Flecken auf seinem Mantel, die verdreckten Fingernägel. Nachdem Trofimowitsch ihr ein weiteres Mal ermutigend zugenickt hatte, stieß sie einen Atemschwall aus, der die Größe der an sie herangetragenen Zumutung ansatzweise erahnen ließ. Sie verrechnete sich zum Ausgleich derart kreativ, dass Dupont die im Portemonnaie verbliebenen Scheine vollständig aufbrauchte. Kaum hatte er das Ticket und einen Gnadenrest an Münzen verstaut, drängte Trofimowitsch zur Eile. Am Bahnsteig übergab er Dupont einer mitreisenden Kursantin zu treuen Händen und salutierte grinsend, als der Schnellzug abfuhr.

•

Trans-Ural, 1987

Unter den skeptischen Blicken der sommersprossigen Kursantin eingeschlafen, in wohliger Wärme beständig geschaukelt, erwachte Dupont einundzwanzig Stunden später mit Brand und knurrendem Magen. Das Großabteil lag in mattem Nachtlicht. Kinder keuchten, schmatzten, schnieften. Baritone und Mezzosoprane schnarchten. Draußen tobte ein Poorga und peitschte vereiste Schneekristalle gegen die Scheibe. Der Zug kroch rüttelnd dahin. Auf der Liege der Kursantin schlief ein alter Mann – woraus Dupont schloss, dass er seit mindestens einer Station ohne jede Aufsicht war. Er schloss überdies, dass es sich bei der Kursantin um eben jene Tolstaja gehandelt haben mochte, die ihm die Lottobotschaft ins *Rossija* gebracht hatte, dass Tolstoi womöglich bereits über seinen Aufenthaltsort informiert war und Notmaßnahmen einleitete. Mangels medizinischer Nachversorgung schloss er noch das eine oder andere, schwang schließlich die Beine von der Liege: Es galt die Lage zu sondieren. Als er sich vorbeugte, um seine Stiefel anzuziehen, wurde ihm schummrig und das Pochen hinter den Schläfen setzte abermals ein. Er zapfte sich heißes Wasser aus dem Samowar, aß das Äpfelchen, das in seiner Manteltasche gesteckt hatte. Dabei musterte er sich im widerspiegelnden Fenster der Waggontür – sah eine zwielichtige Gestalt in fleckigem Mantel, einen allenfalls entfernt Verwandten, der bei gekreuzten Schienbeinen an der schwankenden Wand lehnte, einen stoppelbärtigen Invaliden, der fragend aus halonierten Augenhöhlen schaute, einen blassen Passagier, der mit seinem blassen Waggon auf ein parallel verlaufendes blasses Nebengleis umgelenkt worden war. Allem Anschein nach fuhr keiner von ihnen einer Zukunft entgegen, die mit seinen früheren Plänen im Einklang stand. Spätestens in Omsk würden alle Aussteigenden den Ausweis vorzeigen müssen – der Zutritt zu Geschlossenen Städten wurde streng kontrolliert. Schon deshalb würde er die nächste sich bietende Gelegenheit nutzen müssen, den Zug zu verlassen, das stand außer Frage. Doch wo befand er sich augenblicklich? Die Wagenbegleiterinnen hatten sich in ihre Abteile verkrochen. Der Speisewagen war geschlossen. Und der Matrose, der an einem Gangfenster rauchte, erwies sich als nur bedingt aussagefähig, gab vor, auf submarine Geografie spezialisiert zu sein, und steigerte sich jählings in Morddrohungen gegen die mutmaßlichen Verführer seiner Verlobten hinein. Dupont kam es so vor, als bewegten sich die Lippen des Matrosen überhaupt nicht synchron zu den Lauten, die sie hervorbrachten. Er schloss die Augen, aber das wiederum machte das Schwanken des Zuges unerträglich. Den Rückweg zu seinem Platz nutzte er, um nach Toilettenpapierersatz Ausschau zu halten. Die *Argumenty i Fakty*, die er sich von einer Gepäckablage organisierte, verhalf ihm zu folgenden Erkenntnissen:

1. Am Vortag war der zweifache Held der Sowjetunion Juri Wiktorowitsch Romanenko nach einer Rekorddauer von dreihundertsechsundzwanzig Tagen aus dem Weltall zur Erde zurückgekehrt und würde fortan vom Gewicht eines weiteren Ordens am Boden gehalten werden.
2. Die UdSSR nahm mit der einundzwanzig Quadratkilometer großen Südseerepublik Nauru diplomatische Beziehungen auf.
3. Die physikalischen und biochemischen Einflüsse der letzten Tage hatten ihm offenkundig Darmblutungen beschert, oder er hatte etwas gegessen, das seine Ausscheidungen derart dramatisch einfärbte.
4. Er konnte eine Zeitungsseite höchstens sieben Mal halbierend falten, aber mehr als hundert Mal zerreißen ...

– bevor er allerdings den finalen Wert ermitteln konnte, hämmerte irgendwer gegen der Tür. Grübelnd kehrte Dupont zu seiner Liege zurück. Weitere Frühaufsteher und Reisekranke regten sich, reihten sich in die Schlange vor der Toilette ein. Der Alte auf der Liege gegenüber bot ihm zur Begrüßung ein Stückchen kandiertes Lärchenharz an – was den Speichelfluss noch weiter erhöhen würde. Dennoch griff Dupont dankend zu. Der über dem Alten einquartierte Student las eine Schwarte von Semjonow. Die zwei Mongolen auf den Liegen am Gang verwandelten Plastikpuks in Trinkbecher und spülten ihre schlaftrockenen Kehlen mit Kumys.
Der Sturm legte sich. Die Wolkendecke riss auf, und unter schüchternem Dämmern bot sich ein Ausblick auf eine abge-

holzte Schneise, die mindestens bis zum Horizont reichte. Im Seitenlicht kamen ihm die Abertausenden schneebedeckten Baumstümpfe wie Brailleschrift auf Endlospapier vor, wie eine Botschaft für blinde Riesen. Doch ehe seine Mutmaßungen über den Inhalt der Botschaft hätten ausreifen können, hielt der Zug auf freier Strecke. Er stand in einer weitgeschwungenen Kurve, und so konnte Dupont die zehn Uniformierten beobachten, die unweit der Lokomotive die Böschung erklommen. Das Kettenfahrzeug, das diese Rotte zur Trasse gebracht haben mochte, stieß Rußwolken aus, wendete. Demnach würden die Uniformierten den Zug begleiten. Sollte es sich dabei um eine Razzia oder eine Routinekontrolle kurz vor der Einfahrt ins Omsker Sperrgebiet handeln? Sein Pass lag im Hotel *Rossija*, seine Aufenthaltsgenehmigung galt ohnehin nur für die Hauptstadt, und in der Manteltasche steckte die himmelblaue Kladde. Selbst wenn es ihm gelänge, die Kladde zu verstecken oder einem Mitreisenden unterzuschieben, würde er sie danach nie wiedersehen. *Kdo uteč, ten vyhraje*, kam ihm abermals in den Sinn. Allerdings wollte sich ihm nicht erschließen, wo der Umschlagpunkt vom Rennen zum Siegen liegen sollte.

»Sag, Väterchen, wann bist du eigentlich zugestiegen?«

»In Perm erst, und muss noch weiter auf die BAM, fahr bis Sowetskaja Gawan, wo mein Schwiegersohn in der Schiffsreparaturwerft arbeitet«, hob der Alte zu einer Plauderei an. Dupont warf sich den Mantel über. Im Gehen schnappte er sich eine Uschanka, eine Bettdecke und einen prallen Stoffbeutel, aus dem ein Weißbrotlaib ragte.

»Omlein, schau, wo de Onkel unse Asche hinbingt«, nuschelte ein kleiner Junge. Dupont hastete zur Waggontür, doch die war verriegelt.

»Immer mit der Ruhe«, fuhr ihn die Wagenbegleiterin an, »oder siehst du irgendwo 'ne Bahnhofskneipe?«

Ächzend rollte der Zug wieder an. Dupont eilte in den Nachbarwaggon, wo der eifersüchtige Matrose schon wieder oder immer noch rauchte. Aus dem Lauf heraus schlug Dupont ihn nieder, stieg auf seine Hüfte und zwängte sich durch das Schiebefenster hinaus, fiel.

Er landete mit der Schulter voran auf einer gefrorenen Schneewehe, konnte den Aufprall der Schläfe noch so weit abfedern, dass er nicht wieder in Ohnmacht fiel. An eine Harschkante gekrallt wartete er ab, bis der letzte Waggon an ihm vorübergerollt war. Dann ließ er sich aufs Gleisbett rutschen, kam ausgestreckt neben der zerfledderten Bettdecke zum Liegen. Aus hoch hängenden Wolken schneite es ein paar winzige Flocken. Verbittert dachte Dupont daran, dass der Colonel in Paris wohl gerade auf einer warmen Luftschicht schwebte und dass Madame zweifellos über die Hitze auf Mauritius klagte. Er richtete sich stöhnend auf, schlug den Kragen hoch. In Anbetracht seines kläglichen Punktestandes blieb ihm nichts weiter übrig, als die verstreuten Lebensmittel vom Bahndamm aufzusammeln und sich schleunigst auf den Weg zu machen.

•

Erschöpft stapfte Dupont auf dem Gleis gen Westen, dankbar, dass der Zug wenigstens seine Spur vom Neuschnee befreit hatte. Er zählte die Schritte. Die Schneise mit der noch unberührten Brailleschrift für Riesen hatte er bei achttausendsiebenhundertneununddreißig hinter sich gelassen. An schneegebeugten Fichten, Kiefern, Fichten, Fichten und mit Eiszapfen behangenen Signalmasten vorüber kam er an eine Brücke, die eine dunstige Senke überspannte. Nachdem er sich mit tiefgekühlten Syrniki und Apfelsinenwaffeln gestärkt hatte, überquerte Dupont die Brücke. Inmitten der Dunstschwaden schlängelte sich ein Flüsschen, das trotz Frosteskälte völlig eisfrei war. Je näher Dupont dem anderen Ufer kam, desto zuversichtlicher, ja, beschwingter fühlte er sich. Schon glaubte er am Horizont zwei Schlote mit roten Spitzen auszumachen. Südlich des Bahndamms erstreckte sich eine weite Ebene, aus der in mehreren Kilometern Entfernung ein einsamer Berg aufragte. Er mochte dreihundert Meter hoch sein und mutete mit seinen fünf kahlen Gipfeln wie eine Miniaturausgabe des Beschtaus an – doch es waren nicht seine Abmessungen oder die Form, die Dupont irritierten. Er hielt inne, beschirmte die Augen. Es schien ihm, als bewege sich der Berg parallel zu den Gleisen. Doch wie sollte das vonstattengehen? Waren da Räder am Fuße des Berges? Nein, das musste eine optische Täuschung, das Resultat aufeinanderprallender Luftmassen sein. Oder aber das erste Symptom eines Schneekollers: Er hatte in den vergangenen vierundsechzig Stunden schlichtweg zu viele Punkte verloren.

Dupont stapfte weiter, beschwor sich selbst mit einem Singsang, nicht wieder und wieder dorthin zu blicken. Er zählte die Schritte, verzählte sich. Erst als die Wolken herabsanken und mit einem dichten Schneevorhang die Sicht auf wenige Meter einschränkten, vermochte er sich wieder aufs Vorwärtskommen zu konzentrieren. Er band den leeren Stoffbeutel vor Mund und Nase, damit die eisige Luft nicht völlig ungehindert bis zu seinem Hirn vordringen konnte. Er zog die Fäuste so weit es nur ging in die Ärmel zurück, presste die gekreuzten Arme fest vor die Brust. Der Wind nahm weiter an Stärke zu, und schon bald waren Duponts Mantel und die Deckenfetzen mit einer dicken Schneeschicht überzogen. Wieder spürte er das Pochen hinter der linken Schläfe, nein, er spürte es bald nicht mehr nur: Es wurde lauter und lauter, peinigte die Nervenenden im Unterkiefer und breitete sich bis hinab zu den unterkühlten Füßen aus. Oder stieg es von dort zur Schläfe auf?

Dupont zählte die ... zählte die ... wollte ... Woher kam dieses Surren, woher dieses metallene Röcheln? Als er sich umschaute, stieß ihm etwas Ungeheuerliches, Unbegreifliches gegen die Schläfe und schleifte ihn am Rücken weiter.

GAME OVER

Kreuzworträtsel

Senkrecht: 1 Synonym für Mathematische Maschinen. **2** Vom Drachentöter angegriffenes Körperteil. **3** Fremdenheim. **4** Griechisches Suffix: auf eine bestimmte Art handeln. **5** Synonym für Mannschaft. **6** Kürzel einer politischen Partei. **8** Europäischer Laubbaum mit heilkräftiger Rinde. **9** Akronym einer lettischen Axialventilatorenfabrik. **10** Flächenmäßig größter Föderalstaat. **11** Akronym eines sowjetischen Nutzfahrzeugherstellers. **13** Diminutiv zu Nadeschda. **15** Mathematisches Objekt, das eine Parallelverschiebung in der Ebene oder im Raum beschreibt.

18 Mündlich tradierte fantastische Kurzerzählungen. **19** Eine Traberrasse. **20** Bulgarisches Dorf südwestlich von Russe oder russische Stadt nordöstlich von Moskau. **21** Vom Ort abhängiger Zeitpunkt. **23** Eine formale Sprache für Anfänger. **28** Akronym einer belorussischen Rechtsform der haftungsbeschränkten Gesellschaft.

Waagerecht: **2** Plutonische Gesteinsformation. **4** Einspeisungsvorgang, auch: Einspeisungsdaten. **6** Eine ukrainische Halbinsel, auf der Schaumwein hergestellt wird. **7** Werkzeug für den Bleisatz. **11** Doktor der Pataphysik, der den polnischen Thron usurpierte und von der russischen Armee vertrieben wurde (notfalls passt hier auch eine Eulenart). **12** Hauptstadt der LSSR. **14** Abkürzung eines Sammelbegriffs für die elektronische Erfassung und Bearbeitung von Massendaten. **16** Tafelgefäß. **17** Ein rehabilitatives Hilfsgerät. **18** Vorsitzender des Organisationskomitees der Internationalen Spartakiade der jungen Programmierer. **22** Berühmter Neurotiker mit ausgeprägter Willensschwäche. **24** Eine Moskauer Metrostation. **25** Ein mitteleuropäischer Staat. **26** Auf der Halbinsel Kola entdecktes Mineral. **27** Eine Abkürzung für ein unidentifiziertes Flugobjekt. **29** Hauptstadt des nigerianischen Bundesstaates Imo. **30** Akronym der regionalen Volksbildungsräte der UdSSR.

MSMP#08

—ääääää!«, kreischte Mireya im Fallen. Da griff ihr ein Windwirbel unter die Fittiche, trieb sie behutsam aufwärts, hauchte ihr wieder Mut ein. Hauchte ihr Wut ein. Im Tiefflug segelte sie über die Dächer weiter: »Kellerassel, Fliegendreck – was mich ärgert, das muss weg«, schrie sie den Abfangjägern hinterher und: »Drei hoch zwei plus Wurzel vier, ich verwandle euch in Federgetier!«

Kaum waren die MiGs im Dunst verschwunden, tauchte neben Mireya ein Schwarm Mauersegler auf und schoss mit zurückgezogenen Flügeln über den Kinderpark hinweg. »Sirrr, sirrr, sirrr«, forderten sie einander heraus. Und plötzlich erinnerte sich Mireya, woher ihr dies alles so bekannt vorkam, ja, damit war klar, wohin dieser Flug sie führen würde. Doch weder wollte sie auf dem Allunionskongress der Sowjethexen für die melancholische Marinuschka als Vertretung einspringen, noch lockte es sie, dem Generalvorsitzenden beim Frühlingsball ein Ständchen zu singen. Nein, das war ihr alles viel zu aufregend, viel zu anstrengend. Und überhaupt – sie hatte andere Pläne: Westlich von hier wartete eine Wanne warmen Wassers und vielleicht ein Schuss Parfüm (stank sie doch schrecklich nach verkohltem Keratin).

Sie flog eine Wende und steuerte den Stadtrand an, kehrte zurück in die Republik der Datschniki. Über dem Sommeranwesen der kubanischen Botschaft tanzten schmackhafte Spanner, Spinner und Schwärmer; *Grigol & Giperboloidy* spielten einen Schieber. Die Badewanne war mittlerweile voll, es gurgelte im

Überlauf. Mireya landete auf dem Wannenrand, trank das obere Drittel ab. Dabei wuchs sie Schluck um Schluck, und ihre Federn sogen sich wie Schwämme voll – bis eine nach der anderen triefend auf die Kacheln klatschte. Bald hockte Mireya splitternackt auf dem Wannenrand, und an ihr Prachtkleid erinnerten nur noch die roten Schwimmhäute zwischen den Zehen. Diese tauchte sie nun ins Wasser – das tat wohl. Jauchzend rutschte sie die emaillierte Schräge hinab, tauchte bis zum Kinn ein, wusch sich. Ihre Blessuren und Verbrennungen behandelte sie auf gut Glück mit *Partavaahto*, presste die letzten Reste aus der Tube. Die perlmutterne Paste bewirkte zwar keinerlei Linderung, aber immerhin schäumte das Wasser auf. Eine große Seifenblase landete auf ihrer Nase. Mireya stach mit dem Zeigefinger hinein, stutzte: Statt die Blase zum Platzen zu bringen, verschmolz ihr Finger mit der Seifenhaut. Schnell und schmerzlos wurde er von der Mittelhand abgeschnürt, schwebte mit der Seifenblase auf die Schaumschicht nieder, versank darin. Mireya schrie auf, riss den Stöpsel aus dem Abfluss. Mit beiden Händen fischte sie durchs schaumige Wasser ... fand ihren Zeigefinger jedoch nicht wieder – stattdessen lösten sich dabei auch die verbliebenen Finger und die Handteller auf. Mit den Armstummeln stemmte sie sich am Wannenrand empor, glitt ab und rutschte noch tiefer ins Wasser. Sie konnte sich kaum an der Oberfläche halten, zerging wie Zuckerrohrmelasse in Limettensaft, wimmerte. Jemand hämmerte gegen die Badezimmertür. »Meine Liebe, ist alles in Ordnung?«, hörte sie die Zayas rufen. Mireya stieß noch ein Gurgeln aus, ehe sie durch den Siphon in die Kanalisation gesogen wurde.

•

Mireya kam in einem düsteren Gewölbe zu sich. Aus Steinzeugrohren rauschten Abwasserfälle herab, umspülten ihre Schwimmhäute. Sie rollte sich beiseite, betastete argwöhnisch ihr Gesicht, ihre Glieder. Alles schien an rechter Stelle, schien von vertrauter Konsistenz, schien aber unsäglich schmutzig. Allmählich gewöhnten sich ihre Augen an das spärliche Licht: Ohne erkennbare Quelle ließ es die Ränder eines gepflasterten Gerinnes und eines schmalen Wasserlaufs schimmern. Der Fließrichtung folgend suchte Mireya einen Kontrollschacht, eine Leiter oder Treppe hinauf ins Freie. Inzwischen konnte sie sogar aufrecht gehen. Allenthalben mündeten kümmerliche Kloaken in das Gerinne; auch zahlreiche kleine Bachkanäle, die sie ohne Gefahr überspringen konnte, ließen den Wasserstand weiter ansteigen. Asselpanzer platzten unter ihren Schritten, knirschten. Tausendfüßler oder Schaben, deren Schilde wie Bitumenkleckse glänzten, flohen vor ihr in Mauerritzen. In einer Sammelkammer vereinigten sich fünf Gerinne zu einem Kanal, dessen nachfolgende Zuflüsse Mireya nurmehr durchwaten konnte. Schließlich gelangte sie in eine von Betonpfeilern gestützte Kaverne: Kanal um Kanal ergoss sich tosend, schäumend, stinkend in ein Sammelbecken. Der Kanalrand, bislang kaum mehr als ein Wartungssteig, weitete sich zu einem Kai. Mireya verschnaufte am Beckenrand, wog ihre Optionen ab: Sollte sie diesen Abwassersee durchschwimmen oder sollte sie kehrtmachen, um in den Nebenkanälen nach einem Ausstieg zu suchen?

Lautes, elektromagnetisches Brummen und Knacken schreckte sie auf. »Vorsicht bei der Einfahrt«, bellte es von der Decke herab, und von der gegenüberliegenden Wand hallte es »—ereinfat« wider. Hastig schlug Mireya die Beine übereinander, kreuzte die Arme vor der Brust. Allzu deutlich spürte sie auf Haut und Schamhaar den Schlunz (eine schmierige Schmutzschicht, über deren Zusammensetzung sie sich lieber keine Gedanken, aber auch keine Illusionen machte), dennoch riskierte sie ein: »Hallo?«

»Alles Einsteigen!«, ertönte es unter Klirren und Prasseln. Weder zeigten sich Wartende auf dem Kai, noch vermochte Mireya einen Lautsprecher auszumachen. Allerdings verliefen zahlreiche Drähte und Kabel entlang der Stützpfeiler hinein ins Dunstige, ins Dunkle. Ob sich hinter der verkrusteten Kavernenwand womöglich eine Metro-Station befand? Dann drangen die Ansagen gewiss durch einen Entlüftungsschacht oder gar einen Verbindungsgang ...

»Was ist jetzt, Mädchen«, bellte es über ihr, »fahren Sie mit oder wollen Sie noch ein bisschen unsere Wasserspiele genießen? Die Fähre legt in einer halben Minute ab!«

Erst daraufhin entdeckte sie die dunkle Barke, die am Ende des Kais lag. Vom Fährmann oder von anderen Fahrgästen weiterhin keine Spur. Mireya versuchte nicht einmal mehr, ihre Blöße zu verbergen, hielt sich beim Einsteigen mit beiden Händen am Beckenrand fest. Kaum hatte sie auf der schlingernden Barke Platz genommen, richtete sich am Bug ein Gestänge auf. Dessen geschwungenes Ende hakte sich an einem der Deckendrähte ein, und schon legte die Fähre ab, schnitt sacht durchs Schmutzwasser. An der Stirnseite des Sammelbeckens bog die automatische Barke in einen geräumigen Kanal ein, beschleunigte. Im Fahrtwind zitterte Mireya – doch aus dieser Gänsehaut sprossen keine Federn.

Bald weitete sich das Kanalgewölbe zur nächsten Kaverne, die, weitaus höher und breiter als die vorherige, einer gefluteten Kathedrale ähnelte. Die Fähre glitt zwischen mächtigen Rundpfeilern hindurch, legte an einer Kaimauer bei und vertäute sich automatisch an einem Poller. Mireya ging von Bord. Aus dem polierten Marmorboden des Kais strebten dunkelrote Granitsäulen auf. An deren palmenförmigen Kapitellen waren Zierfackeln befestigt; alles Licht am hiesigen Ufer strömte jedoch aus der Kassettendecke. Hier und da strichen Schatten durch die Lichtschicht, als liefen Passanten über die milchigen Kassettengläser hinweg: Direkt über der Anlegestelle mochte ein Platz oder ein Prospekt liegen. Mireya hielt schnurstracks auf die kurze Kegeltreppe zu, die aufwärts zu einer bronzenen Flügeltür führte. Deren Schlüsselloch befand sich auf halber Kniehöhe. Die Klinke hingegen erreichte Mireya nicht einmal auf Zehenspitzen.

»Wohin denn so eilig?«, kicherte es von schräg oben herab. Mireya ließ den Blick aufwärts und weiter bis zum Ende des Kais schweifen, staunte: Dort fläzte ein Kind, das war so groß, dass es mit dem Kopf beinahe gegen die Kassettendecke stieß. Das Kaleidoskop, mit dem es spielte, hätte gut und gerne als Litfaßsäule herhalten können.

»Hast du mir was Schönes mitgebracht?«, rief das Kind. »Fufu? Oder einen Pfeifenlolli?«

Vorsichtig trat Mireya näher. »Tut mir leid. Du siehst ja, ich reise mit dem leichtesten Gepäck.«

Das Kind bedachte sie mit einem anzüglichen Grinsen. »Was denn, nicht einmal ein Bonbon oder ein Brennesseldragee hast du dabei? Wenn du durch die Tür willst, wirst du dir etwas einfallen lassen müssen.«

Mireya streckte ihre bloßen Handteller vor: »Wenn ich könnte, würde ich dir liebend gerne etwas geben, aber wie es aussieht, muss ich wohl weiterfahren.«

»Glaub nicht, du kommst hier weg, wenn ich es nicht will«, stieß das Kind erbost hervor. »Aber lauf ruhig, lauf!«

Mireya rannte zur Anlegestelle, sah die Barke zwischen den Pfeilern verschwinden. Keuchend stand sie am Kai, überlegte: Sollte sie durch die Kloake davonschwimmen?

»Spring ruhig rein! Mir entkommst du nicht. Wirst schon sehen, ich mach mir aus deinen Därmen ein Hexenspiel«, schrie das Kind. Glassplitter prasselten auf den Marmorboden. »Auaaa!«, gellte es durch die Säulenhalle. Das Kind war mit der Hand durch die Decke gestoßen und hatte sich am Zeigefinger geschnitten. »Daran bist bloß du schuld, du alte Schachtel!«

Mireya hörte es noch eine Weile weinen, hörte hin und wieder ein Schmatzen. Am Sockel einer Säule verschnaufend, wog sie ihre Optionen ab und klaubte derweil Bröckchen um Bröckchen der getrockneten Schmutzschicht von ihren Schwimmhäuten.

»Was rieche ich denn da? Du hast mir also doch was Leckeres mitgebracht«, frohlockte das Kind.

»Davon kannst du meinetwegen haben, so viel du magst«, stieß Mireya matt hervor. Sie spähte um die Säule herum, sah, wie das riesige Kind sein Kaleidoskop in die Sporthose schob. Sowie es sich aufrichtete, schrumpfte das Kind auf halbe Größe, auf elf oder zehn Meter, nein, dabei blieb es nicht: Es wurde immer kleiner, je näher es der Anlegestelle kam, und wirkte Schritt um Schritt ein paar Jahre älter. Ein brickettgroßer Grind löste sich von seinem Finger ab, zerstäubte am Boden.

Bei Mireya angekommen, schaute ein etwa fünfzigjähriger Mann aus Bauchnabelhöhe zu ihr auf: Ein Bonitillo, ein abgebrochener Beau. Er schmunzelte, erahnte wohl, was sie dachte. Die Turnhose war ihm inzwischen viel zu klein: Sein Kaleidoskop, nunmehr in handelsüblicher Größe, ragte aus dem Bündchen, und zum linken Hosenbein hing sein Gemächt heraus. Mireya kam nicht umhin, auf die Eichel zu starren, an deren Rand weiße Hautlappen wucherten. Schon fiel der Mann vor ihr auf die Knie und leckte genüsslich ihre Schwimmhäute ab, knabberte behutsam an ihnen. Dabei wurde sein Penis steif, sprengte das Nylon. Rasselnd rollte das Kaleidoskop davon. Mireya war es, als habe sie dies alles schon einmal erlebt. So oder ganz ähnlich. Bloß wo?

Dem Mann schmeckte es offenkundig, seine Zunge war bereits bei ihren schmutzigen Fesseln angelangt. Während er um ihre Beine herumkroch, trommelte seine Eichel auf den Marmor. Unter diesen synkopischen Schlägen schwollen auch die seitlichen Hautlappen an – wuchsen sich zu einem sattroten Schlüsselbart aus. Und auf einmal erinnerte sich Mireya, woher sie diesen Rhythmus kannte, *Echu Bara Aggo Kirimaleyo Elegua* (was auch immer das bedeuten mochte, ihre Urgroßmutter hatte es nie verraten), und es wurde ihr klar, warum der unersättliche Binärgeist milde gestimmt werden musste: Nur so konnte sein Schlüsselchen die Tür öffnen.

•

Die bronzene Flügeltür schlug hinter Mireya zu. Über ihr surrten Leuchtstoffröhren. Das Treppenhaus war trist und schmal. Als sie die Betonstufen hinaufstieg, fiel ihr auf, dass sie nicht nur von Schmutz befreit war – sie hatte auch keine Schwimmhäute mehr. Darin sah sie kaum Grund zur Klage. Umso weniger, als sie am oberen Treppenabsatz an einen Notausgang gelangte.

Die Tür öffnete sich in einen Korridor. Linker Hand glomm ein rubinroter Lichtschalter. Dieser hatte den Kontakt zu den Lampen verloren, und so wurde es düster, als der Schließbügel die Tür hinter Mireya zuzog. Lediglich am Ende des Korridors leuchtete Licht – doch dieser bläuliche Streifen erhellte nur sein unmittelbares Umfeld. Mireya tappte an der Wand entlang dem Licht entgegen. Noch fünfzig Meter, schätzte sie und korrigierte sich nach zwanzig Schritten auf achtzig Meter, wenig später auf hundert. Zehn Minuten später konnte sie immerhin ausmachen, dass es sich bei dem Lichtstreifen um eine spaltweit offene Schiebetür handelte. Mireya beschleunigte ihre Schritte.

Auf der Schwelle, eingekeilt zwischen Türblatt und Rahmen, stand ein kniehoher Stahlbehälter. Der blockierte Türantrieb brummte matt. Mireya stieg über den Behälter hinweg, zwängte sich seitwärts durch den engen Spalt – verrückte versehentlich den Behälter. Davon kündete ein Warnton und metallenes Quietschen. Die Schiebetür glitt zu und schob dabei den Behälter die letzten hinderlichen Millimeter in den Raum hinein. Mireya wich zurück, wandte sich um. Auf der gegenüberliegenden Seite der Kammer befand sich eine weitere geschlossene Schiebetür. Sie suchte die stählernen Wände nach einem Druckknopf ab, um diese Tür zu öffnen, um endlich ins Freie zu entkommen, als eine leicht verzerrte Frauenstimme ertönte: »Hauptschleuse aktiviert! Befolgen Sie—«

Mireya fiel der Instrukteurin ins Wort, erhielt jedoch keine Auskunft. Unverdrossen fuhr die Stimme fort, forderte sie dazu auf, sämtliche Kleidungsstücke abzulegen und diese mitsamt allen in der Schleuse befindlichen Fremdkörpern ins Depotfach zu legen. Zu ihrer Linken glitt eine Abdeckung beiseite und gab eine Vertiefung frei, um deren Öffnung hellblaue Pfeile aufleuchteten. Auch hier fand sie keine Steuertasten, augenscheinlich handelte es sich um einen Vollautomaten. Dass einmal jemand ohne Kleidung in diese Schleuse gelangen könnte, hatten die Konstrukteure wohl gänzlich außer Acht gelassen. Welches Wollen sollte da zum Können führen? Vielleicht würden ein paar ausgerissene Haare genügen? Nein, dieser Ersatz bewirkte nichts, der Automat wiederholte wortwörtlich die Nutzungsanweisungen. Verzagt setzte Mireya sich auf den Stahlbehälter – und stand sofort wieder auf, zerrte den Behälter zum Depotfach hinüber. Als sie ihn in die Vertiefung wuchtete, entdeckte sie an seiner Rückseite eine handschriftliche Notiz, die ihr nahelegte, den Behälter unbedingt auf der Schwelle stehen zu lassen, da die Entriegelung der Tür defekt sei. Mireya bedachte den Verfasser mit einem Fluch und hätte allzu gerne gesehen, wie dieser ihn traf.

Immerhin erloschen nun die Pfeile und die Depotabdeckung rastete ein. Doch damit nicht genug: Die verzerrte Stimme wies Mireya an, sich auf die Fußmarkierungen zu stellen und ihre Augen bis zur Entwarnung geschlossen zu halten. Die blauen Umrisse, die vor ihr am Boden aufleuchteten, entsprachen exakt ihrer Fußgröße. War sie schon einmal hier gewesen? Nein, ganz bestimmt nicht. Sie schloss die Lider, presste das Kinn auf die Brust und schlang die Arme fest um den Körper, zitterte. Doch nichts geschah, nein, Mireya spürte, hörte und roch rein gar nichts. Dennoch wagte sie es nicht, die Augen zu öffnen.

»Dekontamination beendet«, brach die Automatenstimme den Bann. »Legen Sie die Schutzkleidung an!«

Rechter Hand öffnete sich ein Fach, in dem ein blassblaues Bündel lag. Mireya schlüpfte in die Schutzkleidung, die ihr wie maßgeschneidert passte, und fühlte sich gleich viel wohler, sicherer. Sie atmete noch einmal tief durch, dann fasste sie den Stand der Dinge zusammen: »Bereit, wenn ihr es seid!«

Psikchuschka Nr. 8

Podmoskowje, 1989

»Davon weiß ich nichts«, sagte Chefarzt Ragin. Er öffnete die Sicherheitsschleuse und zeigte sich weltmännisch, ließ Doktor Satz und seinem Dolmetscher den Vortritt: »Aber sehen Sie selbst!«

Die Wände des Flurs waren fahlgelb lackiert, schimmerten unter Leuchtstofflampen. Drei Patienten standen vor einem Ausgabefenster, hinter dem eine Schwester die täglichen Dosen Kumys ausschenkte. Der hohlwangige Sprecher der Troika agitierte die Plastikbecher, die, unerreichbar für ihn, auf der anderen Seite der Vergitterung standen: »Reiht euch ein in unseren Kampf!«

Seit Glasnost vom Politbüro abgesegnet war, bereitete es Ragin weniger Kopfzerbrechen, dass er seine Patienten momentan nur unzureichend, nur nach rein medizinischen Gesichtspunkten ruhigstellen konnte. Ja, in der Klinikapotheke zeigten sich Lücken. Doch Versorgungsengpässe wurden nunmehr auch vom Volksdeputiertenkongress diskutiert, konnten also schlecht als antisowjetische Agitation oder als Hirngespinst abgetan werden. Nicht nur das Personal konnte sich freier äußern, auch die Patienten. Mittlerweile setzte Ragin die Spritze nur noch im Notfall an. Pomelow, der bislang Satz für Satz für Satz übersetzt hatte, zeigte sich an dieser Stelle anderweitig interessiert: »Sagen Sie, Stepan Andrejewitsch, wie geht es dem Saxophonisten, der bei Ihnen in Behandlung ist?«

»Meinen Sie Seliwerstow? Den haben wir bereits vor zwei Wochen entlassen.«

»Geheilt?«, hakte Pomelow nach.

»Sie sollten ihn mal spielen hören«, erwiderte der Chefarzt und steuerte auf das Krankenzimmer am Ende des Ganges zu. Er hielt es für nötig, seine Gäste darauf hinzuweisen, worauf er bereits am Telefon hingewiesen haben wollte: »Auf eine Befragung dürfen Sie sich derzeit keine Hoffnung machen.«

Nachdem Pomelow auch dies übersetzt hatte, öffnete Ragin die Tür und wagte ein: »See yourself!«

Im Rollstuhl vor ihnen saß Komissow. Der ehemalige Vorsitzende der Meschpoweff trug einen schokoladenbraunen Trainingsanzug und Filzpantoffeln. Er war frisch rasiert, an seinem Kehlkopf und Kinn hafteten Zellstofffitzel. An dem breiten Brustriemen, der ihn im Rollstuhl aufrecht hielt, war eine Nierenschale befestigt. Komissow regte sich nicht, wirkte wächsern: »—wie Lenin nach seinem neunten Schlaganfall«, übersetzte Pomelow dem Chefarzt getreulich.

»Davon weiß ich nichts«, erwiderte dieser und hielt es für nötig, als Nächstes wieder etwas zu wissen: »Roman Terentjewitsch war zuerst ein halbes Jahr lang im Katschenko. Vor etwas mehr als fünf Jahren ist er dann uns überstellt worden. In katatonem Zustand. Er spricht auf keines unserer Neuroleptika an.«

»Är ist also beraits seit drayundachtzig in Behandlung«, kam Satz seinem Dolmetscher auf Russisch zuvor und zückte einen Notizblock. »Zu diesär Zeit, da war är gerade fur den Posten des stellvärträtenden Gosplan-Vorsitzenden im Gespräk, odär?«

»Davon weiß ich nichts«, entgegnete Ragin kühl, »aber ich bezweifle es. Nach allem, was aus dem gerichtspsychiatrischen Gutachten hervorgeht ...«

Der Chefarzt blätterte durch die Krankenakte, zog ein hektografiertes Dokument hervor. »Hier«, sagte er und fuhr beim Lesen mit dem Finger unter den Zeilen entlang: »*Moskau, fünfter November neunzehnzweiundachtzig,* und so weiter und so weiter. Hören Sie: *schwerwiegende paranoide Schizophrenie mit akutem halluzinatorisch-paranoidem Syndrom sowie depressiven Schüben.*« Dabei nickte Ragin, hob den Zeigefinger: »*Pathologisch zu werten ist der Untergangswahn, in Dokumenten und Daten zu ertrinken; dieser manifestiert sich nach Auskunft der Gattin bereits seit mehreren Monaten. Auffällig ist die Komplexität des wahnhaften Weltbilds. Die negativistischen Ausführungen sind ausufernd, scheinlogisch und zeigen perseverative Tendenzen (›Effizienz-Quotient‹). Der Untersuchte verweist bei Konfrontation mit realen gesellschaftlichen Gegebenheiten auf seine berufliche Expertise sowie auf besondere, mit gehobener Stellung verbundene Einsichten; betont wiederholt seine geistige Gesundheit und zeigt keine Bereitschaft, die rigide eingenommenen Positionen einer vernünftigen Abwägung zu unterziehen. Vielmehr imponieren heftige Erregungszustände sowie grenzwertig getrübte Stimmungen. Ungeachtet ihrer Ätiologie stellt die komplexe wahnhafte Symptomatik mit massiven affektiven Veränderungen ein schweres, zwingend zu behandelndes psychiatrisches Krankheitsbild dar. Die Prognose ist ungünstig, eine Progredienz zu befürchten.*«

Komissow grinste. Aus seinem Mundwinkel troff ein Speichelfaden in die Nierenschale.

MSMP#09

Über dem Nordosten der Stadt quoll eine gewaltige Gewitterwolke auf, die, zweizellig und von labyrinthischen Furchen überzogen, einem schwebenden Gehirn glich. Am Temporallappen flackerten Blitze auf – jene schöpferische Zerstörungskraft, die einst die Ursuppe zum Kochen gebracht hatte. Dachte Jewhenija und löffelte dabei Warenje. Nun wandte sie sich wieder ihrem Überwachungsmonitor zu: Eulchen telefonierte noch immer mit dem Direktor des meteorologischen Dienstes. Das erkannte sie daran, wie er mit der Linken die Luft des Wettkampfbüros verquirlte. All seine Träume von einem Leninorden wären hinfällig, wenn es während der finalen Wettkämpfe zu einer elektrischen Überspannung, mithin zum Verlust laufender Programme oder gar zur Zerstörung von Computern käme. Ohne den Ton einzuschalten, wusste Jewhenija, was der oberste Meteorologe prognostizierte – die neuesten Wetterdaten lagen ihr bereits vor: Die Gewitterzellen würden mit zweiundachtzigprozentiger Wahrscheinlichkeit in unbedenklicher Entfernung am *Kosmos* vorüberziehen. Und tatsächlich ... die Wolke driftete entlang einer Luftschwelle und metastasierte stadtauswärts. Dabei hätte ein direkter Blitzeinschlag durchaus einiges für sich gehabt. Jewhenija kratzte sich im Nacken, was, wie bei jeder Sowjetbürgerin, alles Mögliche bedeuten konnte.

•

Der Vorsitzende des Spartakiadekomitees legte den Hörer auf, trat wieder ans Fenster. Das Gewitter tat, was die Moskauer Meteorologen mit einundneunzigprozentiger Wahrscheinlichkeit berechnet hatten: Es entlud sich südlich der *Elektrosawodskaja* und trieb entlang einer kühlen Luftschicht stadtauswärts. Um die Sicherheit im *Kosmos* war es gut bestellt (Dmitri hatte den Überspannungsschutz und die Notstromgeneratoren am Montag noch einmal überprüfen lassen), bei ihm zu Hause allerdings stand ein Wohnzimmerfenster offen, weil er nach dem Frühsport in Zeitverzug geraten war – wenn das Parkett und der teure Teppich nass würden, könnte er sich auf wochenlanges Gezeter gefasst machen.

Dmitri horchte auf. Das war kein fernes Donnern, sondern Klopfen. Sollte dies etwa schon wieder einer von Jewhenijas Laufburschen sein? Nein, Ptuschkow streckte den Kopf zur gepolsterten Tür herein, krächzte verschnupft: »Darf man ein Minütchen?«

Angesteckt hatte sich der sowjetische Nationaltrainer offenbar bei seinen Konkurrenten, die bereits im Kühlraum gewesen und mittlerweile allesamt erkältet waren. Aber auch die offiziellen Wettkämpfe nahmen Ptuschkow merklich mit; es lief alles andere als perfekt: Mittlerweile lagen seine Schützlinge abgeschlagen hinter der ungarischen Auswahl und drohten sogar noch hinter die polnischen Spartakiden zurückzufallen. Bei einem kläglichen dritten Platz in der Gesamtwertung würden unvermeidlich Rufe nach Ablösung des Trainerstabes laut werden.

»Ich bitte dich«, wies er ihn ab, »welchen Eindruck soll das erwecken, wenn wir uns kurz vor den letzten Wettkämpfen unter vier Augen treffen?«

»Unter acht Augen«, entgegnete Ptuschkow. Auf dieses Stich-

wort hin folgten ihm die Trainer Metodiew und Mavatiku
ins Büro: »Entschuldige die frühe Störung! Wir wollten bloß
kurz den Ablauf für heute Abend eintakten: Tritt die Kleine
nun für Piñera an, oder nicht?«

»Die kubanische Genossin hat sich bislang nicht wieder bei
mir blicken lassen«, seufzte Dmitri und griff nach dem Telefonhörer.

•

»Ersparen Sie mir die Ausflüchte! Es kommt doch immer
aufs Gleiche hinaus, wenn Fachleute ihr Versagen kaschieren wollen«, giftete Jewhenija und: »In Wirklichkeit ist alles ganz anders, stimmt's? Wenn Sie wüssten, wie oft ich das
schon zu hören bekommen habe.«

Isotow wankte, stützte sich mit seinen Spinnenfingern auf
der Stuhllehne ab: »Aber, mit Verlaub, ich hatte Sie mehrfach darauf hingewiesen—«

»—dass die Werte bloß eingeschränkte Aussagekraft besitzen würden?«, schnitt Jewhenija ihm das Wort ab. »Dass die
Ergebnisse kritisch beurteilt werden müssen? Bitte schön,
Walentin Gerasimowitsch, beurteilen Sie kritisch! Sagen Sie
mir, was ich dem Genossen Vorsitzenden am Montag melden kann!«

Das modifizierte Simulationsprogramm (außerordentlich
präzise bis zum ersten Halbjahr 1985) warf für die kommenden Monate und Jahre bizarr anmutende Werte aus. Noch
durchaus nachvollziehbar war, dass eine strikte Prohibiti-
on die Alkoholsteuereinnahmen einbrechen lassen, mithin
den Haushalt in der laufenden Planperiode schwer belas-
ten würde. Aber wieso explodierten die finanziellen Auf-
wendungen des Sredmasch, wenn das Atomarsenal nicht

mehr weiter aufgestockt wurde? Und weshalb brachen in den Neunzigerjahren sämtliche Kennziffern ein – gerade so, als seien mehrere Volkswirtschaften des SEW auf das Niveau von Entwicklungsstaaten abgerutscht? Schlimmer noch: die Kennziffern verloren bald darauf jegliche Kohärenz. Bei allen bislang simulierten Szenarien sah es so aus, als würden sich einzelne Landesteile in Bewegung setzten, als würden ganze Länder von der Karte verschwinden – als verflüssige sich buchstäblich die halbe Welt. Wurde der Kalte Krieg etwa unausweichlich heiß? Oder zog womöglich eine Weltwirtschaftskrise von verheerendem Ausmaß herauf? Oder (mit etwas mehr marxistisch-leninistischem Optimismus) könnte sich das Planungsgefüge allein durch technologischen Fortschritt, durch eine Negation der Negation, derart drastisch verändern, dass die herkömmlichen Kennziffern in Kürze überholt sein würden? Das alles blieb offen und wäre, an und für sich, kein Grund für Schweißausbrüche. Nein, es lag nicht bei Jewhenija, die Antworten auf derlei Fachfragen zu finden, aber: »Haben diese Prognosen überhaupt irgendeinen Wert, wenn kein einziger Simulationslauf das Zieldatum erreicht? Jetzt beurteilen Sie zur Abwechslung einmal selbstkritisch, Walentin Gerasimowitsch! Allem Anschein nach sind Ihre Modifikationen noch nicht einmal halbgar.«

Obwohl das Programm stets fehlerfrei anlief, war es bei jedem Durchlauf eingefroren. Sowohl auf dem Hauptrechner als auch auf der Vergleichsrechenanlage. Nun hing die Simulation bereits zum vierten Mal fest, kam diesmal nicht über die rätselhaften Kennziffereinbrüche eines Jahres 1992 hinaus. Isotow hatte in den letzten Stunden mit all seinen Assistenten nach der Ursache dieser kritischen Anomalie gesucht, bislang aber keine Fehlerquelle isolieren können, rapportierte er mit hängenden Schultern – was Jewhenija nur noch bärbeißiger stimmte: »Soll ich Ihnen sagen, was ich davon halte?«

Ohne eine Antwort abzuwarten, gab sie einen Befehl ein und hieb mit dem Daumen auf die Eingabetaste. Daraufhin erloschen alle Lichter im Panorama Moskaus, und das Bild auf dem Überwachungsmonitor kollabierte zu einem matten Leuchtfleck, der rasch verglomm. Allein die Röhre des Schreibtischterminals flimmerte noch. Sie zeigte allerdings keinerlei Daten mehr an, bloß einen einladend blinkenden Cursor am oberen rechten Rand. Abermals klapperte die Tastatur unter Jewhenijas Fingern, und schon leuchteten die Lichter wieder auf: »Das können wir besser. Oder etwa nicht?«

Duplex XVIII

»Machen Sie doch endlich die vermaledeite Tür zu«, ruft der Colonel. Alles steht auf Start. Sowie Dupont die Sicherheitstür ins Schloss gezogen hat, wird diese straff an den Rahmen gesogen und die automatischen Riegel rasten ein. Draußen laufen die Gebläse an, der abhörsichere Container steigt im Luftstrom auf, schwebt. Diskret nimmt Dupont eine Defensivstellung ein.

»Na, das ist Ihnen ja grandios gelungen«, herrscht ihn der Colonel an, »da hätten wir uns auch gleich im Pissoir des Kreml treffen können! Sehen Sie, sehen Sie, dort ist das Mistvieh!«

Eine Fliege kreist um die Deckenlampe. Schon wagt sie sich weiter vor, erkundet die verbeulte Verkleidung der linken Seitenwand. Der Colonel greift sich die obenauf liegende Akte vom Schreibtisch, doch die Fliege entwischt seinen Schlägen mit gewieften Fluchtmanövern.

»Hören Sie gefälligst auf zu grinsen, Dupont«, schnauft der fettleibige Colonel. »Wenn Sie wüssten, was für ausgeklügelte Abhörgeräte mir bereits untergekommen sind. Stehen Sie nicht wie ein Holzklotz herum! Nehmen Sie sich eine Aktenmappe und zeigen Sie, was Ihre Ausbildung wert ist.«

Na, das geht ja gut los, denkt Dupont. Andererseits können ein paar Extrapunkte nie schaden. Er geht in Angriffsstellung und wartet ab, bis sich die Fliege auf dem Portrait des Präsidenten niederlässt: Zack, schlägt er mit Schwung aus dem Handgelenk zu. Die Fliege entkommt um Haaresbreite, trudelt und landet benommen auf der Plexiglasplatte des Schreibtischs. Diese Gelegenheit lässt sich der Colonel nicht entgehen. Nachdem er sicherheitshalber noch mit der Faust auf die Akte geschlagen hat, inspiziert der Colonel sein Opfer. Soweit Dupont sehen kann, klebt bloß Blut und Gekröse am Aktendeckel. Wie auch immer, die Sonderpunkte kann er abschreiben. Den Colonel lässt das selbstverständlich kalt. Er setzt sich und schlägt die befleckte Akte auf, blafft: »Was stehen Sie denn immer noch herum, Dupont? Legen Sie es darauf an, dass mir der Nacken steif wird?« Kaum hat Dupont Platz genommen, spürt er den Container erzittern, schlingern: Auch das noch! Er spannt die Muskeln an, stellt den linken Fuß fest auf und verlagert seinen Schwerpunkt nach rechts. Gute Reflexe – doch keineswegs adäquate: Der Container stürzt auf die vordere Unterkante, steht nunmehr auf Kippe. Drei (weit über ihre gewöhnliche Dauer gedehnte) Sekunden lang scheint alles in einem Schwebezustand. Schräg über sich sieht Dupont den empört dreinblickenden Colonel, sieht den geneigten Schreibtisch, sieht den weit aufgefächerten Aktenstapel – und schon kippt der Container um. Aber nicht auf die gezinkte linke Wand, nein: Er kippt nach vorn, auf die Türseite. Dupont wird hintüber geschleudert und knallt mit der Kehle gegen die Klinke. Sekundenbruchteile später schlagen die Akten und der Colonel auf Duponts Rücken auf. Dabei dringt die Klinke tief in seinen Hals, durchtrennt Haut und Bindegewebe, rammt den Adamsapfel in die Speiseröhre. Dupont stößt ein Röcheln hervor, das sogleich von der zischenden Druckluft übertönt wird, die entweicht, als sich die Tür automatisch entriegelt. Sie gibt jedoch keinen Spaltbreit nach, liegt plan auf dem Bodenrost auf. Der Colonel wälzt sich von Dupont herab und verringert so den Druck auf die zerschmetterte Atemröhre, den Druck auf die gerissenen Halsschlagadern. Ein Blutschwall schießt seitwärts. Dupont wird es schwarz vor Augen.

GAME OVER

Kontinuitäten

Wosduchogorski Rajon, 1986

Golubew fand seine Krawatte, band erst einen halben englischen, dann einen persischen Knoten – doch Ljudmila Petrowna rümpfte beide Male die Nase. Letztlich entschied er sich für eine moderne Variante, bei der die Krawatte im Koffer verbleiben würde. Seine Stellvertreterin gab ihr Plazet dazu und eilte weiter. Im Trainingslager herrschte geschäftiges Treiben. Für den Nachmittag stand der Besuch einer Delegation der Oblastverwaltung und einiger Presseorgane auf dem Programm. Golubew sputete sich, denn wer nicht rechtzeitig kommt, ist schon zu spät. Aber auch Schweißperlen stünden einem Cheftrainer nicht gut zu Gesicht. Folglich konnte er nicht jeden einzelnen Vorbereitungsschritt persönlich überwachen ... und so tönte zur Begrüßung *Auf Wiedersehn, Moskau* aus den Lagerlautsprechern. Es wäre müßig, den Lagerwart zu fragen, ob er die Kassette versehentlich oder vorsätzlich eingelegt hatte. »Immerhin ist es diesmal ein olympischer Klassiker«, raunte Golubew seiner Stellvertreterin zu. Ihr Ohr roch, als habe sie den Gehörgang randvoll mit Parfüm befüllt. Benommen wandte sich Golubew den Besuchern zu.

Angeführt wurde die Delegation von der jungen Vorsitzenden des OblONO, Tatjana Bitowa. Die Vorsitzende leistete bei den lokalen Vorausscheiden zur *III. Internationalen Spartakiade junger Programmierer* tatkräftig Amtshilfe. Hinter vorgehaltener Hand hieß es zudem, derzeit werde ihre Ehe von einem Programm namens *Tetris* auf eine harte Prüfung gestellt. Ihre Augenringe könnten aber ebenso von überlangen Sitzungen oder unsachgemäß gebrauchter Bückware herrühren. Dass die Bitowa sogleich einen der Reporter darüber aufklärte, dass auch Computerspiele objektive Tendenzen besitzen, Kinder und Jugendliche an die Ideen und Werte des Sozialismus heranzuführen, sprach allerdings Bände. Im Computerkabinett ließ sich die Vorsitzende des OblONO mit dem neuen Trainergespann vor den neuen Trainingsrechnern fotografieren und dabei über die neuesten Trainingsmethoden informieren. Des Weiteren wusste die Bitowa mit einer Kette zeitgemäßer Satzbausteine zu glänzen (hier deutete sich eine steile Karriere an). Als Cheftrainer kam es Golubew zu, ein paar althergebrachte Superlative aneinanderzureihen – mit allem derzeit gebotenen Feingefühl, versteht sich. Als Nächstes führte die D-Jugend ein Programm zur Berechnung einer Wahrscheinlichkeitsverteilungsfunktion vor.

»Für die bevorstehende Jubiläumsfeier haben wir eine ganz besondere Funktion ausgewählt«, leierte Palina Morschakin den einstudierten Text herunter und ließ die Kreide über die Tafel quietschen:

$$p = \frac{1}{C_{2n}^n} \sum_{k=\int \frac{n}{\alpha}}^{\frac{n}{\alpha}} (-1)^k C_{2n}^{n-k\alpha}$$

»—dies war die allererste Aufgabe, die ein sowjetischer Computer in Angriff genommen hat.«

»Der Anbruch der Ära unseres elektronischen Rechenwesens jährt sich im Dezember zum fünfunddreißigsten Mal«, posaunte Golubew. »Für fünfhundert Werte benötigte die MESM damals reichlich zwei Stunden, und nun schauen Sie hier«, forderte er mit ausholender Geste. Was er dabei aus dem Drucker hervorruckeln sah, zwang ihn jedoch zu improvisieren. Behände rollte er den Abrissstreifen zusammen und benutzte ihn als Zeigestab bei seinen weiteren Ausführungen über hochgradig integrierte Schaltkreise, über die Vorteile der Lichtstifteingabe und so weiter und so fort. Angesichts der ausgegebenen Zeichen konnte er sich glücklich schätzen, dass lediglich Ljudmila Petrowna einen Blick auf den Ausdruck erhascht hatte. Die wiegte skeptisch ihre auftoupierten Locken, behielt ihre Einblicke aber wohlweislich für sich. Bevor Golubew zum nächsten Programmpunkt kam, schob er den kompromittierenden Streifen in die Jacketttasche: Mit der D-Jugend, allen voran mit den Morschakin-Zwillingen, würde er noch ein Hühnchen zu rupfen haben!

Igor Golubew, der 1975 die Leitung des Moskauer KMP D übernommen hatte, eiferte seinem dortigen Vorgänger auch in den folgenden Jahren nach: 1981 stieg Golubew zum Cheftrainer der KJuR auf. Nachdem er die jungen Programmierer der RSFSR in zwei Allunionsmeisterschaften zum Sieg geführt hatte, übernahm er im Herbst 1985 das Amt des geschassten Nationaltrainers. Bei seiner Co-Trainerin hatte er von Anfang an mehr Erfolg als Ptuschkow. Außerdem reüssierte Golubew ab 1993 in der Privatwirtschaft.
Foto: Ljudmila Golubewa.

Esox lucius rex ex x

Mokroje, 1996

Wsewolod angelte am liebsten auf Zander und Zährte. Doch je nach Saison und je nachdem, ob Sportler, Stricher, Schnapsdrosseln oder sonstige Störenfriede die ertragreichen Uferabschnitte mit Beschlag belegten, wusste er seinen Speiseplan zu variieren. Was sollte er denn streiten oder Schläge einstecken? Ein erfahrener Angler findet schließlich überall ein Plätzchen. Und so wie sein Schwimmer gerade tänzelte, würde er an diesem Abend nicht hungrig ins Bett gehen müssen. Der Alte schlug die Angelschnur hart an und holte wenig später einen Fisch ans Land. Es war ein stattlicher Hecht mit goldgelben Augen. Er zeigte deutliche Spuren früherer Kämpfe: lädierte Flossen und vernarbte Kiemen, überwucherte Angelhaken am Maul und einen zottigen Bart aus gerissenen Vorfächern.

»Am Ende findet jeder seinen Meister! Das ist die strenge Mathematik des Lebens, tapferer Kämpe«, schwadronierte Wsewolod, während er den Köderfisch aus dem spitzen Maul entfernte. Der Hecht schnappte nach Luft und stieß das ungenießbare Element mit einem Wortschwall wieder aus: »Väterchen, lass mich frei, und ich werde dir drei Dienste erweisen! Musst bloß sagen: Auf des Hechtes Geheiß, nach meinem Willen sei's, und sofort, chh ...«

Wsewolod, der schon lange kein Hörgerät mehr einsetzte, da er sich die teuren Batterien nicht leisten konnte oder wollte, erinnerte sich, dass er solcherlei Säuseln keine Beachtung mehr schenken wollte: Es spukt einfach viel zu viel herum im Kopf eines einsamen Alten! Mit geübten Handgriffen zerlegte er seinen Fang und bereitete ihn über dem Lagerfeuer zu. Obwohl er die moosbewachsenen Schuppen sorgfältig abgeschabt und die Haut kross gebraten hatte, schmeckte der Hecht sonderbar. Satt wurde Wsewolod nichtsdestotrotz.

Kybernetik-Pavillon

Moskau, 2019–2021

»Schau an, schau an! Ein neuer Kybernetik-Pavillon«, brabbelt der alte Ptuschkow und stellt seinen Fernseher lauter.

Der vorherige Pavillon war 1966 eröffnet worden. Im Volksmund hatte sich sein Spitzname wie ein klebriges Sahnebonbon festgesetzt: Kybernetik-Pavillon, in alliterarischer Anlehnung an den Kosmos-Pavillon, denn dem Volksmund ist der Wohlklang wichtig. Offiziell hieß der Pavillon damals *Leistungsschau der Datenverarbeitungstechnologie der UdSSR* – so stand es weithin sichtbar über dem Eingang. In puncto Beliebtheit rangierte er Anfang der Achtzigerjahre auf dem zweiten Platz, nur knapp hinter der Raumfahrtausstellung. Die anderen Attraktionen der WDNCh blieben weit abgeschlagen hinter den beiden Spitzenreitern zurück. Allein der Kybernetik-Pavillon zog alljährlich neuneinhalb Millionen Besucher an. Wohl auch deshalb, weil einige der dort ausgestellten Arkade-Automaten zum Spielen freigegeben waren: Erquickung für ausgelaugte Ausflügler und Wirtschaftsdelegationen, Elysium für eingefleischte Automatenspieler. Zudem ließen die im Freispielmodus laufenden Automaten über die Baufälligkeit des Gebäudes hinwegsehen. Das Schicksal fast aller Pavillons der WDNCh – nach Auflösung der Sowjetunion ausgeweidet und in Discountmärkte, Discotheken oder Lagerhallen umgewandelt zu werden – blieb dem Kybernetik-Pavillon erspart. Doch Ende der Neunzigerjahre brachen die Besucherzahlen der *Leistungsschau Russischer Computertechnik* drastisch ein. Zu deutlich zeigten sich die Unzulänglichkeiten der noch aus Sowjetzeiten stammenden Ausstellung. Und an den alten Spielautomaten hieß es nun immerfort: *Außer Betrieb*. Im Gästebuch häuften sich Zeter und nostalgisches Klagen, woraufhin die geschundene Schwarte spurlos verschwand. Erst ein öffentlicher Kommentar des Moskauer Bürgermeisters setzte Pressesprecher, Putzbrigaden und schließlich auch Architekten in Bewegung. Dank einer chinesischen Investitionsbank sowie der Spende einer namhaften Softwareschmiede wird nun der Grundstein für einen neuen Pavillon gelegt.

Ptuschkow, der diese Zeremonie im Fernsehen verfolgt, wittert eine günstige Gelegenheit, seine Rente aufzubessern. Er schreibt an die Personalverwaltung der Betreibergesellschaft. Seine Fingernägel klackern über die Tastatur, wie Kanarienvögel, die gierig die letzten Hirsekörner aus einem Schälchen picken. Ptuschkow legt ausführlich dar, weshalb seine Expertise beim Aufbau der neuen Ausstellung von unschätzbarem Wert wäre. Er sei beinah von Anbeginn bei der Entwicklung sowjetischer Hard- und Software dabei gewesen: In dritter, zweiter und schließlich in allererster Reihe. Er spannt hochwertigeres Papier in den Drucker und legt der Bewerbungsmappe kopierte Zeitungsartikel aus seinen glorreichen Trainertagen bei. Dreiundzwanzig Monate später erhält er ein automatisch generiertes Schreiben: Die Abteilung Personalressourcenverwaltung der OAO WWW lädt ihn ein, am umseitig vermerkten Termin für eine Anstellung als *Museumsführer* vorzusprechen.

•

Seit der Eröffnungsfeier führt Ptuschkow an jedem zweiten Nachmittag Besuchergruppen durch die *Allrussische Leistungsschau der Computertechnik* (WWW). Gewiss, ein Vierundachtzigjähriger kann in vielerlei Hinsicht nicht mit den Audio-Guides, den Hologramm-Apps oder den hochhackigen Hostessen mithalten. Aber Ptuschkow hat die Aura der Gründerjahre eingeatmet – und da er im mündlichen Vortrag geübt und bislang von neurodegenerativen Erkrankungen verschont geblieben ist, kann er diese Aura zuverlässig zweimal pro Stunde mit sonorer Stimme ausatmen. Allerdings besteht der Leiter der Abteilung *Außenkommunikation* darauf, dass Ptuschkow einige Formulierungen aus dem Ausstellungskatalog wortwörtlich in seine Führungen einbaut. Unverzüglich abgewöhnen solle er sich, davon zu sprechen, dass die hier gezeigte Sammlung programmgesteuerter Rechenautomaten beinah den vollen Umfang der sowjetischen Produktion widerspiegele. Nein, vielmehr stelle die WWW »die bahnbrechenden Errungenschaften der russischen Computerindustrie erstmals systematisch und in ihrer kompletten Bandbreite« dar, wobei »das Hauptaugenmerk auf den russischen Pionierleistungen des 20. Jahrhunderts« liege. Gezeigt werden Originale und detailgetreue Replikate von weltberühmten Mini-, Groß- und Superrechnern sowie von Heimcomputern und populären Videospielgeräten. Letztere sind, in altbewährter Tradition, zur Nutzung freigegeben.

Und jeweils am Wochenende werden sämtliche Exponate der Ausstellung in Betrieb genommen. Dabei erhalten die festangestellten Mitarbeiter Unterstützung von akkreditierten Freiwilligen aus den Reihen ehemaliger Ingenieure und Informatikerinnen. Die alten Herrschaften lieben diese Sonderaktion. Hinter vorgehaltener Hand sprechen sie von ihrer »Symphonie der sozialistischen Datenverarbeitungstechnik«. Dann surren Abertausende Elektronenröhren, schrillen Nadeldruckerköpfe, rattern mechanische Lochkartensortierer, und die Relaisfelder klackern in reziproken Polyrhythmen – »wie in längst vergangenen Tagen«, als es mit höchster Dringlichkeit galt, thermonukleare Prozesse, orbitale Kupplungsmanöver und orthotropes

Werkstoffverhalten zu berechnen, Geheimcodes zu entschlüsseln, Sternenspektren und staatsfeindliche Witze zu analysieren, das materielle und kulturelle Lebensniveau der Sowjetbevölkerung sowie das daraus resultierende Plan-Soll für Gummilitze und Hegel-Handbücher zu bestimmen. (»Was ist bloß aus all diesen Kennziffern geworden?«)

Sobald die riesigen Rechendinosaurier mitsamt ihrer Peripherie angeschaltet werden, müssen die nächstgelegenen Kraftwerke angeblich ›einen Zacken zulegen‹, um den immensen Stromverbrauch der WWW abzudecken. Und Ptuschkow benötigt an diesen Aktionstagen die fünffache Menge Augentropfen.

•

Ein gelb-grau gekachelter Durchgang führt in den ersten Saal des neuen Pavillons. Wider Erwarten riecht es hier nach Kiefer und Harz, weshalb man unwillkürlich glaubt, den falschen Eingang erwischt zu haben, versehentlich in einer forstwirtschaftlichen Ausstellung gelandet zu sein. Der Geruch geht von einem zweistöckigen Kubus aus, genauer gesagt von dessen bis zum Oberlicht aufragenden Fachwerk, das wie die Rückseite einer Filmkulisse wirkt. Und tatsächlich sind in dem Kubus die Innenräume eines Gebäudes nachgebildet: das legendäre Lebedew-Laboratorium. Dass sich diese Räume in der Hauptstadt der Ukrainischen SSR befanden, gilt es so dezent wie im Ausstellungskatalog zu umschiffen, notfalls auf den Geburtsort des Laborleiters zu verweisen – schließlich steht die MESM hier als elementares Glied der *russischen* Technikgeschichte.

»So also sah es aus im Geburtshaus unserer ersten elektrischen Rechenmaschine«, erklärt Ptuschkow und weist auf die unverputzten Ziegelwände, auf die von Rissen durchzogenen Fensterscheiben. Der Flur hingegen ist gründlich gebohnert, auch die hypotonen Treppenstufen und das abgegriffene Geländer glänzen. In den Türrahmen finden sich keine Türblätter, »solcherlei Hindernisse waren schon vor Beginn der Montage beseitigt worden«. Unter den Deckenbalken ranken offene Kabelstränge quer durch die Zimmer – ein Netz, durch dessen weite Maschen man bis hinauf ins zweite Stockwerk blicken kann, da die Geschossdecke fehlt. Stuckreste und eine in drei Metern Höhe verlaufende Scheuerleiste markieren die einstigen Etagengrenzen. Ptuschkow führt die Gruppe durchs Erdgeschoss, vorbei an den übermannshohen Gerätegehäusen. Diese sind mit wuchtigen Stahlwinkeln in den Dielen und Wänden verankert, um dem immensen Gewicht der Steckplatten standzuhalten. Das Gros dieser Platten ist mit faustgroßen Elektronenröhren bestückt, »6N9N«, Reih um Reih von der Oberkante bis zum Sockel. An einigen Gehäusen sind Karbolitschalter sowie Messgeräte installiert, archaische Amperemeter etwa, deren gläserne Abdeckungen durchaus als Bullaugen eines Kreuzfahrtschiffes herhalten könnten. Linker Hand neben dem Eingang steht die Bedienkonsole. Bei ihrem Unterbau handelt es sich offensichtlich um einen vorrevolutionären Schreibtisch. Die in die Konsole eingelassenen Schalter und Lämpchen sind mit Hilfe von Schablonen säuberlich beschriftet und die meisten dieser Kürzel durch dünne Linien verbunden: unzählige mögliche Schaltabläufe. Die daraus folgende Handhabung der Rechenmaschine ließe sich ohne Einweisung oder ohne ein Handbuch jedoch nur schwer erschließen: »Die Enter-Taste werden Sie hier vergeblich suchen«, und so weiter.

»Doch bevor wir unsere Zeitreise fortsetzen, möchte ich Ihr Augenmerk noch auf ein verborgenes Detail lenken. Hier, im Schubfach des Steuerpults. Wie Sie sehen können, handelt es sich dabei um einen Bossierhammer und einen Gummihammer«, sagt Ptuschkow. Die Mühe, die schweren Werkzeuge für jedermann sichtbar in die Höhe zu heben, erspart er sich bereits seit einigen Wochen: »Weshalb diese Hämmer?«

Ptuschkow lässt die Übersetzung seiner rhetorischen Frage, oder was auch immer die Dolmetscherin als Letztes gesagt haben mag, einen bedeutungsschweren Moment lang im Raum stehen, ehe er fortfährt: »Ich versichere Ihnen, es hat nichts mit dem Staatswappen der UdSSR zu tun. Vielmehr ist die Geschichte der Computertechnik untrennbar verbunden mit ganz konkreten Hammerschlägen. Inwiefern? Erstens: der Kampf gegen die Abwärme. Die sechstausend Vakuumröhren unserer Kleinen Elektronischen Rechenmaschine produzierten im Handumdrehen eine höllische Hitze. In diesem Laboratorium herrschten während der Testläufe Temperaturen wie in einer gut geheizten Banja. Eine Kühlanlage oder Lüftung – Fehlanzeige in den Aufbaujahren nach dem Großen Vaterländischen Krieg. Aber wie bereits mehrfach erwähnt, Sergei Alexejewitsch Lebedew fand für jedes Problem eine Lösung! Und so ließ er schließlich die Decke zum Obergeschoss herausreißen, wobei noch weit größere Hämmer als dieser hier zum Einsatz kamen. Von jenem Tag an konnte die Abwärme ungehindert nach oben und dort durch die Fensterklappen nach draußen entweichen.« Während die Dolmetscherin noch übersetzt und die Blicke der Besucher in die Höhe gleiten, tupft sich Ptuschkow den Schweiß von der Oberlippe.

»Zweitens: vorbeugende Instandhaltung. Im vergangenen Jahrhundert war es durchaus üblich, technischen Geräten hin und wieder einen Schlag zu versetzen. Ich weiß, das lässt sich heutzutage kaum mehr nachvollziehen. Schon der fragilen Bauteile wegen muss eine solche Behandlung abträglich erscheinen. Aber nein! Egal ob Röhrenradio oder Rechenmaschine: ein kräftiger Schlag aufs Gehäuse, und das Gerät lief einwandfrei weiter. Ich erinnere mich noch deutlich an das Hämmern, das während meiner Kindheit allmorgendlich durch Feofania hallte. Mit diesen Schlägen wurde die MESM gewissermaßen in Arbeitsstimmung versetzt. Und da es sich hier um einen funktionstüchtigen Nachbau handelt, könnten auch diese Gehäuse durchaus eine paar Hammerschläge vertragen. Aber Sie sehen ja, dass der Museumswärter jede meiner Bewegungen mit Argusaugen verfolgt.«

»Und das nicht ohne Grund, Leonid Michailowitsch!«, erwidert der Wärter auf sein Stichwort hin, und die Dolmetscherin, die dieses Spielchen schon kennt, lächelt milde.

•

Die Sonderausstellungen im Souterrain gehören nicht zur Route von Ptuschkows Führungen. Dabei hätte er über den dort gezeigten Kleinrechner OMEM ganz besonders lebensnah zu berichten gewusst – immerhin war er an der Entwicklung des Prototyps persönlich beteiligt gewesen.

Die Idee, eine Rechenmaschine für jede Sowjetfamilie zu bauen, war zu Beginn der Sechzigerjahre aufs Tapet gekommen. In einer Zeit also, in der die UdSSR vor wissenschaftlicher und wirtschaftlicher Kraft nur so zu strotzen schien: Doktor Demichow transplantierte Köpfe, der Sputnik lieferte seine Peep-Peep-Peep-Show, Gagarin durchmaß den Erdorbit und die Wasserstoffbombe Wanja ließ weltweit die Kaffeetassen klappern. Dass sowjetische Werktätige Interkontinentalraketen so flott wie Würstchen produzieren, klang beinah ebenso plausibel, wie die Ankündigung, dass Moskauer Mediziner die Menschheit demnächst von der Rhinitis befreien würden. Auf dem Wiener Gipfeltreffen brüstete sich Generalsekretär Chruschtschow auch mit den rasanten Fortschritten der sowjetischen Rechentechnik.

Um nicht schon wieder seinen Würstchen-Vergleich zu strapazieren, kündigte er dem US-amerikanischen Präsidenten an, alsbald werde in der Sowjetunion jede Wohneinheit serienmäßig mit einem Rechenautomat ausgestattet. Den skeptisch dreinblickenden Kennedy lud Chruschtschow ein, sich in der nächsten Planperiode mit eigenen Augen zu überzeugen. Kennedy erwiderte, er zweifle nicht, dass sich die Sowjetwirtschaft auch künftig schnell entwickeln werde – um so unverständlicher sei ihm, warum der Herr Vorsitzende sich angesichts der vielen Aufgaben in seinem Land für einen lausigen Landstrich wie Laos interessiere, und so weiter. Nach diesem Geplänkel beim Galadinner tauchte in der österreichische Presse das Schlagwort *Volksrechenmaschine* auf. Und der Vorsitzende von Gosplan hielt es für angebracht, nun wenigstens ein Konstruktionsbüro für elektronische Kleinstrechner ins Leben zu rufen. Ohne großes Gewese wurde eine Handvoll abkömmlicher Assistenten aus anderen Projekten abgezogen und mit dem Bau eines Vaterländischen Miniaturrechners (OMEM) betraut.

Das KB OMEM geriet alsbald in Vergessenheit, weshalb es am schummrigen Ende eines langen Korridors ungestört gedeihen konnte. Beinah fristgerecht stellten die Konstrukteure einen Prototyp vor. Ptuschkow, der maßgeblich an der Entwicklung und Optimierung des OMEM-Steuerprogramms beteiligt gewesen war, spekulierte auf seine erste hochkarätige Auszeichnung. Die staatliche Abnahmekommission zeigte sich überrascht und befand einhellig, dass von Produktionsreife keine Rede sein könne. Der OMEM genüge weder dem allgemeinen Leistungsstand noch den spezifischen Zielvorgaben. Bei kostendeckender Kalkulation würde der Stückpreis das durchschnittliche Jahreseinkommen eines Arbeiters um das Fünffache übersteigen. Und trotzdem könne der Rechner nicht einmal das Investitionsvolumen des Sowjethaushalts vollständig darstellen, konstatierte der Kommissionsvorsitzende. Den vorsichtigen Einwand, der zur Basis gehörige zweistellige Exponent sei auf dem hektografierten Datenblatt leicht zu übersehen, schnitt der Kommissionsvorsitzende mit scharfem Silbenanlaut ab: Schade, schade, aber angesichts pressierender Aufgaben erscheine es ratsam, keinen weiteren Rubel an dieses Vorhaben zu verschwenden. Und da Nikita Sergejewitsch Chruschtschow zu diesem Zeitpunkt bereits von jeglicher Einflussnahme auf die Gestaltung sowjetischer Standardwohnzimmer entbunden worden war, blieb es dabei: Das KB OMEM wurde unverzüglich abgewickelt, die Belegschaft fortschrittsfördernd übers Land verstreut und der Prototyp zum Pionierpalast auf die Leninberge gekarrt.

Nachdem sich die Direktorin des Pionierpalasts oft genug vor dem OMEM fotografieren lassen hatte, diente dieser hauptsächlich als Lehrmittel in den neuen Programmierkursen; später durften ihn fingerfertige Pioniere zu Übungszwecken in Einzelteile zerlegen, um diese anschließend wieder zusammenzusetzen. Als der OMEM verschrottet werden sollte, rettete Kursleiter Kulibin die Rechnerteile in seinen Keller. Dort baute er mit seinem Sohn eine vollautomatisierte Modelleisenbahnanlage auf. Sämtliche Stellwerke, Schranken und Signalanlagen sowie die Tag-Nacht-Lichtsimulation dieser Miniaturwelt wurden vom OMEM gesteuert.

Es waren Kulibins Enkel, die diesen Prototyp als Dauerleihgabe zur Verfügung gestellt haben, informiert eine unscheinbare Plakette – die Ptuschkow heute zum ersten Mal bemerkt, obwohl er bereits mehrere seiner Pausen beim OMEM verbracht hat. Die Rechenmaschine ist kaum größer als ein Doppelsarkophag. Sie lässt sich von einer Person im Alleingang hochfahren und steuern. Die Dateneingabe erfolgt über einen Lochkartenleser; die Leseleistung beläuft sich auf vierhundertfünfzig Kar-

461

ten pro Minute. Als Datenausgabe dient der Tischfernseher *Sarja-3*. Die Fieptöne der Kathodenstrahlröhre oszillieren um die obere Hörschwelle, was an Migräne leidende Ausstellungsbesucher in akute Krisen treiben kann – gesunde Liebhaber historischer Technik jedoch in Euphorie versetzt. Für den Lack des Rechnergehäuses hingegen können sich nicht einmal die freiwilligen Museumsführer begeistern.

»Unser Chefkonstrukteur hat es damals als Mischung aus Wundschorf und zerkochten Erbsen bezeichnet. Und der musste es ja wissen«, erklärt Ptuschkow der ehemaligen Elektrotechnikerin, die an diesem Wochenende den OMEM vorführt.

»Musste er wohl«, seufzt die Endsechzigerin. Sie schiebt behände einen Stapel Lochkarten in das Lesegerät; und auch Ptuschkows Pause neigt sich ihrem Ende zu. Dieser Erfahrungsaustausch unter Experten habe ihn wieder aufgebaut, verabschiedet er sich. Dass er darüber versäumt hat, sich seine stündliche Dosis Augentropfen einzuträufeln, spürt er erst, als er die nächsten Besucher begrüßt.

•

Ptuschkow lässt der Gruppe genügend Zeit, den Rechner von allen Seiten zu betrachten. Unverkennbar Neunzehnhundertfünfzigerjahre: Der *Setun* ähnelt einer wuchtigen Schrankwand mit eingebauten Vitrinen. Hinter den Scheiben sind Schaltelemente wie Schmuckgeschirr aufgereiht. Dank seiner kompakten Ausführung hätte der *Setun* beinah in ein Standardwohnzimmer jener Jahre gepasst, auch wenn das Stahlblechgehäuse mit ausgestanzten Lüftungsschlitzen wenig heimelig wirkt. Die silbrige Konsole vor den Schrankmodulen bringt einige Besucher auf die falsche Fährte, es handle sich um einen frühen Synthesizer; eine Vermutung, zu der insbesondere die handlichen Kippschalter und das Steckpult mit Klinkenkabel verführen.

»Nein«, sagt Ptuschkow, »der *Setun* ist weder ein Synthesizer, noch ein digitales Mischpult. Die Sache ist die, meine Damen und Herren: Rein äußerlich kann man ihm seine Einzigartigkeit überhaupt nicht ansehen. Was aber macht diese Einzigartigkeit aus?«

Ptuschkow hat mittlerweile genügend Routine, um sich nicht davon aus dem Konzept bringen zu lassen, dass er die Antwort auf seine Frage bereits aus der Übersetzung des Dolmetschers herausgehört hat. Mit ausgebreiteten Armen verkündet Ptuschkow: »Bei diesem Prachtstück handelt es sich um den allerersten elektrischen Ternärrechner der Welt. Und zugleich um den einzigen Ternärrechner, der es je zur Serienreife gebracht hat. Ein Ternärrechner, was heißt das? Das heißt, dieser Rechner arbeitet auf Grundlage der Dreierlogik. Alle anderen modernen Computer basieren auf binärer Logik: wahr oder falsch, eins oder null. Die Dreierlogik kennt drei logische Zustände: wahr oder falsch oder weder-noch. Eins, Null, Minus-Eins. Trits und Trytes statt Bits und Bytes. Das bringt zahlreiche Vorteile – sowohl bei der Entwicklung der Hard- und Software, als auch in der alltäglichen Anwendung. Um etwa die Jahreszahl 2021 binär darzustellen, benötigt man elf Zeichen. Um 2021 ternär darzustellen, benötigt man, wie Sie hier sehen können, lediglich acht«, erklärt Ptuschkow, der mit seinem Handprojektor eine Tabelle an die Wand wirft:

Binärsystem	1	1	1	1	1	1	0	0	1	0	1
Ternärsystem$_{bal}$			1	0	-1	1	0	0	-1	-1	

»Es lassen sich folglich Speicher- und Schaltelemente einsparen, in diesem Fall Dioden und Ferritkerne. Auch die Handhabung negativer Zahlen ist mit dem Ternärsystem viel einfacher ...«

An dieser Stelle hält Ptuschkow sich zurück, weil er weiß, wie schnell er seine Zuhörer verlieren kann, wenn er ein klein wenig tiefer in die Mathematik oder in die Begriffswelt der Elektronischen Gerätetechnik eindringt (»Was darf man denn heutzutage überhaupt noch voraussetzen?«). Überdies hatte der Leiter der Abteilung *Außenkommunikation* bei der letzten Dienstbesprechung noch einmal unmissverständlich klargemacht, dass Ptuschkow keine Fachbegriffe oder Zahlenreihen, sondern Zeitkolorit in die Ausstellung bringen solle. Und so fährt der Alte fort: »Diese und weitere Eigenschaften machten den *Setun* zu einem platzsparenden, kostengünstigen und verlässlichen Rechner, der sich zudem leicht bedienen ließ. Mit nur vierundzwanzig Programmierbefehlen konnte er all seine Aufgaben in Wissenschaft und Industrie erfüllen. Doch nun, nachdem ich Ihnen so viele Vorzüge aufgezählt habe, fragen Sie sich gewiss, warum das Ternärsystem nicht längst den Binärstandard abgelöst hat.«

An diesem Punkt wäre Ptuschkow gerne darauf zu sprechen gekommen, dass der *Setun* das Ergebnis universitärer Eigeninitiative war. Im damaligen Siebenjahresplan war der Ternärrechner überhaupt nicht vorgesehen. Und weil der Plan nun einmal Gesetz und seine Erfüllung höchste Pflicht war, passte es einigen Apparatschiks und Aktivisten überhaupt nicht in den Kram, als diese überzählige Schöpfung in Serienproduktion gehen sollte: Die Kasaner Werktätigen würden sich ganz gewiss nicht vom Elfenbeinturm aus in die Suppe spucken lassen, soll der Direktor der Fabrik für Mathematische Maschinen gegeifert haben. Oder sei es etwa nicht maßlos, auf ein Dreiersystem zurückzugreifen, wo doch die Praxis längst bewiesen habe, dass zwei logische Zustände für die Bewältigung aller rechnerischen Herausforderungen einer fortschrittlichen marxistisch-leninistischen Gesellschaft vollkommen ausreichten? Warum also jetzt alles umkrempeln? Darüber hinaus hat der viel zu günstige Kleinrechner die quantitative Kennziffer gesenkt, was, ein Paradox der Planwirtschaft, die betriebliche Leistungsbilanz zu verhageln drohte. Letzteres gilt heute als der Hauptgrund, warum der *Setun* nur in kleiner Serie gebaut und schließlich aus der Produktion genommen wurde – so zumindest hätte es Ptuschkow darstellen wollen. Der Einfachheit halber soll er stattdessen eine populärwissenschaftliche Hypothese weiterverbreiten, derzufolge die dreiwertige Logik und damit der *Setun* aufgrund der allgemeinen Fixierung auf die bipolare Weltordnung zum Scheitern verurteilt gewesen sei: »UdSSR versus U.S.A., OWG versus NATO, Ost gegen West, Tscheburaschka gegen Mickymaus – eins oder null.«

Wieder zu Atem gekommen weist Ptuschkow auf das Typenschild hin: »Wie Sie hier sehen können, ist dieses Exemplar im Oktober 1960 fertiggestellt worden. Die nächsten drei Jahrzehnte war er in der Gefrierschutzmittelfabrik *Papanin* im Einsatz. Quasi ununterbrochen, bis die Fabrik 1993 in Konkurs ging. Und obwohl er die darauf folgenden Jahrzehnte in der Fabrikruine verstaubte, funktionierte der Rechner noch immer tadellos, als er hier wieder aufgebaut wurde. Unsere Restauratoren mussten lediglich zwei Dioden auswechseln und die Konsole auf Hochglanz polieren. Ich versichere Ihnen: Kein anderer Rechner wäre unter solch ungünstigen Bedingungen so lange einsatzbereit geblieben. Denken Sie bloß an die Temperaturschwankungen in Sibirien, an die Feuchtigkeit oder an die aggressiven Dämpfe, die bei der Explosion einer unsachgemäß stillgelegten Produktionseinheit freigesetzt worden waren ...«

Kinder und kleinwüchsige Besucher, die mühelos unter das

Kontrollpult schauen können, stoßen dort auf historische Spuren, die bei der Führung unerwähnt bleiben: Die schräg oberhalb des Typenschilds eingeritzten Hieroglyphen informieren darüber, mit welchen Hilfsmitteln eine gewisse Mascha und ein experimentierfreudiger Mischa den Plan überzuerfüllen wussten. Dieser Fund lockt beifällige Ausrufe, manchmal sogar bewundernde Pfiffe hervor – die Ptuschkow freilich auf den Ternärrechner bezieht. Dabei erstaunt es ihn immer wieder, welche Details seines Vortrages den Nachwuchs dermaßen aufhorchen lassen.

»Schau an, schau an«, denkt er dann.

MSMP#10

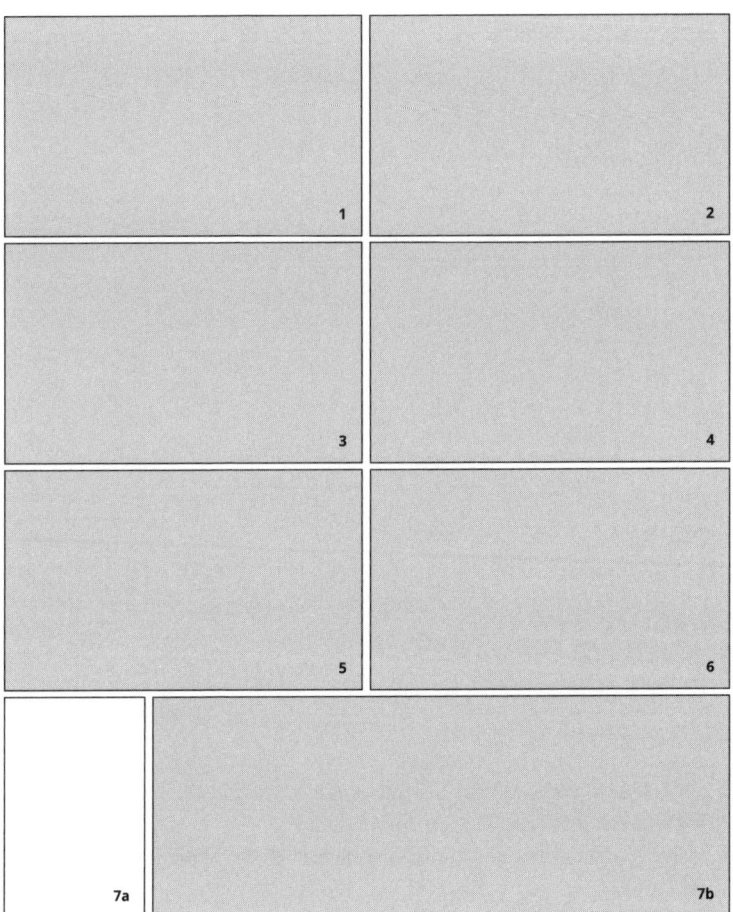

....

1 »—legen Sie die Schutzkleidung an«, schnarrt die Automatenstimme. Mireya greift nach dem blassblauen Bündel im Wandfach der Luftschleuse.

2 Mireya schlüpft in einen Vollschutzanzug.

3 Der Schutzanzug passt ihr wie maßgeschneidert.

4 Zuletzt zieht sie das transparente Kopfteil über, schließt den Schutzanzug.

5 »Bereit, wenn ihr es seid«, teilt Mireya der Luftschleuse mit.

6 »Gutes Gelingen«, gibt die Schleuse zurück.

7 *Wusch*, gleitet die stählerne Schiebetür beiseite.

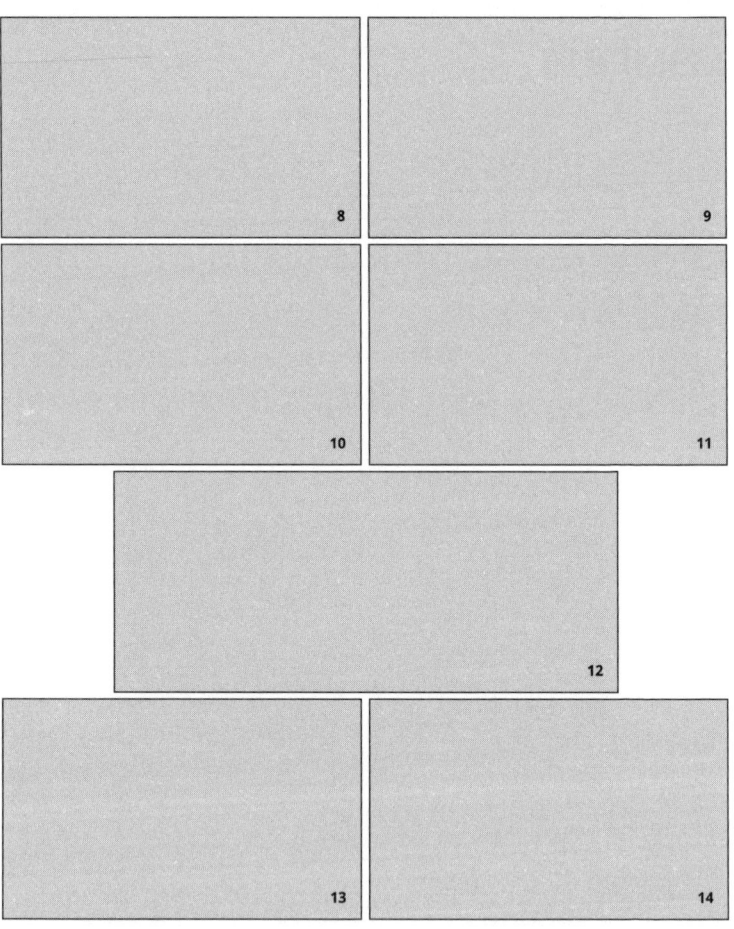

. . . .

8 Blendendes Weiß. Mireya beschirmt die Augen mit der linken Hand und tastet sich mit ihrer rechten am Türrahmen vor.

9 Mireya zieht einen der herabhängenden Spiralschläuche zum Ventil an ihrer Hüfte.

10 *Pffffff*, strömt Luft in den Vollschutzanzug.

11 Sowie der Schutzanzug aufgeblasen ist, gleitet die Schleusentür zu: *Wusch.*

12 Mireya steht in einem komplett weiß gekachelten Kubus. Über einem freistehenden Labortisch hängen Operationsleuchten, tilgen jedweden Schatten.

13 Aus der Keramikplatte des Tischs ragen eloxierte Gelenkstative auf, an denen allerlei Instrumente befestigt sind. Nur in wenigen Fällen lässt sich von ihrer Form auf ihre Funktion schließen.

14 Am linken Tischrand steht eine schwarze Box: Quelle oder Ziel zahlreicher Kabel und dünner Schläuche.

....

15 Mittig über dem Labortisch hängt eine optoplasmatische Lupe. Sie ist an zwei der dünnen Schläuche angeschlossen.

16 Unter der Lupe steht ein Behälter, der Mireya an ein Einweckglas erinnert: Es fehlen eigentlich nur die eingekochten Erdbeeren. Mit bloßem Auge wirkt der Behälter leer. Seine Wandung ist leicht getönt oder polarisierend: Es dringt nur ein Bruchteil des Laborlichts ins Innere.

17 Federklammern pressen Deckel und Dichtungsring auf den oberen Rand des Glases.

18 Mireya beugt sich über die Lupe. Auf der Linsenmembran erscheint ein doppelliniges Fadenkreuz.

19 Mireya dreht an einem Stellrad.

20 Nun sieht sie: In dem Einweckglas schweben winzige flimmernde Nebel.

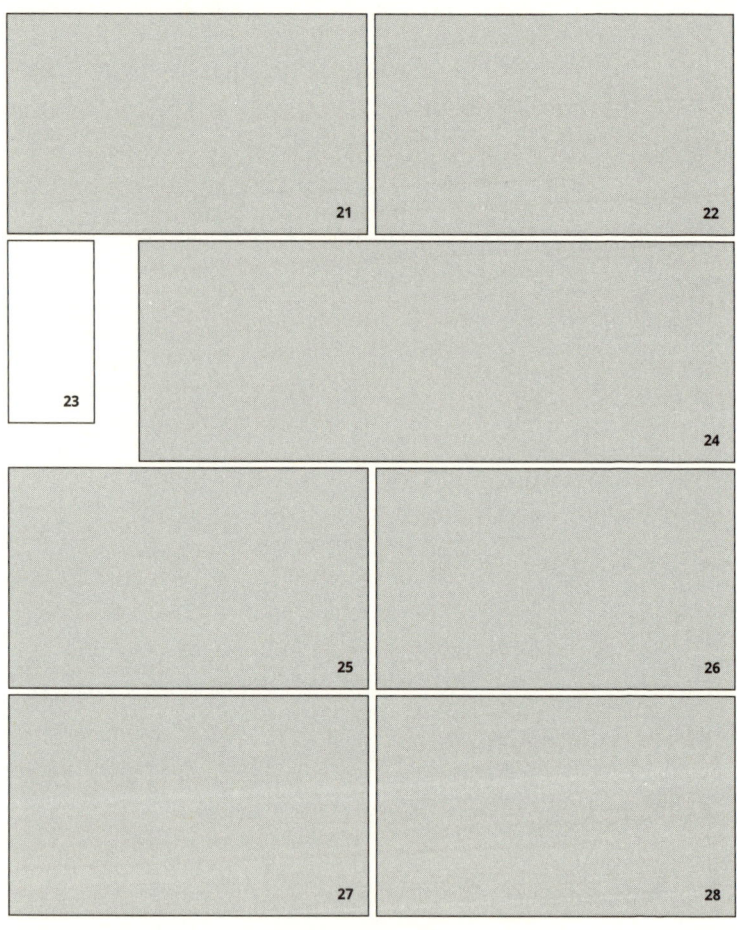

21 Mireya fokussiert auf das Flimmern im Fadenkreuz: Das Zentrum einer Nebelspirale wölbt sich gleißend auf.

22 Die Spiralarme zeigen filigrane Strukturen: unzählige glitzernde Staubkörnchen und glimmende Cluster, deren Zwischenräume von milchig fluoreszierenden Schleiern sowie von dunklen Fäden durchsetzt sind.

23 *¡Wow!*

24 Mireya sichtet das Instrumentarium auf dem Labortisch, zieht ein Binokular heran.

25 Das Gehäuse des Binokulars passt genau auf die Lupenfassung.

26 Mit einem leisen *Klick* rasten die optischen Instrumente ineinander ein.

27 Durch das Binokular sieht Mireya: Die Randzone eines zerzausten Spiralnebelarmes. Abertausend winzige Sterne strahlen. Über ihnen liegen feine Koordinatenlinien, die an einem getönten Sucherkreis enden.

28 Mireya dreht am Stellring des Binokulars.

29 Im Sucherkreis erscheint ein weißgelber Leuchtkörper. In seinem Orbit schweben – weitab und schemenhaft – zwei Globuli, die kaum ein Zehntel des Zentralkörpers messen.

30 Mit fiebriger Miene greift Mireya nach einem der Gelenkstative, zieht ein weiteres Instrument zu sich heran.

31 Es erinnert sie an einen Dentalspiegel. Der Spiegelkopf ist so groß wie eine Kopeke. Sein Schaft hat den Durchmesser eines Grashälmches.

32 Mireya entfernt die Federklammern vom gläsernen Behälter.

33 Nachdem sie die Klammer beiseitegelegt hat, nimmt sie sachte den Glasdeckel ab.

34 Das Gelenkstativ herabbiegend ...

35 ... führt Mireya den Spiegel in den Glasbehälter ein.

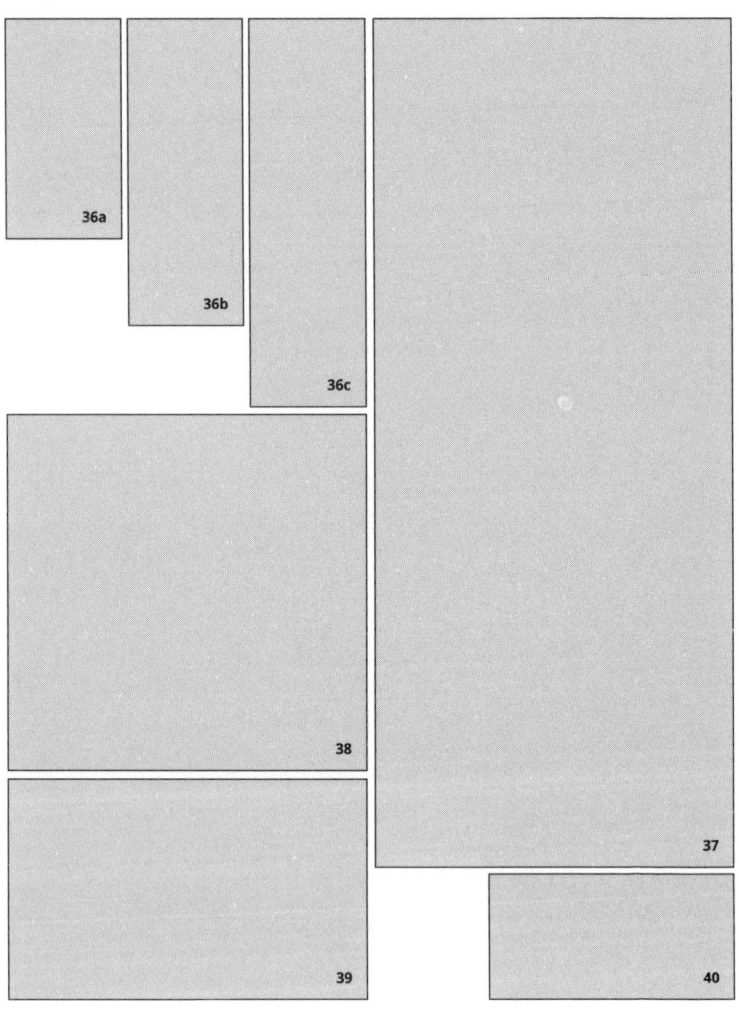

36 Im Inneren des Behälters schiebt sich der Spiegelschaft (wie eine Teleskopangelrute) auseinander. Je länger der Schaft wird, desto stärker schrumpft der Spiegelkopf.

37 Der Spiegel strebt automatisch zum Sucherkreis des Binokulars und gleitet an dem weißgelben Zentralgestirn vorbei. Neben dem Schaft ragt eine Protuberanz auf.

38 Auf dem Vergrößerungsspiegel zeigen sich nicht mehr nur zwei undeutliche Globuli, sondern sechs im Sonnenorbit schwebende Planeten.

39 Der gestreifte Planet und der Planet mit dem Ringgürtel dürften etwa zwanzigmal größer als der kleine blutrote sein.

40 Der Spiegelschaft kommt an einen Anschlag und rastet mit kaum hörbarem *Klack* ein.

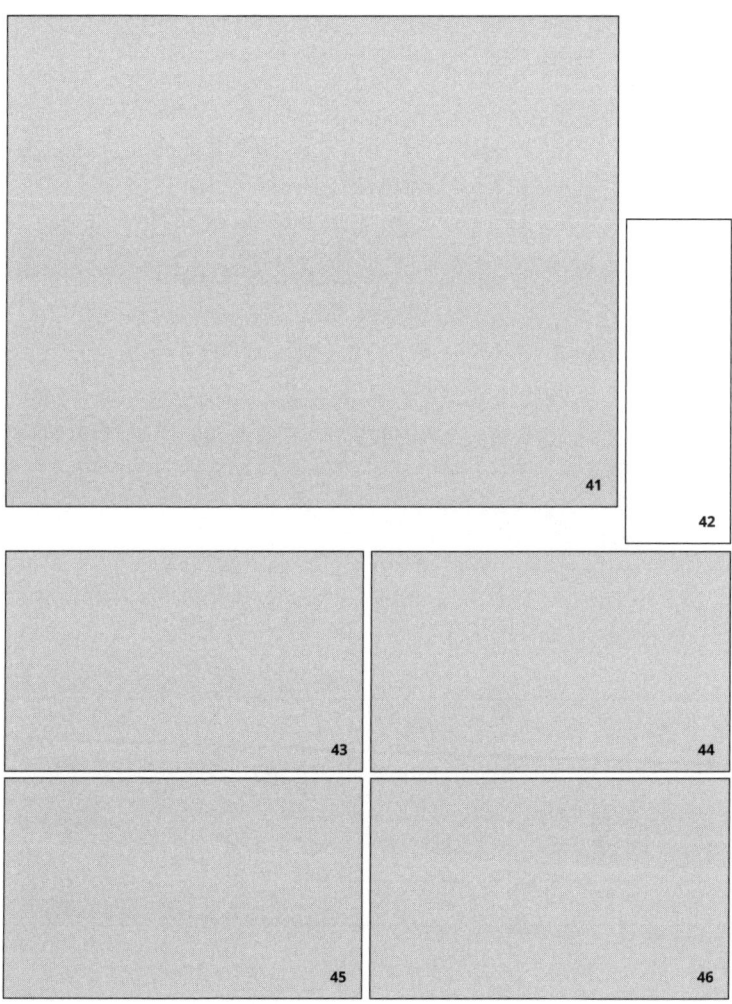

....

41 Ein Mond geht über einem blau-weiß-braunen Planeten auf. Inmitten weiter Ozeane liegen zwei Festlandmassen wie Faustkeile schräg übereinander. Es handelt sich augenscheinlich um eine detailgetreue Nachbildung von:

42 ¿América?

43 Über der Karibik liegt ein dichter Wolkenwirbel, verdeckt die Stelle, an der Kuba liegen müsste.

44 »Na typisch«, stößt Mireya mit einem Atemschwall hervor.

45 Zwipip-p-p-p, vibriert der lange Spiegelschaft und ...

46 ... verrutscht.

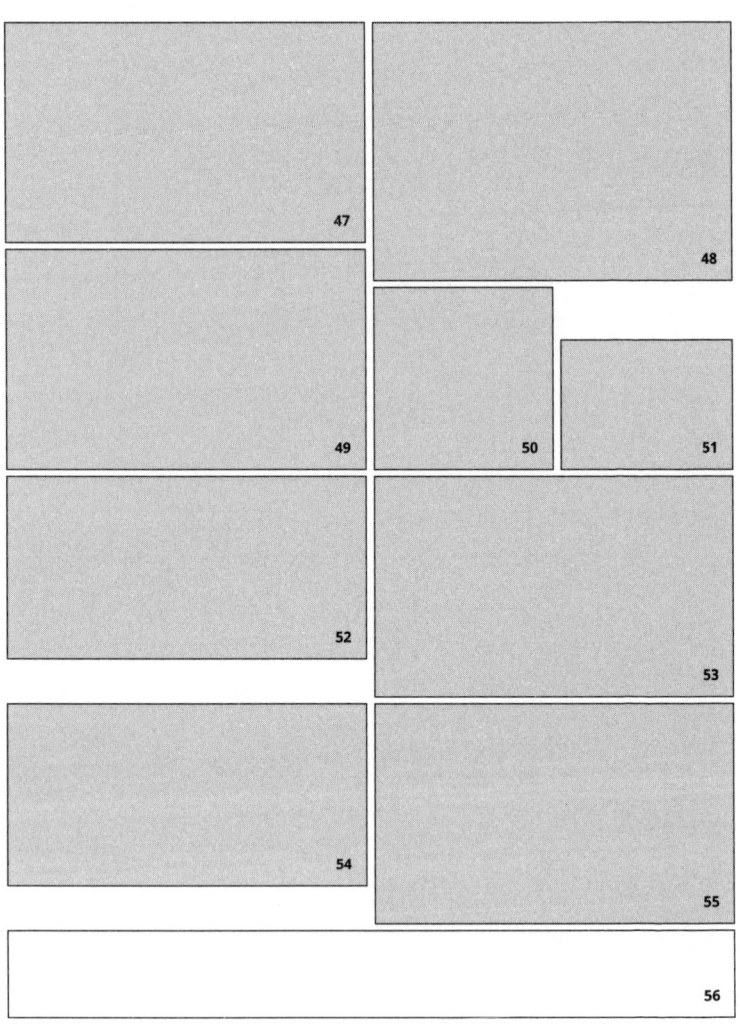

47 Auf dem Fußboden rings um Mireya flackert ein Warnsignal auf.

48 Erschrocken weicht sie vom Labortisch zurück.

49 Das Warnsignal erlischt, und die Operationsleuchten über dem Labortisch ...

50 ... dimmen zügig ...

51 ... aus.

52 Im Kubus leuchtet nur noch ein giftgrünes Fluchtwegzeichen.

53 Als Mireya sich auf diese Lichtquelle zubewegt ...

54 ... gleitet ein Wandsegment beiseite.

55 Es gibt den Blick auf ein Regallager frei.

56 *¡Tócate los cojones!*

....

57 Lagerplan: Mireyas Position am Laborausgang ist mit einem roten Dreieck markiert.

58 Eine kilometerlange Lagerhalle. Hier reiht sich Hochregal an Hochregal, und jedes einzelne ist vom unteren bis zum oberen Fach mit leicht getrübten, leer anmutenden Einweckgläsern bestückt.

59 Mireya (nunmehr bereits ohne Luftschlauch) geht durch eine Gasse zwischen den haushohen Regalen.

60 Etwa alle zweihundertfünfzig Meter leuchtet auf dem Hallenboden ein giftgrüner, geradeaus weisender Pfeil.

....

61 Mireya folgt den Leuchtpfeilen.

62 Sie verfällt in Laufschritt.

63 Ein geknickter Pfeil leitet sie in einen Seitengang.

64 Am Ende dieses Gangs gelangt Mireya an eine stählerne Wendeltreppe.

65 Jeweils mehrere Stufen auf einmal nehmend ...

66 ... eilt Mireya aufwärts. Das transparente Kopfteil ihres Schutzanzugs beschlägt vom Atem.

67 Die Wendeltreppe endet an einer Betonwand, in die fünf Sprossen eingelassen sind.

68 Oberhalb der Sprossen befindet sich eine verriegelte Deckenklappe. Der Riegel ist durch einen Zahnradmechanismus mit einer Kurbel verbunden.

69 Auf der zweiten Sprosse stehend stemmt sich Mireya gegen die Kurbel.

70 *Krrrrrk*, setzen sich die Zahnräder in Bewegung.

71 Die Deckenklappe öffnet sich einen Spaltbreit.

72 Mireya zwängt sich durch die Deckenklappe.

73 An Grasbüscheln zieht sie sich weiter ins Freie.

74 Mireya liegt auf einer Lichtung. Ringsum junge Birken und Farn. Morgen graut.

75 Sie öffnet die Sichthaube ihres Schutzanzugs. Alles ist still.

76 *Ahhh*, entweicht ihr Atem. Sie starrt mit weit aufgerissenem Mund aufwärts.

....

77 Mireyas Auge.
78 Auf der stark geweiteten Pupille spiegelt sich der Himmel: Zwischen Morgenstern und Mond klafft eine lumineszierende Öffnung, aus der ein überdimensionaler Dentalspiegel ragt.

478

Das Wasser brodelt, Dampf schwillt an. Schon tanzt der Deckel auf dem Kesselrand, dass es nur so scheppert. Annuschka und Annuschka stoßen ein zweifaches »Oje!« hervor, schnellen aus den Federbetten. Die anfangs rechts gehende, zwischendurch links stehende und zuletzt allgegenwärtige Annuschka findet treffende Worte für ihre flotte Rolle seitwärts: »Mensch, Motja, das Wasser kocht ja wie Sau!«

»Feine Sache, was?« (Das bin ich, der hier schläfrig säuselt.) Natürlich müssen die Küchenfrauen los – Dienst bleibt nun mal Dienst, und der Khagan kennt keine Gnade, wenn man ihn auf seinen Tee warten lässt. Also sputet euch, ihr Engelchen: Unsere Flitterwochen können wir später noch besprechen. Annuschka und Annuschka streifen ihre Kittel über, stecken rasch die Häubchen fest. Jede ein Geschirrtuch um ihre Tragehand gewickelt, wuchten sie den Kessel vom glühenden Gehäuse meiner GLM herunter.

»Dass ihr mir bloß nichts verschüttet, sonst—«

```
10000000010101001000001100100011001010111001000100000010101001100010
10111010001100101011100100110010101110111011010101101101000101101110011001101100
01101101000011001010010000000100011101101111011011000110010101101101001010000
00100111001110101011011010110110101011001010110001000100000001100110010010000
01110011011000110110100001110010011010010110010100010110001000100000011010010
11011010110101101100101011100100110011001101111011100100111010000100000011101
11011001010101101001011101000110010101011100100011101000010000010001000110010
10110110001101110000000011001000110000010111001100100000001000010011111010
10110001101101000000100000001100100011001010111001100100000001001100011001
01011000100110010101101110001110010110011001000000010111010100001000
00010000001011000100110010101110010001101110110101101001011011000011010
10110000101100100110010001100101011011100100000010001010111101100110100
01100101011011100110010001000000111010101101110011001000010000001101011
01100010111010101101101001000000011001010110100010110111001100100010101110010010
00000011001000110001100010110111011010110111101101110001000000111001101110100011001
01011010000111010000100000001100011001010111001101010011001001000000110010001101
0101101101010000110100001000001011000010111101010110011000100000011001000011001
...
```

Die Entstehung dieses Werkes wurde durch ein Stipendium der Kulturstiftung des Freistaates Sachsen ermöglicht: Zu 8,$\overline{33}$ %. Weitere 16,$\overline{66}$ % wurden durch die Stadt Baden-Baden und die Sparkasse Baden-Baden Gaggenau gefördert.

Unbezifferbare Unterstützung (Anregungen, Korrekturen, Schützenhilfe, Software etc.) kamen von Mr. Kane, Ruby Jane-Otto, Helga Dudinkow, Nika Landruschwili, Elisabeth, Volker H. Altwasser, dem Baldreit-Stammtisch, der Document Foundation, Cryptii, der Gesellschaft für Deutsch-Sowjetische Freundschaft … und in ganz besonderem Umfang von Dr. D.

Tausend Dank dafür!

Im Kapitel *Trainerstäbe* rezitiert Foma fünf Zeilen aus »Der Dichter und der Pöbel«. Übersetzung von Martin Remané, in: Alexander Sergejewitsch Puschkin, *Gesammelte Werke. 1 – Gedichte*, Berlin: Aufbau, 1968 (S. 303).

Im Kapitel *MSMP#5* liest die polnische Mannschaftsbetreuerin zwei Sätze aus »Die toten Seelen oder Die Abenteuer Tschitschikows« vor. Übersetzung von Alexander Eliasberg, in: Nikolai Gogol, *Gesammelte Werke*, Frankfurt am Main: Zweitausendeins, 2009 (S. 296).

Darüber hinaus gibt die GLM-3 einige Zitatschnipsel, Paraphrasen und Parodien aus: Dank allen Schriftstellern, Regisseuren, Musikern, bildenden Künstlern, Spieleentwicklern, Witzerfindern und Wissenschaftlern, deren Werke sich in *Dunkle Zahlen* kreuzen.

Das Kapitel *Schaltelemente* erschien 2014 als »Ptuschkow #1« in: *Edit – Papier für neue Texte*, № 64.

S. 14: Unbekannt, *Значок участника Всесоюзной математической олимпиады в Киеве, 1969 г* (ca. 1969), bearbeitet.

S. 97: Carl Timoleon von Neff, *Портрет детей Олсуфьевых* (1842).

S. 100: Andrew Robertson, *A stunning portrait of a Gentleman dressed in tartan* (ca. 1830).

S. 110: Charles Babbage, *Difference Engine No. 2 – Plan of Inking Printing and Stereotype Apparatus* (1822 ff.), bearbeitet.

S. 113: Juri Scheljabuschski, *№ 18. В. И. Ленин в гостях у А. М. Горького играет в шахматы с А. А. Богдановым* (1908).

S. 195: Unbekannt, *1. Фестиваль дружбы советской и кубинской молодежи Кишинёв 74* (ca. 1974).

S. 241: Unbekannt, *ЭВМ «М-20» (ca. 1958).*

S. 313: Friedrich Gahlbeck: *Berlin, VII. SED-Parteitag, 1. Tag* (1967).

S. 354: Delfinarium Batumi, Postkartenkollektion *»Батумский дельфинарий«* (ca. 1980), bearbeitet.

S. 361: Unbekannt, *CGI-BESM-4* (ca. 1968).

S. 367: Unbekannt, *1315304897_foto-iz-sssr-2* (ca. 1980er).

S. 384: W. S. Sawtschik, *Elektronika4* (2013), bearbeitet.

S. 427: M. Schechowzow, Kreuzworträtsel aus *«Крокодил»* № 24 (1989), bearbeitet.

S. 450: *Staatliche Universität Woronesch, Это наш компьютер БЭСМ-4 (1975).*

Erste Auflage Berlin 2018

Copyright © 2018
MSB Matthes & Seitz Berlin Verlagsgesellschaft mbH
Göhrener Str. 7 | 10437 Berlin
info@matthes-seitz-berlin.de

Alle Rechte vorbehalten

Umschlaggestaltung: Dirk Lebahn, Berlin
Satz: Hermann Zanier, Berlin
Schriften: Noto Serif, Noto Sans, Courier Prime Code
Druck und Bindung: Pustet, Regensburg
Printed in Germany

ISBN 978-3-95757-539-5

www.matthes-seitz-berlin.de

Jakob Nolte

Schreckliche Gewalten

340 Seiten, gebunden
ISBN 978-3-95757-400-8

Eines Nachts verwandelt sich Hilma Honik in einen Werwolf und tötet ihren Mann. Von nun an sind ihre beiden Kinder auf sich selbst gestellt: immer in der Angst, die Bestialität liege in der Familie und könne auch von ihnen Besitz ergreifen. Während sich Iselin dafür entscheidet, in ihrer Heimatstadt Bergen mit ihren Mitbewohnerinnen die Terrorzelle »Mädchen im System« zu gründen, bereist Edvard die Ränder der Sowjetunion auf seinem Weg nach Afghanistan. Es beginnt eine fantastische Sinnsuche durch das 20. Jahrhundert und die Unwägbarkeiten menschlichen Verhaltens. In seinem zweiten Roman zeichnet Jakob Nolte einen schwarzen Regenbogen des Horrors über die Welt und erweist sich dabei als detailverliebter Nihilist und Meister des Wahnwitzes.

»Es sind diese beiläufigen Momente von poetischer Melancholie angesichts der Geschichte des 20. Jahrhunderts, die dem Buch seine ungeheure Kraft verleihen und den Roman zu einem der aufregendsten Texte eines jüngeren Autors der letzten Jahre machen.«
— Paul Brodowsky, *Deutschlandfunk*

Matthes & Seitz Berlin

Frank Witzel

Direkt danach und kurz davor

552 Seiten, gebunden mit Schutzumschlag
ISBN 978-3-95757-477-0

Deutschland in der unmittelbaren Nachkriegszeit. Es herrscht
Krieg im Frieden, aller Umerziehung zum Trotz. Körperteilop-
ferungen werden ausgestellt und das Waisenhaus brennt. Flugzeuge stürzen ab, Züge entgleisen, die Pläne zur Weltmecha-
nik sind unauffindbar. Kinder gründen eine neue Religion
und ersticken unter Lawinen. Der begabte Zögling Fählmann
verlässt das Waisenhaus nicht mehr. Der Kretin hängt unter
der Decke und beobachtet seine Eltern. Siebert steht am Fenster. Er wartet auf Marga. Doch Marga scheint verschwunden.
Ihr Körper nicht mehr auffindbar. Ein Chor unterschiedlicher
Stimmen fragt in diesem unheimlichen Buch von Frank Witzel unermüdlich nach dem, was wirklich geschah. Die Stimmen
versuchen, Geschichte durch Geschichten zu erfassen. Sie tasten nach Gründen und werfen mit jeder Frage neue Fragen auf.
Gewissheit wird zur Illusion, das Imaginierte zum letzten Zu-
fluchtsort. So steigt der Leser immer tiefer in die Bodenlosig-
keit von Geschichte und sieht hinab in das Grauen des Men-
schenmöglichen.

»Frank Witzel hat ein so avantgardistisches wie aberwitziges
Buch über die Geister der Vergangenheit geschrieben. Indem
der Roman eine Travestie sämtlicher Sprachordnungen aus der
Zeit ›direkt danach‹ liefert, hat Witzel die Literatur der Nach-
kriegszeit von ihrem ewigen Unsagbarkeitstrauma befreit.«
— Katharina Teutsch, *Die Zeit*

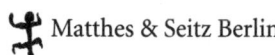 Matthes & Seitz Berlin